国家出版基金项目
NATIONAL PUBLICATION FOUNDATION

YISHIFA ZHUANTI YANJIU CONGSHU

医事法专题研究丛书 /刘士国 主编

全科医生法治化研究

以上海改革试点为中心

李学成 著

中国法制出版社
CHINA LEGAL PUBLISHING HOUSE

图书在版编目（CIP）数据

全科医生法治化研究：以上海改革试点为中心 / 李学成著 .
—北京：中国法制出版社，2018.6
（医事法专题研究丛书）
ISBN 978-7-5093-8491-6

Ⅰ. ①全…　Ⅱ. ①李…　Ⅲ. ①卫生法－研究－中国
Ⅳ. ① D922.164

中国版本图书馆 CIP 数据核字（2018）第 060960 号

策划编辑：潘孝莉（editorwendy@126.com）
责任编辑：潘孝莉　程　思　　封面设计：周黎明

全科医生法治化研究：以上海改革试点为中心
QUANKE YISHENG FAZHIHUA YANJIU：YI SHANGHAI GAIGE SHIDIAN WEI ZHONGXIN

著者 / 李学成
经销 / 新华书店
印刷 / 三河市紫恒印装有限公司
开本 / 640 毫米 ×960 毫米　16 开　　印张 / 28　字数 / 383 千
版次 / 2018 年 6 月第 1 版　　2018 年 6 月第 1 次印刷

中国法制出版社出版
书号 ISBN 978-7-5093-8491-6　　定价：98.00 元

值班电话：010-66026508
北京西单横二条 2 号　邮政编码 100031　　传真：010-66031119
网址：http://www.zgfzs.com　　编辑部电话：010-66066620
市场营销部电话：010-66033393　　邮购部电话：010-66033288
（如有印装质量问题，请与本社印务部联系调换。电话：010-66032926）

总序

医事法，即医疗事务法律的简称，是在现代医疗技术和医疗制度条件下产生的法律领域，跨法学、医学、伦理学等多个学科。医事法与人的生命健康息息相关，涉及生殖技术、器官移植、临床实验、药害事故、临终关怀、脑死亡、尊严死、医生的说明义务与患者知情同意权、患者个人信息控制权与医院对病历资料的所有权、在宅医疗、医疗侵权损害赔偿、基因权与基因治疗、变性手术、同性婚姻等诸多法律问题。医事法学的研究在发达国家通常以民法学为基础，这是因为医事法问题的解决除了要遵循医疗技术规范和生命伦理规则外，还必须以民法基本原理为基础。医事法学在有的国家已经发展成为独立的学科，甚至已经成为某些世界名校法科学生的一门课程。

受苏联的影响，医事法在中国多称生命法学或卫生法学，其研究多年来一直依附于卫生行政系统。改革开放以后，随着经济的快速发展和医疗技术的不断进步，此前基本不存在的器官移植、生殖辅助医疗、变性手术等医疗技术发展较快；医疗制度改革已取得初步成效；医疗保险几乎覆盖全体社会成员；中国社会已进入老龄化阶段，老年医疗、临终关怀等成为社会化问题；作为家庭保健医生的全科医生制度正在逐步推行；中国的医患关系也在悄然发生变化，患者权利意识日益增强，患者自我决定权与医方的说明义务已在侵权责任法中得到确认。此外，由于当前医疗过程中患者需求与有限社会资源的矛盾冲突越来越明显，如何使医疗资源效率最大化以及如何体现公平正义已成为重要的社会问题，这在器官移植中表现得尤为突出，而如何避免过度医疗也是关涉效率与公平的重要问题。我国现有的医事法虽然不尽完善，但已经制定了大量的医事法律、法规，国际上也有许多通行的医疗规则可供参考。这些法律制度及其存在的问题构成了中国医事法研究的基础，也为中国医事法学的发展提供了契机。

复旦大学民商法学科从2007年起设立医事法博士研究方向，每年招收两至三名专攻医事法学的博士生。这些博士生有着扎实的法学功底，其中多人在读博期间曾去国外著名院校接受知名医事法教授的协助指导，他们完成的博士论文在各自领域都具有较高的理论水平。现在呈现在读者面前的是复旦大学民商法专业医事法方向的部分博士在他们学位论文基础上修改完成的著作。这些著作选题新颖，多数为我国相关研究领域的补白之作。在复旦大学法学院和中国法制出版社的大力支持下，我们结集推出此套医事法专题研究丛书，拟就医事法基本问题分期出版共十余种，殷切希望此套丛书的出版对我国医事法学的发展和繁荣有所助益。

目 录

前　言

一、问题的提出

没有任何疾病的人是不存在的，疾病往往伴随人的一生。在医疗秩序混乱的就医环境里，“全国人民跑协和”成为医疗资源严重分配不公的代名词。我国医疗资源分配不公问题由来已久，以至于全国最优质的医疗资源均集中在北京、上海等一线城市，医疗资源分配与经济发展明显成正比关系。三甲医院人满为患，一号难求，长时间排队后换来的是医生简单的询问和做不完的检查，而街道、社区门诊则无人问津，有的甚至发不出工资。“看病难、看病贵”成为影响和制约社会文明与进步的社会藩篱，成为考验政府“全心全意为人民服务”的一道世界性难题。[①]

自20世纪80年代以来，医改渐已成为颇受关注的社会民生话题。老百姓关注的是，当自身健康出问题时，如何得到既方便、高效又能充满人性化、连续性的医治和关照。什么样的医疗卫生制度能使居民在家门口就能得到全

① 医改是一项世界性的难题，要努力探索中国式的解决办法，提高全民的健康水平，逐步实现人人享有基本医疗卫生服务。参见李克强：《不断深化医改　推动建立符合国情惠及全民的医药卫生体制》，载《求是杂志》2011年第22期，第3-10页。

面性基本医疗卫生服务？什么样的医疗卫生制度能够一直关注居民日常健康并如同家庭成员般的提供基本医疗卫生服务？什么样的医疗卫生制度能有效地筛选出居民健康问题中的“小病”和“大病”并有针对性地提供转诊和病后康复的基本医疗卫生服务？也许还可以再提出一些更具有热切期盼性的疑问，这是因为中国老百姓对于那样一种医疗卫生制度太过于渴望！2009年《中共中央 国务院关于深化医药卫生体制改革的意见》（中发〔2009〕6号）开启了我国改革开放后第三轮“医改”序幕，也被称为“新医改”。[①] 中央提出深化医药卫生体制改革的总体目标，即建立健全覆盖城乡居民的基本医疗卫生制度，为群众提供安全、有效、方便、价廉的医疗卫生服务，将基本公共卫生服务和基本医疗服务统称为“基本医疗卫生服务”，坚持以人为本，把维护人民健康权益放在第一位并以人人享有基本医疗卫生服务为根本出发点和落脚点，并指出，我国要逐步实行社区首诊、双向转诊和分级诊疗制度，尽快实现基层医疗卫生机构都有合格的全科医生。

全科医生制度的提出和建立是政府对于老百姓“看病难、看病贵”在体制机制层面上一项有魄力的举措。在国外50多个国家实行并被证明成效显著的全科医生制度，在这轮“新医改”中正式登上我国医疗卫生体制改革的前台。改革往往先行试点，上海作为我国改革开放的重镇，自2011年4月起，在长宁、闵行、徐汇等10个区率先开展居民

---

① 在2009年之前，我国先后高调启动过两轮医改。第一轮是20世纪80年代进行的，时任卫生部部长的钱信忠提出，运用经济手段管理卫生事业，开始对医院试点“定额补助，经济核算”，在不改变公立医院体制的前提下，改革管理机制，引进一些“市场因素”，放开搞活。此轮医改，医疗卫生体制变化不大，但医药产业改革却风起云涌，市场化水平明显提升。第二轮医改发生在20世纪90年代中期，以1997年《中共中央、国务院关于卫生改革与发展的决定》为标志，同年国务院发布《关于建立统一的职工基本养老保险制度的决定》，规定了统一的缴费比例和管理办法，这一轮医改着眼点在于建立城市职工医疗保险制度。参见朱幼棣：《大国医改》，世界图书出版公司北京公司2011年版，第25–26页。

区全覆盖的全科医生制度改革，在总结试点经验基础上，2013 年上海出台了《关于本市全面推广家庭医生制度的指导意见》，就家庭医生制度的内涵界定、指导思想、基本原则、工作目标以及主要任务等作了全面规定和部署，争取 2020 年基本建立起家庭医生制度，实现每个家庭与一名家庭医生签约的目标。① 家庭医生与全科医生，两种称谓往往被视为同义语。②

中国新闻网上的一则关于上海浦东新区全科医生家庭责任制的报道，较为生活化地彰显了全科医生制度的特色和优势。报道说，李冬华是上海浦东新区全科医生家庭责任制首批签约的全科医生，邓阿姨一家是她的签约户，邓阿姨是“空巢老人”，女儿不在身边，老爷子身体也不好，有事总是先想到找李冬华医生，李医生就像他们的女儿一样。“有一次，老人由于吐血被家人送至三甲医院，邓阿姨习惯性地把三甲医院医生开的药名告诉李医生，李医生发现，吐血怎么开的是活血的药？建议邓阿姨再去问大夫。原来三甲医院的门诊大夫开错了药。邓阿姨说，要不是李医生，后果不堪设想，医院大专家医术我们不怀疑，但他们那么忙，根本顾不上了解病人全部情况。”③ 这一事例至少说明了以下几点：一是全科医生家庭责任制在关照和呵护签约家庭健康状况方面发挥着疾病预防的积极作用。事例中，邓阿姨一家看病都是在社区医院，李医生作为邓阿姨一家的签约全科医生，双方存在具有法律约束力的医疗服务合同关系，李医生须根据协议履行义务，包括日常家庭随访、疾病诊断、健康

① 参见陈静：《上海今年起全面推广家庭医生制度》，中国新闻网 2013 年 3 月 27 日，http://finance.chinanews.com/jk/2013/03-27/4682253.shtml，访问时间为 2015 年 5 月 9 日。另参见《关于本市全面推广家庭医生制度的指导意见》（沪卫基层〔2013〕7 号）。

② 本文将“全科医生”与“家庭医生”视作一种含义的两种不同表达方式，具体含义将在第一章中详述。

③ 参见申欣旺、郁玫：《上海浦东在社区推行全科医生家庭责任制》，中国新闻网 2012 年 10 月 9 日，http://finance.chinanews.com/jk/2012/10-09/4233989.shtml，访问时间为 2015 年 5 月 9 日。

管理等。邓阿姨一家看病也很方便，不用去较远的大医院，而是在家门口社区医院。二是全科医生与签约家庭之间人性化的医患关系令人感动。邓阿姨将李医生比作自己的“女儿”，说明李医生在日常工作中对签约家庭服务周到，时刻为签约家庭的病患着想，双方亲如一家，这种和谐而又充满温馨的医患关系，在城市中的大医院里绝难寻觅。三是全科医生家庭责任制对建立社区首诊制有积极的促进作用。事例中，邓阿姨一家现在都在社区医院看病，而且还有了自己家的家庭医生，平日里“小病”都在家门口社区医院找签约全科医生，不用总往大医院挤，既能节省来回路上开支，又能得到及时的医疗卫生服务。签约全科医生遇到解决不了的疾病或急诊时，再转诊到上级医院。四是全科医生家庭责任制对病患的连续性医疗服务，最终使患者受益。邓阿姨老伴的病状是吐血，三甲医院开的却是活血药，说明三甲医院患者众多，医生无暇全面了解每一位患者的详细病情，医患之间沟通不畅。邓阿姨将三甲医院医生开的活血药名告诉李医生，则说明全科医生在患者就医全程中能够发挥连续性的医疗照顾，不是将患者推给大医院，而是在患者离开大医院回到家后，仍然可以得到全科医生及时的医疗卫生服务。从有病来社区医院找签约全科医生，到大病在社区康复，全科医生成为签约居民的健康“守门人”，全科医生连续性、可及性与人性化的基本医疗卫生服务提供模式，使新医改文件上“人人享有基本医疗卫生服务”不再遥远。“健康——从拥有家庭医生开始，也许不远的将来，‘你与家庭医生签约了吗？’也会成为人们的一句流行语。”①

全科医生制度所拥有的上述特色和优势，应当通过法治化的规范表达和制度设计固定下来，成为“人人享有基本医疗卫生服务”的法治基础，而非一味以中央和地方政府及其部门的“红头文件”来推广

① 参见钱培坚：《上海：你与家庭医生签约了吗？》，载《工人日报》2011 年 7 月 28 日，第 4 版。

和建立。[①]目前，国内还没有学者从法治角度研究全科医生制度。

笔者认为，上海作为全科医生制度改革试点城市，值得进行个案分析，进而总结在试点过程中存在的法律问题，针对这些问题提出有针对性的立法建议，应更具合理性与可行性。另外，我国人口老龄化趋势日益明显，医疗资源严重分配不公，上海作为全国经济中心，这些方面都具有典型性。以上海为个案进行全科医生制度改革的法治化研究，总结出可推广可复制的“法”规则并提出合理化立法建议。在导师的支持下，笔者对上海 17 个区县进行了为期近 1 年的实践调研，深入各区县基层街道社区卫生服务中心及其分布在各辖区的卫生服务站，与全科医生（包括中医全科医生、护士、公共卫生医生等）进行一对一式的深度访谈并发放调查问卷，深入探究全科医生制度在上海基层医疗机构的实际运作情况及其存在的问题，探讨法治层面上的破解之道。全科医生们对此积极响应，纷纷提出各种合理化建议，形成大量第一手访谈资料。

笔者认为，至少存在以下几个重要法律问题，值得探讨：一是全科医生制度推进模式问题。通过对全科医生制度在新医改基本医疗卫生服务政府提供模式中的作用分析与上海全科医生制度改革的实践分析，政策推进模式与法治推进模式需要在“法”规则中寻找自然法观层面，进行比较与选择并思考全科医生法律制度的立法策略问题。二是全科医生签约制度的法治化问题，包括全科医生的概念、签约协议书名称、签约主体、全科医生与签约居民权利与义务等，需要从立法层面进行规范化表达与制度设计。三是全科团队服务制度的法治化问题。在上海全科团队服务模式调研基础上，探讨全科团队及其名称、全科团队成员岗位设置、全科团队外部协作机制、全科团队主动服务机制等，并提出可行的制度设计与立法建议。四是全科医生在分级诊

① 通过政府政策来推进全科医生制度建立，存在很多弊端，同时也与我国“全面依法治国”方略有违，凡是重大改革，均应于法有据。全科医生制度政策推进模式及其弊端将会在第一章中予以详述。

疗体系中的首诊服务制度法治化问题。有无必要赋予全科医生在分级诊疗制度中首诊与转诊执业权利；如何设计符合实践的全科医生首诊权及其保障机制以对居民无序就医进行有效制衡，通过利益诱导机制吸引居民选择签约全科医生作为首诊医生；如何设计具有可操作性的全科医生转诊权及其保障机制以规范转诊秩序等。五是全科医生执业发展制度的法治化问题。在上海全科医生制度改革调研基础上，对现行相关制度进行符合全科医生制度改革精神与分级诊疗制度设计初衷的深入反思，并提出有针对性的立法建议。

二、文献综述

（一）国内文献

全科医生法治化研究属于医事法范畴，医事法是医疗事务法的简称，涉及范围十分广泛，凡属与医疗事务有关的法律问题，都包含在其研究领域，个人或家庭的保健医生制度是医疗体制改革的必然要求。[①]1977 年第 30 届世界卫生大会通过的决议《公元 2000 年人人健康全球策略》，明确提出世界卫生组织和各国政府的目标，即公元 2000 年人人享有卫生保健，要实现这一目标，则需依赖有效的法律支持，包括家庭医疗卫生立法在内，医事立法的范围逐渐扩大进而形成广义的医事法。[②] 广义医事法也为我国多数医事法学者重视，产生了一批医事法或卫生法著作，但均未涉及家庭医疗或全科医疗方面的法学理论和立法研究，也无专门研究全科医生（或家庭医生）法律制度

① 医事法还具有多学科的综合性、交叉性、伦理性、福利性，并与科学技术发展水平密切联系，参见刘士国主编：《医事法前沿问题研究》，中国法制出版社 2011 年版，第 3–8 页。

② 参见黄丁全：《医事法新论》，法律出版社 2013 年版，第 9 页。

的论著问世。[①]在学术论文方面，通过知网检索，仅发现三篇关于全科医生法律制度研究的学术文献，也是笔者早期对全科医生制度法治化的初步研究，尚未形成体系化。[②]涉及基本医疗卫生服务法治化的学术论文仅有几篇，但均未直接涉及作为基本医疗卫生服务主要提供者的全科医生及其法治化问题。[③]我国台湾地区2004年正式施行全民健康保险家庭医师整合性照护制度，目的是建立家庭医师制度，提供民众周全性、协调性与持续性的服务，以民众健康为导向，建立以病人为中心的医疗观念，提升医疗服务品质。[④]我国台湾地区家庭医生制度与全民健康保险医疗费用支付挂钩，建构社区照顾网络，实行分级诊疗，整合医疗资源，实现了医疗服务的连续性。[⑤]台湾地区健保制度这些年存在的弊端日益凸显，但与全民健康保险制度联系在一起的家庭医生制度设计，的确值得学习。其他学科对全科医生制度的研究主要体现了医学、卫生管理学、公共管理学、卫生政策学以及卫生

① 代表性的医事法或卫生法著作除了上文刘士国与黄丁全的著作外，还有王岳：《医事法》，对外经济贸易大学出版社2013年版；张越、张欣、何玉梅等：《医事法》，人民出版社2010年版；赵西巨：《医事法研究》，法律出版社2008年版；汪建荣：《卫生法》，人民卫生出版社2013年版；黄威：《卫生法》，人民卫生出版社2012年版；石俊华：《医事法学》，四川科学技术出版社2004年版；等等。

② 分别是李学成：《我国全科医生制度法制化初论》，载《中国卫生法制》2014年第6期；李学成：《我国全科医生之公共政策的法制评析》，载《行政与法》2015年第2期；李学成：《全科医生法律制度的功能定位与立法模式研究——以英美全科医生法制的国际经验为视角》，载《金陵法律评论》2015年春季卷，第276-288页。

③ 主要有陈云良：《基本医疗服务法制化研究》，载《法律科学》2014年第2期；刘鑫、连宪杰：《论基本医疗卫生法的立法定位及其主要内容》，载《中国卫生法制》2014年第3期；孙艳芳、呼和乌路德：《完善我国基本医疗保障制度的法律思考》，载《医学与哲学》2005年第8期；周建裕、刘典恩：《论社区卫生服务法治的实现》，载《中国全科医疗》2013年第12期。

④ 参见台湾当局发布的《全民健康保险家庭医师整合性照护制度试办计划》，健保医字第0940017934号。

⑤ 参见仝晶晶、夏韡、张晓：《台湾家庭医师整合性照顾对我国社区卫生医疗的借鉴与启示》，载《中国全科医学》2009年第3期，第383-384页。

经济学等方面的研究成果，[①] 为本课题跨学科研究奠定了深厚基础。

上述研究成果和文献为本课题研究提供了丰富的理论与实践资料，但总体上呈现非法学研究成果丰硕而法学研究成果严重不足的局面。法学方面对全科医生制度改革及其法治化研究，成果数量严重不足，法学学术研究提升空间极大，非法学研究成果缺乏对立法的有力支撑。究其原因，一方面，新医改基本文件提出“全科医生”这一概念和制度建构时间不长，还未引起法学界的注意和学术兴趣，法学界还未充分认识到全科医生制度在实现“人人享有基本医疗卫生服务”这一新医改目标中的地位和意义。另一方面，则是整个医改政策主导的宏观背景使然。自 20 世纪 80 年代以来，我国先后进行了两轮医改。自 2009 年以来，我国正在进行第三次医改。几乎每一次医改都以政

① 著作方面，如杨秉辉：《全科医学概论》，人民卫生出版社 2008 年版；赵淑英：《全科医学概论》，北京大学医学出版社 2012 年版；吕兆丰，郭爱民《全科医学概论》，高等教育出版社 2010 年版；梁万年：《全科医学理论与实务》，人民卫生出版社 2012 年版；郝模：《医药卫生改革相关政策问题研究》，科学出版社 2009 年版；宋其超：《医改取向及相关政策》，中国社会出版社 2009 年版；周业勤：《初级卫生保健：我国社区卫生服务治理化改革研究》，科学出版社 2014 年版。论文方面，如吴军、徐蕾、陆旻等：《程家桥社区居民对家庭医生制服务的需求情况调查》，载《中国全科医学》2012 年第 6 期；宋徽江、庄康路、张文权：《上海市浦东新区三林社区卫生服务中心家庭医生责任制服务模式的实践与思考》，载《社区医学杂志》2014 年第 1 期；贺小林、娄继权、梁鸿等：《上海市长宁区家庭医生责任制实施现状与发展策略研究》，载《中国初级卫生保健》2013 年第 12 期；江萍、陈支援、缪栋蕾等：《上海市长宁区构建区域医疗联合体的政策效果、经验与建议》，载《中国卫生政策研究》2013 年第 12 期；冯伟、王洪兴、王君妹等：《关于浦东新区推进家庭医生责任制服务的几点冷思考》，载《中华全科医学》2014 年第 12 期；谢春艳、胡善联、何江江等：《关于上海家庭医生制度执行需求的调查与思考》，载《中国卫生事业管理》2012 年第 7 期；张波：《上海浦东新区全科医生家庭责任制认同度的实证研究》，载《中国卫生政策研究》2013 年第 8 期；等等。博硕论文方面，如玄泽良：《上海全科服务团队模式现况分析及发展策略研究》，复旦大学 2008 年博士学位论文；肖霞：《上海市社区卫生服务质量改进与发展策略研究》，复旦大学 2009 年博士学位论文；张天晔：《上海家庭医生首诊制研究》，复旦大学 2012 年硕士学位论文；赵影：《上海市闸北区实施家庭医生制度研究》，河南大学 2013 年硕士学位论文。

策为主导，法学界在医改法治化议题上的声音，日渐微弱。除此之外，还在于全科医生制度改革试点经验及教训缺乏及时总结，实证研究尚未引起普遍重视。

（二）国外文献

与国内研究现状相比，尽管国外全科医生制度研究时间早且水平较高，但总体上国外学界对全科医生制度研究主要集中在医疗卫生体制改革、卫生管理学、公共管理学和国家政策研究层面。① 著作方面，如美国学者索特曼等人着力研究了以全科医生为代表的欧洲基本保健工作者在推动各层级服务整合中的作用，探讨欧洲各国基本保健改革中全科医生在基本保健服务购买中的地位和作用。② 英国学者朱利安·图德·哈特从政治经济学的角度，探讨在英国国民健康服务体系中全科医生与专科医生的区别以及全科医生在基本医疗维护方面的意义。③ 日本学者植木哲对医疗事务法的方法论进行研究，认为医疗事务法的方法论不仅要关注各个具体问题的现状，更应该从有关医学、医疗与法律问题的整体的、综合的视点，对各个医疗法律问题进行分析、探讨，并提出合理的解决意见，但尚未对全科医生制度有所提及。④ 学术论文方面，有学者探讨了 2013 年英国国民医疗保健系统改革中全科医生的定位问题及其存在的困惑，全科医生不应成为政治博弈的牺牲品。⑤ 全科医生与其他初级卫生保健工作者的密切配合，

① 这些领域的研究成果十分丰硕，这里列举的仅仅是每个领域的一些代表作。

② 参见［美］索特曼、里克、布尔玛：《欧洲基本保健体制改革》，陈宁姗主译，中国劳动社会保障出版社 2010 年版，第 1、5、6 章。

③ ［英］朱利安·图德·哈特：《医疗服务的政治经济学》，林相森、丁煜译，格致出版社 2014 年版。

④ ［日］植木哲：《医疗法律学》，冷罗生、陶芸、江涛等译，法律出版社 2006 年版。

⑤ Laurence Buckman，Reforms in the English National Health Service：the Role of the General Practitioner，the lancet，Vol. 14 September 2013，pp.923–925.

将为所在社区尤其是特殊人群提供全面可及性的基本医疗卫生服务。[①]全科医生不仅要与专科医生加强医疗卫生合作，建立新的合作机制以便共同预防和治疗疾病，[②]还应当与上级医疗机构加强沟通，避免执业范围被局限在诊所范围内所带来的弊端。[③]还有学者对特定国家城市和农村全科医生执业满意度情况展开调查和分析，进而提出针对性的政策建议。[④]学者更多关注全科医生在具体疾病防治领域的健康促进作用。[⑤]全科医生需要系统化的教育和培训也受到极大关注，如此才能有效提升全民的初级卫生保健水平，[⑥]才能应对法律领域变动对其执业的影响。[⑦]除了英美全科医生制度之外，古巴的家庭医生制度也颇具特色，一个家庭医生和一个护士负责相邻的 100 个至 200 个家庭的医疗卫生服务，家庭医生覆盖面近 100%，该制度使古巴成为可与美

---

① R osenthal T，the Medical Home：Growing Evidence to Support a New Approach to Primary Care，J Am Board Fam Med，（5）2008，pp.427–440.

② Peter Buijs，Ren é e van Amstel，Frank van Dijk，Dutch Occupational Physicians and General Practitioners Wish to Improve Cooperation，Occup Environ Med，（56）1999，pp.709–713.

③ M. Aira，P. Ma，ntyselka，et al.，Occupational Isolation Among General Practitioners in Finland，Occupational Medicine，（60）2010，pp.430–435.

④ lmerB Harris M，Australian GPs are Satisfied with Their Job：Even More So Rural Areas，FamliyPractice，（19）2002，pp.300–303.

⑤ Michael Calnan，the Role of the General Practitioner in Health Promotion in the UK：the Case of Coronary Heart Disease Prevention，Patient Education and Counseling，（25）1995，pp.301–304；Mitchell AJ，Vaze A，Rao S，Clinical Diagnosis of Depression in Primary Care：a Meta–analysis，the Lancet，（374）2009，pp.609–619.

⑥ Isobel Bowler，Susan Gooding，Health Promotion in Primary Health Care：the Situation in England，Patient Education and Counseling，（25）1995，pp.293–299；Leena Gupta，Sangeeta Shah，Jeanette E Ward，Educational and Health Service Needs of Australian General Practitioners in Managing Hepatitis C，Journal of Gastroenterology and Hepatology，（21）2006，pp.694–699.

⑦ Faraz Jabbar，Anne M. Doherty，Muniba Aziz，et al.，Implementing the Mental Health Act 2007 in British General Practice：Lessons from Ireland，International Journal of Law and Psychiatry，（34）2011，pp.414–418.

国医疗保健水平相提并论的发展中国家。[1] 这些研究成果为本课题提供了坚实的跨学科研究基础。

三、研究构想

（一）研究视角

1. 人人享有基本医疗卫生服务的医改视角

我国新医改将“人人享有基本医疗卫生服务”作为医改的长远目标，要“保基本、强基层、建机制”，“将基本医疗卫生服务作为公共产品向全民提供”。[2] 基本医疗卫生服务的提供者便是以全科医生为主体的基层医疗卫生服务机构，包括城市社区卫生服务中心（站）和农村乡镇卫生院、村医疗室等。新医改基本文件提出要建立社区首诊、双向转诊的分级诊疗制度，基本医疗卫生服务由以全科医生为主体的基层医疗卫生机构提供，次级医疗卫生服务则由二、三级医疗机构承担，全科医生将发挥在基本医疗卫生保健领域居民健康和医疗费用的“守门人”作用，全科医生作为主体的基本医疗卫生提供者将为签约居民提供全面可及性和连续人性化的基本医疗卫生服务，全科医生也将发挥初级医疗卫生保障与次级医疗卫生保障的桥梁作用。因此，全科医生制度设计本质上为基本医疗卫生服务的人力资源制度，全科医生制度顶层设计直接关系到新医改目标的实现。

基于此，本课题研究必须紧紧与新医改目标相契合，为设计出

---

① Dresang LT，Brebrick L，Murray D，et al.，Family Medicine in Cuba：Community Oriented Primary Care and Complementary and Alternative Medicine，J Am Board Fam Pract，(18) 2005，pp.297–303; Margaret Gilpin Source，Cuba：on the Road to a Family Medicine Nation，Journal of Public Health Policy，Vol. 12 Spring 1991，pp.83–103.

② 参见《中共中央　国务院关于深化医药卫生体制改革的意见》(中发〔2009〕6号)。另可参见李克强：《不断深化医改　推动建立符合国情惠及全民的医药卫生体制》，载《求是杂志》2011年第22期，第3–10页。

科学可行的全科医生制度提供理论支撑和实践操作指南。因上海全科医生制度改革开展时间较早且为全国医改的重要组成部分，所以我们必须实事求是地调研并总结上海全科医生制度改革试点经验，总结目前存在的制度性问题与实践运行问题，探讨问题存在的原因并从法治视角积极建言献策，为全科医生制度顶层设计提供符合社会发展规律的立法建议。

2. 基本医疗卫生服务法治化的视角

基本医疗卫生服务法治化是全面推进依法治国、维护和保障公民健康权的国家宪法义务的切实体现。习近平同志指出，“法律是治国之重器，法治是国家治理体系和治理能力的重要依托”，“全面推进依法治国，是解决党和国家事业发展面临的一系列重大问题，解放和增强社会活力、促进社会公平正义、维护社会和谐稳定、确保党和国家长治久安的根本要求”。[①]党的十八届四中全会作出决定，“加快保障和改善民生、推进社会治理体制创新法律制度建设”。[②]医疗卫生是社会民生的重要体现，为切实根治群众“看病难、看病贵”这一顽疾，必须采取法治办法，建立一套行之有效、符合公平正义的医疗卫生法律制度体系。基本医疗卫生服务法治化是整个医疗卫生法治化的重要体现，虽然制定一部包罗万象的医疗卫生法典脱离实际，但基本医疗卫生法典的制定与新医改目标“人人享有基本医疗卫生服务”高度契合，其他国家基本医疗卫生服务法治化成果丰硕，[③]这说明基本医疗卫生服务法治化在实践上是可行的。

基于此，本课题研究必须紧紧与基本医疗卫生服务法治化趋势相契合。全科医生是基本医疗卫生服务的主要提供者，这既是我国新医

① 参见习近平：《关于〈中共中央关于全面推进依法治国若干重大问题的决定〉的说明》，载《中国青年报》2014 年 10 月 29 日，第 1 版。

② 参见 2014 年 10 月 23 日中国共产党第十八届中央委员会第四次全体会议通过的《中共中央关于全面推进依法治国若干重大问题的决定》。

③ 各国基本医疗服务和公共卫生法制具体表现，参见陈云良：《基本医疗服务法制化研究》，载《法律科学》2014 年第 2 期，第 73-85 页。

改基本文件在基本医疗卫生提供机制方面的基础性设计，也是基层医疗卫生服务机构人力资源的核心组成部分。上海作为全科医生制度改革的重要试点城市，全科医生制度各方面体制机制建设均走在全国前列。上海全科医生制度改革的法治化研究，需要对上海各区县全科医生制度在基层运作的实际情况进行广泛调研，评价现有政策在推进全科医生制度方面存在的问题，提出符合科学自然法观和医疗卫生发展规律的全科医生制度法治化方案，为实现基本医疗卫生服务法治化建言献策。

（二）研究架构

本课题以科学自然法观为指导，立足于上海全科医生制度的实践调研，围绕全科医生四大执业制度（即全科医生签约制度、全科医生团队服务制度、全科医生首诊服务制度和全科医生执业发展制度）展开法治化研究，目的在于完善全科医生执业管理法律制度。除去前言和结语部分，主干内容包括五章：

第一章为全科医生法治化研究的科学自然法观。本章是后文探讨全科医生各项制度法治化的理论基础。全科医生制度的医改背景是研究全科医生制度法治化的前提，全科医生制度设计理念是全科医生制度法治化的指导思想，上述两个议题需要首先明确。以上海全科医生制度改革实践作为分析样本，政策推进模式与全科医生执业权利缺位现象较为突出，这制约着全科医生制度改革的规范化与法治化。全科医生法治化研究应当坚持“法”与法律相区别的科学自然法观，直面全科医生制度改革实践中存在的问题，提出符合医疗卫生事业发展自然规律和社会发展规律的立法策略与具体法治设计。

第二章为全科医生签约制度的法治化研究。全科医生签约制度是全科医生依法与居民签订基本医疗卫生服务协议，根据协议约定，以全科团队服务方式向签约居民及其家庭成员提供符合协议约定的基本医疗卫生服务。全科医生制度始于签约，签约执业制度法治化是建立全科医生法律制度的基础。在上海全科医生签约执业制度全面实践调查基础上，本文就全科医生执业类型、全科医生签约主体资格、基本公共卫生服务签约职责、签约对象部分权利与义务缺失等展开反思，并提出符合全科医生制度设计理念的全科医生签约规范。

第三章为全科团队服务制度的法治化研究。全科团队以全科医生为核心成员并应由不同医学专业知识背景和技能的医护人员组成，团队成员应分工明确并建立规范化的合作机制。全科团队服务制度的规范化与法治化，旨在总结上海全科医生制度改革实践经验并对存在问题进行理性且符合全科医生制度运作规律的考量，形成符合签约制度要求的、能够胜任全科医疗服务并具有协作精神的全科团队服务规范。

第四章为全科医生首诊服务制度的法治化研究。全科医生首诊服务制度是在初级卫生保健系统中构建的、全科团队为签约对象提供初次诊疗服务并将符合条件的患者转诊至上级医疗机构的全科医生制度，包括社区首诊与社区转诊两大制度体系。全科医生首诊服务制度法治化研究立足于上海全科医生制度改革实践，为全科医生首诊权与转诊权的赋予及其保障机制的建立提供可资参考的立法建议。

第五章为全科医生执业发展制度的法治化研究。执业发展制度是全科医生在基层医疗卫生服务机构通过签约方式向居民提供基本医疗卫生服务过程中，基于全科医生这一特定执业身份所能依法享有的、由多种激励机制予以保障的自由与利益的制度集合体。全科医生执业发展制度法治化研究，目的在于通过实证调研与比较研究，探求形成全科医生执业发展的激励机制，包括全科医生职称制度的改革、全科医生专业技术发展权利的享有与保障、全科医生绩效工资制度的改革等，为从法治层面保障全科医生执业发展权益提供符合制度本身运作规律的立法建议。

（三）研究方法

1. 实证研究法。凡是不来自实践的，都是没用的；知识围绕着问题转，而不是问题围绕着知识转。“‘情况不明决心大，心中无数点子多’，片面性来自不研究实际情况；调查研究就像‘十月怀胎’，决策就像‘一朝分娩’，调查研究的过程就是科学决策的过程，千万省略不得、马虎不得。”[①] 实践调研、发现问题并进而试图解决问题，[②] 这种实证研究方法是本课题的主要研究方法，也是法学的一大特点。[③] 全科医生制度改革的法治化研究，要求笔者必须投身于上海 17 个区县全科医生制度改革的第一线，与全科医生进行近距离、心贴心的情感交流和深度访谈，随同全科医生一起去签约患者家中进行家庭访视或出诊，观察全科医生的工作流程、实际工作情况，体会作为居民健康和医疗费用“守门人”的初级卫生保健医生的甘苦、责任与荣耀！实证研究方法是本文“问题研究”的基础，既是本文研究内容的来源，又是存在问题的可行性方案的解决之道。

2. 科学自然法观。自然法观认为，法律之外有更高层次的“法”规则存在，立法和适用法律都不能违背“法”，恶法非法。科学自然法观必须要对何谓“法”作具有说服力的解读。马克思认为，“法律只是在自由的无意识的自然规律变成有意识的国家法律时，才成为真正的法律”。[④] 科学自然法观之核心思想在于，“‘法’是自然规律与

---

① 习近平：《之江新语》，浙江人民出版社 2015 年版，第 154 页。

② 中国法学如何从中国社会现实生活的种种冲突和困惑中找出真正的中国式问题，并着力解决这些问题，从而真正使法学研究更具实践性和强烈的时代感，已经显得尤为迫切和重要。参见蒋安杰：《法学研究应如何面对中国问题》，载《法制日报》2015 年 5 月 20 日，第 9 版。

③ 苏力先生指出，法学的一个特点是务实和世俗。世俗并不具有贬义，而只是说它的基础是社会现实，它必须始终关注现实，回答现实生活中普通人关心的问题。在这个意义上，法学是一种非常讲求功利的学问。它是一种社会化的实践，一种职业性的知识，在很大程度上排斥独出心裁和异想天开。它有时甚至不要求理论，而只要求人们懂得如何做。苏力：《反思法学的特点》，北大法律信息网，http://article.chinalawinfo.com/Space/SpaceArticleDetail.aspx?AuthorId=4&&AID=57222&&Type=1，访问时间为 2015 年 6 月 2 日。

④ 《马克思恩格斯全集（第一卷）》，人民出版社 1995 年版，第 176 页。

自然规律所决定的调整社会关系的应有规则”。[①] 从法是自然规律的视角出发，从事全科医生制度的法治化研究，应在实践调研基础上，利用已有相关文献，提出符合医疗卫生服务发展规律的立法建议。凡是不符合医疗卫生服务发展规律的研究，根本上是违反自然法的。

3. 比较分析法。全科医生法治化研究，不能局限于我国，相关问题应当探寻其他国家或地区，尤其是全科医生制度建设时间长和成效显著的国家或地区的先进经验和做法，考虑为我所用的可能性。全科医生制度法治化研究不仅涉及法学，还涉及其他学科，不同学科之间也存在一个比较的问题，通过体味其他学科的研究成果，有助于扩展法学研究维度和研究思路，提出符合全科医生制度发展规律的立法建议。就上海全科医生制度实践调研而言，比较分析法还要求对上海不同区县之间全科医生制度的实施情况进行横向比较，并对存在的问题进行全方位思考。

4. 规范分析法。由于我国全科医生制度采取政策推进模式，上海全科医生制度改革也不例外。上海全科医生制度改革的实践调研，不仅要关注全科医生制度的实践运作情况，也要高度重视上海市政府及其各部门、各区县政府及其各部门出台的与全科医生有关的规范性文件。这些规范性文件本身不属于《立法法》的范畴，但对全科医生制度改革却起着实际推进的作用。在全科医生法治化研究过程中，需要对调研中存在的问题进行相关规范性文件的整合研究，分析政策上相关规定的可行性、科学性并探究可能需要改进的思路。规范分析法是对这些规范性文件的整合研究，既是全科医生法治化研究的重要规范来源，又是全科医生法治化研究不可逾越的研究方法。

① 刘士国：《科学的自然法观与民法解释》，复旦大学出版社 2011 年版，第 1-17 页。另参见李学成：《马克思主义自然法观述评——兼论马克思主义自然法观的继承与发展》，载《云南大学学报（法学版）》2014 年第 2 期，第 14-20 页；李学成：《指导性案例的法源意义与确认路径——以最高人民法院公布的私法性指导性案例为研究对象》，载《北方法学》2015 年第 1 期，第 19-32 页；李学成：《我国案例指导制度功能之反思》，载《理论月刊》2015 年第 4 期，第 88-95 页。

第一章　全科医生法治化研究的科学自然法观

第一节　全科医生制度的医改背景

全科医生制度改革不是一场单纯的地方性医疗卫生体制改革，而是我国改革开放后第三轮医疗卫生体制改革的一个缩影。全科医生制度及其法治化研究，必须回顾和探究第三轮医改的核心理念，这样才能在医改大背景下对全科医生制度改革有清醒的认识和准确的定位。

一、新医改基本文件制定的时代背景

改革开放是一场深刻的社会革命，这场社会革命的范围和效应不仅仅体现在经济领域，公民医疗民生领域改革更能体现改革的意义。在2009年新医改之前，我国实际上已经进了两轮医改，但成效不佳。[1]20世纪80年代，中国开始

① 关于改革开放后我国两轮医疗卫生体制改革的情况以及当事卫生部门采取的政策，参见石光：《中国卫生资源配置的制度经济学》，中国社会出版社2007年版，第167-171页；韩莉：《我国医疗卫生资源配置研究》，中国社会科学出版社2011年版，第31-36页；朱幼棣：《大国医改》，世界图书出版公司北京公司2011年版，第25-26页。为与前两轮医改相区别，以2009年《中共中央　国务院关于深化医药卫生体制改革的意见》（中发〔2009〕6号）为标志的第三轮医改，被称为"新医改"。

了改革开放后的第一轮医改序幕。用经济手段管理卫生事业这一理念已成为当时卫生部门的共识。为提高医疗卫生服务供给能力和服务效率，公立医院权力开始下放并逐渐放松管制，允许私人开办诊所。对公立医院实行“定向或定额补助，超支不补、结余留用”的政策，而公立医院面对医疗器械和药品价格逐渐市场化带来的经济效益压力也与日俱增。公立医院纷纷采购大型、精密医疗器械并开展价格高昂的大型医疗检查项目，当时医疗政策也允许高于成本价的医疗收费做法。重治疗、轻预防和重视大医院、忽视基层医院的倾向十分明显。医疗人才和医疗设备等医疗资源迅速流向大城市，居民看病也不得不涌进医疗资源充沛的大城市，人满为患与一号难求成为大医院特有氛围的真实写照。药品和大型检查费用的快速上涨，引起百姓强烈不满，第二轮医改以《中共中央　国务院关于卫生改革与发展的决定》（中发〔1997〕3号）为标志。这一轮医改主要特色体现在职工基本养老和医疗保险制度、农村合作医疗和城镇医疗机构分类管理等方面，初步建立起城镇职工医疗保险和农村合作医疗保险制度。[①]以“公立医院拍卖”为特点的公立医疗机构“市场化”产权制度改革成为社会热点并广受关注。[②]

经过两轮医改，人民群众的就医费用并没有明显下降。据有关资

① 改革开放后第二轮医改的主要政策文件，参见《关于建立统一的职工基本养老保险制度的决定》（国发〔1997〕26号）、《关于发展和完善农村合作医疗的若干意见》（国发〔1997〕18号）、《国务院关于建立城镇职工基本医疗保险制度的决定》（国发〔1998〕44号）、《关于城镇医疗机构分类管理的实施意见》（卫医发〔2000〕233号）等。

② 例如，1999年辽宁海城、浙江萧山、山东临沂、四川通江等地拍卖乡镇卫生院，引发普遍关注。最为彻底的还是2000年开始的以公开出售公立医院为标志的宿迁医改，截至2003年，该市最大的公立医院宿迁市人民医院成为民营医院后，宿迁成为全国仅有的全是民营医疗机构的地级市。类似的还有新乡医改，2004年4月，河南省新乡市5家国有医院集体改制，被中国华源生命产业有限公司整体接收，新乡市政府和华源集团以合作方式组建“华源中原医院管理公司”，华源以注册资金1.05亿元人民币，成为控股70%的第一大股东，覆盖700多万人口的80%的医疗市场被一家企业控制。无锡、上海等地也进行了一些医院产权体制改革。

料显示，2003 年到 2008 年，农村和城市居民医疗费用的增幅均超过农村居民人均纯收入和城镇居民人均可支配收入增幅的 50%。① 人民群众“看病难、看病贵”成为制约社会发展的一项沉重话题，引发一系列社会治理能力层面的思索。②2005 年 6 月 20 日，卫生部政策法规司司长刘新民指出，医疗卫生体制改革主要靠政府，而不是走市场化的道路，这是卫生部首次站出来否认医改的“市场化道路”。③ 随后，中国青年报刊发了国务院发展研究中心社会发展研究部与世界卫生组织合作开展的“中国医疗卫生体制改革”研究课题结论，认为市场化医疗卫生体制改革是完全错误的，违背医疗卫生事业发展基本规律，医疗服务公平性下降和卫生投入的宏观效率低下是其消极后果的主要表现。④

2006 年 9 月，国务院成立由 16 个部门参加的“深化医药卫生体制改革工作小组”，由国家发改委和卫生部牵头，启动新一轮医疗卫生体制改革，将医疗保障制度作为主要内容纳入讨论范围。医改工作小组先后委托北京大学、复旦大学、国务院发展研究中心、世界卫生组织、麦肯锡、世界银行和北京师范大学七家机构开展“医改总体思

---

① 2008 年农村居民人均纯收入达到 4761 元，扣除价格上涨因素，与 2003 年相比年均增长 6.1%；城镇居民人均可支配收入 15781 元，实际增长 6.4%。与此同时，门诊次均就诊医疗费用增长农村和城市分别为 3.3% 和 3.7%，住院费用增长分别为 3.2% 和 1.6%。1998 年到 2003 年，农村和城市次均门诊费用的年均增长速度分别为 15.3% 和 12.9%；次均住院费用年均增长速度分别为 16.6% 和 11.4%。参见《2008 年第四次中国卫生调查研究：第四次家庭健康询问调查分析报告》，卫生部统计信息中心编，第 147 页。相关信息来源于国国家卫生和计划生育委员会网，http://www.moh.gov.cn/mohwsbwstjxxzx/s8211/201009/49168.shtml，访问时间为 2015 年 5 月 13 日。

② 例如，各种“医暴”“医闹”以及因医致贫、因医返贫事件引发全社会关注，必须重新拷问前两轮医改的指导思想，必须重新审视医疗卫生资源在社会主义市场经济条件下如何配置的问题。

③ 参见何磊：《市场化不是改革方向　我国医改悄然转舵》，载《中国青年报》2005 年 6 月 20 日，第 3 版。

④ 参见王俊秀：《国务院研究机构最新报告说“中国医改不成功”》，载《中国青年报》2005 年 7 月 29 日，第 3 版。

路和框架设计”的独立研究，这七家机构都先后提交了自己的医改方案，中国人民大学也主动提交了医改方案。2007 年 6 月，医改协调小组召开闭门会议，对北大、复旦等八家医改方案逐一进行讨论与协商。这八家机构都认为现行医药卫生体制弊端丛生，如费用上涨过快，保障力度不够，医疗体系改革未形成真正的系统工程，等等。同时，提出八份全民医疗保障制度框架的改革建议书。① 融合八套医改方案的《关于深化医药卫生体制改革的意见》多次向社会公布征求意见，措辞力求缩小模糊空间，增强可操作性。2009 年年初国务院常务会议审议并原则通过了《中共中央　国务院关于深化医药卫生体制改革的意见》。② 有学者认为，新医改基本文件制定过程中广泛征求社会各界意见并反复讨论协商的民主历程，彰显了公共政策合法性供给机制民主化的时代转向。③

学界和卫生行政部门就新医改的主导方向争论不休，形成政府主导派和市场主导派两大阵营。政府主导派主张医改应该由政府主导，我国医疗卫生服务的公平性较差，医疗资源配置效率低下，应当

① 这八家机构就我国现行医药卫生体制弊端的表述和提出的全民医疗保障制度的框架设计，参见段家喜：《市场、政府与全民医疗保障》，中国财政经济出版社 2009 年版，第 269、273 页。同时，该学者提出了一个很有趣的现象，即主张政府主导或市场主导的学者和官员都有着截然不同的学术背景或工作背景。例如，有留美背景的学者更强调市场的作用，而在英国、德国等福利国家学习过的学者则更强调政府的作用。参与医改的各政府部门也有自己的利益考虑，卫生部希望建立类似于英国的 NHS，劳动保障部希望参照德国模式，保监会希望进一步发挥商业保险等市场的力量，财政部、发改委等综合性部门则希望更好地界定政府责任，尤其是财政上的支出及其有效性。参见该书第 270 页的页下注释。

② 《中共中央　国务院关于深化医药卫生体制改革的意见》（中发〔2009〕6 号）明确了我国第三轮医改的指导思想、基本原则、总体目标、医药卫生四大体系、保障医药卫生体系有效运转的体制机制、近期五项重点改革等，这一文件也被称为新医改的基本文件。

③ 参见马长山：《公共政策合法性供给机制与走向》，载《法学研究》2012 年第 2 期，第 20-36 页。

强化政府在医疗卫生体制改革中的主导作用，去除医改的市场化倾向并回归公益性。例如，葛延风认为，改革开放以来医疗卫生体制改革市场化是医改不成功的主要原因，要强化政府对于医疗服务体系的干预，经济领域改革的成功经验，不能简单套用到社会卫生领域；有必要将整个医疗卫生服务区分为公共卫生服务、基本医疗服务和非基本医疗服务，基本医疗服务和公共卫生服务定位于公共产品，主要由国家向全民提供，确保所有公民都能得到基本医疗卫生服务的制度化保障，诊疗、药品等医药费用主要由政府财政投入；非基本医疗服务费用主要由个人和家庭承担，充分发挥商业保险的社会互保作用。[①] 市场主导派认为应当发挥市场在医疗卫生资源配置中的基础性作用。例如，北京师范大学的顾昕教授认为，医改应当走有管理的市场化道路，中国医疗卫生体制改革不成功的根源在于市场化过程中政府职能的缺位，主要表现为政府未能有效推动医疗保障的普遍覆盖，医疗保障组织者未能有效行使第三方购买者的职能，政府与医疗服务提供者的关系没有理顺。[②] 其实，将医改方案人为地严格划分为政府主导派和市场主导派是不科学的，政府主导派的观点中也有“市场”，如应当强调非基本医疗服务领域的市场作用和商业医疗保险的积极作用，主要由个人和家庭负担医疗费用；市场主导派不仅强调市场在医疗资源配

---

① 以葛延风领衔的国务院发展研究中心提出的医改报告，表达了政府主导派思想，这份报告我们虽然无从获得，但葛延风发表的一些文章鲜明地体现了上述思想，参见葛延风：《对我国医疗卫生体制改革的几点看法》，载《中国卫生经济》2004 年第 8 期，第 5-6 页；葛延风：《中国医疗服务体系改革反思》，载《中国卫生产业》2005 年第 9 期，第 19-21 页；葛延风：《对整体推进医疗卫生体制改革的一个框架性建议》，载《当代医学》2005 年第 7 期，第 88-90 页；葛延风：《问题与对策：中国社保制度改革》，载《中国行政管理》2003 年第 9 期，第 17-22 页；葛延风：《医疗卫生领域不应该市场化》，载《财经界》2006 年第 6 期，第 85-87 页。

② 市场主导派以北京师范大学顾昕教授为代表，参见顾昕：《走向有管理的市场化：中国医疗体制改革的战略性选择》，载《经济社会体制比较》2005 年第 6 期，第 18-29 页；顾昕：《全球性医疗体制改革的大趋势》，载《中国社会科学》2005 年第 6 期，第 121-128。

置中的决定性作用，还特别突出政府在我国医疗保障制度中的“管理”作用，明确政府与市场各自在医疗卫生体制改革中的地位。

二、基本医疗卫生服务的新医改定位

（一）新医改基本文件的主要内容和主要经验

《中共中央　国务院关于深化医药卫生体制改革的意见》（以下简称为《意见》）奠定了我国第三轮医改的指导思想和制度建构基础，是我国当前及今后深化医药卫生体制改革领域的一份权威纲领性文件。[①]《意见》积极吸收和采纳政府主导派和市场主导派观点的有益成分，将医疗卫生服务划分为四大块，即基本公共卫生服务、非基本公共卫生服务、基本医疗服务和非基本医疗服务。公共卫生服务作为公共产品向全民免费提供，基本医疗服务作为准公共产品也向全民提供，而非基本医疗服务则走市场化道路，由居民自己承担，国家鼓励发展商业健康保险。基本公共卫生服务和基本医疗服务被统称为“基本医疗卫生服务”，坚持以人为本，把维护人民健康权益放在第一位并以人人享有基本医疗卫生服务为根本出发点和落脚点。[②]《意见》提出深化医药卫生体制改革的总体目标，提出完善医药卫生四大体系和保障医药卫生体系有效规范运转的八项具体措施，并就2009-2011年着力抓好的五项重点改革作了部署。[③]

---

① 在2009年新医改之前，学者一般将医改称为“医疗卫生体制改革”，新医改基本文件将医改称作“医药卫生体制改革”，仅一字之差。新医改基本文件中涉及“药”的部分主要包括药品供应保障体系、药品价格形成机制、药品监管、基本药物制度等内容。学界往往习惯上将“医疗卫生体制改革”与“医药卫生体制改革”作同等含义使用并简称为“医改”。

② 亦可参见李克强：《不断深化医改　推动建立符合国情惠及全民的医药卫生体制》，载《求是杂志》2011年第22期，第3-10页。

③ 参见《中共中央　国务院关于深化医药卫生体制改革的意见》（中发〔2009〕6号）。

确保基本医疗卫生服务的可及性和公平性，是新医改基本文件的核心指导思想和各项基本原则与具体措施的灵魂。政府主导派的分层论得到高度重视，即将整个医疗卫生服务分为基本医疗卫生服务和非基本医疗卫生服务，前者由政府主导，建立覆盖全民的基本医疗卫生体系和基本医疗保障制度，建立主要由政府出资的筹资机制；后者交由市场进行调节，鼓励社会资本办医和发展商业保险制度。新医改政策实践两年多后，李克强总理总结了我国医改方向和思路方面的三点经验，“坚持把基本医疗卫生制度作为公共产品向全民提供的基本理念，坚持保基本、强基层、建机制的基本原则，坚持统筹安排、突出重点、循序推进的基本路径”，[①]这三点经验与新医改基本文件精神一致且高度契合。

（二）基本医疗卫生服务的新医改定位

“基本医疗卫生服务”这一概念在先前医改和卫生理论界尚未出现且并未从理论上予以廓清，以至于学者之间对什么是“基本医疗卫生服务”及其覆盖领域，在认识上存在差异。有学者认为，基本公共服务包括疾病预防控制、计划免疫、健康教育、卫生监督等十二个领域；基本医疗，即采用基本药物、使用适宜技术，按照规范诊疗程序提供的急慢性疾病的诊断、治疗和康复等医疗服务。[②]基本医疗服务与基本医疗保险制度有关，是指医疗保险制度中对劳动者或社会成员

---

① 参见李克强：《不断深化医改　推动建立符合国情惠及全民的医药卫生体制》，载《求是杂志》2011年第22期，第3-10页。把公共卫生作为公共产品向全民免费提供是没有问题，但把基本医疗服务作为公共产品向全民免费提供，则有极大的不确定性和财政风险。参见朱幼棣：《大国医改》，世界图书出版公司北京公司2011年版，第56页。

② 参见陈云良：《基本医疗卫生服务法制化研究》，载《法律科学（西北政法大学学报）》2014年第2期，第73-85页；刘军民：《解决“看病难、看病贵”的政府投入对策研究》，载《地方财政研究》2008年第3期，第4-9页。

最基本的福利性照顾。[①] 也有学者将基本医疗服务与通常所说的“看小病”联系起来，认为国家基本药物目录已明确基本医疗服务的药物范畴，除药品以外，应当制定基本医疗服务相对应的基本设施、检查等目录，将药品和检查等目录合二为一后将能确定基本医疗服务。[②] 李克强总理在医改会议上指出，“基本医疗卫生制度是由政府统一组织、个人适当投入、向全体居民公平提供基本医疗卫生服务的健康保障制度安排，包括覆盖城乡居民的基本医疗保障、常见病和多发病等基本医疗服务、重大疾病防控和突发公共卫生事件处置等”。[③]2009 年新医改基本文件相关解读性的著作，也未对“基本医疗卫生服务”概念和范围予以明确界定。[④]

“基本医疗卫生服务”与“初级卫生保健”含义是否相同？第二轮医改目标是到 2000 年基本实现人人享有初级卫生保健，[⑤] “初级卫生保健”来自 1978 年世界卫生组织在苏联阿拉木图发表的《阿拉木图宣言》。“初级卫生保健”（primary health care）是国外分级诊疗体系下（即三级诊疗体系，包括初级、二级和三级）初级医疗卫生服务的称谓，主要内容至少包括对卫生及其预防和控制方法的宣传教育、改善食品供应及适当的营养、安全饮用水的供应及基本环境卫生、妇幼卫生保

---

① 参见刘鑫、连宪杰：《论基本医疗卫生法的立法定位及其主要内容》，载《中国卫生法制》2014 年第 3 期，第 23-28 页。

② 参见李红梅：《民生三问：小病“套餐”能推广吗？》，载《人民日报》2013 年 5 月 29 日，第 12 版。

③ 参见李克强：《不断深化医改 推动建立符合国情惠及全民的医药卫生体制》，载《求是杂志》2011 年第 22 期，第 3-10 页。该文并非给出明确的基本医疗卫生服务概念和范围。

④ 类似解读式的著作，参见于德志：《医改专题研究》，人民卫生出版社 2013 年版；刘军民：《中国医改相关政策研究》，经济科学出版社 2012 年版；张越：《人人享有健康保健——〈中共中央 国务院关于深化医药卫生体制改革的意见〉操作指南》，人民出版社 2009 年版。

⑤ 参见《中共中央、国务院关于卫生改革与发展的决定》（中发〔1997〕3 号）。

健（包括家庭计划、主要传染病免疫接种、基本药物提供）等。[①]初级卫生保健再向前迈进一步就是分级诊疗体系中的二级医疗，即手术和住院治疗。1986 年 3 月，我国政府在第 39 届世界卫生大会上宣布，世界卫生组织提出的“2000 年人人享有卫生保健”战略是英明的，实施是卓有成效的，我们必须同心协力支持并为它的实现做出应有的贡献，中国政府已经从多方面加强措施，促进这一目标在我国的实现。这标志着我国正式接受了初级卫生保健战略。我国 1997 年医改基本文件提出到 2000 年基本实现人人享有初级卫生保健，是对《阿拉木图宣言》的官方回应和政治承诺。2009 年新医改基本文件不再使用“初级卫生保健”这一国际术语，而由“基本医疗卫生服务”取而代之。[②]结合 2009 年新医改基本文件提出建立社区首诊和双向转诊的分级诊疗体系来看，“基本医疗卫生服务”当与“初级卫生保健”意义相当。

至于“基本医疗卫生服务”的外延，笔者认为，基本公共卫生服务范畴，应当以国家标准为依据。根据《国家基本公共卫生服务规范》（2011 年版），基本公共卫生服务包括 11 项内容，即城乡居民健康档案管理、健康教育、预防接种、0–6 岁儿童健康管理、孕产妇健康管理、老年人健康管理、高血压患者健康管理、2 型糖尿病患者健康管理、重型精神疾病患者管理、传染病及突发公共卫生事件报告和处理以及

---

① 1978 年 9 月 6 日至 12 日在苏联阿拉木图举行的国际初级卫生保健会议，会议报告《初级卫生保健》是《阿拉木图宣言》的雏形。《阿拉木图宣言》指出，初级卫生保健是使人民到 2000 年时享有能使他们过上社会及经济富裕生活的健康水平这一社会性目标的主要渠道。关于初级卫生保健的主要内容和要求，参见世界卫生组织：《初级卫生保健》，1978 年，资料来源于世界卫生组织网，http://www.who.int/topics/primary_health_care/alma_ata_declaration/zh/，访问时间为 2015 年 5 月 15 日。

② 至于为什么不继续使用“初级卫生保健”这一国际术语，原因不得而知。可以试想，如果 2009 年新医改基本文件使用“初级卫生保健”一语，则意味着，我国公开承认了没有实现《阿拉木图宣言》到 2000 年实现人人享有初级卫生保健的目标和要求。另外，“基本医疗卫生服务”中的“基本”一词，含义不清，“初级卫生保健”一语更具科学性和通用性。参见朱幼棣：《大国医改》，世界图书出版公司北京公司 2011 年版，第 260–262 页。

卫生监督协管服务。[①]基本医疗服务范围目前尚缺乏国家标准，笔者认为应当通过基层医疗机构、基本药物制度和基本医疗保险诊疗项目三个要素来确定基本医疗卫生服务的范围，即基本医疗服务范围限定在基层医疗机构使用基本药物并且属于国家基本医疗保险诊疗项目范围内的服务。基层医疗机构包括城市社区卫生服务中心（站）、乡镇卫生院和村卫生室等。国家基本药物目录已经颁布。[②]国家基本医疗保险诊疗项目在1999年《关于城镇职工基本医疗保险诊疗项目管理的意见》中已有所涉及，应当随着新医改的不断推进而及时增减。

三、基本医疗卫生服务政府提供模式

基本医疗卫生服务作为公共产品向全民提供，公共医疗卫生责任主要由政府承担。[③]基本医疗卫生服务是基本医疗服务和基本公共卫生服务的总称，是“初级卫生保健”这一国际卫生领域通行术语在我国新医改基本文件中的同义表达。基本医疗卫生服务具有公益性特点，基本医疗卫生服务涉及每一个社会成员的生存权和健康权，而生存权和健康权是公民的最基本人权。为确保基本医疗卫生服务的公益性，实现2020年人人享有基本医疗卫生服务的目标，政府在基本医疗卫生领域的主导作用不可或缺。政府具有维持公民基本医疗卫生条件的宪法义务，也是各种国际公约明确规定的职责。各国政府通常免费或

---

① 参见《国家基本公共卫生服务规范》(2011年版)，卫生和计划生育委员会网，http://www.nhfpc.gov.cn/zhuzhan/wsbmgz/201304/cb5978bb42814451a26e5c97dd855254.shtml，访问时间为2015年5月15日。

② 《国家基本药物目录》目前最新版为2012年版，目录分为三部分，第一部分为化学药品和生物制品，主要依据临床药理学分类，共317个品种；第二部分为中成药，主要依据功能分类，共203个品种；第三部分为中药饮片，不列具体品种，用文字表述。

③ 参见《中共中央、国务院关于深化医药卫生体制改革的意见》(中发〔2009〕6号)。

通过覆盖全民的医疗保险为公民提供基本医疗卫生服务，如英国、德国、印度、古巴等。另外，各国政府纷纷制定法律来推动医疗保障制度的建立。[①]我国应当顺应世界各国基本医疗卫生服务或初级卫生保健法治化发展趋势，实现基本医疗卫生服务的法治化并用法治的办法规范政府基本医疗卫生服务的提供。[②]

基本医疗卫生服务政府提供模式主要有两种类型：

第一类是政府直接提供模式，即政府投资建立各种基层医疗卫生机构并将基本医疗卫生服务作为公共产品免费或以覆盖全民的基本医疗保障制度向全民提供。主要特点：其一，公益属性明显。政府依靠财政投资建立基层医疗卫生服务机构向全民提供基本医疗卫生服务，运作资金均来自国家财政，包括人员工资、公共卫生服务经费、设备及维修经费、培训经费、发展经费等。公立属性的基层医疗卫生服务机构，代表国家履行基本医疗卫生服务提供的法定职责，不以营利为目标，不得从事与职责无关的其他营利性事务。其二，基本医疗卫生服务具体提供者为基层医疗卫生机构组建的、以全科医生为核心的全科团队。全科团队由政府代表即基层医疗卫生服务机构组建并负责监管，全科团队组建涉及团队成员构成、成员配备标准、协作机制、设置场所等。组建全科团队行为具有公权力属性，是政府授权公立基层医疗卫生服务机构在机构内行使公权力的表现，任何其他私立医疗机构非经允许，不得擅自组建全科团队。[③]其三，采取政府直接提供模

① 参见姜楠：《国外医疗保障立法实践及其借鉴意义》，载《武汉交通职业学院学报》2010年第4期，第45-49页。

② 加快推进基本医疗卫生立法，明确政府、社会和居民在促进健康方面的权利和义务，保障人人享有基本医疗卫生服务。参见《中共中央　国务院关于深化医药卫生体制改革的意见》（中发〔2009〕6号）。

③ 政府举办的基层医疗卫生机构要通过签订协议的方式为全科医生及其团队提供服务平台，参见《国务院关于建立全科医生制度的意见》（国发〔2011〕23号）。本文第三章在上海全科医生团队服务模式实践调研和问题反思的基础上，就全科医生团队服务模式的具体运作，提出针对性的法治建议。

式的国家不多，主要以古巴为代表。古巴于1959年革命后，卫生保健由国家免费提供。国家设立初级卫生保健机构即全科医生诊所，诊所内配备一名护士，协助全科医生工作，每个全科诊所服务大约600名居民或150个家庭。①

第二类是政府间接提供模式，即政府通过购买方式承担基本医疗卫生服务的提供职责，以充分发挥政府对市场的管理职能。主要特点：其一，基本医疗卫生服务公益属性仍然不可动摇。政府虽不直接提供基本医疗卫生服务，但向第三方购买基本医疗卫生服务的经费来自国家税收，第三方具体提供基本医疗卫生服务的内容和形式受政府监管。其二，直接提供者并非政府设立的公立医疗机构，而是具有私立属性的社会医疗机构。政府通过规范第三方提供者的专业人员培养、资质、服务标准、开设诊所准入条件及退出机制等，确保第三方公平且高效地向全民提供基本医疗卫生服务。但符合条件的社会医疗机构作为承担基本医疗卫生服务的第三方，有权组建自己的全科服务团队，至于全科服务团队的组成、人员比例及成员之间的协作等，皆由社会医疗机构决定，政府一般不作干预，相关行业自治组织对全科团队成员的职责规范作出指引性规定。②其三，采取政府间接提供模式的国家居多，以英国为典型。英国"二战"后根据《贝弗里奇报告》制定了《国家健康服务法》(1946年)(《National Health Service Act，1946》)，创制了覆盖全民的医疗服务保障体系（NHS），主要依靠税收保障免费

① Dresang LT，Brebrick L，Murray D，et al.，Family Medicine in Cuba：Community Oriented Primary Care and Complementary and Alternative Medicine，J Am Board Fam Pract，(18) 2005，pp.297–303.

② 例如，英国皇家全科医生学院（RCGP）对于全科团队中的全科护士执业标准，有行业指引性规范。参见《Updated GPN Nursing standards 2015》，英国皇家全科医生学院（RCGP）网，http://www.rcgp.org.uk/membership/practice-team-resources/information-for-practice-teams.aspx，访问时间为2015年9月24日。

向全民提供基本医疗。[①]政府把卫生保健职责委托给了英联邦4个行政区域，即英格兰、威尔士、苏格兰和北爱尔兰，卫生保健主要通过国家税收进行筹资。在每一地区，购买卫生服务责任由相应的地方机构承担，即英格兰的初级卫生保健托拉斯PCT、苏格兰的卫生委员会、威尔士的地方康健集团（LHGs）和北爱尔兰的初级卫生保健公司。中央政府直接将资金转移支付到PCTs/LHGs。[②]初级卫生保健服务提供者主要为全科医生，除此之外，还包括牙医、药剂师、验光师、NHS非预约中心、NHS咨询系统等。全科医生与基本医疗信托机构签约为其提供基本医疗服务，患者在基本医疗信托机构认可的医院、门诊外科等进行诊疗。全科医生通常开办全科诊所并组成团队进行工作，除了全科医生外，团队还包括护士、健康视察员、助产士、理疗师以及一些专科医生等。[③]

对于基本医疗卫生服务两类提供模式的差异性与共同性，需要理性看待。差异性主要体现在基本医疗卫生服务具体提供的主体不同。政府直接提供模式本质是政府向公立属性的基层医疗卫生服务机构购买基本医疗卫生服务，但由于基层医疗卫生服务机构具有公立属性，政府向公立基层医疗卫生服务机构购买基本医疗卫生服务，并由政府财政承担费用，故基本医疗卫生服务具体提供者实为政府之代表。政府间接提供模式本质是政府向非公立基层医疗卫生服务机构购买基本医疗卫生服务，政府财政通过协议向非公立基层医疗卫生服务机构支付服务费用，即基本医疗卫生服务的具体提供者非为政府代表。相同性主要有二：一是政府与具体提供基本医疗卫生服务主体间形成基本医疗卫生服务的购买与具体提供关系，无论具体提供基本医疗卫生服

---

① 参见李学成：《全科医生法律制度的功能定位与立法模式研究——以英美全科医生法制的国际经验为视角》，载《金陵法律评论》2015年春季卷，第276–288页。

② 参见饶克勤、刘新民主编：《国际医疗卫生体制改革与中国》，中国协和医科大学出版社2007年版，第150、153页。

③ 参见李学成：《全科医生法律制度的功能定位与立法模式研究——以英美全科医生法制的国际经验为视角》，载《金陵法律评论》2015年春季卷，第276–288页。

务的机构是公立属性抑或非公立属性。二是具体提供基本医疗卫生服务机构均实行全科医生制度并组建全科团队向签约对象提供符合约定的基本医疗卫生服务。政府直接提供模式由公立属性的基层医疗卫生服务机构负责组建全科团队，政府间接提供模式则由社会办基层医疗卫生服务机构（通常为全科私人诊所）在行业规范指导下自行组建。全科医生制度在基层医疗卫生服务机构中作为具体承担服务提供职责的主要制度设计，目的在于形成分级诊疗秩序。①

我国基本医疗卫生服务以政府直接提供模式为主。一方面，作为提供基本医疗卫生服务的基层医疗卫生机构，皆由政府投资设立并作为国有事业单位对待。以上海为例，截止到2014年4月，上海17个区县共建成标准化社区卫生服务中心245家，实现了每个街道（乡镇）设置1家社区卫生服务中心的要求，社区卫生服务中心则以3–5个居委会或1–2万服务人群设立一个社区卫生服务站的标准，分别设置3–10个卫生服务站，约1200家；郊区按照每个中心村设置1个村卫生室的标准，共设置1476家村卫生室。根据社区卫生服务中心的设置标准，人口超过10万的街道（乡镇），每新增5–10万人口，由政府按标准增设1所社区卫生服务中心。② 新增社区卫生服务中心，仍然由政府投资设立，社会资本不能投资设立。鼓励社会资本投资于医疗资源配置薄弱的基本医疗服务领域，包括鼓励举办老年医疗护理、康复、精神卫生、儿科、产科等医疗服务供给不足的专科医疗机构，中医或中西医结合医疗机构、有条件的医药企业开设中医坐堂诊所，设置独立的医学影像诊断、医学检验、病理诊断机构等医疗机构。③ 至于社区卫生服务中心社会资本投资，则不属于鼓励的领域。另一方面，作为具体提供基本医疗卫

① 参见《国务院关于建立全科医生制度的意见》（国发〔2011〕23号）、《国务院办公厅关于推进分级诊疗制度建设的指导意见》（国办发〔2015〕70号）。

② 参见《关于印发〈上海市社区卫生服务中心设置基本标准》和《上海市社区卫生服务站设置基本标准〉的通知》（沪卫基层〔2006〕13号）。

③ 参见《关于进一步促进本市社会医疗机构发展的实施意见》（沪府办发〔2013〕6号）。

生服务的全科团队，皆由社区卫生服务中心组建并与其下设的卫生服务站设置重合。1个卫生服务站即为1个全科团队，全科团队实际成为卫生服务站的别称。由全科团队向签约居民及其家庭成员提供基本医疗卫生服务，是社区卫生服务中心代表国家履行提供基本医疗卫生服务职责的切实体现。尽管能否向社会资本开放基本医疗卫生服务并由其组建全科团队这一议题仍有讨论空间，但从上海全科医生制度改革的社会实践分析，基本医疗卫生服务皆由公立属性的社区卫生服务中心（站）具体提供，社会办医疗机构尚不存在于该领域。

基本医疗卫生服务提供模式的选择，需要考虑一国公民基本医疗卫生服务的就诊习惯、现行基层医疗卫生服务机构具体运作机制以及改革的阶段性问题，两类模式不存在孰优孰劣的价值判断。我国政府已经运用财政筹资的方式举办了初具规模的基层医疗卫生服务机构，公立属性基层医疗卫生服务机构就诊场所、人员素质、检查设备、服务效果及社会信用等，均以政府及政府财政为支撑并日渐形成选择公立基层医疗卫生服务机构的公众就诊习惯；相反，由于公立基层医疗卫生服务机构在基本医疗卫生服务领域的垄断地位、准入门槛限制与运作机制的政府财政保障优势，社会办基层医疗卫生服务机构无从产生，吸引公众能力方面也无法与公立基层医疗卫生服务机构相提并论。我国公立基层医疗卫生服务机构的整体规模基数以及政府投入的不断强化，[①] 是基本医疗卫生服务政府直接提供

① 2007年，我国共有3160家标准化社区卫生服务中心，23909家标准化社区卫生服务站，803家街道卫生院和39876乡镇卫生院，61.4万所村卫生室，还有相当数量的门诊部、诊所与医务室等基层医疗卫生机构。参见《2008年第四次国家卫生服务调查基层卫生服务专题研究报告中文摘要》，国家卫生和计划生育委员会网，http://www.moh.gov.cn/mohwsbwstjxxzx/s8211/201009/49168.shtml，访问时间为2015年5月13日。截至2015年4月，全国社区卫生服务中心（站）3.4万个，乡镇卫生院3.7万个，村卫生室64.6万个，诊所（医务室）19.1万个。参见《2015年4月底全国医疗卫生机构数》，国家卫生和计划生育委员会网，http://www.moh.gov.cn/mohwsbwstjxxzx/s7967/201506/9e460a73534b42e3b34968ee20e4160f.shtml，访问时间为2016年1月7日。

模式合理性的客观依据。从医疗机构事业单位改革视角分析，公立属性基层医疗卫生服务机构终将实现“管办分开”并成为独立法人型单位。[①]政府将基本医疗卫生服务作为公共产品向全民提供，必须对公立法人型基层医疗卫生服务机构提供基本医疗卫生服务的具体方式，进行制度建设并纳入法治化轨道，以确保新医改“人人享有基本医疗卫生服务”目标的实现。

第二节　全科医生制度的设计理念

一、全科医生与现代医学模式

全科医生（general practitioner，GP），美国、加拿大以及我国香港特别行政区和台湾地区也称之为家庭医生（family doctor）或家庭医师（family physician）。通常认为，全科医生是全民初级医疗卫生服务的主要提供者和健康护卫者，是运用全科医学知识从事全科医疗服务，为个人和家庭提供个性化的、基本的、连续性医疗服务的保健医生，素有全民健康和医疗费用“守门人”美誉。[②]

---

① 参见《中共中央　国务院关于深化医药卫生体制改革的意见》（中发〔2009〕6号）。另外，此处独立法人型单位仅指社区卫生服务中心、乡镇卫生院，不包括社区卫生服务中心下设的卫生服务站与乡镇卫生院或社区卫生服务中心具有隶属关系或实行一体化管理的村卫生室。

② 参见李学成：《我国全科医生之公共政策的法制评析》，载《行政与法》2015年第2期，第18–23页；李学成：《全科医生法律制度的功能定位与立法模式研究——以英美全科医生法制的国际经验为视角》，载《金陵法律评论》2015年春季卷，第276–288页。

全科医生是在18世纪北美洲通科医生基础上产生的。[①]18世纪欧洲兴起了向北美大陆的“移民热”，一些内科医生也迁移到了美洲。由于移民医疗需求不能得到满足，内科医生不得已突破行业的原有界限，向病人提供诸如验尿、配药、放血、灌肠、缝合等多面手的医疗服务，[②]这类医生由于通晓各类医学知识，被称为“通科医生”。例如，当时弗吉尼亚一位叫约翰·谭南的医生，是《每个人都是自己的医生：可怜的殖民者医生》一书的作者，在这本书中，约翰对专业医生收取过高的医疗费、使用糟糕的治疗法等行为大加抨击，并向那些付不起“医生诊视费”的穷人推荐各种既便宜又方便的诊疗方法。[③]19世纪初，这类具有多种技能的医生被英国Lancet杂志称为“general practitioner”（GP），通科医生虽然诞生于18世纪的美洲，却被命名于19世纪的欧洲。19世纪末以来，工业革命不仅显著提升了生产力，也促进了生物

---

① 参见吴春容：《全科医生的起源》，载《中华全科医师杂志》2002年第2期，第104–106页；李学成：《全科医生法律制度的功能定位与立法模式研究——以英美全科医生法制的国际经验为视角》，载《金陵法律评论》2015年春季卷，第276–288页。全科医生其实是医学专业未分化到如今程度之前的古代、近代医生们执业的常态，中国古代的名医，如扁鹊、李时珍、孙思邈等，都是中国古代的“全科医生”。新中国成立后，根据毛泽东“把医疗卫生工作的重点放到农村去”的指示，各地迅速组织医疗队在农村进行巡回医疗，举办赤脚医生训练班，培养大批赤脚医生，也适应了新中国成立后“一穷二白”的经济困境。赤脚医生作为新中国成立后我国特色的“全科医生”，是农村合作医疗制度的产物，为缓解农村缺医少药的燃眉之急作出了积极贡献。参见张越、张欣、何玉梅等：《医事法原理》，人民出版社2010年版，第93页；刘影：《赤脚医生产生和存在的缘由及其启示》，载《福建师范大学学报（哲学社会科学版）》2011年第5期，第107–110页；商谦：《赤脚医生》，载《中国档案》2014年第12期，第74–75页；李海红：《毛泽东之赤脚医生的理论与实践探究》，载《西北大学学报（自然科学版）》2013年第6期，第504–509页。由此可知，全科医生并非西方独有，建立符合我国国情的全科医生制度，关键在于制度建设。

② 参见孔繁贵：《全科医学还是社区医学》，载《全科医学临床与教育》2003年第3期，第57–59页。

③ 参见［美］洛伊斯·N. 玛格纳：《医学史》，刘学礼译，上海人民出版社2009年版，第345页。

学、解剖学和生理学等学科的飞速发展，X 射线、血压计、心电图机等一系列新技术的发明和使用，使医学专业化突飞猛进并形成了众多医学二级学科。[①] 尤其是 20 世纪 40 年代以来，青霉素、各种传染病疫苗、抗生素和维生素类药物的研制成功，使专科医学备受关注并得到长足发展。专科医学日渐取代了通科医学，通科医生也由于没有用武之地而纷纷改行。20 世纪 50 年代以来，人类疾病谱渐渐发生变化，人口老龄化引发的各种老年病、慢性病呈现上升趋势，老年人和慢性病患者需要医生在社区甚至在患者家中长期陪伴并照顾他们，否则，一些原本不成为疾病的诸如焦虑、抱怨等将有可能产生严重后果。[②] 由于专科医学越来越注重专科医生某一特定医学领域知识的纵深化培养，使得专科医生对于非本专业医学知识十分陌生，而社区居民大部分医疗保健问题需要全面掌握医学知识的通科医生方能应对。在英国，健康保险制度的推广使得通科医生又再次复兴并承担起社区居民卫生保健的“守门人”职责。昔日通科医生在公众呼吁声中重新回归到社区。[③] 美国、加拿大、澳大利亚等国将通科医生称为“家庭医师”（family physician），家庭医师提供的服务称为“家庭医疗”（family medicine），还相继成立了全国性家庭医师协会或学院，家庭医学也成为与其他专科医学并列的一门医学专科。英国与英联邦国家并未改变 GP 称谓，我国香港特别行政区也建立了通科医学这一医学专科，考虑到容易使人误解通科医生只“通”不专，遂在翻译“general”时翻译为“全”，说明这类医生可以为患者提供全方位、全过程的医疗服务。全科医生

---

① 参见李学成：《我国全科医生之公共政策的法制评析》，载《行政与法》2015 年第 2 期，第 18–23 页；李学成：《全科医生法律制度的功能定位与立法模式研究——以英美全科医生法制的国际经验为视角》，载《金陵法律评论》2015 年春季卷，第 276–288 页。

② KerrL，White，the Ecology of Medical Care：Origins and Implications for Population–Based Healthcare Research，Health Services Research，April 1997，pp.11–21.

③ 参见李学成：《我国全科医生之公共政策的法制评析》，载《行政与法》2015 年第 2 期，第 18–23 页；李学成：《全科医生法律制度的功能定位与立法模式研究——以英美全科医生法制的国际经验为视角》，载《金陵法律评论》2015 年春季卷，第 276–288 页。

与家庭医生成为同一种医生的两种不同称谓。① 全科医生从产生、衰落再到复兴的过程，说明全科医生是迎合了社会发展规律的时代产物。

由于各国医疗卫生服务发展状况不同，全科医生的定义也不统一。英国皇家全科医生学院将全科医生定义为，为个人和家庭提供针对个人的、基本的、连续的医疗保健医生，服务场所多为病人家中和全科医生自己的诊室，有时也在医院提供服务；对于病人提出的每一个问题，他都有责任作出初步决定，必要时需咨询专科医生；原则上要与其他全科医生团队合作，有专门的业务用房，有医疗辅助人员、助理人员和必需的设备；即使是单人诊所，必要时，全科医生也会在一个团队中开展工作；他要作出包括身体、心理和社区等方面的诊断，并从教育、预防和治疗等方面进行干预，从而促进病人恢复健康。② 美国家庭医生协会对家庭医生的定义是，他们经过范围宽广的家庭医疗专业教育，具有相应的特殊知识与技能，具备向签约对象（无论其性别、年龄或疾病类型）提供全面且连续性的医疗关照、健康维系和疾病预防服务，他们还是社区所有健康相关事务的组织者，包括利用当地顾问医师、卫生服务以及社会资源。③ 澳大利亚皇家全科医生学院将全科医生定义为，他们第一时间解除患者的个人健康问题，协调病人的医疗护理并引导患者寻求其他专科医生，对患者进行全方位的医疗照顾，包括患者工作、家庭和所在的社区，对患者实施连续性的医

---

① 参见杨秉辉:《全科医学概论》，人民卫生出版社 2008 年版，第 25-27 页。

② RCGP, the Future GP: Learning and Teaching, London: Royal College of General Practitioners（RCGP）/ BMJ publications, 1972.

③ http://www.aafp.org/about/the-aafp/history.html，美国家庭医生协会，访问时间为 2015 年 6 月 24 日。1971 年美国全科医生协会名称改为美国家庭医生协会，全科医生与家庭医生两种称谓，在美国成为同义语。参见美国家庭医师协会网，http://www.aafp.org/about/the-aafp/history.htm，访问时间为 2015 年 9 月 15 日。另参见徐敏薇、孟华、蔡滨等，《社区推行家庭医生责任制存在的困难及对策分析——以苏州市为例》，载《卫生软科学》2013 年第 3 期，第 142-143 页。

疗照顾而不论患者年龄、性别或基本类型。[①]欧盟全科医生的定义，认为全科医生即家庭医生，是经过全科医疗或家庭医疗训练的专科医生。他们作为私人医生，必须为每一个患者提供全面的、连续性医疗服务，不论其年龄、性别和疾病类型；他们关心患者及其家庭成员、患者所在社区和社会文化，始终尊重患者自主；在与患者协商并签约的服务过程中，整合物理、心理、社会、文化和生存的因素，利用知识和信任为患者真诚服务；通过自己的专业知识，促进健康、预防疾病、提供治疗、缓解病痛，直接或间接的服务，根据患者的健康需求和他们所服务的社区内的可用资源，协助患者在必要时利用这些服务；他们有责任维护和发展自己的技能、个人的平衡和价值观，并以此作为病人护理安全有效的基础。[②]世界全科医生/家庭医生协会将全科医生/家庭医生定义为，他们必须为每一个病患提供全面性医疗服务并承担主要责任，必要时安排其他卫生人员提供服务。作为通科医生，全科医生/家庭医生的功能是必须接受每个人的医疗需求，而其他医疗服务者则对患者的年龄、性别或疾病类型有所限制；他们为签约个体、家庭以及他们所在社区提供医疗服务，不分种族、宗教、文化或社会阶层；他们有能力提供临床医疗照顾并考虑到患者的文化、社会经济和心理背景。此外，他们还为患者全面而持续的医疗服务承担个人责任。[③]

上述英国、美国、澳大利亚等国以及欧盟、世界全科医生/家庭医生协会关于全科医生或家庭医生的界定，说明了这样一个日渐公认

---

① http://www.racgp.org.au/becomingagp/what-is-a-gp/，澳大利亚皇家全科医生学院，访问时间为2015年6月24日。

② 《THE European Definition OF General Practice / Family Medicine》，WONCA EUROPE，2005 Edition。http://www.rcgp.org.uk/policy/rcgp-policy-areas/european-definition-of-general-practice-and-family-medicine.aspx，英国皇家全科医生学院网，访问时间为2015年6月24日。

③ WONCA，the Role of the General Practitioners/Family Physician in the Health Care Systems，Victoria，1991.

的事实，即全科医生与家庭医生最初为各国用语，后来基于国际交流与协作的加深，日渐成为同义语，共同指向同一种类型的初级医疗服务提供者。①

全科医生服务模式顺应了医学模式的转变并与现代医学模式精髓相契合。现代医学模式的创新为全科医生及其制度发展提供了哲学依据。医学模式是考虑医学问题所持有的整体医学方法和哲学观点。②传统医学模式基于人的自然属性偏重于从生物学角度医治人的疾病，忽视了疾病产生的人的心理和社会因素。1948 年生效的《世界卫生组织组织法》开篇即宣告“健康不仅为疾病或羸弱之消除，而系体格、精神与社会之完全健康”，“完整的健康”理念被提出并成为指导各国医疗卫生事业发展的指南。1977 年，美国罗彻斯特大学精神病和内科学教授 G.L.Engle 率先提出全新的、符合“完整的健康”理念的医学模式，即不能单纯从生物学角度考察疾病的决定因素，而应当从病人、病人所处的环境以及社会提供的卫生保健系统来全面考察病因，这一思想被公认为“生物—心理—社会”三位一体的现代医学模式。③现代医学模式的提出使人们对于疾病理解超出了过去仅从病人生物体角度理解的狭隘性，将致病因素考察扩展到更为广阔的心理学和社会学视野，从而为实现医学使命提供了更具有说服力的哲学观。④

全科医生正是在这种全新的医学模式指引下为签约居民提供从身

---

① 全科医生与家庭医生两种称谓各具特色，前者说明这类医生可以为患者提供全方位的基本医疗卫生服务，突出技能优势；后一种称谓意在说明这类医生服务对象的特征，但这类医生本身并不以“家庭”为唯一的服务对象，在我国，这类医生服务的范围还包括基本公共卫生服务。总体来说，全科医生与家庭医生是同一种医生的两种不同称谓，各国甚至有关国际组织也在相同意义上适用，本文也遵从之。

② 参见吴春容：《正确认识全科医生》，载《中华全科医师杂志》2003 年第 1 期，第 33–35 页。

③ 参见赵淑英主编《全科医学概论》，北京大学医学出版社 2012 年版，第 4–5 页。

④ 参见李学成：《我国全科医生之公共政策的法制评析》，载《行政与法》2015 年第 2 期，第 18–23 页；李学成：《全科医生法律制度的功能定位与立法模式研究——以英美全科医生法制的国际经验为视角》，载《金陵法律评论》2015 年春季卷，第 276–288 页。

体、心理到社会问题等一系列全方位的医学关照，被世界卫生组织称为最经济、最适宜的医疗卫生服务模式。[①] 全科医生提倡运用全科医学知识为社区居民提供优质、方便、经济有效的、一体化基础性医疗保健服务，进行生命、健康与疾病的全过程、全方位负责式管理。[②] 首先，全科医学的发展为全科医生发挥社区居民健康“守门人”作用提供了科学依据。全科医学是在 19 世纪西方通科医生长期实践经验的基础上发展起来的一门年轻的医学专科，1969 年，美国家庭医疗委员会（American Board Family Practice，ABFP）的成立标志着现代全科医学诞生。[③]1972 年，世界家庭 / 全科医生组织在澳大利亚墨尔本成立，在国际层面协调各国家庭 / 全科医生制度和家庭 / 全科医学的发展。1993 年 11 月，中华医学会全科医学分会的成立，标志着我国全科医学学科的诞生。全科医学区别于其他专科医学的特点在于，全科医学是为基层医疗保健服务的综合性医学技能体系，它整合了临床医学、预防医学、康复医学和现代行为科学、人文科学的最新研究成果，使这一门医学专科既具有医学专业性，同时又充满了医学的人文关怀精神，注重预防，倡导以病人为中心的健康照顾同时关注家庭和社区，遵循以问题为导向的循证医学方法，为病人、家庭和社区提供全方位的初级医疗卫生保健服务奠定了科学基础。[④] 其次，人性化、综合性、可及性和连

---

① 有个别学者对全科医生将全科医学应用于全科医疗实践持不同意见，认为全科医学不一定与家庭、生命和医疗服务的本质相契合，也会在医疗传递服务中存在社会性的和心理学上的瑕疵，最终将不利于患者的健康。参见 Marshall Marinker，the Family in Medicine，Proc. roy. Soc. Med，Volume 69 Februar1976，pp.115-124.

② 参见吕兆丰、郭爱民主编：《全科医学概论》，高等教育出版社 2010 年版，第 31 页。

③ 参见美国家庭医疗委员会（ABFM）网，http://www.theabfm.org/about/history.aspx，访问时间为 2015 年 9 月 15 日。

④ I.R.McWhinney，Problem-Solving and Decision-Making in Family Practice，Can Fam Physician，（25）1979，pp.1473-1477；Reza Majdzadeh，Family Physician Implementation and Preventive Medicine：Opportunities and Challenges，Int J Prev Med，（10）2012，pp.665-669.

续性的全科医疗服务，成为现代医学模式所倡导的理想型医疗卫生保健形式。[①]以全科医学为指导的全科医疗服务倡导人文关怀，设身处地为病人健康着想，经过规范化培养并持证执业的全科医生采取诊所服务、上门服务等多种形式为病人提供方便可及性的全科医疗卫生服务，运用医学专业知识和相关人文社会科学知识为病人、家庭和社区提供全面的健康照顾，将治疗、康复、健康教育与疾病预防融为一体。[②]全科医疗在英美等国的实践表明，全科医生综合高效、可及性的医疗卫生服务是病人、家庭和社区初级医疗卫生保健的最佳形式。[③]

二、全科医生制度的体系整合

全科医生制度是全科医生在一国医疗卫生保健系统中发挥作用的规则称谓。我国全科医生制度在新医改基本文件的引导下，制度体系与脉络已逐步形成。我国新医改基本文件提出要尽快实现基层医疗卫生服务机构都有合格全科医生并作为基本医疗卫生服务的主要人力资源，国务院为贯彻和实现新医改总体策略和目标专门就建立全科医生制度出台指导性意见，以国务院政策文件形式从宏观层面上指导我国全科医生制度的建立。该意见明确了全科医生制度外延，包括全科医生培养制度（涉及培养模式、培养方法和内容、参加全科医生规范化

---

① 全科医生本身也积极参与涉及全科医生的公共政策的制定，有利于相关公共政策的科学性，参见 Randy K. Wexler，Shaping Health-related Policy In the United States：1 Family Physician at a Time，Ann Fam Med，（10）2012，pp.79-80。

② Robert L. Phillips Jr，the Future Role of the Family Physician in the United States：a Rigorous Exercise in Definition，Ann Fam Med，VOL. 12，（3）2014，pp.250-255.

③ 参见李学成：《我国全科医生之公共政策的法制评析》，载《行政与法》2015年第2期，第18-23页；李学成：《全科医生法律制度的功能定位与立法模式研究——以英美全科医生法制的国际经验为视角》，载《金陵法律评论》2015年春季卷，第276-288页；张一飞、冯学山：《英国全科医生制度建设对我国的启示》，载《中国初级卫生保健》2013年第11期，第10-12页。

培养人员管理、执业准入、学位授予、完善临床医学基础教育、继续教育以及近期多渠道培养方式等）、全科医生执业方式制度（涉及多种方式执业、服务平台、契约服务关系、分级医疗和双向转诊机制、服务质量监管等）和全科医生激励制度（涉及签约服务费、其他诊疗收费、劳动报酬、津补贴政策、职业发展路径等），并将全科医生培养模式和“首诊在基层”服务模式作为全科医生制度的总体目标之一。[①] 在国务院建立全科医生制度文件出台之前，上海从2010年就在局部区县试点全科医生制度改革，并于2013年出台全面推广全科医生制度的指导意见。根据该“指导意见”，全科医生制度外延包括服务内容（涉及签约家庭健康管理服务、首诊机制、转诊渠道）、服务形式（涉及签约服务、团队服务形式、社区卫生服务中心平台作用、信息化手段）、与全科医生制度配套的支付方式改革、队伍建设（涉及充实全科医生队伍、人才培养、考核管理、激励机制）等。[②]

综合国务院建立全科医生制度文件和上海全面推广全科医生制度指导意见的相关规定，全科医生制度以全科医生执业资质的取得为标准，可分为两部分：

其一，全科医生培养制度。全科医生培养制度本质上应归属于全科医学专业人员的医学教育制度及其改革范畴，与全科医生在分级诊疗制度体系中的执业活动及其功能定位有内在联系。全科医生培养制度是全科医生与居民建立签约服务关系并按约提供基本医疗卫生服务的基础，全科医生培养制度已纳入住院医师规范化培训制度范畴且制度规范日益健全，需要对全科医生培养相关制度设计进行整合化处理。

其二，全科医生执业制度。全科医生执业制度属于建立全科医生

---

① 参见《国务院关于建立全科医生制度的意见》（国发〔2011〕23号）。

② 参见《关于本市全面推广家庭医生制度的指导意见》（沪卫基层〔2013〕7号）。关于该“指导意见”中“家庭医生”用语与全科医生制度改革的关系，参见第二章第三节全科医生概念的法治界定。

作为居民健康与医疗费用“守门人”的制度范畴，是全科医生制度具体运作及其保障机制的主要制度设计。笔者认为，全科医生执业制度从广义上讲应包括全科医生签约执业制度、全科医生团队服务制度、全科医生首诊服务制度与全科医生执业发展制度。全科医生签约执业制度是全科医生与居民签订提供基本医疗卫生服务协议，根据协议约定向签约居民及其家庭成员提供符合协议约定的基本医疗卫生服务。全科医生签约执业制度为全科医生执业制度的基础，主要涉及签约主体资格、签约协议名称、签约主体双方权利与义务等。全科医生团队服务制度的目的在于建立以全科医生为核心成员并由不同医学专业知识背景和技能的医护人员组成、团队成员间分工明确的制度化合作机制，为签约对象提供全面的基本医疗卫生服务，主要涉及全科团队成员类型、配备标准、团队服务制度等。全科医生首诊服务制度是在初级卫生保健系统中构建的、全科团队为签约居民及其家庭成员提供初次诊疗服务并将符合条件的患者转诊至上级医疗机构的制度设计，是分级诊疗制度得以建立的基础，主要涉及全科医生首诊权与转诊权的确立与制度化保障机制。执业发展制度是基层医疗卫生服务机构在全科医生通过签约方式向社区居民提供基本医疗卫生服务过程中，基于全科医生这一特定执业身份所能依法享有的、由多种激励机制予以保障的自由与利益的制度集合体，主要涉及全科医生职称制度、全科医生专业技术发展权利以及全科医生绩效工资制度等。

上述四种具体的全科医生执业制度关系密切。全科医生签约执业制度是服务关系建立的基础，全科医生团队服务制度是服务的主要形式，全科医生首诊服务制度是全科医生制度的核心特色，全科医生执业发展制度是全科医生的执业保障。全科医生执业制度的四个组成部分是具有内在联系的有机整体，缺一不可。[①]

---

① 广义上全科医生执业制度的四个组成部分，构成了本文全科医生制度法治化的制度框架，法治化思考与制度设计也由此展开。至于全科医生培养制度的法治化进程，已有较大进展，需要对相关规范进行整合性法治设计，本文第四章第三节对此议题设有讨论。

三、全科医生制度的设计理念

（一）基本医疗卫生服务的人力资源制度

确保人人享有基本医疗卫生服务是新医改的主要目标，而全科医生制度正是基本医疗卫生服务的人力资源制度设计。新医改基本文件确立了我国深化医药卫生体制改革的总体目标并提出到2020年基本实现人人享有基本医疗卫生服务。[①]基本医疗卫生服务制度要坚持保基本、强基层、建机制的指导原则。“保基本”的要求是确保基本医疗卫生服务的可及性，满足广大居民基本医疗卫生服务需求。新医改的最大亮点就在于将基本医疗卫生服务从整个医疗卫生服务中区分出来，基本医疗卫生服务作为公共产品向全民提供。基本医疗卫生服务事关广大居民的生命权和健康权以及社会稳定与和谐，基本医疗卫生服务在整个医疗卫生服务体系中居于核心地位。而基本医疗卫生服务提供者是以全科医生为主体的基层医疗卫生服务人员，要大力培养全科医生并充实基层医疗卫生服务机构，确保到2020年每万名居民有2–3名合格的全科医生，[②]全科医生通过与居民建立签约服务关系并以全科团队的方式为其提供符合约定的基本医疗卫生服务，满足城乡居民基本医疗卫生服务的全方位需求。“强基层”要求健全基层医疗卫生服务网络并提高基层医疗卫生服务机构的服务能力。基层医疗卫生服务网络主要是城市的社区卫生服务中心（站）和农村的乡镇卫生院、村医疗室等，全科医生是基层医疗卫生服务机构的核心成员和主力军，而全科医生的培养则是提升基层医疗卫生服务机构服务能力的关键。“建机制”要求构建富有效率和公平的基本医疗卫生体制。全科医生

---

① 参见《中共中央　国务院关于深化医药卫生体制改革的意见》（中发〔2009〕6号）。

② 参见《国务院关于建立全科医生制度的意见》（国发〔2011〕23号）。

制度有利于广大居民公平地获得基本医疗卫生服务，所有居民都有权利与全科医生签约并接受签约全科医生提供的基本医疗卫生服务，有权选择全科医生并对全科医生的服务作出评价和投诉，全科医生必须公平地对待每一位签约居民（包括非签约居民），依法提供全面可及性的基本医疗卫生服务并保障每一位就诊居民知情、同意等法定权利和其他合法诉求。全科医生制度建设仍然存在不可回避的问题，目前还没有将全科医生制度规范化和法治化，还没有用法治的手段将改革成果固定下来，但各地都有贯彻《国务院关于建立全科医生制度的指导意见》的具体实施办法，使得这一保障居民公平和高效获得基本医疗卫生服务的医疗制度“地方化”“多样化”，这势必影响改革成效。[①]

（二）居民健康与医疗费用的“守门人”制度

全科医生是具备全科医学专业知识与技能的医学人才，被誉为居民健康的“守门人”。[②] 我国目前已经初步建立起全科医生培养制度并将全科医生培养纳入住院医师规范化培训制度的框架，即高等医学本科以上学历毕业生除获得临床执业医师资格外，尚需进行住院医师规范化培训并取得《住院医师规范化培训合格证书》，在卫生行政部门经过注册而成为全科执业医生。[③] 规范化的全科医生培养制度的目的在于，通过专业化全科医疗服务全面提升基层医疗卫生服务机构基本医疗卫生服务能力。全科医疗服务具有如下几个鲜明特色：一是综合人性化的医疗卫生服务。全科医生经过全科医学专业化培养，熟练掌握内科、外科、儿科、妇科等基本医疗的预防、治疗、康复、保健和提供基本公共卫生服务的知识和技能，为居民生活中常见病、多发病

---

① 参见李学成：《我国全科医生之公共政策的法制评析》，载《行政与法》2015年第2期，第18–23页；李学成：《全科医生法律制度的功能定位与立法模式研究——以英美全科医生法制的国际经验为视角》，载《金陵法律评论》2015年春季卷，第276–288页。

② 参见《国务院关于建立全科医生制度的意见》（国发〔2011〕23号）。

③ 参见《住院医师规范化培训管理办法（试行）》，另可参见第四章第三节关于全科医生培养制度的规范化制度设计。

和慢性病等提供全面的医疗服务，同时为家庭和社区提供健康宣传、卫生保健以及计划生育等医疗卫生服务。[①] 全科医生接受过医学人文教育并将人文医学理念贯穿于整个执业的始终，为居民提供个性化的基本医疗卫生服务，将会有效缓解当前紧张的医患关系，有助于形成平等、和谐、健康的医患关系。二是方便可及性的基本医疗卫生服务。可及性意味着签约居民可以比较方便地随时与签约全科医生取得联系，获得基本医疗卫生服务。居民可以在签约全科医生诊所接受医疗服务，也可请求全科医生提供家庭上门服务，以满足行动不便居民的医疗服务需求。全科医生的联系信息将向全体签约居民和社会公示，有利于签约居民获得及时且方便性的基本医疗卫生服务。三是连续协调性的医疗卫生服务。全科医生提供的基本医疗卫生服务，如果无法满足居民需求（如急性病、疑难病等），将转诊至上级医院接受治疗，接受医院治疗后的康复将由居民的签约全科医生负责。全科医生向签约居民提供除了非全科类专科医疗服务和住院服务之外的其他一切医疗服务和健康知识普及，同时还通过转诊制度发挥签约居民与上级医疗机构间的桥梁作用。

全科医生不仅是居民健康的“守门人”，更是居民医疗费用的“守门人”。建立签约服务关系后，签约居民及其家庭成员有健康需求时，应当首先寻求签约全科医生及其团队的全科医疗服务。全科医生专业化的全科医疗服务，以“控费”效果作为绩效重要考核指标。[②] 全科医生绩效收入与签约对象合理、正常的医疗费用支付标准相关联，不

---

① 以慢性病为例，我国居民慢性病患病率 2008 年达到 20.0%，比 2003 年增加了近 5 个百分点，由此推算我国慢性病总病例数达到 2.7 亿，比 2003 年增加了 0.7 亿。心脑血管疾病、糖尿病等慢性非传染性疾病是严重困扰人们，特别是危害中老年人健康和生命的主要疾病。慢性病重在防控，不在于根治，全科医生制度将是防控慢性病的最佳制度设计。相关资料来自卫生部统计信息中心编：《2008 年第四次中国卫生调查研究：第四次家庭健康询问调查分析报告》，第 32 页。国家卫生和计划生育委员会网，http://www.moh.gov.cn/mohwsbwstjxxzx/s8211/201009/49168.shtml，访问时间为 2015 年 5 月 16 日。

② 参见本文第五章第三节关于全科医生绩效工资制度改革的规范化制度设计。

正常的医疗费用增幅或为刻意“控费”而人为减少医疗费用的支出，都将严重影响全科医生及其团队的绩效收入水平。除此之外，对于超出基层医疗卫生服务机构功能定位或不属于基本医疗卫生服务的诊疗项目，全科医生将按照转诊制度将签约对象转诊至适宜的上级医疗机构就诊。作为“守门人”，全科医生可以有效避免签约对象有健康需求时直接前往二、三级医疗机构盲目就医。

（三）分级诊疗制度建立的基础

作为居民健康与医疗费用的“守门人”制度，全科医生制度是我国分级诊疗模式得以建立的关键性制度设计。[①]“基层首诊、双向转诊、急慢分治、上下联动”是我国分级诊疗制度的主要目标。“基层首诊”意味着由全科医生作为签约对象的首诊医生并实行“首诊在基层”的服务模式。“双向转诊”的内容之一便在于全科医生将符合转诊标准的签约对象转诊至适宜的上级医疗机构，[②]签约对象在上级医疗机构就诊仍然需要全科医生的全科医疗照顾，主要表现为前往上级医疗机构探视签约对象病情、负责签约对象在原基层医疗卫生服务机构或家庭的康复护理服务。“急慢分治”意味着急性病签约对象无须选择签约全科医生作为首诊医生而可以直接寻求专科或住院治疗，不受签约协议束缚；而全科医生签约对象多数为慢性病患者，慢性病患者应当选择签约全科医生作为首诊医生。“上下联动”则要求医疗卫生资源合理配置，提供基本医疗卫生服务的优质医疗卫生资源应配置于基层医疗卫生服务机构，全科医生作为基本医疗卫生服务的具体提供者，应作为基层医疗卫生服务机构的签约执业人员，强化基本医疗卫生服务提供能力。因此，全科医生制度是建立分级诊疗制度的基础，没有健

---

① 参见《国务院办公厅关于推进分级诊疗制度建设的指导意见》（国办发〔2015〕70 号）。

② 参见《关于进一步推进本市社区卫生服务综合改革与发展的指导意见》（沪府办发〔2015〕6 号）。

全完善的全科医生制度，分级诊疗制度的建立将是不可想象的。

全科医生制度是医疗卫生资源在医疗卫生服务体系中合理配置的体现。初级与二、三级医疗卫生服务体系形成了一个医疗服务网状系统，从而满足人们多层次的就医需求。不同医疗卫生资源的配置方式即医疗卫生资源的流向和利用，对医疗卫生资源的公平享有和高效利用有深刻影响。[①]对医疗卫生资源在这三个层级合理配置的目标是追求有效率的公平。[②]医疗卫生资源配置的公平性实质是各类社会主体享用医疗卫生资源中的地位和占有比例的公平性。在分级诊疗体系中，初级医疗卫生服务体系最大限度地实现了基本医疗卫生资源分配的公平性，在基本医疗保障的范围内，以全科医生为主体的基层医疗机构面向所有服务对象并为之提供基本医疗卫生服务。专科和高端医疗资源则配置于二、三级医疗机构，服务对象是经过初级医疗卫生服务体系过滤之后需要特殊治疗的患者。医疗卫生资源配置的效率体现在不同层级的医疗服务体系之间的无缝衔接。初级医疗卫生服务体系中的患者如何高效地进入二、三级医疗服务体系，需要建立科学的首诊制度和转诊制度，从而确保医疗秩序的规范化和有序化，确保患者有充分实现自身健康权益的条件和机会。由此可见，医疗卫生资源在分级诊疗体系三个层级之间的合理配置，体现了公平与效率的价值理念。值得指出的是，初级医疗卫生服务体系是分级诊疗体系三个层级中最为基础并实现各层级之间“润滑作用”的关键一环，而全科医生则是这一层级的基本医疗卫生服务的主要承担者。有效率的公平这一医疗卫生资源配置目标的实现，实质上取决于全科医生在初级医疗卫生服务体系中权利配置与权利保障。

我国整体上尚未建立起真正意义上的分级诊疗体系。2015 年 5 月

① 参见石光：《中国卫生资源配置的制度经济学研究》，中国社会出版社 2007 年版，第 51–52 页。

② 参见韩莉：《我国医疗卫生资源配置研究》，中国社会科学出版社 2011 年版，第 89–103 页。

27日，中国医师协会发布《中国医师执业状况白皮书》，指出32.69%的医师每周工作超60个小时，除了高强度和超负荷的工作外，医师们还要面对患者和社会的不理解与责难，这种无所适从让医师们难以应付。[①]这里的“医师”应特指二、三级医疗机构的专科医生，不包括在社区卫生服务中心（站）、乡镇卫生院等基层医疗卫生机构里的医生，尤其是全科医生。[②]二、三级医疗机构里的专科医生工作量的超负荷说明，我国医疗卫生资源的配置不合理。从“保基本、强基层、建机制”的新医改经验来看，医疗卫生资源合理配置图景应为金字塔形，底座为初级医疗卫生服务体系，以上分别为分工明确的二、三级医疗服务体系，医疗卫生资源配置的优先性和重要性也应遵从从下到上的配置规律。金字塔形的医疗卫生资源配置图景符合系统论的基本原理，具有涌现性，即线性作用只能带来“1+1=2”的平庸结果，非线性作用则可以产生“1+1>2”的非平庸成就。[③]初级医疗卫生服务体系不仅可以提供基本医疗卫生服务，还具有对患者进行“过滤”并通过转诊制度连接二、三级医疗服务体系的功能，其形成的医疗服务综合效益远远超过不区分医疗服务体系或混乱医疗服务体系带来的综合效益。[④]然而，我国目前的医疗资源配置图景恰恰与此相反，初级医

---

① 参见白剑锋：《中国医师执业状况白皮书显示医师执业压力主要来自工作量大》，载《人民日报》2015年5月28日，第8版。

② 本文作者在上海17个区县调研过程中发现，上海基层医疗机构里的全科医生虽然工作繁忙，除在社区卫生服务中心或卫生服务站从事门诊服务外，还要承担去签约患者家庭上门服务的职责，但总体上每个工作日的工作时间控制在8小时以内并执行法定的休假制度。

③ 参见钱东福：《城市医疗服务体系整合的理论与实证研究》，科学出版社2014年版，第34页。

④ 现代系统论从整体与部分的关系来说明系统，系统论的主要规律有结构功能相关律、信息反馈律、竞争协同律、涨落有序律和演化优化律。系统论里部分与整体之间的上述规律对于研究医疗卫生资源的合理配置，具有方法论意义。参见常绍舜：《从经典系统论到现代系统论》，载《系统科学学报》2011年第8期，第1-4页；魏宏森、曾国屏：《系统论的基本规律》，载《自然辩证法研究》1995年第4期，第22-27页。

疗卫生服务体系的医疗卫生资源短缺，人才流失严重，二、三级医疗服务体系占据了绝大多数的医疗资源，整个医疗资源配置图景呈现倒金字塔形。患者就医没有任何限制，可以直接前往想去的任何医院，二、三级医疗机构人满为患，医生工作量超负荷也就不足为奇，医闹、医暴现象也时有发生。① 建立规范科学的分级诊疗体系，初级医疗卫生服务体系为之基础与核心，因此，为实现分级诊疗体系下医疗卫生资源的合理配置，全科医生制度势在必行。

第三节　全科医生制度的法治化动因

上海全科医生制度改革开展得较早，为国务院全科医生制度文件的制定积累了宝贵经验。笔者对上海各区县全科医生制度改革实践情况进行了为期近一年的调研，通过与全科医生“一对一”式的深度访谈与发放问卷，力求以上海全科医生制度改革为全国改革之缩影，探讨全科医生制度改革中存在的突出问题并从制度规范化视角展开深入反思。

一、上海全科医生制度改革的实践成效

上海全科医生制度经历了由点到面、由局部到整体的发展过程。②

① 2015 年 5 月 27 日，最高人民法院发布四起涉医犯罪典型案例，这四起案件均发生在二、三级医疗机构中。另外，2014 年全国法院共审结暴力杀医、伤医等暴力案件 155 起。参见李阳：《最高人民法院通报依法惩治涉医犯罪情况》，载《人民法院报》2015 年 5 月 27 日，第 1 版和第 3 版。

② 上海家庭医生制度改革并未使用“全科医生”术语，如前文所述，家庭医生与全科医生实为同义语，为保持全文用语的统一，“家庭医生”一语一律由“全科医生”代替。但从调研的实际情况来看，两个术语在制度设计上也存在细微差别，具体讨论可参见第二章第三节关于全科医生概念的法治界定。

上海全科医生制度的雏形是2000年进行的“户籍保健医生”制度，当时徐汇区天平街道社区卫生服务中心在实践中提出，由医护人员组成“团队”提供上门服务，建立家庭健康档案，从事政府规定的预防保健任务。社区卫生服务中心根据本社区地理、人口等具体情况将社区分为若干管区，每个管区有2–3个居委会、2000–3000个家庭，组成团队为每个家庭提供“六位一体”的医疗卫生服务。[①]2003年起，上海市在静安区、长宁区、黄浦区、闸北区和浦东新区5个区开展“全科团队”服务模式的社区医疗卫生服务工作。[②]2004年，这种“全科团队”服务模式扩大到当时19个区33家社区卫生服务中心。[③]2010年10月起，长宁、徐汇、静安、浦东、闵行、青浦、金山、宝山、闸北、杨浦10个试点区，总计有占全市1/3的74家社区卫生服务中心包括199个社区卫生服务站和285个村卫生室，参加全科医生制试点。[④]2013年起，上海市全面推广全科医生制度，使全科医生逐渐承担起居民健康“守门人”的职责。上海市卫生和计划生育委员会出台专门文件，就全科医生的内涵界定、指导思想、基本原则、工作目标、主要任务和分阶段要求作出明确规定。[⑤]市卫计委制定了年度全科医生制度实施重点与要求，各区县分别制定了工作方案等。[⑥]2015年，上海市就进一步推进社区卫生服务综合改革与发展问题发布“指导意见”，指出以全科医生制度建设为主线并与居民签约的基础上，点面结合，逐步形

---

① 参见《关于实施“户籍制预防保健制度”通知》（沪卫基卫〔2000〕19号）。

② 参见《关于开展深化社区卫生服务改革试点工作的通知》（沪卫妇基〔2003〕17号）。

③ 参见《关于开展本市社区卫生服务示范点工作的通知》（沪卫妇基〔2004〕10号）

④ 参见高臻耀：《上海家庭医生制度的实践探索》，载《中国医疗保险》2014年第7期，第26–29页。

⑤ 参见《关于本市全面推广家庭医生制度的指导意见》（沪卫基层〔2013〕7号）。

⑥ 例如，《本市家庭医生制度建设重点任务与要求》（沪卫计委基层〔2013〕2号）、《杨浦区2014年深化实施家庭医生制度工作方案》（杨卫计委〔2014〕152号）等。

成社区首诊、分诊有序、支付补偿等关键环节的制度与政策合力，逐步推动全科医生制度成为政府提供基本卫生服务的有效形式。[①]截止到2014年4月，上海17个区县共建成标准化社区卫生服务中心245家，实现了每个街道（乡镇）设置1家社区卫生服务中心的要求，每个社区卫生服务中心根据3–5个居委会或1–2万服务人群设立一个社区卫生服务站的标准，分别设置3–10个卫生服务站，约1200家；郊区按照每个中心村设置1个村卫生室的标准，共设置1476家村卫生室。截至2013年年底，注册全科医生4229人，[②]上海已经提前实现了每万人口有2–3名全科医生的国家目标。以全科医生为主体的社区卫生服务中心（站）网络实现了“纵向到底，横向到边”的形态布局。[③]

以全科医生为主体的社区卫生服务中心（站）是上海医疗卫生层级服务体系中初级卫生保健的提供者，全科医生制度也成为政府提供基本医疗卫生服务的主要形式。上海市全科医生制度改革，主要特点是政策推进、关口前移、重心下沉，通过发布政府政策性文件的治理方式，强化以全科医生为主体的基本医疗卫生服务提供者的制度建设。主要改革成效，体现在以下几个方面：[④]

---

① 参见《上海市人民政府办公厅印发〈关于进一步推进本市社区卫生服务综合改革与发展的指导意见〉的通知》（沪府办发〔2015〕6号），载《上海市人民政府公报》2015年3月5日。

② 根据上海市卫生与计划生育委员会基层卫生处提供的信息，截至2015年5月，全市注册全科医生已超过5000人，组建全科团队约3800个，覆盖人口936万。

③ 上海市卫生与计划生育委员会网，http://www.wsjsw.gov.cn/wsj/n2006/n2012/n2013/u1ai87559.html，访问时间为2015年5月18日。

④ 相关资料主要来源于《上海市住院医师规范化培训实施办法（试行）》（沪卫科教〔2010〕5号、《上海市住院医师规范化培训与临床医学硕士专业学位教育衔接改革实施办法》《本市家庭医生制度建设重点任务与要求》（沪卫计委基层〔2013〕2号）、《关于进一步推进本市社区卫生服务综合改革与发展的指导意见》（沪府办发〔2015〕6号）、《关于进一步完善本市城乡医疗救助制度的实施意见》（沪民救发〔2012〕31号）、《关于本市区域医疗联合体试点工作的指导意见》（沪卫医管〔2010〕12号）以及本文作者在上海17个区县的实践调研。

其一，全科医生教育体系建设。2010年以前，社区卫生服务中心全科医生岗位不足的，由专科医生转岗培训方式取得全科医生执业资格，转岗培训必须经过至少半年的全科医生理论学习和临床实践培训。2010年后，所有在社区卫生服务中心执业的全科医生均实行“5+3”培养模式，即接受5年临床医学本科以上教育后，取得临床执业医师资格，在全科住院医师规范化培训基地进行为期3年的全科住院医师规范化培训并取得《住院医师规范化培训合格证书》，经卫生行政部门注册成为全科执业医生。改革临床医学硕士专业学位培养模式，实施“四证合一”制度（即研究生毕业证、硕士学位证、执业医师资格证、规范化培训合格证），[①] 培养高层次全科医学理论与实践的合格人才。

其二，执业机构建设。社区卫生服务中心定位于“五个平台”，即政府履行基本卫生职责的公共平台、政府提供全科医生执业的工作平台、市场资源引入的整合平台、居民获得基本卫生服务项目的服务平台和医养结合的支持平台。[②] 每一街道（乡镇）由政府举办一所社区卫生服务中心，凡人口新增5–10万的，允许社会资本公开竞争投资社区医疗卫生服务，但目前尚未出现社会办社区卫生服务中心。全科医生与社区卫生服务中心通过契约方式落实目标责任制，明确全科医生的责任、权利和利益。社区卫生服务中心（站）信息化建设平台初步形成，对内平台服务于全科医生与社区卫生服务中心，涉及电子健康档案等信息的收集、管理以及与上级医疗机构转诊配合的连续性服务需要；对外平台服务于全科医生与社区居民之间的签约、预约、健康教育等。社区卫生服务中心门诊科室逐渐转变为全科门诊，不再实行专科化分类门诊。核定每个社区卫生服务中心全科医生的岗位配

---

① 参见李学成：《全科医生法律制度的功能定位与立法模式研究——以英美全科医生法制的国际经验为视角》，载《金陵法律评论》2015年春季卷，第276–288页。

② 参见《上海市人民政府办公厅印发〈关于进一步推进本市社区卫生服务综合改革与发展的指导意见〉的通知》（沪府办发〔2015〕6号），载《上海市人民政府公报》2015年3月5日。

置标准，由身份管理过渡到岗位管理。[①]

其三，服务模式制度建设。由全科医生、社区护士、公共卫生医生等组成全科团队并由全科医生作为代表与居民签约，签约内容涉及全科医生及其团队服务内容、社区居民权利和义务、社区卫生服务中心权利和义务以及约定时效和解除等事项。由于患者以老年人居多，病种以常见病、慢性病和确诊的非传染病为主，全科团队的“健康包干制度”有利于发挥成员各自专长，为签约居民提供全面可及性的、连续人性化的基本医疗卫生服务。全科团队一般设定在居民聚居区内的全科医生工作站或卫生服务站内，团队及其成员详细信息均予以公示，便于签约居民就诊；同时，在社区卫生服务中心开设全科医生工作室，随时接待来到中心的签约居民并为其提供各种基本医疗卫生服务。规定全科医生在中心（站）和患者家庭服务的作息时间制度，一般为早上在中心（站）提供全科门诊服务，下午去签约患者家中提供上门服务。服务内容“六位一体”，主要涉及基本医疗类、公共卫生类和健康管理类等。为60岁以上老年人、0–3岁儿童等特殊人群提供免费健康检查、疫苗接种等服务，为残障人士和精神障碍者在社区卫生服务中心开设专门的卫生室、服务窗口、咨询室或康复活动室，并可为已确诊的慢性病患者一次性开具2–4周的药量。将社区60岁以上老年人的养老服务作为全科医生团队重要服务内容，为他们（在自愿的基础之上）设立家庭病床，全科医生须2–4周到患者家中探视。将全科医生团队服务与社区养老服务联系在一起，社区卫生中心病床逐渐改为老年护理（含舒缓疗护）床位。

其四，激励与考核机制。市财政根据社区卫生服务功能、工作性质和劳动强度，建立适应社区卫生服务的绩效工资水平，各区县财政部门根据社区卫生服务中心的工作量与治疗系数核定社区卫生

---

① 参见《上海市人民政府办公厅印发〈关于进一步推进本市社区卫生服务综合改革与发展的指导意见〉的通知》（沪府办发〔2015〕6号），载《上海市人民政府公报》2015年3月5日。

服务中心的预算总额。在社区卫生服务中心内部建立“多劳多得、绩效优酬”的激励机制，将全科医生的签约率、服务数量、服务质量、居民满意度以及基本医保控费情况作为决定全科医生收入的主要评价指标体系。考虑到全科医生服务内容的特殊性，成立了上海市卫生系列社区卫生高级专业技术职务任职资格委员会，对申报高级专业技术职务的全科医生给予科研方面适度放宽的政策。实行“零投诉”制度严格考核制度，通过对核定任务的书面资料审查、电话抽查、随时检查等措施，督促全科医生及其团队为签约居民提供符合约定的优质服务。

其五，社区首诊制度建设。为签约居民提供优先于非签约居民的基本医疗卫生服务，对常见病、多发病、慢性病和确诊的非传染病等患者实行“长处方”政策，允许居民自主选择全科医生，逐步提高社区居民选择社区卫生服务中心（站）全科医生作为首诊医生的依从性。选择对社区医疗卫生服务依从性较大的医疗救助对象建立社区首诊制度，全科医生出具转诊证明方能申请上级医疗机构的医疗救助。制定了向社区医保保障制度的倾斜政策，鼓励居民就医首先选择社区医疗卫生服务中心（站）。

其六，转诊制度建设。通过社区卫生服务中心（站）转诊到二、三级医疗机构接受专科诊疗或住院服务的患者，门诊诊查费减半并可享受医保报销一定比例的优惠政策。建立全市预约挂号信息平台和市级转诊平台，赋予全科医生一定的二、三级医疗机构专家号资源。建立社区卫生服务中心（站）与二、三级医疗机构的由专人负责的绿色转诊通道，确保转诊患者在二、三级医疗机构得到优先治疗。转诊制度的最大亮点是建立医疗联合体制度，在黄浦、崇明开展市级试点，建立社区卫生服务中心、区域内医疗机构与市级医疗机构跨行政隶属关系、跨资产所属关系的医疗机构联合体，各区县社区卫生服务中心与区域内医疗机构纷纷建立联合体，出台建立医疗联合体的专门文件，为畅通转诊秩序提供政策支持。

二、上海全科医生制度改革的突出问题

（一）单一化的政策推进模式

上海全科医生制度改革以新医改基本文件为政策背景，为贯彻落实新医改基本文件精神而制定了一系列与全科医生制度有关的地方性政策文件，全科医生制度完全依靠政策推进，政策内容与执行效果决定全科医生制度建设的成败。上海全科医生制度推进以政策为主导，即单一化的政策推进模式。纵览上海全科医生制度推进的政策文件体系，根据不同标准，可作不同分类。

1. 根据内容事项的不同，可划分为以下四类：

第一类是贯彻性、综合性的实施意见、实施方案或工作要点。例如，《中共上海市委、上海市人民政府关于贯彻〈中共中央、国务院关于深化医药卫生体制改革的意见〉的实施意见》（沪委发〔2011〕10号）是上海市委和市政府贯彻新医改基本文件精神的综合性实施意见，指出要落实各级医疗机构的功能定位，建立区域医疗联合体，整合医疗卫生资源，提出建立全科医生制度的目标，即全科医生首诊、定点医疗和转诊制度，建立全科医生居民健康"守护人"制度。《上海市深化医药卫生体制改革近期重点实施方案》（沪府发〔2011〕18号）将推进医疗资源整合和探索以全科医生制度为基础的社区卫生服务新模式作为重点工作之一，重申区域医疗联合体和分级诊疗制度建立的必要性，首次提出建立根据服务数量和质量相结合的绩效考核指标体系，农村基层全科医生的定向培养制度，全科医生培训纳入住院医师规范化培训体系并加强全科医师临床培训基地和社区培训基地建设。《上海市"十二五"期间（2013-2015年）深化医药卫生体制改革实施方案》（沪府发〔2013〕49号），提出要制定本市全面推广全科医生制度的指导意见并将全科医生制度的主要内容作为总体布局，重申区域医疗联合体制度建设，尤其是支付模式的

改革，建立“绿色通道”，畅通双向转诊。

第二类是关于社区卫生服务的政策文件。例如，《关于进一步推进本市社区卫生服务综合改革与发展的指导意见》（沪府办发〔2015〕6号）将全科医生制度建设作为社区卫生服务综合改革与发展的基本原则和主要任务，具体任务包括坐实全科医生签约服务、推行健康管理服务模式、建立有序诊疗服务机制、建立以全科医生为主体的服务模式与运行机制、开展医保支付方式改革等。这一类政策文件不是针对整个医改而言，而是聚焦在基本医疗卫生服务这个层面对全科医生制度框架进行设计。区县级类似文件，如《金山区2014年社区卫生服务综合改革工作计划》（金卫计委〔2014〕24号）等。

第三类是建立全科医生制度的专门性政策文件。例如，《关于本市全面推广家庭医生制度的指导意见》（沪卫基层〔2013〕7号）是上海市第一部系统规定全科医生制度并作出全面部署的专门性政策文件，就全科医生制度的内涵界定、指导思想、基本原则、工作目标、主要任务和阶段性要求作了明确规定。《2013年本市家庭医生制度建设重点任务与要求》（沪卫基层〔2013〕2号）就2013年全科医生制度建设的重点任务和要求作出部署。各区县政府也就推进全科医生制度出台了实施方案或工作方案，如《关于浦东新区进一步推进全科医师家庭责任制实施方案》（浦卫〔2012〕31号）、《杨浦区2014年深化实施家庭医生制度工作方案》（杨卫计委〔2014〕152号）、《宝山区关于推进家庭医生制工作的实施意见》、《徐汇区家庭医生制服务工作指导意见（试行）》（徐卫局〔2011〕9号）等。

第四类是与全科医生制度建设密切相关的政策文件。与全科医生执业机构有关的，如《上海市社区卫生服务中心设置基本标准》和《上海市社区卫生服务站设置基本标准》（沪卫基层〔2006〕13号）等。与全科医生培养有关的，如《上海市社区全科医师培养三年行动计划（2004.9–2007.8）》《上海市全科医师规范化培养试行办法（2006–2010年）》等。与全科医生转诊有关的，如《本市市民社区就诊和定向转诊普通门（急）诊诊查费减免试行办法》（沪卫基层〔2006〕8号）、《上海市社区卫生服务中心定向转诊管理规定（试行）》（沪卫基层〔2007〕4号）、《杨浦区区属公立医疗机构“双向转诊”管理实施方案》（杨卫计委〔2014〕142号）等。与建设区域性医疗联合体有关的，如《关于本市区域医疗联合体试点工作的指导意见》（沪卫医管〔2010〕12号）等。与全科医生执业内容有关的，如《家庭病床服务规范》（沪卫基层〔2010〕18号）等。

2. 以全科医生制度政策文件的发布主体级别为标准，可划分为以下五类：

第一类是以上海市委、市政府名义发布的政策文件。例如，《中共上海市委、上海市人民政府关于贯彻〈中共中央、国务院关于深化医药卫生体制改革的意见〉的实施意见》（沪委发〔2011〕10号）、《上海市深化医药卫生体制改革近期重点实施方案》（沪府发〔2011〕18号）、《上海市“十二五”期间（2013–2015年）深化医药卫生体制改革实施方案》（沪府发〔2013〕49号）、《上海市进一步深化公立医院体制机制改革三年行动计划（2013–2015年）》（沪府发〔2012〕103号）、《关于进一步推进本市社区卫生服务综合改革与发展的指导意见》（沪府办发〔2015〕6号）等。

第二类是以上海市卫生和计划生育委员会名义发布的政策文件。例如，《2014年上海市基层卫生工作要点》（沪卫计基层〔2014〕3号）、《关于本市全面推广家庭医生制度的指导意见》（沪卫基层〔2013〕7号）、《上海市社区卫生服务中心设置基本标准》和《上海市社区卫生服务站设置基本标准》（沪卫基层〔2006〕13号）、《上海市社区全科医师培养三年行动计划（2004.9–2007.8）》、《上海市全科医师规范化培养试行办法（2006–2010年）》、《本市市民社区就诊和定向转诊普通门（急）诊诊查费减免试行办法》（沪卫基层〔2006〕8号）、《上海市社区卫生服务中心定向转诊管理规定（试行）》（沪卫基层〔2007〕4号）、《家庭病床服务规范》（沪卫基层〔2010〕18号）等。

第三类是以上海市政府所属部门联合名义发布的政策文件。例如，《关于本市区域医疗联合体试点工作的指导意见》（沪卫医管〔2010〕

12号）等。

第四类是以上海市各区县政府名义发布的政策文件。例如，《浦东新区关于推进全科医师家庭责任制试点工作的实施意见》（浦府办〔2010〕78号）等。

第五类是以上海市各区县政府卫生和计划生育委员会名义发布的政策文件。例如，《关于浦东新区进一步推进全科医师家庭责任制实施方案》（浦卫〔2012〕31号）、《杨浦区2014年深化实施家庭医生制度工作方案》（杨卫计委〔2014〕152号）、《杨浦区区属公立医疗机构"双向转诊"管理实施方案》（杨卫计委〔2014〕142号）、《徐汇区家庭医生制服务工作指导意见（试行）》（徐卫局〔2011〕59号）、《金山区2014年社区卫生服务综合改革工作计划》（金卫计委〔2014〕24号）等。

（二）全科医生执业权利缺位

全科医生是全科医生制度的核心要素。全科医生执业素质决定基于签约服务关系签约对象所能享受到的基本医疗卫生服务水平，全科医生也是全科团队的核心成员并常兼任全科团队长。作为全科医生制度核心要素的全科医生，基于其在分级诊疗制度下的首诊权、转诊权与执业发展权，则明显缺位。

其一，全科医生欠缺对于签约对象应当接受首诊服务的制衡力，使得"首诊在基层"的服务模式失去权利基础。一是政策导向存在偏向居民一方而轻视全科医生的问题。例如，通过强化全科团队对签约对象的优质服务，从而吸引居民形成选择签约全科医生作为首诊医生的就医习惯，从医疗照顾需求较大的特殊群体起步并依赖基本医疗保险基金作为首诊建立机制杠杆。[①] 全科医生在制衡签约对象接受其作为首诊医生方面，没有可供利用的更多资源。同时，相关全科医生制度政策文件对全科医生首诊权问题丝毫未涉及，更多的是义务性要求。二是签约全科医生没有制衡签约对象应当选取其作为首诊医生的

① 参见《关于本市全面推广家庭医生制度的指导意见》（沪卫基层〔2013〕7号）。

资源。在全科医生首诊权及其权利保障机制缺位的情况下，签约对象是否选择签约全科医生作为首诊医生，完全听凭其个人主观判断，在优质医疗资源仍然上浮于三级医疗机构的现实下，签约全科医生演变成为签约对象在二、三级医疗机构就诊后的配药医生。即使就配药而言，全科团队所在社区卫生服务中心或下设的卫生服务站，仍然无法满足签约对象的配药需求。二、三级医疗机构向签约对象开具的药品常不属于基本药物，而社区基层医疗卫生服务机构全面实行基本药物制度后，药品均属于基本药物，签约对象只能在签约全科医生处获得属于基本药物的替代药品且断货现象时有发生。除此之外，基本医疗保险基金报销政策并未拉开基层医疗卫生服务机构与二、三级医疗机构之间的合理差距，经济杠杆作用甚微。三是签约协议书并未发挥规范签约对象就医行为的应有作用。上海市各区县签约协议书均未就全科医生首诊权问题作出明确规定，个别区县签约协议书上有模糊化表述，如签约对象应遵从全科医生的就医路径指导、有健康需求时应主动联系签约全科医生等。[①]

其二，签约对象符合转诊标准时，签约全科医生转诊权利及其保障机制的缺位。一是全科医生制度相关政策文件对全科医生转诊权及其保障机制建设，宣传意义大于实际意义。例如，2013年上海就提出要搭建各区县内的转诊平台以及全科医生与所有医疗机构的市级转诊平台，为患者提供优先预约上级医疗机构专科服务等，[②]但至今仍停留在文件层面。二是签约协议书没有为全科医生转诊权及其保障机制提供依据。上海市各区县基层医疗卫生服务机构签约协议书通常仅规定签约全科医生可为签约对象提供优先转诊服务，并无任何确保优先转诊服务的制度性机制。至于全科医生将符合转诊标准的签约对象转诊至适宜上级医疗机构的权利，也并未提及。签约对象对全科医生转诊

① 关于全科医生首诊权的上海各区县调研资料，参见第四章第一节关于上海全科医生首诊制度实施情况、居民态度以及首诊权确立情况的实践调查。

② 参见《关于本市全面推广家庭医生制度的指导意见》（沪卫基层〔2013〕7号）。

能力及其保障的怀疑，也是部分社区居民不愿签约的因素之一。[①]

其三，全科医生执业发展权利没有制度性保障机制。全科医生首诊权与转诊权是全科医生在分级诊疗制度背景下应享有的基本权利，不仅需要各自权利相应的保障机制，还需要全科医生执业发展层面上的权利及其保障机制。例如，全科医生作为基层医疗卫生服务机构居民健康与医疗费用“守门人”的临床全科执业专业人员，需要与之相适应的富于激励的全科医生职称制度，从而与二、三级医疗机构专科医生职称制度相区别。基层医疗卫生服务机构中的全科医生应有发展自身专业技术的权利，如通过参加住院医师规范化培训进而增加或变更执业范围或执业类别，既可扩充自身执业范围并提升执业能力，又可通过改变执业机构谋求其他执业发展机会与利益。除此之外，基于全科医生执业行为的付出与其在分级诊疗制度中的显著地位，应当建立富于激励机制的绩效收入分配制度，使绩效优异并深受居民爱戴的全科医生获得应有的薪酬享有权。上述全科医生执业发展权利在上海全科医生制度改革中没有切实的制度机制予以保障。[②]

三、上海全科医生制度推进模式之反思

上海全科医生制度改革取得的成效，究其根本原因，则是通过政府政策的强力引导，将原地段医院改扩建为社区卫生服务中心，大力培养全科医生人才，构建全科医生提供基本医疗卫生服务的各项制度安排，先行先试和践行机制创新的结果。但全科医生制度改革通过政策推进模式本身，存在自身难以克服的制度性障碍，导致上海不同区县全科医生制度建设参差不齐。在全面依法治国已成为当代中国时代

---

① 参见本文第二章第一节关于全科医生签约职责的实践调查和第四章第一节关于社区转诊制度实施情况的实践调查。

② 参见本文第五章第一节关于上海全科医生执业发展制度的实践调查。

发展大趋势的背景下，全科医生制度改革是坚持已有的政策推进模式抑或将其纳入法治化轨道，首先需要对政策推进模式作深入反思，在此基础之上，将两种模式进行价值比较性研究。

（一）政策推进模式的显著特征

其一，政策推进模式中的“政策”是对社会医疗卫生资源合理分配的一种尝试并具有福利性。推进全科医生制度的政策是政府为建立具有福利和公益性质的居民健康和医疗费用“守门人”制度而通过行政权力与行政程序发布的官方文件，是一种典型的社会政策。① 全科医生制度政策是医疗卫生政策的一部分，我国新医改基本文件明确指出了基本医疗卫生服务的公益性特点，而公益性与福利性密切相连，基本医疗卫生服务体系建设采取政府主导模式。从上海全科医生制度建设的具体情况来看，社区居民与全科医生签约，无须缴纳任何费用，即免费签约制。免费签约的社区居民可以获得全科医生及其团队“六位一体”的全方位基本医疗卫生服务。由于医疗保障制度的全覆盖，签约对象在社区卫生服务中心（站）的基本医疗卫生费用自付比例十分有限，全科医生制度政策成为具有明显公益性和福利性的社会政策。除此之外，全科医生制度政策也是

① 社会政策是政策制定者用来影响人们社会福祉的一种社会行动，社会政策的核心内容是解释社会问题、满足社会需求和提升社会福祉，所涉范围比公共政策更广泛。参见黄晨熹：《社会政策概念辨析》，载《社会学研究》2008 年第 4 期，第 163-181 页。一般认为，社会政策与福利国家概念相联系，强调社会保障和社会福利，通常包括社会救助、社会保障、社会医疗、社会服务、公共教育和住房等。参见齐恩平：《“民事政策”的困境与反思》，载《中国法学》2009 年第 2 期，第 69-80 页；岳经纶：《社会政策与“社会中国”》，社会科学文献出版社 2014 年版，第 46 页。随着社会政策学的发展和“科学发展观”研究的日益深入，一些社会学学者提出“发展型社会政策”的概念，是经济政策与社会政策的整合状态，是对人力资本的一种投资，并提出建构我国“发展型社会政策”的原则和路径。参见向德平：《发展型社会政策及其在中国的构建》，载《河北学刊》2010 年第 7 期，第 114-117 页。

一种公共政策，[①]是政府根据特定时期建设服务型政府的政策目标，是对基本医疗卫生服务这一社会公共利益的分配与落实，从而为社会提供更优质的公共产品和公共服务。[②]公共政策所涉及的社会公共利益包括政治、经济、文化和社会生活的各个方面，但无一例外都具有“公共性”，而涉及社会微观个体，如家庭、企业或某一类社会组织的政策，不属于公共政策而属于社会政策。因此，全科医生制度政策兼具有社会政策和公共政策双重属性。

其二，政策推进模式是政府尝试建立全科医生制度过程中综合运用行政资源的策略表现。虽然全科医生制度已在国家层面的新医改相关文件中明确提出，但该制度如何建设以及建设过程中还存在着哪些体制机制问题甚至会出现哪些社会问题，都不甚清楚，总体上处于摸索阶段。制度建设既需要借鉴世界各国的先进经验，又需要根据实际国情探索制度细微层面的设计，“一步到位”恐难实现。[③]政策本身具有一定的灵活性，在执行上级政府政策文件的同时，下级政府在坚持原则的基础上，具有一定自由裁量权，可以根据本地具体情况落实上级政府政策文件精神。另外，全科医生政策为将该制度真正贯彻到基层提供了“权力”基础。全科医生制度的推行，首要职责在于政府。政府制定公共政策来履行自身职责，也是政府行使国家权力的一种方式。全科医生制度为全民提供全面的初级卫生保健服务，需要对现行

---

① 公共政策是政府依据特定时期的目标，对社会公共利益进行选择、综合、分配和落实的过程中所制定的行为准则。参见陈庆云：《公共政策的理论界定》，载《中国行政管理》1995年第11期，第26-29页。也有学者认为，公共政策是由那些掌握或影响官方政府职能的人们所作的基本决策、承担的义务与其行为的结合。参见［美］拉雷·N. 格斯顿：《公共政策的制定》，朱子文译，重庆出版社2001年版，第5页。公共政策的主要功能在于一定程度上抵消由于外部性、公共品、垄断和信息不对称造成的市场失灵。参见刘国恩、李玲：《经济学原理》，人民卫生出版社2014年版，第207页。

② 参见王春福：《公共政策论：社会转型与政府公共政策》，北京大学出版社2014年版，第45页。

③ 参见李学成：《我国全科医生之公共政策的法制评析》，载《行政与法》2015年第2期，第18-23页。

医疗卫生体制进行大改革，如将大医院的优质医疗资源进行“下沉”式调整，新建大量社区医疗卫生服务机构，培养大量合格的全科医生以及建立科学合理的全科医生激励和约束机制等。政府上下级之间为命令与服从关系。同时，只有依靠政府权力才能将该制度推行于基层，只有政府才能有效调动各方面的行政资源，从而在短时间内初步建立起此一制度。①

其三，政策推进模式具有权力分配的指向性、阶段性目标的明确性和先行先试的倡导性。政策不同于法律，政府政策的制定往往基于某个特定时期目标而将具体任务明确分配给相关部门并限期完成具体目标，这种行政权力的运作基于行政地位上的层级性和行政权力上的制约性。例如，《上海市进一步深化公立医院体制机制改革三年行动计划》（2013–2015 年）任务分工表上第 19 项任务，要求全面推行全科医生制度，牵头部门为区县政府，主要参与部门为市卫生与计划生育委员会，具体完成时间为 2013 年到 2015 年。② 基于市政府文件的行政要求，市卫计委于 2013 年出台了全面推广全科医生制度的指导意见，各区县政府也出台了实施方案。③ 区县政府作为牵头部门意味着全科医生制度在各个区县的具体建设任务在于当地政府，而市卫计委作为主要参与部门负责制定宏观性的全科医生制度指导意见。④ 由此说明，全科医生制度的真正建立取决于各个区县政府及其卫计委的

① 参见李学成：《我国全科医生之公共政策的法制评析》，载《行政与法》2015 年第 2 期，第 18–23 页。

② 参见《上海市进一步深化公立医院体制机制改革三年行动计划（2013–2015 年）》（沪府发〔2012〕103 号）。

③ 参见《关于本市全面推广家庭医生制度的指导意见》（沪卫基层〔2013〕7 号），各区县的实施方案，如《关于浦东新区进一步推进全科医师家庭责任制实施方案》（浦卫〔2012〕31 号）、《杨浦区 2014 年深化实施家庭医生制度工作方案》（杨卫计委〔2014〕152 号）等。

④ 这样安排基于行政体制上的因素。市卫计委对区卫计委只有业务上的指导关系，并无行政上的领导关系。区卫计委是同级政府所属部门之一，受同级政府领导并对其负责。

大力推进，市卫计委以上行政权力部门的职责主要为宏观政策文件的制定和监督检查。各区县政府在具体落实市卫计委和市政府关于建立全科医生制度政策文件精神方面，根据本地实际，采取了一些颇具特色的制度设计。例如，杨浦区实行“11125”全科医生服务模式，建立全科医生转诊专家库制度等。

（二）政策推进模式的固有缺陷

上海全科医生制度政策推进模式使全科医生制度在短时间内初步建立，但其固有缺陷不可忽视，当然也并非上海所独有。①

1. 全科医生制度政策的制定和实施，缺乏公民参与机制

全科医生制度政策作为具有社会属性的公共政策，事关政策受众能否获得基本医疗卫生服务的可及性与连续性，与每一个家庭及其成员健康和医疗费用密切相关。全科医生制度定位于居民健康和医疗费用的“守门人”，而这一制度建立本身需要公众广泛参与讨论与协商，尊重公众知情权和协商权并获取多数人意见，经过反复研究并对具体制度设计达成共识后，通过法定权限与程序公布进而获得合法性认可。然而，现实并非如此。全科医生制度在上海个别区县试点后，进而向全市推广，没有建立机制倾听公众舆论和意见，如召开听证会、座谈会或其他征询意见形式，而是在国家层面全科医生制度政策文件精神感召下，出台一系列推广全科医生制度的政策文件。②民众在政府推广全科医生制度时，才被告知何谓“全科医生制度”及其制度的

① 参见李学成：《我国全科医生之公共政策的法制评析》，载《行政与法》2015年第2期，第18-23页。上海全科医生制度政策推进模式存在的固有弊端，不为上海所独有，下述分析及其思考具有一定普适性。

② 本文作者在调研过程中发现，每个全科医生都有签约任务，为了完成任务，许多全科医生专门去居民家中宣传全科医生制度并鼓励居民签约，但居民并不配合，有多种担忧，吃“闭门羹”是家常便饭。这反映出，全科医生制度政策的前期宣传不到位，建立并推广该制度时才告知民众并宣传该制度的优越性，这种反程序性的政策制定方式，其实是对民众知情权的漠视。

优越性，导致该制度在推广时遇到不少阻力，全科医生有时处于两难境地。[①] 全科医生制度推广中遇到民众不理解甚至不配合的现象说明，社会属性的公共政策需要民众的广泛参与，公众参与有利于公共政策的民主化、合法化和理性化。[②]

2. 全科医生制度政策不具有规范性和稳定性

规范性是法律的核心特征，是对人们如何行为提出了明确的行为指示，告诉人们应该做什么、可以做什么、禁止做什么，对人们的行为进行规范和指引，规范性还意味着不是针对某个人、某件事，而是针对一类人、一类事并具有反复适用性。[③] 全科医生制度政策较为原则与灵活，缺乏明确的规范指引，操作性也就大打折扣。例如，《中共上海市委、上海市人民政府关于贯彻〈中共中央、国务院关于深化医药卫生体制改革的意见〉的实施意见》是上海市委和市政府贯彻新医改基本文件精神的综合性实施意见，指出要落实各级医疗机构的功能定位，实施分级诊疗、社区首诊和双向转诊，建立区域医疗联合体，整合医疗卫生资源，提出建立全科医生制度的目标，即全科医生首

---

① 例如，《杨浦区 2014 年深化实施家庭医生制度工作方案》（杨卫计委〔2014〕152 号）就规定了 2014 年度全科医生制度的“主要指标”，包括家庭医生覆盖辖区内居委会比例达到 100%、覆盖到居委会内居民对家庭医生的知晓率 80% 以上、居民与家庭医生签约比例达到 40% 以上、签约居民当年度利用过签约家庭医生服务比例 60% 以上、当年度签约居民通过签约家庭医生预约转诊至上级医院，转诊到位率达到 80% 以上。每个全科医生都有任务，为了完成只能通过打电话的方式告知辖区居民，以防有人抽查，或通过赠送礼物的方式请求居民签约，目的只有一个，即完成任务。

② 参见周晓丽、马晓东：《公民参与：公共政策合法性的路径选择》，载《理论探讨》2005 年第 4 期，第 118－121 页。但也有学者指出，公民参与要适度，参见周明成：《公共政策制定中的公民适度参与分析》，载《内蒙古农业大学学报（社会科学版）》2010 年第 2 期，第 249－250、253 页。

③ 参见李学成：《我国全科医生之公共政策的法制评析》，载《行政与法》2015 年第 2 期，第 18－23 页；张文显主编：《法理学》，高等教育出版社 2007 年版，第 76 页。

诊、定点医疗和转诊制度。[①]这些表述仅为一种集中的政治宣示，表明上海市政府将要建立居民健康“守护人”这样一种提供基本医疗卫生服务的制度，由于过于原则性而缺失规范性。[②]《关于本市全面推广家庭医生制度的指导意见》是上海市卫计委出台的推广全科医生制度的专门性政策文件，也缺乏规范性。该政策文件规定建立全科医生首诊制的具体措施为：通过相关配套政策措施引导与基本医疗保险制度的调整，逐步实现居民选择在签约家庭医生处首诊的机制。现阶段主要采取三种方式：第一，制定优惠政策，吸引居民首诊，从医疗照顾需求较大的部分特定人群起步，逐步完善相关配套政策，推动建立居民与全科医生签约首诊、有序转诊机制；第二，新农合要继续坚持与完善现行的首诊政策；第三，研究完善医保配套政策措施，支持居民与家庭医生签约首诊。[③]区县政府落实全科医生制度政策的实施方案，是确保全科医生制度真正建立的基石，然而政策性、宣示性言辞依然大量充斥于文本。[④]除此之外，有些全科医生制度政策具有时效性，仅在一段期间有效，与“稳定性”的价值要求，相差甚远。[⑤]

3. 全科医生制度政策具有地域性，各地制度建构层次不一

综观上海市全科医生制度政策文件，全局性、宏观性文件仅对全科医生制度的建设确立了目标和宏观操作指南，没有明确的、具体的、

---

① 参见《中共上海市委、上海市人民政府关于贯彻〈中共中央、国务院关于深化医药卫生体制改革的意见〉的实施意见》。

② 参见李学成：《我国全科医生之公共政策的法制评析》，载《行政与法》2015年第2期，第18–23页。

③ 参见《关于本市全面推广家庭医生制度的指导意见》（沪卫基层〔2013〕7号）。

④ 参见《关于浦东新区进一步推进全科医师家庭责任制实施方案》（浦卫〔2012〕31号）、《杨浦区2014年深化实施家庭医生制度工作方案》（杨卫计委〔2014〕152号）等。

⑤ 例如，《上海市深化医药卫生体制改革近期重点实施方案》（沪府发〔2011〕18号）、《上海市“十二五”期间（2013–2015年）深化医药卫生体制改革实施方案》（沪府发〔2013〕49号）、《2013年本市家庭医生制度建设重点任务与要求》（沪卫计委基层〔2013〕2号）等。

可操作性的规范要求。如何建立全科医生制度，其实取决于各区县政府对上级政府政策文件的理解、上级政府政策的时限要求和地方实情。例如，杨浦区作为上海 17 个区县之一，《中共上海市委、上海市人民政府关于贯彻〈中共中央、国务院关于深化医药卫生体制改革的意见〉的实施意见》作为市政府制定全科医生制度的权威政策文件，《关于本市全面推广家庭医生制度的指导意见》作为市卫计委推广全科医生制度的权威政策文件，这些文件仅仅作为杨浦区政府及其卫计委制定本地建立全科医生制度的政策依据、大政方针和制度导向。由于这些政策文件的原则性，导致其无法为区县政府提供具有可操作性的具体实施方案。由于各区县建立全科医生制度的政策文件具体化程度不强，采取因地制宜性的措施不多，遂以硬性指标施压于社区卫生服务中心，社区卫生服务中心则将硬性指标分配给全科医生及其团队。[①] 其结果演变成为，同一个区县内，不同社区卫生服务中心全科医生制度建设水平不一；不同区县的全科医生制度建设水平，相差甚大。[②] 各区县全科医生制度建设各具特色，水平参差不齐。

4. 全科医生制度政策缺乏公开性且权利、义务与责任等内容缺失

全科医生制度市级层面的基本政策文件虽然都已通过官方网站予以公示，但该制度构建的具体政策文件，普通公众难以获取。上文已指出，全科医生制度通过政策文件形式予以推进，而具体落实市级政策文件精神则在于区县政府及其卫生和计划生育部门。区县政府及其相关部门为落实上级政策文件精神，又相继制定了一系列政策文件。这部分政策文件其实是建立全科医生制度的关键，是对上级政策精神

---

① 硬性指标主要为全科医生覆盖辖区内居委会比例、居民知晓率、居民签约率、签约居民利用家庭医生服务率、转诊到位率等。

② 根据笔者调研显示，上海市长宁区作为全国全科医生制度的试点地之一，无论是社区卫生服务中心（站）建设、全科医生团队执业，还是首诊与转诊制度、全科医生激励与约束机制等，都有一定特色和成绩。其他区县则差距较大。同一个区县内，如杨浦区五角场街道社区卫生服务中心与殷行社区卫生服务中心，虽同在一个区，但全科医生薪酬待遇反差很大。

的具体落实。然而，除了各区县官方网站公布的建立本地全科医生制度基本实施方案或工作方案外，其他相关具体做法性的政策文件无法得知。[①]各个区县内的社区卫生服务中心贯彻落实各区县政府及卫生部门政策文件精神的具体做法，缺乏公开性，普通民众无法得知。全科医生制度的相关政策着眼于各项具体制度的机械建立，没有从权利、义务和责任的视角考虑制度建构。例如，《关于本市全面推广家庭医生制度的指导意见》是上海市建立全科医生制度的核心文件，规定了 12 项主要任务，包括对签约家庭提供健康管理服务、建立家庭医生首诊机制、建立畅通的转诊渠道、逐步实现与每户家庭建立签约服务关系、优化家庭医生团队服务形式等。该文件单向度地列举了每项任务的要求和宏观层面的方法，缺乏在制度建构中各方主体的权利享有、义务分配与责任承担机制，单纯依靠行政权力推进全科医生制度的建立。

5. 全科医生制度政策缺乏法治调控

全科医生制度政策具有社会政策与公共政策的双重属性，是事关民众健康利益的重大民生政策。全科医生制度的建立有利于分级诊疗秩序的形成，是医疗秩序规范化、有序化的基础性制度建构。同时，为民众提供全面可及性的、连续人性化的基本医疗卫生服务，满足民众对医疗卫生的基本需要。然而，全科医生制度政策推进模

---

① 本文作者查阅上海 17 个区县卫生和计生部门官方网站，有的区县出台了专门建立全科医生制度的政策文件，如《关于浦东新区进一步推进全科医师家庭责任制实施方案》（浦卫〔2012〕31 号）、《杨浦区 2014 年深化实施家庭医生制度工作方案》（杨卫计委〔2014〕152 号）。有的区县没有出台专门建立全科医生制度的政策文件，而是将全科医生制度的内容放入社区卫生服务综合改革的政策文件中，如《金山区 2014 年社区卫生服务综合改革工作计划》（金卫计委〔2014〕24 号）。而有的区县，如长宁区在官方网站上公布的与全科医生制度有关的政策文件，几乎都是需要依申请而公开的。即使出台有建立全科医生制度的专门政策文件，具体落实则在于各区县内的各个社区卫生服务中心。各社区卫生服务中心的具体做法，均为单位内部文件，普通公众无法得知。

式却游走在法治的外围，政策本身的制定、实施与责任等问题，事实上均无法可依，低一级政府及其相关部门的全科医生制度政策依据即为上一级政府及其相关部门的全科医生制度政策，以此类推，全科医生制度建构依据演变成为没有法治调控的政策文本。而对于已经公布并正在实施的全科医生制度政策，其内容本身的合法性问题无从谈起。此时，便发生了逻辑上的混乱。因为无法可依，也就不存在合法与不合法之说。即使某些权威文件以宪法规定的健康权为依据，也不能由此论证各个具体落实性政策文件的“合宪性”。[①]“目的合宪”与“制度合宪”显然不是一个问题，宪法上健康权规定应当由符合宪法精神的法律制度予以规范和实现。[②]

（三）法治推进模式及其比较优势

全科医生制度法治推进模式是通过立法方式将目前建立全科医生制度取得的经验做法系统化、规范化并借鉴其他国家或地区建立初级卫生保健制度的有益经验，形成国家层面推进全科医生制度建设的规范性法律文件。

1. 法治推进模式与推进模式的阶段性

法治与政策在全科医生制度改革过程中，主导地位存在阶段性特征。在我国医疗卫生法制尤其是医疗供给法律制度、医疗保障法律制度等均十分欠缺的背景下，上海全科医生制度改革显然只能以

---

① 参见《中共中央 国务院关于深化医药卫生体制改革的意见》（中发〔2009〕6号）“基本原则”部分。

② 宪法健康权规定为我们提供了一个方向，只有在这种方向指导下创建的制度才有利于人权的保障；卫生制度必须法制化，作为宪法规定的保障性法律机制。参见邓海娟：《健康权的国家义务研究》，法律出版社2014年版，第284－285页。也可参见有关宪法人格权与民法人格权关系的论述，我国宪法权利规范不具有可诉性，健康权等人格权需要民法立法的确认。参见张平华、曹相见：《人格权的“上天”与“下凡”》，载《江淮论坛》2013年第2期，第95－102页；刘凯湘：《人格权的宪法意义与民法表述》，载《社会科学战线》2012年第2期，第200－208页。

国家层面新医改相关文件为政策依据，根据上海实际情况制定与全科医生制度改革相应的落实性政策文件。这一阶段以政策推进模式为主导，而且这一阶段还正在继续。上海市委和市政府在落实新医改基本文件中指出，要加强医药卫生法制建设，逐步建立健全与基本医疗卫生制度相适应的地方卫生法规体系。[①]然而至今，尚未出台上海市地方性基本医疗卫生立法，作为具体提供基本医疗卫生服务的全科医生制度建构，完全依赖于市区级政府及其相关部门的政策文件。应当看到，自全面推广全科医生制度以来，上海市在全科医生教育制度、执业机构建设、服务模式、激励与约束机制、社区首诊制度和转诊制度等方面，均取得显著成绩并形成了一系列较为科学的经验做法。推进全科医生制度的政策体系完备，既有在整个医改综合性政策中对全科医生制度的定位及其宏观构想，又有专门推进全科医生制度的全面改革政策及其制度性措施，还有相关配套性制度设计。现阶段需要对上海全科医生制度建设的实证情况及其经验总结、政策制度设计进行多学科研究，目的在于形成科学的、保障人人享有基本医疗卫生服务的上海全科医生制度规范并将其规范化和法制化。[②]因此，上海全科医生制度实施的现阶段已经不再是“试水”阶段，制度初步形成，需要用法治的办法加以坐实并寻求制度上的安定性、合目的性和正义性，全科医生制度推进模式应逐步转向为法治主导模式。全科医生制度法治建设应当对全科医生执业资格准入、签约制度、团队执业方式、执业发展制度以及全科医生作为居民健康和医疗费用“守门人”的社区首诊制度与转诊制度作出规定，并作为基本医疗卫生服务立法的重要组成部分。全科医生

① 参见《关于深化医药卫生体制改革的意见的实施意见》（沪委发〔2011〕10号）。

② 经济学、公共管理学、医疗保障学等非法学学科还欠缺对上海全科医生制度作有针对性的研究，尚未引起这些学科的关注。法学方面专门研究上海全科医生制度的研究尚未起步，法治推进模式的建立需要多学科的共同努力。

制度法治化不仅仅是制度建构理念的变革，而且是需要依靠经济发展和经济实力来实现的法治项目，法治最终只不过是经济关系的记录。[①]作为一种时代性与地方性知识的法治，秩序与渐进为法治的必由之路。[②]随着我国经济综合实力的增强，全科医生制度在上海乃至国家层面上的法治化，具有以经济发展和经济实力为基础的现实可能性和以政策推进模式取得丰富运作经验的深厚实践基础。

全科医生制度的法治主导模式并不排斥符合法治精神的全科医生制度具体运作的相关政策。全科医生制度政策是具有社会属性的公共政策。有学者认为，这类非由立法机关制定、不能依靠国家强制力保证实施的规范，可被称为“软法”，是一种法律效力结构未必完整、无须依靠国家强制力保障实施、但能够产生社会实效的法律规范。我国 20 多年的公域之治软硬兼施的混合法结构，在相当程度上彰显出民主政治与法治建设的中国特色，软法与硬法大致具有法律逻辑上的错综复杂、法律功能上的优势互补、法律规范上的相互转化三种基本关系。软硬兼施的混合法模式是我国解决公共问题的基本模式。[③]全科医生制度的公共政策作为一种“软法”，对于全科医生制度的初步构建和制度形成实际发挥着“法律”作用，但其本身由于缺乏法律的规范性、稳定性、公众参与机制等，“软法”能否真正建立制度科学、运作规范、权责明确、监管到位的全科医生制度体系，值得存疑。必须对“软法”进行符合法治精神的制度性改造，将其制定主体、制定权限、制定程序、制定责任纳入法治监督体系，

---

① 参见郝铁川：《当代中国法制的阶段性与超越性》，载《中国法学》2007 年第 2 期，第 31–39 页。

② 参见郝铁川：《秩序与渐进——中国依法治国的几个问题》，载《法学论坛》2008 年第 1 期，第 37–44 页。

③ 参见罗豪才：《加强软法研究　推动法治发展》，载《人民日报》2014 年 6 月 20 日，第 7 版；罗豪才、宋功德：《认真对待软法——公域软法的一般理论及其中国实践》，载《中国法学》2006 年第 2 期，第 3–24 页；程信和：《硬法、软法与经济法》，载《甘肃社会科学》2007 年第 4 期，第 219–226 页。

既要发挥“软法”在法律调整范围之外的规范和引领作用，又要对其进行法治化监督，避免“软法”实际取代法律的后果出现。就上海现阶段全科医生制度改革的推进模式而言，法治推进模式可与符合法治精神的政策并行，政策功效在于弥补法治的欠缺以及对行政权力内部的政治性约束，最终形成法治推进、政策配合的良性互动机制。

2. 法治推进模式与全面依法治国

新医改基本文件目标即实现人人享有基本医疗卫生服务，而全科医生制度则是提供基本医疗卫生服务的主要制度设计，全科医生制度法治化是实现新医改目标的必由之路，是全面依法治国方略的必然要求。习近平总书记指出，全面推进依法治国，是解决党和国家事业发展面临的一系列重大问题，解放和增强社会活力、促进社会公平正义、维护社会和谐稳定、确保党和国家长治久安的根本要求。[①] 法治作为治国理政的基本方式，必须坚持运用法治思维和法治方式建设法治中国。[②] 党的十八届四中全会《中共中央关于全面推进依法治国若干重大问题的决定》(以下简称《决定》)指出，要加强医疗卫生等重点领域立法，依法保障公民权利，加快完善体现权利公平、机会公平、规则公平的法律制度，保障公民人身权、财产权、基本政治权利等各项权利不受侵犯，保障公民经济、文化、社会等各方面权利得到落实，实现公民权利保障法治化。并对立法与改革的关系作出符合法治精神的论断，即实现立法和改革决策相衔接，做到重大改革于法有据、立法主动适应改革和经济社会发展需要。实践证明行之有效的，要及时上升为法律。实践条件还不成熟、需要先行先试的，要按照法定程序作

① 参见习近平：《关于〈中共中央关于全面推进依法治国若干重大问题的决定〉的说明》，载《中国青年报》2014年10月29日，第1版。

② 参见李林：《全面推进依法治国是一项宏大系统工程》，载《国家行政学院学报》2014年第6期，第14—23页；张文显：《运用法治思维和法治方式治国理政》，载《社会科学家》2014年第1期，第8—17页。

出授权；对不适应改革要求的法律法规，要及时修改和废止。[①] 中国法治要关注和解决中国实际问题，将实现有效的社会控制与治理的要求渗透到法律及其运作的整个过程之中，从而形成与中国国情相适应的法治体系。[②]

全面依法治国，必须着重关注社会民生。党的十九大报告《决胜全面建成小康社会 夺取新时代中国特色社会主义伟大胜利》指出，要始终坚定地实施健康中国战略。人民健康是民族昌盛和国家富强的重要标志，要完善国民健康政策，深化医药卫生体制改革，全面建立中国特色基本医疗卫生制度、医疗保障制度和优质高效的医疗卫生服务体系，加强基层医疗卫生服务体系和全科医生队伍建设，为人民群众提供全方位全周期健康服务。基层医疗卫生服务能力的全面提升和全民基本医疗卫生服务制度的全面建立，是健康中国战略得以实现的基本保障。全科医生制度作为关涉重大民生保障的制度设计，作为医疗卫生领域基本医疗卫生服务主要提供者的制度设计，立法要主动适应改革需要并做到重大改革于法有据。改革开放后两次医改均为政策推进模式，民众“看病难、看病贵”不仅没有得到缓解，还有加剧的趋势。政策层面的政治宣示和各级政府的层层落实，作为一种制度的建构技术是否具有合理性，从法治视角来看，值得反思。改革开放以来，我国法治建设取得的进步有目共睹，但在民生领域尤其是医疗卫生领域的法治仍处于欠缺状态。医疗领域欠缺医疗基本法、医疗保障法、基本医疗卫生服务法、以全科医生为代表的提供基本医疗卫生服务的人力资源法等。每次医改均为政策推进模式，医改的制度化运作缺乏法治调控，成效并不理想。党的十八届四中全会《决定》明确了立法与

---

① 参见《中共中央关于全面推进依法治国若干重大问题的决定》（2014 年 10 月 23 日中国共产党第十八届中央委员会第四次全体会议通过），载《人民日报》2014 年 10 月 29 日，第 1 版。

② 参见顾培东：《中国法治的自主型进路》，载《法学研究》2010 年第 1 期，第 3-17 页；查骏生：《浅议转型时期中国法治的进路选择》，载《中共成都市委党校学报》2013 年第 3 期，第 33-37 页。

改革的关系，即立法要主动适应改革的需要并做到重大改革于法有据。这是改革开放三十多年后，党和政府对于改革与法治关系的深刻反思。以法治为基础的改革，才能保障改革的顺利进行并巩固改革成果。我国2009年启动的新一轮医改，不仅要发挥政策的“软法”功能，而且要以党的十八届四中全会的“全面依法治国”思想为指导，健全和完善医疗卫生法制，尤其是基本医疗卫生服务法治化，保障“人人享有基本医疗卫生服务”新医改目标实现。①

3. 法治推进模式与政治体制改革

全科医生制度改革属于政治体制改革，法治化是确认和巩固政治体制改革成果的必然选择和归宿。政治必须能够借助正义、法的安定性和合目的性的标准加以评判。②政治体制改革应当符合正义和社会发展规律，基于对政治权力滥用的警觉和行政权力的规范运作，必须通过法治化的办法对政治体制改革成果予以规范和确认。“保基本、强基层、建机制”是新医改的基本经验之一，基本医疗卫生服务作为公共产品向全民提供，实行政府主导即政府有责任通过制度建构向全民提供安全、有效、价廉的基本医疗卫生服务，而全科医生制度是政

---

① 国外医改往往是立法先行，如奥巴马医改法案，2010年3月美国众议院通过参议院医改法案《患者保护和可负担的医疗保健法》（H.R.3590）及《2010年预算协调法案》（H.R.4872），目的在于为没有医保的人提供高质量、可负担的医疗保险；为已有医保的人提供更稳定和更安全的医疗保险；降低美国家庭、企业和政府医疗费用上涨速度。参见于德志：《医改专题研究》，人民卫生出版社2013年版，第361—368页。英国1946年的《国民健康服务法》（NHS）是英国医改的法律基础，有代表性的医改立法，如1973年的《国民健康服务体系法》、1990年的《国家卫生保健服务和社区保健法》、1999年的《卫生法》、2003年的《卫生和社会保健（社区和卫生标准）法》等。参见中国医疗保险协会、国际劳动保障研究所：《世界主要国家和地区近十年医疗保障改革研究》，经济科学出版社2013年版，第29—47页。

② 参见古斯塔夫·拉德布鲁赫：《法哲学》，王朴译，法律出版社2013年版，中文译本导论第4页。

府提供基本医疗卫生服务的主要制度设计。[①]因此，全科医生制度改革作为政治体制改革的一部分，应当从法治化的视角进行研究，及时总结经验并作为政治体制改革的成果予以规范化。全科医生制度改革本身涉及一系列相关改革，如全科医生执业发展制度的改革，涉及执业医师职称评定制度的改革、执业医师注册制度改革和医疗事业单位绩效工资制度改革；全科医生社区首诊与转诊制度改革，涉及医疗资源再分配的公立医院法人制度改革等；同时，医保制度改革和相应领域行政管理体制改革将贯穿整个全科医生制度改革的始终。全科医生制度改革是整个医疗卫生领域政治体制改革的一环，如何在医疗卫生领域政治体制改革中实现法治化，学者们的观点不尽一致。[②]我认为，应从微观层面介入医疗卫生立法领域并进而实现整个医疗卫生领域的法治化，全科医生制度作为提供基本医疗卫生服务的基础性制度设计，法治化将为基本医疗卫生服务法治化乃至整个医疗卫生领域法治化奠定基础。[③]全科医生制度尤其是各项具体制度的法治化，有“倒逼”政治体制改革的功效。

---

① 参见本文第一章第一节的相关分析。从经济学的视角分析，基本医疗卫生服务作为公共产品，通过立法方式对市场进行干预，具有可行性。参见刘国恩、李玲：《经济学原理》，人民卫生出版社2014年版，第207页。

② 制定以医疗卫生领域的基本法为龙头的医疗卫生法制体系，参见曹艳林、魏占英、王将军：《医疗立法探讨》，载《中国卫生法制》2013年第5期，第4–9页；邓海娟：《健康权的国家义务研究》，法律出版社2014年版，第285页。制定《基本医疗卫生服务法》，实现基本医疗卫生服务领域的法制化，参见陈云良：《基本医疗服务法制化研究》，载《法律科学（西北政法大学学报）》2014年第2期，第73–85页；刘鑫、连宪杰：《论基本医疗卫生法的立法定位及其主要内容》，载《中国卫生法制》2014年第3期，第23–28页；黄秋斌、鞠成伟：《健康权的法律保护》，载《光明日报》2013年4月20日，第11版。制定《城市社区卫生服务条例》作为《基本医疗保障法》的前奏性法律，参见周建裕、刘典恩：《论社区卫生服务法治的实现》，载《中国全科医学》2013年第12期，第4352–4354页。

③ 参见李学成：《全科医生法律制度的功能定位与立法模式研究——以英美全科医生法制的国际经验为视角》，载《金陵法律评论》2015年春季卷，第276–288页；李学成：《我国全科医生制度法制化初论》，载《中国卫生法制》2014年第11期，第12–17页。

4. 法治推进模式与医疗秩序的规范化

任何一项制度安排都离不开秩序的阀门，医疗活动亦是如此。新医改之所以“新”，乃在于“旧医改”之基本失败。没有正式文件对“旧医改”下定论，但相关权威人士的报道以及某些调研报告却早有定论。[①] 新医改基本文件指引下的医改推进模式，值得深思。我国目前医改推进的动力源泉皆来源于国务院及有关部委、地方省市人民政府及有关部门的政策文件，各地贯彻中央文件精神的做法也不尽相同，进度各异，甚至在同一省内各地区的做法和步调也不相同。政策不属于法律范畴，在我国，政策是贯彻执政党意志的一种书面文件，具有纲领性、统筹性和原则性，不具有法律拘束力，仅在执政党内部具有一定的行政拘束力和指导意义。政策作为构建新型医疗秩序的主要手段，与法律相比，在实施领域和制度构建效果方面存在制度性危机。

医疗秩序的规范化迫使我们思考，以何种手段或方法来规范医疗秩序并使之持续运转、富于生命力？这就触及庞德所谓的“社会控制”理论。庞德认为，社会控制的主要手段是道德、宗教和法律。宗教在现代社会管理领域日渐式微，医疗秩序的规范化与宗教已不存在任何牵连。伦理化的道德规范体系是促使人们在医疗活动中尊老爱幼、先人后己、谦卑有礼，这些道德规范难以保障医疗秩序的规范化、制度化和实施的有效性。道德在于人心，无法将其外化为可以执行的规范系统，即使勉为其难，也存在秩序建构的科学性与效率性问题。庞德认为，近代社会以来，社会控制已经完全世俗化了，法律成为主要的社会控制手段。法律的目的是维护、促进和传送文明，而文明是人类力量不断地更加完善的发展，文明必须摒弃专横的、固执的自作主张，而代之以理性。[②] 以理性为基础并依靠法

---

① 参见本文第一章第一节关于新医改基本文件制定的时代背景。

② 参见［美］罗斯科·庞德：《通过法律的社会控制》，沈宗灵译，商务印书馆2010年版，第10-13、19页。另参见宋宇文：《论生态文明建设中环境利益的类型与法律保护机制》，载《南京师范大学（社会科学版）》2016年第1期，第74-80页。

律作为社会控制手段的文明社会制度，法律的规范性、确定性、可预期性、可执行性，都是确保社会秩序向着法律背后之“理想成分”方向迈进的保障。在庞德看来，法律作为近现代社会控制的主要手段，与道德、宗教相比，具有无比的优越性。就医疗秩序而言，凡是重大改革必须要于法有据，全面依法治国必然也要求医疗秩序的规范化和法治化。

四、上海全科医生执业权利缺位之反思

（一）全科医生执业权利规范的必要性

全科医生作为分级诊疗体系中初级卫生保健主要提供者和居民健康与医药费用的“守门人”，无论从初级卫生保健的特殊地位来看，还是与居民签约并为其提供全面人性化的、连续性基本医疗卫生服务的健康特殊保障作用来看，全科医生的存在价值和特殊意义都显露无遗。因此，1978年的国际初级卫生保健会议报告《初级卫生保健》和通过的《阿拉木图宣言》认为，初级卫生保健是国家卫生体系的核心，是国家卫生体系与个人、家庭与居民团体发生联系的第一阶段，它使卫生保健最大限度地深入人们工作和生活的地方，因而是完整的卫生保健过程的首要因素。[①] 从上海全科医生执业权利视角分析，全科医生在签约执业活动中的地位，有弱势化态势且有进一步延续的迹象。

著名医学人文学者王一方先生在其新著《中国人的病与药》一书中，曾提出过一系列的医师追问，作为经济人、道德人、技术人和社会人的医师，如何定位自己的社会角色。例如，作为经济人的医师如

---

① 参见《初级卫生保健》，世界卫生组织，1978年，资料来源于世界卫生组织网，http://www.who.int/topics/primary_health_care/alma_ata_declaration/zh/，访问时间为2015年5月20日。另参见王书城：《初级卫生保健概述》，载《中国社区医师》1985年第6期，第140页。

何表达财富诉求与商业博弈，如何界定有节制的体面生活、拒绝职业贪婪的品行与声誉？作者给出的结论是，通过道德示范在荒谬的医患关系中重建“互相松绑”的心理机制。[①] 毫无疑问，全科医生也是执业医师，也是作者所言之经济人、道德人、技术人和社会人。通过道德示范的确可以起到一定的风尚引领作用，形成全科医生这一医师职业群体的道德自律、经济自律。然而，道德示范就一定是唯一、甚至是主要的形塑手段和制度模式吗？[②] 道德示范能够自然而然地形成规范且富含正义的医疗秩序吗？我们要让道德示范的感召力成为全科医生职业群体的信心合力和职业约束力，没有合乎公正的制度设计，就实难为计！如何规范和保障全科医生这一弱势群体的执业权利，成为制度顶层设计的重要方面。

上海全科医生制度改革存在的问题，从权利角度来看，原因在于全科医生首诊权、转诊权、执业发展权等医事权利没有得到切实尊重、规范与保障。赋予、提升和强化全科医生在分级诊疗体系下的权利体系、权利意识、权利保障，决定着上海全科医生制度改革的成败。

（二）全科医生执业权利的特殊性

全科医生执业权利属于医事法的医事权范畴，患者权利研究相对深入。作为一个新近后起的跨部门、跨学科研究的法学课题，医

① 参见王一方:《中国人的病与药》，当代中国出版社 2013 年版，第 112 页；王一方:《医师职业生活的“镜”与“灯”》，载《健康报》2008 年 9 月 5 日，第 5 版。

② 本文作者在调研中，有幸访问了上海市第一届“十佳家庭医生”、2014 年中央电视台“寻找最美医生”得奖者——闸北区彭浦新村街道社区卫生服务中心的严正医生。严医生坦言，虽然获得居民一致认可并取得了一些成绩，但职业薪酬待遇和职称评审仍是心中难解的谜题。在光环的背后，自己就像一个“傻子”似的，为了家庭医生陪你慢慢到老的信念，孤独前行！

事权理论研究还很薄弱。[①]医事权是医疗事务法中医患双方与医疗事务有关的权利总称，包括患者权利和医生权利。基于医患双方在医疗技术领域信息的严重不对称和医患双方实质地位的不平等，患者权利研究受到学界高度重视，成果较为丰富，涉及患者知情同意权、生命健康权、患者隐私权[②]等，患者权利体系可以划分为患者个体权利和集体权利，[③]也可以根据私法划分为不同门类的医疗权利；[④]还可以根据不同弱势群体分别研究他们的医事权，[⑤]也可以根据各种标准进而形成权利谱系并得到法律确认。[⑥]我国《侵权责任

---

① 有代表性的论著，均未全面探讨患者与医生的医事权问题，仅涉及患者权利问题。例如，[日]植木哲：《医疗法律学》，冷罗生、陶芸、江涛等译，法律出版社2006年版；刘士国主编：《医事法前沿问题研究》，中国法制出版社2011年版；黄丁全：《医事法新论》，法律出版社2013年版；王岳：《医事法》，对外经济贸易大学出版社2013年版；张越、张欣、何玉梅等：《医事法》，人民出版社2010年版；赵西巨：《医事法研究》，法律出版社2008年版；汪建荣：《卫生法》，人民卫生出版社2013年版；黄威：《卫生法》，人民卫生出版社2012年版等。国外学者也多从患者角度研究医事权问题，如Steven R. Smith，Mental Health and Medical Rights：the Supreme Court of the United States in 2010–2011，the Register Report 34（Fall 2011）；Pratt Lisa，Access to Vaginal Birth after Cesarean：Restrictive Policies and the Chilling of Women's Medical Rights during Childbirth，Wm. & Mary J. Women & L，105（2013–2014）；Nora Gottlieb，Dani Filc，Nadav Davidovitch，Medical Humanitarianism，Human Rights and Political Advocacy：the Case of the Israeli Open Clinic，Social Science & Medicine，（74）2012，pp.839–845。

② 参见刘士国：《患者隐私权：自己决定权和个人信息控制权》，载《社会科学》2011年第6期，第96–100页。

③ 参见谢晓：《论患者权利类型》，载《法律科学（西北政法大学学报）》2013年第5期，第72–80页。

④ 参见李燕：《医疗权利研究》，中国人民公安大学出版社2009年版。作者没有使用"医事权"，而是用了"医疗权利"。

⑤ 例如，陈仕学：《农民工医疗权利的法律保护》，载《中国卫生事业管理》2008年第7期，第461–463页；郑大喜：《新医改形势下穷人的医疗权利与政府的行为选择》，载《中国医学伦理学》2010年第4期，第57–59页。

⑥ 参见王晓波：《医患冲突视阈下的患者权利谱系管窥》，载《中国卫生事业管理》2013年第4期，第274–277页。

法》也从医疗损害责任角度，对患者权利作出规定。[①] 在国际层面，从《纽伦堡纲领》和《赫尔辛基宣言》的人体试验伦理原则，到世界医师协会《关于病患权益的里斯本宣言》以及美国病患权利运动和日本的病患权利宣言，[②]患者权利内容不断充实并得到各国的法律确认与保护。

与对弱势一方患者权利的高调维护及法治化相比，医生权利的确认和法治化保护研究，却显得极为冷清。随着近年来“医暴”“医闹”等伤医、辱医现象的不断曝光，医生权利的确认和保护问题也受到极个别学者的关注。相关调查显示，近五成受访医生正在考虑改行，八成以上受访医生不希望子女报考医学专业。[③] 医生执业权利在我国《执业医师法》中有原则性规定，涉及选择合理治疗方案的权利、获得医疗设备的权利、科学研究的权利、接受培训的权利、人格尊严和人身安全不受侵犯的权利、收入保障的权利、提出建议和意见的权利等。从规定层面看，上述权利不可谓不全面，但保障机制缺乏的弊端，使得上述权利流于形式。[④] 从法治完善视角来看，《执业医师法》下一步修订，首先应当明确一个议题，即《执业医师法》是一部对执业医师的行政管理法，还是一部权利与义务大体相当并有切实制度保障的医师执业法？这是立法理念问题，既要保护人民健康，又要保护执业医师的合法权益；执业医师合法权益保护的条款应当与保护人民健康的条款相适应，并应规定切实可行的保障与救济条款，使医患双方在法律面前权利与义务的大体均衡。

全科医生执业权利与专科医生执业权利也存在一定差异：

---

① 参见《侵权责任法》第七章“医疗损害责任”。

② 参见黄丁全:《医事法新论》，法律出版社 2013 年版，第 143–153 页。

③ 参见闫英:《医疗改革中医生权利的保护》，载《长白学刊》2014 年第 1 期，第 75–79 页。

④ 例如，除了对阻碍医师依法执业的行为应受治安管理处罚和刑法制裁外，其他执业医师权利在《执业医师法》中缺乏明确的制度保障，更多是义务性的和违反义务后的行政处罚条款。

其一，信息不对称问题。二、三级医疗机构专科医生基于医学技术的高度专业化，其与患者之间在对病情的认识和理解方面差距巨大。强化患者一方知情同意权与保护专科医生合法执业权相辅相成，双方权利与义务应大体均衡，不应过分保护任何一方，以避免双方法律利益的明显失衡。全科医生则有所不同。全科医生面对的患者是社区签约居民及其家庭成员，随着我国老龄化趋势的加快，社区卫生服务中心及其下设的服务站以老年人为主要接诊对象，病种多为一般常见病、多发病、慢性病和已确诊的非传染病。患者病种和病情往往已经定型和常态化，甚至有些病人“久病成医”，社区医院成为老年人配药、输液[①]甚至日常文娱活动的场所，[②]医疗信息严重不对称现象在社区医院已不复存在。全科医生执业权利规范的重点应当在于如何保障全科医生在绩效收入、职称评审与专业技术等领域的执业发展权利，如何建立制度性保障机制逐渐实现全科医生首诊权和转诊权，进而形成社区首诊、双向转诊的规范有序的分级诊疗秩序。

其二，在分级诊疗体系中的位阶不同。初级、二级和三级医疗机构形成分级诊疗体系是我国新医改基本文件确立的诊疗模式，全科医生是基本医疗卫生服务（也称为初级卫生保健）的主要提供者和服务者，社区卫生服务中心（站）的执业医师将逐渐由全科医生取代，[③]全科医生将成为居民健康和医疗费用的“守门人”。全科医生

---

① 本文作者在上海市各区县调研时发现，老年人输液现象非常严重，有些老年人认为输液比吃药管用，已经养成了有病输液和没病也输液的生活习惯。

② 本文作者在上海市 17 个区县调研时发现，许多社区卫生服务中心设在社区活动中心里，社区卫生服务中心的布置呈家庭化，营造一种和谐温馨的家庭氛围。许多老年人日常除了在社区活动中心健身外，还经常在社区活动中心里的社区卫生服务中心与工作人员攀谈，气氛和睦。有的社区卫生服务中心设有专门的康复活动室，残障人士和精神障碍者可以免费进行康复治疗和文娱活动。

③ 上海市 2015 年的目标是，社区卫生服务中心的全科医生要占到全部执业医师的 60%，其他医务人员多为护士、公卫师等。参见《上海市人民政府办公厅印发〈关于进一步推进本市社区卫生服务综合改革与发展的指导意见〉的通知》（沪府办发〔2015〕6 号），载《上海市人民政府公报》2015 年 3 月 5 日。

对于不属于基本医疗卫生服务或超出基层医疗卫生服务机构功能定位的签约对象，应当及时转诊到适宜的上级医疗机构接受相应专科或住院诊治。全科医生与专科医生形成分工负责、规范有序的合作模式。基于此，全科医生执业权利应着重保障全科医生签约目的得以顺利实现，如与签约执业服务绩效相关的绩效收入保障权利、改革全科医生职称制度并作为职业荣誉象征的荣誉保有权利、全科医生变更执业范围和执业类别的专业技术发展权利以及充当居民健康与医疗费“守门人”的首诊与转诊权利等。

（三）全科医生执业权利的体系构建

全科医生作为分级诊疗体系中不同于二、三级医疗机构的初级卫生保健服务主要提供者，只有赋予全科医生特有的执业权利，方能确保全科医生作为初级卫生保健服务主要提供者的地位，使其真正承担起社区居民健康和医疗费用“守门人”的职责。

全科医生执业权利特点取决于分级诊疗体系中全科医生所处的位阶。一方面，要赋予全科医生在初级卫生保健服务中应有的、充分的执业权利，确保初级卫生保健服务提供的有效性、可及性；另一方面，在整个分级诊疗体系中，三个层级的诊疗系统并非各自封闭自成一体，而是相互牵制、相互关联、相辅相成的完整系统。初级诊疗系统承担初级卫生保健服务，在新医改基本文件中亦称为基本医疗卫生服务，全科医生是初级卫生保健服务的主要提供者，全科医生代表全科团队与社区居民签约，目的是为签约居民提供全面性的、人性化的、可及性基本医疗卫生服务。对于不属于初级卫生保健服务的项目或者需要二、三级医疗机构诊治的患者，全科医生应当及时签发转诊单并将患者转诊到相应的二、三级医疗机构就诊。在国外，二级医疗机构主要从事住院和手术治疗，三级医疗机构从事专科医疗服务和高端服务。[①]我国自 2009 年新医改以来，逐步建立和完善初级卫生保健服务体系

① 参见朱幼棣:《无药》，世界图书出版公司北京公司 2015 年版，第 58-60 页。

即基本医疗卫生服务体系，二、三级医疗机构定位已逐渐清晰化。[①]上海市正在调整和分流二级医疗机构，将二级医疗机构根据具体情况分别定位为老年护理、康复医疗机构或区域医疗中心。[②]总体来讲，上海市初级与二、三级医疗机构的定位已经形成，初级医疗机构为社区卫生服务中心及其下设的卫生服务站，全科医生为基本医疗卫生服务主要提供者；二、三级医疗机构承担专科服务、住院服务、其他高端服务和医学教学等。

在逐渐形成的规范化诊疗秩序体系下，全科医生对于签约对象的首诊要求和转诊权利规范以及全科医生执业发展权利等，既是初级卫生保健服务系统的应有制度建构和制度保障，也是连接二、三级医疗机构并为患者提供连续性医疗服务的制度基础和逻辑起点。因此，赋予全科医生在分级诊疗制度背景下特有的执业权利，是确保分级诊疗制度设计目标得以实现的制度根基。

基于上述考虑，全科医生特有的执业权利体系，可划分为以下三类：

一是全科医生首诊权。全科医生首诊权是在分级诊疗制度中全科医生有首先接触签约对象并为签约对象提供符合约定的基本医疗卫生服务的执业权利，这一执业权利是对签约对象自由选择就医机构的限制与制衡，签约对象应当根据与全科医生所签契约接受相关医疗服务，不能直接寻求其他医疗机构专科或住院医疗服务，急危重症患者除外。全科医生的首诊权是确保分级诊疗体系形成的基础性权利，没有首诊权，整个分级诊疗体系便无法形成。如何确保全科医生首诊权得以实现，不仅与居民就医习惯有关，还涉及整个医疗卫生资源的合理配置以及基本医保制度改革。因此，全科医生首诊权需要制度性保障机制方能实现。

---

① 参见《关于推进分级诊疗制度建设的指导意见》（国办发〔2015〕70 号）。

② 参见《关于贯彻中共中央、国务院关于深化医药卫生体制改革的意见的实施意见》（沪委发〔2011〕10 号）、《关于鼓励本市部分二级公立医疗机构功能转型的指导意见（试行）》（沪卫医政〔2012〕64 号）。另参见陈世义、张强、吴宇杰等：《“新医改”背景下上海社会医疗保险政策研究——基于 SWOT 分析框架》，载《劳动保障世界（理论版）》2012 年第 9 期，第 30-33 页。

二是全科医生转诊权。全科医生转诊权是全科医生对于不属于基本医疗卫生服务或超出基层医疗卫生服务机构功能定位的签约对象，通过签发转诊单的方式将签约对象转诊至适宜的上级医疗机构的执业权利。全科医生转诊权本身也是全科医生的一种执业义务，即在签约对象符合转诊标准时，应当履行相应的转诊义务。从其执业权利视角研究全科医生转诊权，目的在于构建全科医生转诊权可以实现的制度性保障机制，如预约转诊平台建设、绿色转诊通道制度、鼓励规范转诊的诊查费减免制度等。全科医生转诊权是初级卫生保健服务与二、三级医疗服务的连接点，是整个分级诊疗体系内在连贯性的表现，也是为签约对象提供连续性医疗服务的制度设计。

三是全科医生执业发展权。全科医生执业发展权是全科医生在基层医疗卫生服务机构通过签约方式向社区居民提供基本医疗卫生服务的过程中，基于全科医生这一特定执业身份所能依法享有的、由多种激励机制予以保障的自由与利益的制度集合体。全科医生执业发展权本质是为基层医疗卫生服务机构签约执业的全科医生带来自由与利益，自由与利益也是所有执业发展的具体制度服务于全科医生的目标所在，具体权利制度设计应围绕全科医生职称制度改革及其职业荣誉资格的享有、依法变更执业范围或执业类别的专业技术发展权利以及全科医生绩效工资制度改革后的薪酬获取权利等。

上述三种全科医生执业权利形成了一体化有机联系的权利体系。全科医生首诊权与全科医生转诊权是全科医生制度在分级诊疗制度中应有功能与价值的体现。赋予全科医生首诊权与转诊权并设计相应的权利保障机制，有利于全科医生“守门人”制度的建立与分级诊疗制度的最终实现。但全科医生首诊权与转诊权不仅要有各自的权利保障机制，还应确立全科医生作为基本医疗卫生服务具体提供者的执业发展权，让全科医生这一服务于基层医疗卫生服务机构的医生群体，看到签约执业活动的价值与希望，全科医生执业发展权本身也需要多种保障性机制的构建方能实现！因此，三种全科医生特有的执业权利紧密联系、融为一体，权利目的都在于构建分级诊疗制度中全科医生的“守门人”制度。

第四节　全科医生制度的科学自然法观

一、全科医生制度科学自然法观的定位

（一）科学自然法观的本质

纵观古今中外法律思想，“法”与法律关系大体存在自然法与实证法之争。两者不同之处在于法律之外是否有法。自然法观认为，法律之外有更高层次的“法”规则存在，立法和适用法律都不能违背“法”。实证法观认为，法律之外没有“法”，法律是至高无上的，即使恶法也必须执行。[①] 自然法观是“恶法非法”，实证法规则是“恶法亦法”，显然这两种法哲学关于衡量或者评价法律合法性问题方面，有着截然不同的回答。由于实证法不承认法律之外还有“法”的存在，所以法律不存在善恶之分，谈论衡量或评价法律合法性标准此一问题实为伪命题。[②] 既然“恶法非法”，何谓真正意义上的“法”，此即自然法学者长久以来探寻的议题。

关于什么是自然法或者“法”，自古以来就存在较大争议。古希腊先哲们认为法乃善良公正之术（塞尔苏斯语），“法律也有好坏，或者合乎正义，或者不合乎正义”，[③] 即“法”是关于正义的学问。以芝诺

---

① 参见刘士国：《科学的自然法观与民法解释》，复旦大学出版社 2011 年版，第 1 页。

② 参见李学成：《马克思主义自然法观述评——兼论马克思主义自然法观的继承与发展》，载《云南大学学报（法学版）》2014 年第 2 期，第 14-20 页；李学成：《指导性案例的法源意义与确认路径——以最高人民法院公布的私法性指导性案例为研究对象》，载《北方法学》2015 年第 1 期，第 19-32 页。

③ 参见［古希腊］亚里士多德：《政治学》，吴寿彭译，商务印书馆 1965 年版，第 148 页。

为代表的斯多葛学派认为自然法是遍及整个宇宙的神圣理性，整个宇宙是由一种实体组成的，这种实体就是理性，自然法就是理性法，人类本质上为理性动物，服从理性命令，根据人自己的自然法则安排其生活。[①]在古罗马法学家看来，自然法是自然教导一切生命物的法律，是自然本身所提出的见诸一切民族法律之中的法律。[②]系统继受斯多葛学派的古罗马法学家西塞罗认为，“法”是自然当中最高的理性，一个真正的法律，也即正义的理性，它与自然相契合，存在于所有人类当中，不可更易，万世永存。古罗马《优士丁尼民法大全》集中体现了这种自然法观念。[③]因此，在古希腊和古罗马时期，自然法的特点是符合正义和理性标准的世界秩序。中世纪时期，基督教给这种世界秩序覆盖上了一层神学色彩，将上帝的意志和精神作为世界秩序的规制主体。托马斯·阿奎那认为，整个宇宙共同体都受着神圣天命的统治及其理性的管辖，上帝对受造物的这种合理指导，称之为永恒定律，理性的造物所分享的永恒定律便是自然法。[④]这一时期，自然法是上帝对世界秩序的理性规制，上帝的意志便是自然法。中世纪之后，

---

① 参见［美］E. 博登海默：《法理学——法律哲学与法律方法》，邓正来等译，华夏出版社1987年版，第13页。

② 参见［罗马］查士丁尼：《法学总论——法学阶梯》，张企泰译，商务印书馆2009年版，第6页；江平、米健：《罗马法基础》，中国政法大学出版社2004年版，第72页；米健：《比较法·共同法·世界主义》，载《比较法研究》2011年第1期，第1–10页。

③ 参见［德］莱茵荷德·齐佩利乌斯：《法哲学》，金振豹译，北京大学出版社2013年版，第7–26页。理性概念起源于古希腊“Logos”和“Nous”两个词，前者原意是言谈、叙述，引申为代表一种共同的东西、共同的理解，是人们必须普遍遵循的理智；后者最初的意思是“看”，引申为通过看，突然领悟到一种处境的全部意义。参见葛洪义：《法与实践理性》，中国政法大学出版社2002年版，第17–18页；张汝伦：《历史与实践》，上海人民出版社1995年版，第270页。

④ 参见［意］登特列夫：《自然法：法律哲学导论》，李日章、梁捷、王利译，新星出版社2008年版，第42–43页，转引自王聪：《试析洛克的自然权利观》，载《理论与改革》2013年第6期，第34–37页；另参见占茂华：《自然法观念的变迁》，法律出版社2010年版，第102–103页。

自然法的中心主题是作为法之渊源的人之本质问题，从人之本质的角度理解自然法。例如，格劳秀斯和普芬道夫认为，人的本性确定了法的首要目标，而所有作为自然法出现的规则都是实现这些目标的必要条件，这些自然法则包括人应尊重他人的财产并在占有或取得时返还、遵守合同义务等。① 近世启蒙思想家孟德斯鸠认为，“从最广泛的意义上说，法是由事物的性质产生来的必然关系”。② 洛克将私有财产权作为自然法的核心，并转变成神圣不可侵犯的法权，自然法是自然状态下人人都享有的平等权利，包括生命权、自由权、财产权以及因受人侵犯这些权利而产生的惩罚权和赔偿权利。③ 克里斯蒂安·托马斯乌斯和克里斯蒂安·沃尔夫试图从“理性”这一自然法最高原则中得出完整的，包括一切法律领域的绝对有效的法律制度，如反对刑讯拷打，反对对巫师实施火刑。④ 尽管这时期的启蒙思想家对于自然法的理解不同，但都不再以上帝的意志作为自然法的核心要素，而是将自然法与理性主义、社会契约、权利本位等联系起来，美国的《独立宣言》和法国的《人权宣言》是这一时期自然法观念在实证法上的集中体现。19 世纪以来，随着人们对社会和人的深入研究，理性主义受到康德、黑格尔、休谟、边沁等思想家和法学家的批判，处于沉寂时期。20 世纪初，经过了两次世界大战的惨痛教训，新自然法理论得以产生即“自然法的复兴”，但关于什么是自然法则众说纷纭，把自然法归结为权

---

① 参见［德］莱茵荷德·齐佩利乌斯：《法哲学》，金振豹译，北京大学出版社 2013 年版，第 104-107 页。

② ［法］孟德斯鸠：《论法的精神》（上册），张雁深译，商务印书年馆 1982 年版，第 1 页。

③ 参见［英］洛克：《政府论》（下篇），叶启芳、瞿菊农译，商务印书馆 1996 年版，第 9 页。

④ 参见［德］魏德士：《法理学》，丁晓春、吴越译，法律出版社 2005 年版，第 201 页。

利、道德、尊严或者社会制度的公正，等等。①

从“法”与法律这两个词的用法来看，也存在着明显区别。例如，在罗马法中是 ius 和 lex，在英语中是（the）law 和 law、laws，在德语中是 Recht 和 Gesetz，在法语中是 droi 和 loi，在意大利语中是 diritto 和 legge。日本当代民法学家星野英一教授认为，所谓“法律”，就是有权限的立法机关制定的成文法，就是严格意义上的法律，或者是按照其意义的，以及具有和法律同等效力的。所谓“法”，无论从其广度、深度来说，还是观其纵横，则意味更广且深。“法”即是存在于社会各个方面的社会规范、是区别于道德习俗的“法的”规范。与“法律”的关系，从横向面来说是判例，从纵向面来说是“活的法律”或自然法。②将“法”作为存在于社会各个方面的社会规范来认识，虽说区别了“法”与法律，但社会规范仍然有“善”“恶”之分，而“法”本身为“良法”，法治应当为良法之治，良法存在合道德性与合理性。③因此，有必要从更广阔的哲学层面进行探究，如何理解自然法意义上的“法”。④

马克思关于“法”与法律关系的认识，值得我们高度关注。马克思认为，“法律只是在自由的无意识的自然规律变成有意识的国家法

---

① 参见李学成：《马克思主义自然法观述评——兼论马克思主义自然法观的继承与发展》，载《云南大学学报（法学版）》2014 年第 2 期，第 14–20 页；李学成：《指导性案例的法源意义与确认路径——以最高人民法院公布的私法性指导性案例为研究对象》，载《北方法学》2015 年第 1 期，第 19–32 页。

② 参见［日］星野英一：《现代民法基本问题》，段匡、杨永庄译，上海三联书店 2012 年版，第 1 页。

③ 参见严存生：《法治社会的“法”与“治”》，载《比较法研究》2005 第 6 期，第 1 页。

④ 参见李学成：《马克思主义自然法观述评——兼论马克思主义自然法观的继承与发展》，载《云南大学学报（法学版）》2014 年第 2 期，第 14–20 页；李学成：《指导性案例的法源意义与确认路径——以最高人民法院公布的私法性指导性案例为研究对象》，载《北方法学》2015 年第 1 期，第 19–32 页；李学成、陈慧慧：《自然法观视角下的习惯法及其立法确认模式探究》，载《河南科技学院学报》2015 年第 1 期，第 26–29 页。

律时，才成为真正的法律”。[①] 在马克思看来，“法”是自由的无意识的自然规律，符合自然规律的法律才是“法”，不符合自然规律的法律则是“恶法”，恶法非法。马克思在《〈政治经济学批判〉序言》（1858）中说：“我的研究得出这样一个结果，法的关系正像国家的形式一样，既不能从它们本身去理解，也不能从所谓的人类精神的一般发展来理解，相反，它们根源于物质的生活关系，这种物质的生活关系的总和，黑格尔按照18世纪英国人和法国人的先例，称为‘市民社会’，而对于市民社会的解剖应该到政治经济学中去寻找。”而市民社会，马克思认为，“在过去一切历史阶段上受生产力制约同时又制约生产力的交往形式就是市民社会。”“这个市民社会是全部历史的真正发源地和舞台，可以看出过去那种轻视现实关系而局限于言过其实的历史事件的历史观何等荒谬。”“市民社会包括各个人在生产力发展的一定阶段上的一种物质交往。”[②] 可以发现，马克思将“法”与受生产力制约又制约生产力的客观存在的“市民社会”联系起来，“法”是在市民社会中自由的无意识的自然规律，也应当包括市民社会发展规律。[③]

刘士国先生在深入研究马克思法学文献基础上发现了马克思自然法观。在其著作《科学的自然法观与民法解释》序言中认为，科学的自然法观，是相对于不科学的自然法观而言的，是对马克思法解释思想的总结，是符合当代中国实际的法哲学或法解释学思想。科学自然法观认为，“法”是自然规律与自然规律所决定的调整社会关系的应有规则。“法”与法律不同，“法”从本质上说是自然规律或者决定于自然规律的事物，法律是“法”的成文化。民法及所有的法律解释，

---

① 《马克思恩格斯全集》（第1卷），人民出版社1995年版，第176页。

② 《马克思恩格斯选集》（第2卷），人民出版社1994年版，第32、88、130页。

③ 参见李学成：《马克思主义自然法观述评——兼论马克思主义自然法观的继承与发展》，载《云南大学学报（法学版）》2014年第2期，第14-20页；李学成：《指导性案例的法源意义与确认路径——以最高人民法院公布的私法性指导性案例为研究对象》，载《北方法学》2015年第1期，第19-32页。

均依法为依据。法解释是一种法发现的活动，广义而言，立法也是法发现，适用法律也是发现的法或发现法的活动。“法”规则是运动的、变化的，没有不变的法。这种自然规律也应当包括社会发展规律，并提出了对法与法律关系的进一步法认识的四个方面，即法律是“法”发展到一定阶段的产物，“法”是衡量法律合法性的标准，在法律与事实对接调试中进一步发现“法”,“法”的探索是一项艰巨的工作。① 科学自然法观的提出，既尊重马克思著作中关于“法”与法律关系的原意，又进一步发展了马克思“法”与法律关系的学说，明确提出了“法”与法律的区别，法律是“法”发展到一定阶段的成文化表现形式，“法”是衡量法律合法性的标准即自然规律和社会发展规律，马克思之前的自然法规则认为“法”要么是自然秩序，要么是神意或人的理性等，这是两者的根本区别。科学的自然观为认识“法”与法律之间的关系指明了方向。②

综上，科学自然法观是马克思法学思想的重要体现，“法”是自然规律与自然规律所决定的调整社会关系的应有规则。成文法律或其他社会规范都是企图以规范形式表达“法”的内容的尝试，这种表达越接近“法”的真谛，就越缩小了“法”与这种规范间的距离与差异。因此，对于符合“法”真谛的“法”规则的发现，是建构一种符合自然规律与社会发展规律的系统化制度设计的初衷与目标。

（二）全科医生制度科学自然法观的定位

全科医生制度科学自然法观是在直面全科医生制度改革实践存在

---

① 参见刘士国：《科学的自然法观与民法解释》，复旦大学出版社 2011 年版，第 1–17 页。

② 对刘士国教授提出的马克思科学自然法观之详细述评，参见李学成：《马克思主义自然法观述评——兼论马克思主义自然法观的继承与发展》，载《云南大学学报（法学版）》2014 年第 2 期，第 14–20 页；李学成：《指导性案例的法源意义与确认路径——以最高人民法院公布的私法性指导性案例为研究对象》，载《北方法学》2015 年第 1 期，第 19–32 页。

问题的基础之上，对全科医生制度的建立与运作进行符合医疗卫生事业发展自然规律和社会发展规律的“法”规则探寻。无论哪种全科医生制度推进模式或者全科医生执业权利规范设计，都必须符合自然规律和社会发展规律，如此才能建立起符合民众愿望并能科学运转的全科医生制度，为居民提供全面可及性的、连续人性化的基本医疗卫生服务，缓解并逐步解决“看病难、看病贵”的医疗顽疾，形成社区首诊、双向转诊的分级诊疗秩序。在医疗卫生资源符合自然规律和社会发展规律的合理配置下，民众通过畅通有序的转诊渠道获得不同层级的医疗卫生服务，既满足了全民对基本医疗卫生服务全面性、可及性与连续性的渴望，又实现了非基本医疗卫生服务高效利用，民众的健康利益得到理性化制度的合理关照，全科医生作为全科医疗服务提供者享有充分的职业尊严与深受签约对象尊重的执业权利。不符合自然规律和社会发展规律而建立起来的全科医生制度，不仅与民众愿望相悖，而且是对有限医疗卫生资源的不合理配置与浪费，前几次医改的经验与教训，应当促使我们反思，即制度建构的“法”规则是否符合自然规律与社会发展规律！

全科医生制度科学自然法观，对于理解全科医生制度改革的推进模式，具有“法”规则发现上的指导意义。无论哪种推进模式，法治抑或政策推进模式，都在于如何构建一种既公平又高效的基本医疗卫生服务人力资源制度即全科医生制度。从“法”规则发现层面分析，政策推进模式与法治推进模式在自然法观意义上达成了共识。政策推进模式意在通过制定不同层级、不同类型的国家抑或地方性政策文件来推进全科医生制度的构建，目的在于从各地实践做法中发现并总结具有推广价值的制度设计。法治推进模式是建立在政策推进模式基础之上、对全科医生制度已有的构建策略和制度设计的法治再加工，根据法治技术对符合实践要求和民众愿望的制度设计法治化、规范化并赋予不同地域范围的法律效力并以国家强制力作为保障。两种推进模式的内在目的具有一致性，但各自单独且直接适用，仍然存在制度性或现实性障碍。根据上文所述，政策推进模式基于政策本身与法治相比的固有缺陷，不具有规范性、稳定性、公开性且欠缺制度建构必需的权利、义务与责任规范设计，通过行政权力之间的层级制约性作为全科医生制度建立的推动力量，所建立起的全科医生制度“形似神不似”。全科医生各项具体制度既需要规范性设计，又需要被赋予足够的以国家强制力为背景的权威性，如此方能切实作为居民健康和医疗费用的“守门人”。法治推进模式弥补了政策推进模式的固有缺陷，但全科医生制度法治化需要努力发现全科医生制度的实践运作规律，并对各项相关制度提出符合全科医生制度运作规律的规范性具体制度设计。单独且直接采用法治推进模式构建全科医生制度，存在具体制度设计方面的“法”规则欠缺。因此，就现阶段全科医生制度改革的推进模式而言，法治推进模式可与符合法治精神的政策并行，政策功效在于弥补法治的欠缺以及对行政权力的内部政治性约束，最终形成法治推进、政策配合的良性互动机制。

全科医生制度的自然法观，对于理解全科医生执业权利的缺位与补位，也具有“法”规则发现上的指导意义。全科医生执业权利缺位是全科医生制度政策推进模式的直接后果，也是全科医生制度在实践运作中“水土不服”的重要因素之一。全科医生缺乏分级诊疗制度下发挥全科医生“守门人”功能所应具备的执业权利，仅凭单方面的执业责任约束机制，必将产生与其制度设计初衷相悖的形骸化制度框架。全科医生执业权利的“法”规则需要在全科医生制度改革实践中去摸索、去探究、去发现。通常，一项全科医生执业权利的“法”规则看似已经找到，实则不然。笔者在上海市各区县全科医生制度实践调查中，对于全科医生首诊权与转诊权规范的制度设计，乃至对全科医生执业发展权进行制度性保障的规范性设计，发现一项权利需要多种保障性机制予以配合，而予以配合的多种保障性机制本身又需要全方位的实践探索与思虑，不同权利之间需要协调并形成权利制度合力以实现全科医生制度的设计理念。因此，全科医生执业权利的补位，需要在扎实调研基础上的科学系统性构建。

全科医生制度科学自然法观，前提在于如何定位全科医生制度。全科医生制度本质即为“守门人”制度。笔者认为，该制度的核心功能有三：一是全科医生制度是居民健康的“守门人”。全科医生又被称为家庭医生，是签约家庭健康服务的提供者和关照者，签约双方通过契约明确双方的权利、义务与责任，签约家庭成员的基本医疗卫生服务是签约全科医生的业务范围，保障签约家庭成员在基本医疗卫生服务范围内的“健康”，是签约全科医生的应尽职责。二是全科医生制度是居民医疗费用或医保费用的“守门人”。是否需要接受二、三级医疗机构的专科诊治，需要全科医生在全科服务基础之上提出专业化的就诊建议，避免签约居民盲目就医并为其节省医疗费用或医保费用。三是全科医生制度为居民提供连续性医疗卫生服务，有利于分级诊疗制度的构建。全科医生为签约家庭提供连续性的基本医疗卫生服务，连续性的要求既在于将不属于基本医疗卫生服务范围的患者转诊至上级医疗机构就诊，又在于为上级医疗机构转诊回来的签约患者继续提供基本医疗卫生服务，连续性服务机制的形成是分级诊疗制度的应有之义。全科医生制度的定位，是我们通过某种或某几种合作性的制度推进模式探寻该制度得以建立并有效运作的认识论基础。基于这样一种认识论上的定位，全科医生制度改革得以启动并在实践中不断完善，最终形成符合自然规律和社会发展规律的全科医生法治规范。

全科医生制度科学自然法观，关键在于如何探索并发现建构全科医生制度法治化的“法”规则。其一，尽可能地去探索形成“法”规则的各种因素。这些因素包括惯例、宗教信仰、道德和哲学观点、判决、科学探讨和立法，它们是发展和制定“法”规则的各种力量，即法的渊源。[①] 由全科医生制度政策形成的某些习惯性做法，也是

① 参见［美］庞德：《法理学》（第3卷），廖德宇译，法律出版社2007年版，第287–292页。另参见胡城军：《国际法渊源问题探究》，载《湖南师范大学社会科学学报》2010年第4期，第67–70页。

探索“法”规则时需要认真考虑的，尤其是在全科医生制度主要依靠政策推进的当代，政策的“法”规则探究十分必要。同时，应当借鉴并甄别其他已经建立全科医生制度国家的先进经验，为我所用。除此之外，法学、医学、公共管理学、经济学、哲学等跨学科研究将有利于建立激励与约束机制并存的、运转科学的全科医生法律制度。其二，实践是认识的来源，实践决定认识。实践与认识之间的哲学辩证关系本身即为自然规律和社会发展规律的体现。探索全科医生制度法治化的“法”规则，离不开实践，需要不断从实践中总结经验。上海全科医生制度相关政策也鼓励各区县在实践中摸索制度建构的具体做法，被民众认可的经验和做法体现了民众的共识和意志，应当得到重视并及时总结。全科医生制度法治化研究也要立足于实践并经实践检验，研究成果才能从根本上符合民众愿望与利益，符合自然规律和社会发展规律。因此，全科医生制度法治化研究，在于探索并发现符合自然规律和社会发展规律的“法”规则，施行于实践并被实践不断完善。

二、全科医生制度法治化的路径选择

以全科医生制度科学自然法观为指导，在实证调研与相关政策及其实践效果分析的基础上，探寻全科医生制度法治化建构的“法”规则，逐步将全科医生制度纳入法治化轨道，是全科医生制度合“法”性存在的必由之路。

（一）全科医生制度法治化的学界探讨

学界关于全科医生制度法治化探讨，目前仅在基本医疗卫生保障制度立法层面上有所涉及，并未引起更多学者的深入关注。十一届全国人大常委会将“基本医疗卫生保健法”列入立法规划，十二届全国人大常委会立法规划也将“基本医疗卫生法”列入其中，作为改善民生和创新社会管理的立法项目之一。虽然名称各异，但内容基本相同，均包括基本医疗服务和基本卫生服务。在有限的学者讨论中，多数学者主张制定基本医疗服务法或基本医疗卫生保障法，在其中规定全科医生制度。例如，陈云良教授认为，应当将基本医疗卫生服务和基本卫生服务分开立法，制定我国的《基本医疗服务法》。《基本医疗服务法》是医疗服务领域的基本法，是以治疗为主要内容的社会法，医疗服务给付关系是该法的调整对象，应当明确政府、基本医疗服务提供者和公民之间的权利义务关系。陈教授认为，《基本医疗服务法》应当包括六个方面内容：基本医疗保险、基本医疗救助、基本药物和基本诊疗项目、基本医疗服务体系和基本医疗设施以及基本医疗服务人力。其中，包括全科医生在内提供基本医疗卫生服务的医务人员规范设计，属于基本医疗人力制度。[①] 刘鑫和连宪杰认为，应当制定《基本医疗卫生法》，《基本医疗卫生法》是保障公民健康的基本法律，是负责任政府对公民基本健康的承诺和保障，核心内容应当包括五部分，即基本医疗卫生法的基本原则、政府的基本医疗保障责任、以医疗保险付费为主的多渠道医疗费用筹措机制、基层医疗机构担负国民健康守门员的职责、弱势群体医疗救助制度。全科医生制度则应当置于基层医疗机构之中，承担起国民健康守门员职责。[②] 黄秋斌和鞠成伟认为，有必要制定《基本医疗保障法》，《基本医疗保障法》调整基本临床医疗服务，不同于公共卫生服务和自由选择的医疗卫生服务，主要内容包括城乡基本医疗保险一体化、城乡一体的基本医疗救助体系、医院的强制救助义务、医保基金出资责任主体法定化等，包括全科医生制度在内的基本医疗卫生服务提供者的立法未明确包含在作者所列举的主要内容里。[③] 还有学者认为，在《基本医疗卫生保障法》出台

① 参见陈云良：《基本医疗服务法制化研究》，载《法律科学（西北政法大学学报）》2014 年第 2 期，第 73-85 页。

② 参见刘鑫、连宪杰：《论基本医疗卫生法的立法定位及其主要内容》，载《中国卫生法制》2014 年第 3 期，第 23-28 页。

③ 参见黄秋斌、鞠成伟：《健康权的法律保护》，载《光明日报》2013 年 4 月 20 日，第 11 版。

之前，应当先制定《城市社区卫生服务条例》，主要内容为政府责任和公民健康权利，该作者亦未明确谈到全科医生的法治化问题。[①]刘长秋认为应制定《基本卫生法》或《卫生法》，主要包括医疗保健基本制度、药事管理基本制度、公共卫生保障基本制度、卫生科技与卫生教育促进及规范基本制度。[②]个别学者认为应制定基本医疗卫生服务法，社区健康服务与初级卫生保健法律制度应作为该法"普遍保障制度"的重要内容之一，发挥全科医生"守门员"作用，实现有序就医。[③]目前，是否在基本医疗卫生法中规定全科医生制度，仍然不明。

上述学者仅探讨基本医疗卫生立法的必要性与主要内容，均为宏观性论述并未具体到每一项制度设计的内部。主要内容的构成也是众说纷纭，以全科医生为主体的基本医疗卫生服务提供者是初级医疗卫生保健的"守门人"，在"新医改"政策文件明确规定要逐步实现社区首诊制和分级诊疗的背景下，全科医生作为居民健康的"守门人"制度竟然没有被上述学者专门论及。[④]

笔者注意到，探讨基本医疗卫生保障和全科医生立法研究的学术资料十分稀缺，法学界关于基本医疗卫生保障和全科医生立法的研究十分薄弱。立法者普遍持有一种"先实践后立法"的所谓"唯物立法观"，认为在总结实践经验基础上制定和修改法律，才更有针对性和可操作性，才具有强大生命力。[⑤]在实践经验成熟的基础上制定的法律，固然可能

---

① 参见周建裕、刘典恩：《论社区卫生服务法治的实现》，载《中国全科医学》2013 年第 12 期，第 4352–4354 页。

② 参见刘长秋：《论〈基本医疗卫生法〉的名称、定位与基本制度》，《法学杂志》2017 第 4 期，第 67–76 页。

③ 参见黄清华：《深化医改如何保基本、强基层、建机制——略论基本医疗卫生服务法律制度建设》，《中国党政干部论坛》2013 第 9 期，第 64–68 页。

④ 参见李学成：《全科医生法律制度的功能定位与立法模式研究——以英美全科医生法制的国际经验为视角》，载《金陵法律评论》2015 年春季卷，第 276–288 页。

⑤ 参见吴邦国：《实践是法律的母亲，是制定和修改法律的基础》，载《法制日报》2004 年 8 月 24 日，第 3 版。

反映实践真理，但在法律颁布之前，似乎存在无序的无法状态。这一阶段存在具有我国特色的政策调整空间，被称之为“软法”的政策发挥着独特作用。政策在无法状态下的确可以发挥调整社会秩序和构建某种社会制度的作用，但缺乏法律规范性的政策本身又导致了新的无序。政策不具有法的“刚性”，我国医疗卫生领域“国家级”政策往往授权省级地方政府制定具体实施办法或实施细则，省会级城市和地级市再根据省政府的文件精神制定本地的实施办法或实施细则。不同省或者同省不同地的实施意见都存在一定差异，这种无序状态迫使我们重新思考改革与法治的内在联系。立法不能总是被动地对实践经验进行确认，“先改革后立法”本身会损害法的权威性，无助于法治建设。习近平同志指出，改革不能以牺牲法制的尊严、统一和权威为代价，指出凡属重大改革要于法有据，需要修改法律的可以先修改法律，先立后破，有序进行；有的重要改革措施，需要得到法律授权的，要按法定程序进行，不得超前推进，防止违反宪法法律的“改革”对宪法法律秩序造成严重冲击，避免违法改革对法治造成“破窗效应”。① 改革与法治相辅相成，“边立法边改革”将是建设法治国家的必由之路。②

（二）全科医生制度法治化的路径选择

全科医生法律制度是关于全科医生的法律规范集合体。这些法律规范如何配置与协调，从而形成体系完备、科学合理和符合法治原则的法治结构，是全科医生制度法治化路径的选择问题。笔者认为，全科医生制度法治路径应当考虑整个医改背景和其具体制度的复杂性，尊重全科医生制度法治化规律。全科医生法治化应当采取“三层级”

① 参见新华社有关习近平总书记在十八届三中全会第二次全体会议上的讲话、在中央政法工作会议上的讲话、在中央全面深化改革领导小组第二次会议上的讲话、在山东考察时的讲话等系列重要讲话的报道。转引自张文显：《法治与国家治理现代化》，载《中国法学》2014年第4期，第5-27页。

② 参见李学成：《全科医生法律制度的功能定位与立法模式研究——以英美全科医生法制的国际经验为视角》，载《金陵法律评论》2015年春季卷，第276-288页。

的法治策略。[①]

第一层级是全科医生法律制度的原则性规范。这类法律规范功能在于规范全科医生在我国分级诊疗制度中的职责和要求，应将全科医生的签约执业方式、团队服务制度、首诊服务制度及全科医生培养制度的原则性法律规范，纳入基本医疗卫生保障法的规范领域，并与该法中基本医疗保险制度、基本药物制度、基层医疗卫生服务机构制度等，形成相互配合与相互协调的规范体系。[②]全科医生法律制度原则性规范主要表现为，全科医生是居民健康与医疗费用的“守门人”，是分级诊疗制度中基层医疗卫生服务机构基本医疗卫生服务的具体提供者；全科医生与居民建立签约服务关系并以全科团队方式为签约居民及其家庭成员提供符合约定的基本医疗卫生服务；全科医疗服务应当由取得临床执业医师资格、参加住院医师规范化培训并取得《住院医师规范化培训合格证书》、经过卫生行政部门注册而取得全科执业医师证的专业人员提供；全科医疗服务应当具有全面性、可及性、连续性、人性化的特点；全科医生及其团队实行首诊服务制度，签约居民应当根据签约协议书约定，选择签约全科医生作为首诊医生，符合转诊标准时应由全科医生根据法定转诊程序将签约对象转诊至适宜的上级医疗机构等。

第二层级是全科医生制度的综合性法律。其一，全科医生制度综合性法律是全面规范全科医生基本法律制度的法律规范体系。主要内容应

---

① 参见李学成：《全科医生法律制度的功能定位与立法模式研究——以英美全科医生法制的国际经验为视角》，载《金陵法律评论》2015年春季卷，第276-288页。此处“三层级”立法策略研究是对先前研究成果的修订。

② 值得关注的是，第十二届全国人大常委会第三十一次会议审议《中华人民共和国基本医疗卫生与健康促进法（草案）》并公布草案征求修改意见。“草案”第五十条规定，国家对基本医疗服务实行分级诊疗制度，分级诊疗实行首诊负责制和转诊审核责任制，鼓励非急诊患者首先到基层医疗卫生机构就诊，逐步建立起基层首诊、科学转诊的机制，并与基本医疗保险制度相衔接。第五十一条规定，基层医疗卫生机构实行家庭医生签约服务模式。笔者以为，“草案”上述内容显然并未涵盖全科医生的主要制度范畴。

包括全科医生签约法律制度（如全科医生概念、签约主体与签约协议名称、全科医生签约执业主要义务、签约对象主要权利与义务等）、全科医生团队服务法律制度（如全科团队及其名称、全科团队基本成员、全科团队非基本成员、全科团队外部协作机制、全科团队主动服务机制等）、全科医生首诊服务法律制度（如全科医生首诊权规范与转诊权规范等）、全科医生执业发展法律制度（如全科医生职称制度、全科医生专业技术发展制度、全科医生绩效工资制度等）。除此之外，应当明确规定全科医生培养法律制度的具体要求。其二，与纳入《基本医疗卫生保障法》中的全科医生原则性规范相比，全科医生制度综合性法律将全科医生具体法律制度规范化并全面细化每一部分的具体法律规范要素，使其成为全科医生法律制度的“基本法”。其三，全科医生制度综合性法律采用何种法律形式值得探讨。就现阶段而言，《基本医疗卫生保障法》尚未出台，全科医生制度综合性法律宜由全国人大常委会修订《执业医师法》并以“法律”形式将全科医生综合性法律规范纳入《执业医师法》中，采取专章形式予以规定，以凸显全科医生不同于其他专科医生在分级诊疗制度中的特殊功能。[①] 但从长远来看，基于全科医生与其他专科医生在分级诊疗制度中地位与功能的显著差异，可以考虑单独立法的可能性，即制定《全科医生执业管理法》。除采取“法律”形式之外，也可由国务院制定全科医生制度综合性行政法规并就全科医生制度作出全面规定（如《全科医生执业管理条例》），该行政法规与《执业医师法》形成特别法与普通法、下位法与上位法关系。考虑到效力等级与部门利益，不宜以部门规章形式制定全科医生制度综合性法律规范。就地方立法而言，在全科医生制度综合性法律或行政法规尚未出台之前，地方省级人大或省级政府可根据《立法法》的权限规定，出台全科医生制度地方性法规或政府规章，以便在本省范围内适用；全科医生制度法律或行政法规出台后，应作出相应修订或废除。

① 参见李学成：《我国全科医生制度法制化初论》，载《中国卫生法制》2014 年第 12 期，第 12-17 页。

第三层级为全科医生法律制度的某一类具体制度的细化。其一，全科医生某一类细化性法律制度是在全科医生综合性法律、行政法规、省级地方性法规或省级政府规章的基础上，对有必要进一步作出具体规范以便于实践操作的全科医生制度，进行专门规范。包括但不限于全科医生规范化培养办法、全科医生签约管理办法、全科医生团队服务管理办法、全科医生职称制度管理办法、全科医生专业技术发展管理办法、全科医生绩效工资制度管理办法等。其二，就立法先后策略而言，在全科医生综合性法律出台之前，可考虑就上述全科医生制度制定专门的行政法规或部门规章；在法律、行政法规均缺位的情况下，可由省级人大或省级地方政府制定省级地方性法规或省级政府规章形式的综合性全科医生法律制度；在省级地方性法规或省级政府规章也尚未就全科医生制度作出综合性法律规定前，可由省级政府出台全科医生某一方面制度的省级政府规章并在本省范围内适用，但不应由省级政府某一部门或多部门联合制定不属于地方性法规或地方政府规章的所谓“规范性文件”。[①]

① 省级政府某一部门或多部门联合制定的全科医生某一方面的制度规范，上海市卫计委和各区县政府及其相关部门均采取这种政策推进模式，可参见本章第三节关于上海全科医生制度的政策推进模式介绍及其固有缺陷。然而，地方政府部门制定的规范性文件，不属于地方性规范、地方政府规章，在《立法法》中找不到其法的地位，应不属于“立法”性质的行政行为，但却在颁布机构管辖范围或相关事项上具有普遍约束力，民间也称之为“红头文件”。对于不属于地方性规范、地方政府规章的所谓“规范性文件”，具有事实上的法效力，但却游走在法治的边缘。相关讨论参见章剑生：《现代行政法总论》，法律出版社 2014 年版，第 205-207 页；刘国强：《地方政府规范性文件法治化问题探析》，载《铁道警官高等专科学校学报》2010 年第 3 期，第 52-55 页。

第二章　全科医生签约制度的法治化研究

全科医生签约制度是全科医生依法与所在社区居民签订提供基本医疗卫生服务的协议，根据协议约定，以全科团队服务方式向签约居民及其家庭成员提供符合协议约定的基本医疗卫生服务提供方式。

签约是全科医生制度的逻辑起点与制度功能发挥的原点。全科医生制度始于签约，即社区居民与其选定的全科医生在平等自愿基础之上就签约协议书中各项权利、义务与责任达成共识并表示承诺遵守。签约协议书是签约达成之后的书面法律文件，是签约双方与基本医疗卫生服务有关权利、义务与责任的共同意思表示。签约完成之后，全科医生的执业，即以全科团队方式向签约居民及其家庭成员提供符合约定的基本医疗卫生服务，便存在执业法律基础、法律根据与法律正当性。就法律基础而言，签约协议书是签约双方围绕基本医疗卫生服务提供与享有而在彼此之间人为创制的“法”，在“尊重与保障人权、公民健康权维护”的宪法精神指引之下，符合新医改实现“人人享有基本医疗卫生服务”制度理念与国务院全科医生制度文件的制度架构设计，符合满足人民群众日益增长的基本医疗卫生服务需求的当代中国社会发展规律。因此，签约双方应当以签约协议书为双方履行职责与主张权益的法律基础，遵守并履行签约协议书为双方设定的权利与义务方案，并以签约协议书作为双方与基本医疗卫生服务相关争议的法律解决基础。就法律根据而言，作为签约双方真实意思表示的承载者，签约协议书是以全科医生为核心成员的全科团队执业法律根据，是签约对象享有基本医疗卫生服务并主张相关权益与承担相关责任的法律根据，签约协议书的法律效力来源于签约双方真实意思表示的赋予。就法律正当性而言，以全科医生为核心的全科团队根据签约协议书履行职责，于法有据，存在合法执业的法律正当性，也存在违法执业的法律谴责性；签约对象根据签约协议书要求全科团队提供符合约定的基本医疗卫生服务，存在权利主张与利益诉求支持的法律正当性，也存在违约担责的法律与道德价值取向的一致性。

签约制度法治化是建立全科医生法律制度的法治基础。只有从法治层面规范全科医生签约制度，全科医生提供基本医疗卫生服务业务才能顺利开展并以相关法治为保障；只有实现全科医生签约制度法治化，才能奠定全科医生团队服务制度、全科医生社区首诊服务制度与全科医生执业发展制度的法治基础。全科医生法律制度是一项系统化的法治体系，这一法治体系以全科医生签约制度法治化为开端，以全科医生执业发展制度法治化为终点。同时，全科医生制度法治化是基本医疗卫生服务人力资源提供体系法治化的重要组成部分，将为实现“人人享有基本医疗卫生服务”奠定法治基础并提供法治保障。因此，全科医生签约制度法治化，不仅从法治层面有利于规范签约双方签约行为与签约内容中双方的权利、义务与责任，而且是整个全科医生制度得以法治化并形成体系完整与功能齐全一体化法律制度的前提与基础。全科医生执业并履职，始于签约；全科医生制度法治化，始于签约制度的法治化。签约使全科医生执业具有了法律基础、法律根据与法律正当性，签约制度法治化是这种“法律基础、法律根据与法律正当性”得以规范化的法治选择与正当路径。

上海全科医生签约制度通过政策推进已初具成效，制度建构水平处于全国前列。上海全科医生签约制度的实际运作情况，只有进行实事求是的实地调研，才能发现目前该制度在实践运行中存在的制度瑕疵与漏洞。本文作者对上海市 17 个区县展开为期近一年的实践调研，向各区县社区卫生服务中心（站）全科医生发放数百份调查问卷，与近 60 位全科医生进行“一对一”式的深度访谈，定量与定性研究相结合，了解上海全科医生签约制度的实际运作情况，听取全科医生对于签约执业各项制度的完善建议。这些实证调研资料为全科医生签约制度法治化研究提供了坚实的实践基础。本文除作出特别注释外，相关材料均来自实证调研。同时，也力求借鉴其他国家或地区成功制度的建构技术和法治经验。全科医生签约制度的实地调研、问题反思与法治经验借鉴，目的在于为全科医生签约制度法治化提供实践、经验和法理支撑。

第一节　上海全科医生签约制度的实践调查

上海全面推广全科医生制度指导意见规定，全科医生应逐步实现与每户家庭建立签约服务关系。2013 年起，逐步实现每个家庭都与全科医生建立起签约服务关系，到 2020 年前实现一名全科医生签约管理 800–1000 户家庭的目标，签约协议书中应当明确双方权利与义务。[①] 截止到 2015 年年底，笔者就全科医生签约制度的实际运作情况展开了如下几方面的调研。

一、全科医生签约情况的实践调查

社区卫生服务中心（站）全科医生，是否都与社区居民建立签约服务关系，本不应存在疑问。但笔者调研发现，实践中却存在两类截然不同的全科医生。其一，不与社区居民建立签约服务关系的全科医

① 参见《关于本市全面推广家庭医生制度的指导意见》（沪卫基层〔2013〕7 号）。

生且大量存在。每个社区卫生服务中心近 2/3 的全科医生与社区居民建立签约服务关系，其余 1/3 仅在中心医院从事全科门诊服务。例如，杨浦区殷行社区卫生服务中心共有 55 名全科医生，其中与社区居民建立签约服务关系的有 33 人，其余 22 名全科医生仅从事全科门诊服务。该中心所有门诊均为全科门诊，在中心全科门诊工作的全科医生固定在中心全科门诊，不在中心下设的 10 个家庭医生工作站从事全科医生签约执业服务。闸北区彭浦新村街道社区卫生服务中心共有 21 名全科医生，该中心下设 6 个社区卫生服务站，有 8 名全科医生在卫生服务站从事全科医生签约执业服务。与此情况类似的还有静安区石门二路社区卫生服务中心、静安区曹家渡街道社区卫生服务中心、松江区永丰街道社区卫生服务中心、黄浦区半淞园社区卫生服务中心等。其二，不与社区居民建立签约服务关系的全科医生均在社区卫生服务中心全科门诊室坐诊，只从事全科门诊服务且执业方式与二、三级医疗机构专科医生完全一致，全科医生制度相关政策文件所要求的签约执业方式与其无关。笔者在各区县社区卫生服务中心调研时，有全科医生明确告知，不做签约执业服务的全科医生不在社区卫生服务中心下设的卫生服务站或家庭医生工作站执业，只在中心全科门诊坐诊且为数不少。调研显示，不与社区居民建立签约服务关系的全科医生除在社区卫生服务中心全科门诊坐诊外，二、三级医疗机构（如复旦大学附属中山医院）全科门诊也是其执业的主要场所。二、三级医疗机构设有全科门诊的情况不多，门诊服务以非临床全科的专科门诊为主，随着上海市二级医疗机构逐渐向康复机构和老年护理机构的功能转型，[①] 原先二级医疗机构中的全科门诊也将逐渐被剥离。社区卫生服务中心与二、三级医疗机构全科门诊里坐诊的全科医生，执业方式没有任何区别，均为传统执业方式且都没有与社区居民建立契约服务关系。建立契约服务关系的全科医生工作场所均为社区卫生服务中心

① 参见《关于鼓励本市部分二级公立医疗机构功能转型的指导意见（试行）》（沪卫医政〔2012〕64 号）。

下设的社区卫生服务站或家庭医生工作站，工作场所是判别全科医生是否签约执业的主要标准。因此，全科医生类型可区分为签约与非签约两类，与之形成对应关系的则为两类执业方式完全不同的全科医生，只有与社区居民建立签约服务关系的全科医生，才是全科医生制度真正的践行者。

上海市各区县与社区居民建立签约服务关系的全科医生，签约人数情况均不相同，半数以上全科医生签约人数超过 3000 人，工作量较大。国务院建立全科医生制度文件规定，每名全科医生签约服务人数应当逐步控制在 2000 人左右，其中老年人、慢性病人、残疾人等特殊人群要有一定比例。上海全面推广全科医生制度指导意见规定，每个居委会（或村委会）要配备 1 名全科医生，到 2020 年前实现每名全科医生签约管理 800–1000 户家庭的目标。[①] 笔者关于全科医生签约负责人数的调查问卷显示，回答实际签约人数在 2500–3000 人的占 38%，回答实际签约人数超过 3000 人的占 54%（其中近 1/3 回答签约人数超过 5000 人），回答实际签约人数在 2000–2500 人的占 8%。全科医生工作量调查问卷显示，回答目前的工作任务基本可以承受的占近 40%，回答工作任务繁重难以承受的占近 60%。也有研究显示，多数全科医生希望签约人数维持在 500 人左右。[②]

在笔者与全科医生的深度访谈中，印象深刻的是闸北区彭浦新村街道社区卫生服务中心的严正全科医生，他是上海首届“十佳家庭医生”之一，也是央视 2014 年度“寻找最美医生”获奖者中唯一的家庭医生。严医生坦言，其负责的全科团队签约对象达 2 万人左右，每名全科医生签约人数远远超过政策文件规定的上线。所在全科团队签约患者以中老年人为主，一人签约，全家受益，老年人多患有各类常

---

① 参见《国务院关于建立全科医生制度的意见》（国发〔2011〕23 号）、《关于本市全面推广家庭医生制度的指导意见》（沪卫基层〔2013〕7 号）。

② 参见张一飞、汤真清、武桂英等：《上海市闸北区全科医生对家庭医生制认知和接受度调查》，载《中国全科医学》2014 年第 25 期，第 3001–3004 页。

见病、慢性非传染病，由于行动不便且子女往往不在身边，前往所在社区卫生服务中心或卫生服务站就医十分困难，需要全科医生上门提供各种基本医疗服务，包括配药、按摩、检查病情等，有的签约患者还需要在家中设置家庭病床，全科医生须每周上门服务1–2次。由于签约服务工作十分繁忙，需要经常去签约患者家中提供上门服务，严医生将子女完全交由父母照顾，每天从早上8点上班到晚上6点下班，手机24小时开机并随时为签约患者提供咨询服务，周末不休息，随叫随到。严医生是上海4000多名全科医生的杰出代表，深受签约患者欢迎。笔者随同严医生去签约患者家中出诊时，患者不仅对严医生的医疗技术赞不绝口，更难能可贵的是对全科医生工作任务繁重的理解，希望培养更多合格全科医生服务于社区并改善他们的薪酬待遇。

上海各区县对全科医生签约率有明确的进度要求，全科医生签约率基本达到了签约率指标，但各区县签约率指标差别较大。上海市全面推广全科医生制度指导意见虽未就签约率进度作出硬性要求，但各区县有年度签约率要求。例如，杨浦区2014年度要求社区居民与全科医生签约比例达到40%以上。① 浦东新区将本社区卫生服务中心分为示范中心和标准中心，将服务内容划分为健康管理、健康服务和健康关怀三大类，按照四个时间段（即2012年3月1日至2012年12月31日、2013年1月1日至2013年12月31日、2014年1月1日至2014年12月31日、2015年1月1日至2015年12月31日）分别规定各示范中心和标准中心的签约率指标。② 有研究显示，截至2014

① 参见《杨浦区2014年深化实施家庭医生制度工作方案》（杨卫计委〔2014〕152号）。该文件同时要求，家庭医生覆盖辖区内居委会比例达到100%、覆盖到居委会内居民对家庭医生的知晓率达80%以上、签约居民当年度使用过签约家庭医生服务比例达60%以上、当年度签约居民通过签约家庭医生预约转诊至上级医院，转诊到位率达到80%以上。

② 参见《关于浦东新区进一步推进全科医师家庭责任制实施方案》（浦卫〔2012〕31号）。

年3月底，浦东新区全科医生签约率达39.9%。[①] 全科医生签约率调查问卷显示，回答签约率在50%左右的占近70%，回答签约率在60%左右的占近15%，回答签约率占40%左右的占近7.5%，回答签约率在80%左右的占7.5%。建立签约服务关系的社区居民中，60岁以上的老年人、“四医联动”对象和慢性病患者，对全科医生签约的需求率和签约率较高。[②] 需要指出的是，全科医生签约率较高的是闵行区，笔者在闵行区梅陇镇社区卫生服务中心曹行分中心调研时了解到，闵行区最早提出并开展全科医生制度，由于实行时间长且群众知晓率高，全科医生签约率一直在全市名列前茅。签约率较低的是黄浦区，笔者从黄浦区半淞园社区卫生服务中心了解到，由于黄浦区户籍人口不足百万，流动性人口基数大，无法保证与流动性人口建立签约服务关系，就户籍人口数统计，该区全科医生签约率较低。

社区居民与全科医生建立签约服务关系，需要支付签约服务费，但目前由基本医保垫付。国务院建立全科医生制度文件规定，签约服务费按年收取并由医保基金、基本公共卫生服务经费和签约居民个人分担。[③] 上海全面推广全科医生制度指导意见以及各区县全科医生制度落实性文件对此均未作出规定，社区居民签约无须支付任何费用，签约服务费由基本医疗保险基金垫付。[④] 笔者在杨浦区五角场街道社区卫生服务中心调研时有全科医生表示，在签约不收费的情况下，签

① 参见高臻耀：《上海家庭医生制度的实践探索》，载《中国医疗保险》2014年第7期，第26-29页。

② 参见吴军、徐蕾、陆旻等：《程家桥社区居民对家庭医生制服务的需求情况调查》，载《中国全科医学》2012年第6A期，第1809-1814页。其中“四医联动”是上海市长宁区建构的一种新型基本医疗保障模式，将基本医疗保险、基本医疗服务、基本医疗救助和社会组织医疗帮扶结合起来，解决低收入家庭、低保家庭等困难群体的基本医疗需求。

③ 参见《国务院关于建立全科医生制度的意见》（国发〔2011〕23号）。

④ 参见伍沛儿、何露洋、洪阳等：《全科医生试点城市改革方案比较研究》，载《中国社会医学杂志》2014年第4期，第223-225页。

约率指标完成任务都有一定困难，如果收取签约费的话，签约工作几乎没有办法开展。静安区石门二路社区卫生服务中心全科医生反映说，签约不仅不收费，而且还要以赠送礼品为辅助手段，才能实现本区县要求的签约率。

二、社区居民签约态度的实践调查

社区居民对于实行全科医生制度并需要与全科医生建立签约服务关系的态度，存在地区差异。社区居民签约态度的调查问卷显示，对全科医生回答反应平淡并持观望态度的占近6成，对全科医生回答较为欢迎并主动签约的占近4成。也有研究显示，患者对于全科医生制度认同度不高。[①]社区居民对全科医生签约服务持观望态度的主要原因是担心签约后“被绑定”，从而失去自由选择医疗机构的就医权利。在杨浦区五角场街道社区卫生服务中心调研时全科医生坦言，一些社区居民由于不理解签约工作以及对失去自由就医权利的误解，即使前往社区居民家中主动希望与其签约，也常常被拒。在与全科医生深度访谈中笔者发现，全科医生制度开展较早、制度建设完善的区县，社区居民对全科医生签约服务态度较为积极。例如，闵行区由于开展全科医生制度较早，社区居民对于全科医生制度知晓率较高，签约服务持积极态度。笔者在长宁区江苏街道社区卫生服务中心福世卫生服务站调研时了解到，长宁区作为国家级全科医生制度试点区域，基层医疗卫生机构设备齐全并将卫生服务站设置在社区活动中心，卫生服务站在社区活动中心的一层和地下一层，环境布置如家庭般温馨，设有模拟在家中进行简易医疗活动的平台，以老年人和儿童为主体的社区居民在社区活动中心从事各种娱乐和休闲活动，如跳舞、下棋、绘画等。社区居民对全科医生和卫生服务站不仅知晓率高，而且将卫生服务站

① 参见张波：《上海浦东新区全科医生家庭责任制认同度的实证研究》，载《中国卫生政策研究》2013年第8期，第53-57页。

作为日常医疗卫生咨询场所、甚至休闲活动场所之一。全科医生、护士和社区志愿者作为卫生服务站主要成员，每周都要在社区活动中心向社区居民做家庭和社区基本医疗卫生宣传讲座，与社区居民相处融洽。健全的机构设置、适宜的医疗设备、温馨的家庭式布置以及良好融洽的氛围，都使得长宁区社区居民对于全科医生签约服务持积极态度。在闸北区彭浦镇社区卫生服务中心调研时，笔者随同上海“十佳家庭医生”之一的严正医生，一同前往签约患者家中出诊，患者及其家属告诉笔者，他们一家将位于黄浦区的住宅出租掉并搬到与子女在同一个小区的彭浦新村，除了与子女在一起的考虑外，还在于彭浦新村街道社区卫生服务中心严正医生是其签约医生，他不辞辛苦并经常上门服务，由于行动不便，楼门钥匙和家中钥匙全部交给严医生保管。据笔者了解，许多签约对象都将家中钥匙交由严医生保管，严医生最多时持有签约对象家钥匙多达 51 把，被称为“钥匙医生”。在模范全科医生签约服务的影响下，该区居民对于全科医生签约服务较为欢迎。

调研问卷和深度访谈还显示，即使全科医生签约服务不收取任何费用，社区居民对于全科医生签约服务态度分层情况仍然严重。患有常见病、慢性非传染病等疾病的中老年人，全科医生服务依从性较高，对于签约服务较为欢迎且态度积极。青年人等工薪阶层对于全科医生签约服务持观望立场者比重大，态度消极。全科医生服务依从性的强弱，是社区居民是否愿意与全科医生建立签约服务关系的主要动机。

三、签约主体资格情况的实践调查

实现每个家庭与全科医生建立起签约服务关系，是上海市全科医生制度建设的重要内容，签约双方从理论上分析，当为全科医生与社区居民（由其代表一个家庭），但各区县签约主体情况，颇为不同。

根据对上海市 17 个区县的实地调研，笔者选择几份有代表性的签约协议书作以下介绍。第一份是以五角场街道社区卫生服务中心为代表的杨浦区，签约协议书称为“家庭医生制”服务约定书，签约主体为甲方（家庭医生）（包括责任居委、联系电话、团队名称）、乙方（签约居民）（包括家庭其他成员、签约居民身份证号、医保卡号、家庭地址、联系电话）、丙方（社区卫生服务中心）。社区卫生服务中心作为丙方，服务约定书正文第三部分便是其权利与义务，包括为甲方及其团队提供各项工作保障，并对甲方及其团队服务进行监督；监督甲方及其团队切实保护居民及家庭成员所提供的信息安全和隐私（笔者注：此处表述不当，不能监督“隐私”）；受理和协调乙方相关投诉与建议；如因家庭医生有工作变动不能履约时，负责为乙方选换签约医生。该中心最新版“家庭医生制”服务约定书，将社区卫生服务中心作为“见证单位”置于服务约定书末尾处。该服务约定书旧版将社区卫生服务中心列为签约主体之一并将其与全科医生之间的内部监督关系，也作为服务约定书内容的一部分；新版去除社区卫生服务中心权利与义务内容并将其作为“见证单位”置于文末，凸显了全科医生的签约主体地位。第二份是以江苏社区卫生服务中心为代表的长宁区，签约协议书称作家庭医生服务协议，签约主体为甲方（家庭医生）（包括责任居委、联系电话、团队名称）、乙方（参保对象）（包括家庭地址、联系电话）。服务协议主体并不包括社区卫生服务中心，但甲方签名处须冠以所在社区卫生服务中心公章。该服务协议书主体部分的表述，清楚明白地表明，全科医生有缔结服务协议书的主体资格。第三份是以半淞园街道社区卫生服务中心为代表的黄浦区，签约协议书称作家庭医生制服务协议书，签约主体为甲方（社区卫生服务中心）（包括全科医生、电话）、乙方（家庭代表）（包括身份证号、地址、电话）。与此类似的还有以石门二路社区卫生服务中心为代表的静安区。服务协议书主体部分将全科医生或家庭医生置换为社区卫生服务中心，中心后列明的全科医生作为具体责任主体，但这样安排也就意味着全科医生并非服务协议的签约主体。

由此可见，全科医生签约协议书的签约主体部分，除全科医生和签约居民外，全科医生所属社区卫生服务中心地位有三种类型：一是与全科医生一同作为签约主体，在签约协议书中表明对全科医生的监督关系；二是仅作为见证单位并置于文末；三是作为全科医生代表并充当签约主体。另外，各区县全科医生签约协议书名称并不统一，当全科医生作为签约主体甲方时，全科医生相关信息罗列不一致，签约居民作为乙方，相关信息罗列也不尽相同。

四、全科医生签约职责的实践调查

全科医生与居民签约意味着两者已建立合法的医疗服务合同关系。根据医疗服务合同的约定，全科医生应当履行约定的执业义务即提供符合约定的基本医疗卫生服务，约定的执业义务也是签约居民根据医疗服务合同所享有的医疗权利。

上海全面推广全科医生制度指导意见明确规定了全科医生签约职责的具体内容。2013 年内，要确保与全科医生签约对象至少享有以下“七项服务”：为签约居民制定有针对性的健康管理方案；通过预约优先获得全科医生服务；通过绿色转诊通道优先转诊至上级医疗机构，全科医生可优先预约到辖区内上级医疗机构专科门诊资源；签约居民可利用健康咨询热线、网络咨询平台等多种途径获得全科医生健康咨询服务；签约居民可享受一次配药量、配药种类上更便捷的政策；对符合条件的签约居民优先提供家庭病床服务；65 岁以上老年签约居民优先免费享有相关健康管理自选检查项目并由全科医生根据健康评估结果制定实施后续干预指导方案。①

据此，各区县先后制定了本区县全科医生签约职责的具体规定。例如，杨浦区社区“家庭医生制”服务约定书规定，签约医生（甲方）及其团队为签约居民及家庭提供的服务内容除了上述“七项服务”外，增加一项关于服务形式的规定，即全科医生在签约协议期内，通过电

① 参见《关于本市全面推广家庭医生制度的指导意见》（沪卫基层〔2013〕7 号）。另参见王有佳：《上海今年全面推广家庭医生制度》，人民网，http://sh.people.com.cn/GB/n/2013/0327/c138691-18367845.html，访问时间为 2015 年 11 月 1 日。

话、邮件、信件、走访等形式，定期主动关心签约居民健康状况与服务需求。杨浦区制定有《杨浦区家庭医生团队服务包》，将全科医生及其团队提供的服务划分为两大类，即常规社区卫生服务和签约居民优惠服务，后者包括基本医疗类、公共卫生类和健康管理类并作为上海市“七项服务”的细化和延伸。其中，基本医疗类包括预约优先门诊；为诊断明确、病情稳定的高血压、糖尿病、脑卒中和慢性前列腺炎签约患者，一次开足主诊药物四周药量，配药种类更显优惠；通过全科医生绿色转诊通道优先转诊至区属上级医疗机构；优先预约市级医疗机构专科门诊资源；优先建立家庭门诊；优先安排住院服务；优先安排机构和居家舒缓疗护服务。公共卫生类包括：为 65 岁以上签约居民，每年优先安排一次免费健康体检项目，同时可享有自选项目“血脂检测”，并根据健康评估结果实施后续干预指导方案；免费自助式健康自测服务和中医“治未病”辨证评估；优先参加社区各类健康教育讲座与咨询服务；优先安排社区每年推出的个性化免费公共卫生服务项目；为 60 岁以上老人优先安排肺炎疫苗免费接种，为有医保的退休居民优先安排大肠癌免费筛查。健康管理类包括：提供家庭医生团队电话与电子邮箱，及时应答健康咨询；为签约居民建立电子化健康档案并实行动态化管理；由家庭医生每年提供 1 次健康评估并制定有针对性的健康管理方案；家庭医生团队每半年 1 次了解签约居民服务需求和健康状况；为高血压、糖尿病患者每季度 1 次随访指导，为高龄老人、残疾人等特殊人群每月 1 次随访指导，为新发卒中偏瘫患者提供规范的社区康复训练；为有意居家且行动不便的高龄老人，免费提供家属居家护理技能培训。[①] 黄浦区家庭医生制服务协议书并未套用“七项服务”，规定全科医生执业责任包括：为乙方建立动态健康档案，为家庭成员建立基本核心档案；为乙方实施主动的慢性病干预；为乙方或家庭成员实施妇幼保健；为乙方健康宣教（个体化）；为乙方预约

① 参见《杨浦区 2014 年深化实施家庭医生制度工作方案》（杨卫计委〔2014〕152 号）。

出诊服务，家庭病床、医学和政策咨询；为乙方提供会诊、转诊和疾病康复的建议与意见。上述规定与“七项服务”相比，缺少制定健康管理方案、配药特殊规定和 65 岁以上老人的免费特殊服务等内容，较有特色的是增加了慢性病干预、妇幼保健、健康宣教、提供会诊服务等内容。长宁区全科医生服务协议在“七项服务”的基础上增加了一项，即中医“治未病”服务；宝山区、静安区全科医生服务协议书提供的服务内容与“七项服务”相同。徐汇区将全科医生及其团队提供的服务划分为常规内容和优惠服务，前者包括基本医疗服务和基本公共卫生服务，后者包括诊断明确的稳定期慢性病患者 1 次就诊酌情可配 1 个月药量、多种形式的健康咨询服务，探索 24 小时咨询服务、每 1–2 年开展 1 次家庭健康评估、预约时段门诊服务优先、优先安排家庭病床或上门服务、根据需要转诊至上级医院、每月赠阅“徐汇健康快报”1 份。[①]

全科医生对签约协议书签约职责的态度，也有差别。全科医生对其签约职责约束力认识情况的调查问卷显示，回答服务内容清楚明白并对双方都有约束力的，占 54%；回答签约服务形式大于内容且缺乏监督的，占 46%。就签约协议书全科医生及其团队签约职责是否都能完成情况，调查问卷显示，回答基本都能完成的，占 54%；回答只能完成一部分的，占 46%，其中能够完成一部分服务内容的列举，常为健康咨询、定期上门服务与 1 次开具 2–4 周药量等。基本公共卫生服务是否应当由全科医生及其团队承担的调查问卷显示，回答全科医生及其团队执业责任应当包括基本公共卫生服务的，占 14%；回答全科医生及其团队执业责任不应包括基本公共卫生服务的，占 86%。笔者在松江区小昆山镇社区卫生服务中心、闵行区梅陇镇社区卫生服务中心曹行分中心等社区卫生服务中心（站）调研时，有全科医生反映，全科医生执业范围中的基本公共卫生服务，如为 65 岁以上老年人提

---

① 参见《徐汇区家庭医生制服务工作指导意见（试行）》（徐卫局〔2011〕59 号）。

供免费健康体检并根据检查结果实施后续干预方案，签约居民健康档案管理等，实际上全科医生是无法完成的。究其主要原因，一是全科医生人数太少，专注于门诊和家庭出诊两项业务已经占去全科医生几乎所有的工作时间；二是全科医生团队往往没有公共卫生医生，基本公共卫生服务常由社区护士承担，即社区护士兼任公共卫生医生，社区护士难以完成所有基本公共卫生服务且缺乏公共卫生专业技能，可以考虑将基本公共卫生服务交由疾控部门承担，全科医生专注于全科门诊和家庭服务；如果硬性将基本公共卫生服务强加给全科医生，也仅具有形式意义。

由此可见，各区县关于全科医生及其团队签约职责的具体范围，不尽一致，但均包括基本医疗服务和基本公共卫生服务。为体现全科医生制度的优越性，通常将属于全科医生及其团队职责的基本医疗卫生服务，区分为常规服务和优惠服务，各区县优惠服务内容不一致。

五、签约对象权利与义务情况的实践调查

从上海各区县签约协议书记载的情况来看，签约居民作为乙方的权利与义务不尽相同。例如，杨浦区社区“家庭医生制”服务约定书第二部分为签约居民及家庭成员需要配合签约全科医生的内容，包括积极配合其签约家庭医生，有服务需求时主动利用家庭医生服务，遵医嘱并做好健康自我管理；主动提供建立与及时更新健康档案的相关信息；当发生健康紧急情况时，首先尽快拨打 120 急救电话，待安稳后，告知签约医生，便于提供健康建议，出院后提供康复指导。杨浦区签约协议书的上述规定，实为签约对象义务，即配合、主动联系全科医生的义务，遵医嘱并自我健康管理的义务，提供健康信息的义务，紧急情况下的急救义务。但其中也包含有全科医生执业责任的内容，如签约居民出院后全科医生提供康复指导。笔者在杨浦区五角场街道社区卫生服务中心调研时了解到，原先旧版“家庭医生制”服务约定书中规定，若对甲方（全科医生）

服务不满意，有权向社区卫生服务中心提出投诉或更换签约医生的申请。其中，“更换签约医生”作为签约居民的权利，由于担心会带来管理上的混乱，新版服务约定书中将此权利取消。黄浦区家庭医生制服务协议书第二部分为乙方（家庭代表）权利与义务，包括提供真实的家庭信息和保健资料；享受甲方提供的家庭医生制服务项目；对全科医生提供的服务给予支持和便利；及时向甲方提供外院就诊信息；在健康发生紧急情况时，为不耽搁病情，乙方应尽快拨打 120 急救电话，再通知全科医生，而全科医生应为乙方提供就医建议以及出院后提供康复指导。上述规定与杨浦区相关规定相比，除第二项可以作为签约居民权利外，其余皆为义务，涉及配合义务、提供健康信息义务和紧急情况下急救义务，缺少遵医嘱并自我健康管理的义务。长宁区全科医生服务协议第二部分为乙方（签约对象）权利与义务，权利部分与全科医生及其团队提供基本医疗卫生服务内容相对应，义务部分包括需配合甲方提供健康相关信息，以建立和完善个人健康档案；需配合甲方的就医路径引导、健康指导和建议等。义务部分除了提供健康信息义务、遵医嘱义务之外，需要特别注意的是“配合甲方就医路径引导的义务”。笔者在长宁区江苏社区卫生服务中心福世卫生服务站调研时，全科医生对此条款原委作了解释，该条款包括签约对象出现健康问题时，应当首先接受签约全科医生的基本医疗卫生服务，需要二、三级医疗机构专科和住院服务时，由全科医生提供转诊服务。基于社区居民目前还不能接受社区首诊制的客观现实，首诊制条款不宜明确写明，只能模糊化表述。静安区家庭医生制服务协议中乙方（家庭代表）权利与义务部分，除“配合甲方就医路径引导的义务”之外，其余内容与长宁区相同。笔者随同多位全科医生去签约患者家中出诊时发现，患者在签订协议书时最关心的是怕被“绑定”，对于首诊条款较为关注，现今各区县全科医生签约协议书都没有对首诊问题作出明确规定，签约对象对协议书上自身权利与义务条款，基本能够接受。

综上可以发现，各区县在签约协议书中对于签约居民义务条款的规定基本相同，包括配合全科医生义务、提供健康信息义务、遵医嘱义务、紧急情况下急救义务等，但首诊义务问题没有涉及或予以模糊化表述。签约居民权利条款，除享受全科医生及其团队提供的基本医疗卫生服务外，选择、更换签约全科医生的权利问题也没有涉及。

第二节　上海全科医生签约制度的问题反思

一、两种全科医生类型之反思

上海全科医生制度改革将“全科医生”理解为“家庭医生”，并通过规范性文件将两者区别对待。上海于 2013 年就为全面推广家庭医生制度出台了综合性指导意见，并将其作为指导各区县建立家庭医生制度的制度框架和基本原则。该指导意见就何谓“家庭医生”作出明确定义，即家庭医生是指在本市社区卫生服务机构执业，具有良好的专业素养和人际沟通能力，并与居民建立签约服务关系的注册全科医师（临床类别或中医类别）。[①] 根据该定义，家庭医生由执业机构、执业方式与医学专业三个要素构成。就执业机构而言，家庭医生应在社区卫生服务机构执业，具体包括社区卫生服务中心及其下设的卫生服务站；就执业方式而言，家庭医生应当与所在社区居民建立签约服务关系并向签约对象提供符合约定的基本医疗卫生服务；就医学专业而言，家庭医生医学专业应属于临床或中医类别的全科医学专业。

将全科医生与家庭医生区别对待的上海“家庭医生”制度改革，导致社区卫生服务机构两类全科医生的存在及其执业类型的差异。其一，家庭医生是一类建立签约执业服务关系的全科医生。家庭医生在

---

① 参见《关于本市全面推广家庭医生制度的指导意见》（沪卫基层〔2013〕7 号）。

社区卫生服务中心下设的卫生服务站与其他专业人员组成全科团队并作为核心成员，代表全科团队与所在社区居民建立签约服务关系并以全科团队服务方式向签约对象提供符合约定的基本医疗卫生服务。其二，家庭医生不是社区卫生服务机构的全科医生，两者不能等同。社区卫生服务机构仍然存在一类不与社区居民建立签约服务关系的全科医生，他们在社区卫生服务中心全科门诊坐诊，不从事签约服务执业活动。其三，两种执业类型的全科医生并存于社区卫生服务机构。家庭医生作为一类全科医生并与社区居民建立签约服务关系，社区卫生服务机构其他非家庭医生的全科医生，则按照传统医生执业方式在社区卫生服务中心全科门诊执业。执业类型的差别在医学专业上存有共性，即均为临床或中医二级全科医学专业，均在卫生行政主管部门注册并持有全科执业医师证。

国家层面全科医生制度改革以新医改基本文件和国务院建立的全科医生制度文件为根本依据。[①] 全科医生制度改革的核心要素在于对“全科医生”的理解及其制度功能的定位。全科医生具备全科医学专业知识与技能，通过与社区居民签约执业方式，主要在基层承担预防、治疗、保健等一体化服务。全科医生制度实行“首诊在基层”服务模式，全科医生与居民之间建立比较稳定的契约服务关系。[②] 全科医生制度建立的初衷是希望将培养出来的全科医生都能够在基层医疗卫生服务机构签约执业，为城乡居民提供符合约定的基本医疗卫生服务，逐步建立社区首诊与转诊制度以形成规范的分级诊疗秩序，最终使全科医生成为签约对象健康和医疗费用的“守门人”。因此，全科医生制度下的“全科医生”是经过特殊专业化培养的临床或中医全科医学专业人才并注册为全科执业医师，基层医疗卫生服务机构的全科医生都应当与社区居民建立签约服务关系并逐渐使得全科医生制度成为分

---

① 参见《中共中央 国务院关于深化医药卫生体制改革的意见》（中发〔2009〕6号）、《国务院关于建立全科医生制度的意见》（国发〔2011〕23号）。

② 参见《国务院关于建立全科医生制度的意见》（国发〔2011〕23号）。

级诊疗制度建构的组成部分。

上海家庭医生制度改革与国家层面全科医生制度改革，显然存在制度性差异。主要体现在：一是以地方政府部门规范性文件曲解国务院关于全科医生制度文件的精神。《国务院关于建立全科医生制度的意见》颁布于2011年，上海市《关于本市全面推广家庭医生制度的指导意见》颁布于2013年，颁布时间上的先后顺序，说明上海地方规范性文件并未准确理解国务院全科医生制度中“全科医生”的内涵。前者希望基层医疗卫生服务机构所有全科医生均投身于签约服务执业活动，最终建立全科医生“守门人”制度；后者却将全科医生“一分为二”，形成两种执业类型的全科医生。其中，与社区居民建立签约服务关系的全科医生被称为家庭医生，并将全科医生制度变换为家庭医生制度。二是将家庭医生与全科医生相区别的做法，加剧了上海家庭医生制度改革中家庭医生人数不足的形势。人为地将部分全科医生从全科医生制度中分离出去，不与社区居民建立签约服务关系，使得与社区居民建立签约服务关系的全科医生人数严重不足且承担着超额签约服务工作负荷。从2010年起，上海将全科医生培养纳入住院医师规范化培训制度中，并要求在取得执业医师资格的基础上，须参加住院医师规范化培训并取得《住院医师规范化培训合格证书》，方可注册成为全科执业医师。[①] 根据全科医生培养制度的相关规定，经过正规医学教育与规范化培训的合格全科医生至少需要8年的培养时间。而上海家庭医生制度改革却将部分社区卫生服务机构的全科医生置身于签约服务活动之外，不符合全科医生制度的设计初衷，更是原本紧缺的全科医生人才资源的闲置与浪费。三是上海家庭医生制度将家庭医生与全科医生相区别的做法，不仅与国家层面全科医生制度冲突，而且置国际上将家庭医生与全科医生作同义语对待的事实于不顾。国务院建立全科医生制度的意见，将全科医生与家庭医生作同义语，

① 参见《上海市住院医师规范化培训实施办法（试行）》（沪卫科教〔2010〕5号），另可参见第五章第二节关于全科医生执业类别与范围变更之反思。

符合国际共识，1972 年世界家庭 / 全科医生组织在澳大利亚墨尔本成立，在国际层面协调各国家庭 / 全科医生制度和家庭 / 全科医学的发展，全科医生与家庭医生属于同义语，已属不争之事实。[①]上海家庭医生制度改革指导意见关于“家庭医生”的定义，与国际共识格格不入。[②]

除了从全科医生与家庭医生关系、与国务院全科医生制度文件制度性冲突上探讨上海家庭医生制度改革中两类全科医生执业类型的存在缘由，还应从以下几方面对此客观事实作出进一步解释：一是社区居民尚未形成与家庭医生建立签约服务关系的就医习惯。上海社区卫生服务中心作为一级医院，机构设置分为中心医院和卫生服务站。没有建立签约关系的社区居民或没有养成签约就诊习惯的社区居民，通常会直接前往中心医院寻求治疗。中心医院需要设置若干全科门诊以便接受这部分社区居民就诊，中心医院全科门诊室全科医生工作时间皆从事全科门诊服务而不与社区居民建立签约服务关系，也是受客观形势所迫。二是除社区卫生服务基层外，二、三级医疗机构仍然存在全科门诊和全科医生。为将二、三级医疗机构全科医生与社区卫生服务机构全科医生区别开来，区别对待全科医生与家庭医生，与三级医疗机构功能定位尚不明朗有关。三级综合性医院盲目扩张趋势没有得到有效遏制，有些三级综合性医院设有全科门诊，无法体现三级综合性医院的专科特色。[③]全科医学已成为上海各医科高校或医学院系的临床二级学科，全科医学毕业生尤其是高层次毕业生不愿在基层社区卫生服务中心（站）工作，渴望进入三级综合性医疗机构，也是导致

① 参见李学成：《我国全科医生之公共政策的法制评析》，载《行政与法》2015 年第 2 期，第 18–23 页；李学成：《全科医生法律制度的功能定位与立法模式研究——以英美全科医生法制的国际经验为视角》，载《金陵法律评论》2015 年春季卷，第 276–288 页。

② 全科医生、通科医生与家庭医生之间的关系，参见本文第一章第一节的相关阐述。

③ 域外国家，如法国，2009 年上半年开始，取消公立医院的日常门诊业务，只保留急诊和住院业务。参见李久辉、樊民胜：《法国医疗保险制度的改革对我们的启示》，载《医学与哲学（人文社会医学版）》2010 年第 8 期，第 44–46 页。

某些三级综合性医疗机构设立全科门诊的诱因。因此，必须加快分级诊疗制度建设步伐，对三级医疗机构功能定位作出合理规划，[①]逐渐取消二、三级医疗机构全科门诊并通过制度化方案将全科医生逐渐引导至社区卫生服务机构开展签约执业，社区卫生服务中心也应适应全科医生制度改革的需要，逐步形成支持卫生服务站全科团队签约执业的功能性改革。[②]

综上，上海家庭医生制度改革与国家层面全科医生制度存在一定的制度性差异，应客观全面地看待。从国家层面全科医生制度设计理念出发，应将全科医生与家庭医生作同义语对待，需要对上海家庭医生制度中的"家庭医生"作出符合全科医生制度设计理念的准确认识。[③]

二、全科医生签约主体资格之反思

根据全科医生制度政策文件的规定，签约协议书签约主体为全科医生和居民。[④]居民作为签约主体，签约协议书中也常表述为家庭代表、参保对象等。居民签约后全家受益，家庭成员无须再与全科医生建立签约服务关系，将"居民"表述为"家庭代表"也无不可，为规范起见，宜与全科医生制度政策保持一致。将"居民"表述为"参保对象"则有人为缩小居民一方签约主体范围的嫌疑。因此，签约协议书"居民"一方表述的多样化需要规范，但不涉及原则问题。

全科医生签约主体资格问题，从调研资料显示来看，值得存疑。

---

① 参见《关于推进分级诊疗制度建设的指导意见》（国办发〔2015〕70号）。

② 参见第三章第三节关于全科团队外部协作的规范化制度设计。

③ 本文将全科医生与家庭医生作同义语对待，但应对实践中两类不同的执业类型，有清醒认识。上海家庭医生制度改革应转变为全科医生制度改革，全科医生的法律定义将在本章第三节中专门阐述。为行文方便和用语的统一性，一律使用"全科医生"这一称谓。

④ 参见《国务院关于建立全科医生制度的意见》（国发〔2011〕23号）、《关于本市全面推广家庭医生制度的指导意见》（沪卫基层〔2013〕7号）。

各区县签约协议书显现出全科医生签约主体资格的或然性。全科医生签约主体资格情况有如下几种类型：一是与居民共同作为签约协议书的签约主体；二是与社区卫生服务中心一同作为签约主体一方；三是全科医生作为社区卫生服务中心签约服务的具体责任人，社区卫生服务中心而非全科医生作为签约主体一方。全科医生签约主体情况的三种类型，反映出的问题各异。

第一种类型是对全科医生制度设计理念的准确反映。根据国务院建立全科医生制度文件精神，全科医生与社区居民建立签约服务关系，并由全科医生以全科团队方式向签约居民及其家庭提供符合约定的基本医疗卫生服务。全科医生是签约协议书约定基本医疗卫生服务的主要提供者和全科团队核心成员，全科医生是签约协议书签约主体一方，但应注明全科团队名称。全科医生享有签约主体资格，签约居民一方通过签约协议书即可明了约定服务的提供者，有利于增进签约后签约居民与全科医生之间的依从性与人身信任关系。

第二种类型虽表明全科医生享有签约主体资格，但同时也表明社区卫生服务中心的签约主体资格，使签约协议书约定基本医疗卫生服务的提供者类型多样化并产生混淆效应。签约协议书约定基本医疗卫生服务提供者多样化是不可思议的，签约居民一方产生质疑和困惑则为必然。其实，将全科医生与社区卫生服务中心并列为签约主体，其意图在于凸显两者的内在联系，即全科医生是社区卫生服务中心具有劳动合同关系的签约执业人员。但为凸显这种内在关系，将两者均置于签约协议书主体地位，似有不妥。据调研显示，有的社区卫生服务中心签约协议书将社区卫生服务中心作为“见证单位”并置于文末，既说明了两者内在联系以及全科医生是签约执业责任的最终承担者，又不影响全科医生作为约定基本医疗卫生服务提供者的签约主体资格，有借鉴价值。

第三种类型是对全科医生签约主体资格的否定。社区卫生服务中心取代全科医生进而作为签约主体一方，虽在社区卫生服务中心后用括弧方式表明全科医生及其团队具体情况，但这种安排本身则是对全科医生制度精神的背离。首先，这种安排直接违反国家层面和上海全科医生制度相关政策文件精神，将社区卫生服务中心作为签约主体，人为地抹杀了全科医生制度的设计理念和制度价值；其次，这种安排不利于建立全科医生“守门人”制度。全科医生作为签约主体目的就在于通过与社区居民签约服务关系的缔结，使全科医生以团队服务方式为签约居民及其家庭提供符合约定的基本医疗卫生服务，逐渐培养签约居民及其家庭成员对全科医生的依从性与信任关系，为建立全科医生“守门人”制度奠定基础。社区卫生服务中心取代全科医生签约主体地位，取消了“守门人”制度的核心要素并将“守门人”置换为传统医疗机构，其结果将可能导致全科医生制度改革停滞不前。

因此，签约协议书的签约主体应与国务院建立全科医生制度文件精神相合拍，全科医生与居民作为签约主体。为体现社区卫生服务中心、乡镇卫生院等基层医疗卫生服务机构与全科医生之间的劳动合同关系，宜将基层医疗卫生服务机构作为“见证单位”置于文末或不在签约协议书中专门凸显，全科医生签名处加盖所在单位公章即可。“居民”作为签约协议书另一方，可称为签约居民以与非签约居民相区别，一人签约且全家受益，签约居民及其家庭成员都是签约关系缔结的受益者，宜统称为“签约对象”。

三、基本公共卫生服务签约职责之反思

根据新医改基本文件和国务院建立全科医生制度文件精神，基本医疗卫生服务包括基本医疗服务和基本公共卫生服务，到 2020 年要实现人人享有基本医疗卫生服务的目标，基本医疗卫生服务由基层医疗卫生机构提供，而基层医疗卫生机构的主要人力资源则为全科医生，即全科医生是提供基本医疗卫生服务的基层医疗卫生机构主力军。[①]

① 参见《中共中央　国务院关于深化医药卫生体制改革的意见》（中发〔2009〕6 号）、《国务院关于建立全科医生制度的意见》（国发〔2011〕23 号）、《关于促进基本公共卫生服务逐步均等化的意见》（卫妇社发〔2009〕70 号）。

因此，全科医生签约职责包含基本公共卫生服务，从全科医生制度设计初衷来看，当无疑义。

基本公共卫生不同于公共卫生。公共卫生又称公众卫生，泛指社会公众的共同卫生，是以生物—心理—社会医学模式为指导，面向社会与群体，综合运用法律、行政、预防医学技术、宣传教育等手段，动员社会共同参与消除和控制威胁人类生存环境质量和生命质量的危害因素，具体包括环境卫生、食品卫生、职业卫生、学校卫生、公共场所卫生、放射卫生、国境卫生检疫卫生、药品管理卫生、特殊人群卫生健康卫生、保健用品卫生、化妆品卫生以及传染病、慢性病、地方病的预防与控制等多个领域。[①] 凡涉及全体或特定范围内社会公众的卫生问题，皆属于公共卫生范畴，因此，随着社会全面发展，公共卫生领域日益广泛。基本公共卫生则与之不同，涉及人民群众基本健康领域的公共卫生，国家限定其范围并由基层医疗卫生服务机构承担保障职责。根据《国家基本公共卫生服务规范》(2011年版)，基本公共卫生服务包括城乡居民健康档案管理、健康教育、预防接种、0–6岁儿童健康管理、孕产妇健康管理等11项内容。[②] 基本公共卫生事关人民群众生命健康的基本保障问题，应由国家承担保障公民基本公共卫生职责并实现基本公共卫生服务的均等化。[③]

调研结果显示，基本公共卫生服务包括哪些，各区县相关全科医

① 参见石俊华主编：《医事法学》，四川科学技术出版社2004年版，第80页。另参见夏洪波：《试论公共卫生安全与垦区“三步走”发展战略》，载《农场经济管理》2010年第3期，第35–40页。

② 参见《国家基本公共卫生服务规范》(2011年版)，卫生和计划生育委员会网，http://www.nhfpc.gov.cn/zhuzhan/wsbmgz/201304/cb5978bb42814451a26e5c97dd855254.shtml，访问时间为2015年5月15日。另参见严妮、沈晓：《公共产品：我国卫生服务分类与服务生产和提供方式的理论分析》，载《理论月刊》2014年第5期，第158–161页。

③ 基本公共卫生服务国家目标是到2020年，基本公共卫生服务逐步均等化的机制基本完善。参见《中共中央 国务院关于深化医药卫生体制改革的意见》(中发〔2009〕6号)、《关于促进基本公共卫生服务逐步均等化的意见》(卫妇社发〔2009〕70号)。

生制度政策和签约协议书规定不尽一致，多数全科医生对于履行基本公共卫生服务这一职责感到吃力。对此，以下几点值得反思：

一是全科医生与基本公共卫生服务之承担，如何看待两者之间的关系。基本公共卫生区别于重大公共卫生，后者由疾控中心等专业化公共卫生服务机构承担，前者则由基层医疗卫生服务机构承担。基层医疗卫生服务机构组建以全科医生为核心成员的全科团队具体承担基本公共卫生服务职责，使全科医生成为社区居民基本公共卫生的“守门人”，此为国务院建立全科医生制度的初衷之一。因此，全科医生签约职责除基本医疗卫生服务外，尚包括基本公共卫生服务，这由基层医疗卫生服务机构在新医改中的功能定位所决定。

二是上海各区县全科医生制度政策文件与签约协议书上承诺提供的基本卫生服务（包括公共卫生类和健康管理类）与国家法定的基本公共卫生服务领域，如何看待两者存在较大差距的问题。首先，基本公共卫生服务由基层医疗卫生服务机构承担的理念，基层医疗卫生服务机构至少在全科医生层面尚未形成共识。笔者采访过的全科医生多数认为，全科医生应专注于全科门诊服务和家访服务，基本公共卫生服务应从全科医生签约职责中取消，全科医生也承认缺乏基本公共卫生服务专业技能。其次，全科医生承担基本公共卫生服务的前提，是全科医生以全科团队方式提供基本公共卫生服务，而非由全科医生独自承担，否则，全科团队就没有存在的必要。认为应将基本公共卫生服务从签约职责中取消的全科医生，忽视了基本公共卫生服务提供方式的特定性。然而，这种认识恰恰反映了上海市各区县基层医疗卫生服务机构全科团队组建中存在着不可忽视的问题，如团队成员不固定、缺少公共卫生医生、缺少全科医生助理、非基本成员欠缺以及团队成员协作机制形式化与虚无化等，这些问题制约着全科医生以团队方式对于基本公共卫生服务的提供及其服务质量水平。[①] 除此之外，以绩

① 全科团队成员构成、岗位职责、配备标准及协作机制的规范化制度设计，参见第三章第三节关于全科团队服务制度的法治完善。

效考核指标体系的科学建构、基层医疗卫生服务机构绩效收入的财权赋予以及多渠道绩效收入来源的扩充为标志的全科团队绩效工资制度改革，也是激励全科医生及其团队乐于承担基本公共卫生服务并提升服务质量与效率的重要制度设计。[①]

由此可见，基本公共卫生服务是全科医生签约职责的重要组成部分，只能强化，不可削弱。只有通过全科医生签约制度、全科团队服务制度以及全科团队绩效工资制度改革的规范化与法治化，明确全科医生及其团队基本公共卫生服务职责、服务提供之协作机制与激励机制，才能化解全科医生对基本公共卫生服务作为签约职责的担忧并确保服务质量与效率。

四、签约对象部分权利与义务缺失之反思

签约协议书是签约居民与全科医生依法在平等协商基础上达成的关于基本医疗卫生服务提供的书面约定，签约协议书是签约主体双方各自权利与义务的集中体现。据上海市各区县调研资料分析，签约协议书无法体现签约对象部分重要权利与义务，对于全科医生制度的建立，显然弊大于利。[②]

签约协议书对签约居民权利采取模糊化策略。各区县签约协议书往往用“享有全科医生制服务项目”将签约对象权利问题捎带而过，没有具体阐明签约对象在签约协议书中的具体权利及其行使方式。

其一，选择权。选择权在签约协议书中不见踪影，签约对象与全科医生在平等基础上协商确定提供基本医疗卫生服务，签约对象作为

---

① 参见第五章第三节关于全科医生绩效工资制度改革的规范化制度设计。

② 签约居民作为签约协议书的一方当事人，一人签约，全家受益。从签约角度分析时，用“签约居民”一语较为合适，但从全科团队服务受益者的角度来看，用“签约对象”一语则能够将签约居民家庭成员全部纳入签约服务对象领域。因此，讨论签约协议书签约居民权利与义务规范问题，使用“签约对象”一语较为恰当。

签约协议书一方当事人，有权在社区卫生服务中心（站）公示的全科医生中选择自己满意的全科医生及其团队并与之签约，签约之后，认为该全科医生及其团队提供的基本医疗卫生服务不满意的，完全可以解除协议并选择其他认可的全科医生及其团队。选择权是签约对象一方当事人的固有权利，不能被剥夺。例如，静安区石门二路社区卫生服务中心共有 5 个全科团队，每个全科团队负责本社区 2–3 个居委会，向每个居委会社区居民提供基本医疗卫生服务的全科团队事前已经被明确分工，每个居委会社区居民没有选择其他全科团队的自由，只能被动接受。

其二，解约权。签约对象解除签约协议书并更换全科医生的情形很少发生。主要是因为，一方面，签约协议书中没有明确赋予签约对象解约权及解约事由；另一方面，即使行使解约权并选择本社区其他全科医生，由于每个全科医生及其团队所在站点建立在每个居委会附近，选择其他全科医生及其团队则会带来就医直线距离扩大的不便。尽管如此，签约对象解约权是签约协议书作为医疗服务合同的固有权利，对于保障签约对象的合法权益和促进全科医生及其团队提升服务质量，具有重要意义。各区县签约协议书解约类型均不统一，主要解约类型包括协商解约、不可抗力解约，个别区县签约协议书还规定有单方解约。签约对象有权与全科医生协商解除签约协议书，协商解约权应予肯定。基于法律法规或政策等因素影响，致使全科医生无法继续履行签约职责的，签约主体任何一方均享有解约权。个别区县签约协议书（如杨浦区最新版服务约定书）对签约对象单方解约权作出明确规定，即签约对象可通过提出解约申请来解除协议。签约对象单方解约权是签约居民选择权的自然延伸，既然社区居民可自由选择基层医疗卫生服务机构公示出的全科医生作为签约全科医生，签约协议书生效后对全科医生及其团队提供服务不满意时，自然可通知对方解除协议，从而另行选择自己满意的全科医生及其团队，但应对协议生效后至行使单方解约权之间的期限作出规定，以防止签约对象滥用单方解约权而随意解除协议。

需要指出的是，单方解约权应专属于签约对象，全科医生不享有。个别区县社区卫生服务中心（如杨浦区五角场街道社区卫生服务中心）签约协议书规定了全科医生的单方解约权，有两项解约事由，包括签约居民不配合全科医生、签约居民签约后半年内从不利用全科医生服务。签约全科医生单方面解除协议事由，不甚合理。其一，签约居民不配合全科医生就可以单方面解除协议，赋予全科医生无限制的单方解约权，将有可能严重损害签约对象一方合法权益；其二，签约居民签约后半年内不利用全科医生服务，也可能是家庭成员身体健康，没有任何基本医疗卫生方面的需求，而根据该规定，全科医生仍然有单方解约权，岂不荒谬。因此，从全科医生制度设计理念与签约对象作为服务受众方的视角分析，单方解约权应赋予签约对象而非全科医生。

其三，协商权。协商权也是签约居民的一项基本权利，应当得到尊重。全科医生制度建立的初衷是全科医生及其团队为签约居民及其家庭成员提供全面可及性且富有个性化的医疗卫生服务方案，没有双方互信基础上的协商，个性化医疗方案将无法达成。协商权法律基础还在于签约对象与全科医生之间平等的法律地位，任何一方都不能将自己的意志强加于另一方。除此之外，签约居民虽享有续约权，但续约权的行使需要每年签字确认，全科医生签约人数众多，签字确认方式人为增加了续约成本。

签约对象义务在各区县签约协议中的表述基本相同，包括配合全科医生义务、提供健康信息义务、遵医嘱义务、紧急情况下急救义务等，但缺乏形成分级诊疗制度的重要义务性规范。全科医生制度之所以成为社区居民“守门人”制度，不仅为签约对象提供基本医疗卫生服务，还在于引导签约对象有就医需求时，首先选择签约全科医生并接受全科医生及其团队的基本医疗卫生服务，不属于基本医疗卫生服务、超越基层医疗卫生服务机构功能定位或者符合转诊标准需要接受二、三级医疗机构专科或住院医疗服务的，可由全科医生通过转诊渠道使签约对象获得相应的医疗服务。因此，全科医生制度的建立将逐渐调整和改变目前混乱的就医秩序，为此，签约协议书应当就下述两项义务作出适当规定。

其一，签约对象有就医需求时，应当首先选择签约全科医生并接受全科医生及其团队提供的基本医疗卫生服务，此即首诊义务。签约协议书对签约对象首诊义务问题没有涉及或予以模糊化表述。长宁区家庭医生服务协议书用“遵从甲方就医路径引导”予以模糊化。若没有明确签约对象首诊义务，签约居民签约后仍然不受约束地选择任何医疗机构就医的话，全科医生制度设计初衷无法实现。签约协议书对签约对象首诊义务不作明确规定的原因，一方面，若对签约居民首诊义务作硬性规定，许多社区居民担心被“绑定”，将不会与全科医生签约，全科医生制度无法推进，也会影响基层医疗卫生服务机构签约率硬性指标的完成；另一方面，社区居民就医习惯形成已久，通过签约协议书首诊义务条款无法从根本上改变社区居民的就医习惯，需要整个医疗卫生资源的合理配置与资源下沉，需要不断完善全科医生制度以及与全科医生制度配套的基本医疗保险制度等多项制度安排并实现制度的规范化与法治化，采用多种诱导机制逐渐改变社区居民的就医习惯。

如何规范签约对象首诊义务，有两种策略可供选择。一是采用义务性规范。明确规定签约对象有就医需求时，应当选择签约全科医生并接受全科医生及其团队的全科服务，否则应当承担相应的法律后果。法律后果部分可设计多种制约措施，包括遵守义务规定的奖励措施与违反义务的不利后果。二是采用全科医生首诊请求权规范。将全科医生首诊权作为有一种请求权对待，同时采取多种制度安排就遵从全科医生首诊权和拒绝全科医生首诊权分别设定相应的法律后果。上述两种策略的根源在于，全科医生制度所要实现的“首诊”效果，从签约对象角度分析，属于义务范畴；从全科医生执业权利角度分析，属于权利范畴。笔者认为，从全科医生制度“守门人”理念和强化全科医生执业权利的视角分析，应主要采取第二种策略，但在签约对象义务规范中，也要对此作提示性规定。

其二，全科医生及其团队认为签约对象健康问题不属于基本医疗卫生服务范畴或不符合基层医疗卫生服务机构功能定位需要转诊的，签约对象应当接受全科医生转诊决定而非自行选择医疗机构就诊，此即转诊义务。建立规范的转诊秩序，是全科医生制度和分级诊疗制度的应有之义。即使实现了全科医生及其团队对于签约对象的首诊目标，仍需建立制度性规范以保障转诊秩序的规范。因此，转诊与首诊是有机联系的两个议题。对于转诊秩序的规范，也可采取义务性规范与权利性规范两种策略。前者是签约对象应当遵从全科医生转诊决定，否则应当依法承担对其不利的法律后果；后者则从全科医生执业权利的视角进行规范，即全科医生转诊请求权，当全科医生作出转诊决定后可请求签约对象予以配合，并针对签约对象接受或拒绝全科医生转诊权，而采取多种诱导性制度安排。上述两种策略也根源于这样一个事实，即转诊从签约对象角度来看，属于义务范畴；从全科医生执业权利角度来看，则属于权利范畴。笔者认为，宜采取第二种策略即全科医生转诊权规范，与全科医生首诊权规范对应并形成权利体系的配合机制。①

由此可见，签约协议书签约对象部分权利与义务的缺失，不仅需要全科医生签约制度的完善，还需要就全科医生首诊与转诊服务制度进行规范，通过多重制度的规范化与法治化，明晰签约对象的权利与义务，规范就医秩序，为分级诊疗制度的建立奠定法治基础。

除上述议题值得反思之外，签约协议书有效期限的过短问题，也不可忽视。国家或上海地方性全科医生制度相关政策文件对签约协议书的有效期限，并未作出明确规定。从上海各区县社区卫生服务协议书的规定来看，有效期均为一年，期满后双方如无异议且经双方确认后，协议可自动续期，即确立了“期限一年、每年续签”的规则。从

---

① 赋予全科医生首诊权与转诊权，利用多种诱导机制促使签约对象逐渐改变就医习惯，是全科医生制度对于分级诊疗制度建立的贡献之一。参见第四章第三节全科医生首诊服务制度的法治完善。

建立全科医生制度的初衷分析，一年有效期限明显过短。其一，全科医生及其团队应当为签约居民及其家庭提供全面基本医疗卫生服务，包括基本医疗服务和基本公共卫生服务。以提供健康管理的基本公共卫生服务为例，多数基本公共卫生服务之提供需要同时制定个性化健康管理方案，而健康管理及其方案的实施需要较长时间，一年的有效期限显然过短。其二，即使确立了“每年续签”规则，可以使签约协议书永续有效，但由此带来的续签成本不得不予以考虑。全科医生原本人数不足，每年还要忙于续签协议书任务，势必会加重全科医生及其团队工作量。同时，每年续签一次的签约协议书均为纸质形式，有浪费资源之嫌。

第三节 全科医生签约制度的法治完善

签约执业制度是全科医生履行执业义务的一种特殊方式，即全科医生通过与社区居民签订基本医疗卫生服务协议并约定双方权利与义务的方式，履行基本医疗卫生服务协议中约定的执业义务并享有相应的执业权利。全科医生的签约执业不同于其他临床二级专科医生，全科以外的临床二级专科医生本身并没有被赋予在基层医疗卫生机构充当签约居民健康和医疗费用“守门人”的职责，他们往往受聘于二、三级医疗机构，从事各项专科、手术或住院医疗服务，患者与二、三级医疗机构签订医疗服务合同，而非与二、三级医疗机构的专科医生签订医疗服务合同。因此，全科医生签约执业具有特殊性并需要“法”的规范，这种“法”的规范无论体现在法政策层面，抑或各层级成文立法层面，将有利于调整全科医生与签约居民之间基本医疗卫生服务法律关系并规范全科医生的签约执业。

国外全科医生签约规范，值得借鉴。以英国为例，设立在各地的 NHS 理事会办事处与作为独立合约人身份的全科医生签订购买初级保健服务和公共卫生服务协议，全科医生联盟也可以根据当地需要而与全科医生签订购买少量初级保健服务的协议。99% 以上的英国人都在全科医生处登记并与全科医生建立长期的联系。[①]至于全科医生提供服务的具体范围，根据 1983 年《医疗法》的规定，授权英国医师总会规定全科医生的执业范围，英国皇家全科医生学院作为英国医师总会负责全科医生培训与执业的自治组织，对全科医生临床执业范围有列举式规定，如初级保健遗传学、儿童保健、老人保健、性保健、临终医疗服务、精神健康保健以及眼科、神经科、呼吸科与消化科疾病保健服务，等等。[②]因此，英国全科医生与社区居民签约，协议书无须明确全科医生一方应当提供的具体医疗卫生服务，只需要注明双方个人信息以及相关提示性内容，但也有一些双方个人信息之外的内容。例如，英国儿童出生就需要选择一名全科医生并由监护人与之签订医疗卫生协议，除儿童与全科医生个人信息外，还包括监护人信息、儿童是否需要免除使用药而仅提供保健服务、五年内儿童健康状况是否需要全科医生持续监控等。一般成年人与全科医生签订的医疗卫生服务协议，除了双方个人信息外，还包括居民一方的既往病史、是否来自国外及其健康状况、是否参军入伍过及其健康状况、是否由于距离或特殊困难等原因而需要全科医生根据需要分配药品、器官捐赠条款、献血条

---

① 2012 年英国医疗改革情况，参见《Health and Social Care Act 2012》。在 2012 年改革之前，全科医生需要与初级卫生保健信托机构（PCT）签约，协议类型主要包括两种：通用医药服务合同和个人医药服务合同。参见《National Health Service Act 2006》。参见中国医疗保险研究会、国际劳动保障研究所：《世界主要国家和地区近十年医疗保障改革研究》，经济科学出版社 2013 年版，第 31、33–39 页。

② 参见《RCGP Curriculum 2010》，revised 7 May 2014：Statement 1 Being a GP，英国皇家全科医生学院网，http://www.rcgp.org.uk/training-exams/gp-curriculum-overview/document-version.aspx，访问时间为 2015 年 7 月 3 日。另参见《Medical Act 1983》。澳大利亚医疗卫生保健体系与英国类似，全科医生服务范围广泛，参见澳大利亚皇家全科医生协会网，http://www.racgp.org.au/your-practice/standards/standards4thedition/，访问时间为 2015 年 7 月 3 日。

款等。[①] 由此可见，英国全科医生签约规范体系不是单一的，而是包括了相关法律以及法律授权的协会自治规范组成，既有法律的原则性规定，又有全科医生自治组织经过授权而拟定的详细的、权威性的行业规范。又如，加拿大联邦政府 1984 年通过《加拿大卫生法》，目的是保护、促进并恢复加拿大居民身体健康和精神健康，帮助其免费无障碍地获得医疗服务。该法确定的医疗保障体系为该国公民提供三个层次的医疗服务，即初级卫生保健服务、二级卫生保健服务和额外卫生保健服务。其中，初级卫生保健服务主要提供者是全科医生，他们并不受雇于政府，而是独立开业或合伙开业，除全科医生之外，还有开业牙医、社区医疗中心，服务范围包括普通伤病的预防和治疗、基本急救服务、初级精神卫生保健、缓和医疗与患者临终前护理、促进卫生、促进儿童健康成长、基础性产后护理、康复服务等。[②]

全科医生签约制度法治化根源于我国基本医疗卫生服务提供模式的选择。新医改基本文件确立了我国基本医疗卫生服务的政府直接提供模式。[③] 基层医疗卫生服务机构作为政府举办的事业单位承担提供基本医疗卫生服务的职责，具体由基层医疗卫生服务机构全科医生以签约方式向签约对象提供符合约定的基本医疗卫生服务。这与国外全科医生执业组织常为私人诊所明显不同，全科医生提供的初级医疗保健服务由政府或全民医疗保险等保险制度向私人全科诊所购买，国外全科医生签约规范以法律授权行业自治组织通过行业规范予以调控，无须制定专门法律规范签约活动。因此，在我国基本医疗卫生服务政府直接提供模式背景下，从法治层面规范全科医生与社区居民的签约活动，将为建立在签约基础上的团队服务制度、首诊服务制度以及全

---

① 参见“FORM FP58（Rev 2002）”（130063 New 22 9 04.qxd 20/5/05），“Famliy doctor services registration”（GMS1–JUL12_GMS 1 17/07/2012），英国皇家全科医生学院网，http://www.rcgp.org.uk/，访问时间为 2015 年 7 月 3 日。

② 参见中国医疗保险研究会、国际劳动保障研究所：《世界主要国家和地区近十年医疗保障改革研究》，经济科学出版社 2013 年版，第 50–52 页。

③ 参见第一章第一节关于基本医疗卫生服务政府提供模式的阐释。

科医生执业发展制度的法治化奠定基础，从而形成包括全科医生签约制度在内的全科医生法治化制度体系。

我国目前尚未出台“全科医生签约规范”，使签约协议书缺乏法律依据并不利于全科医生制度的规范建立。根据上海市 17 个区县实证调研资料及其建立在国外有益经验基础上的深刻反思，笔者就“全科医生签约规范”的主要制度设计，提出如下建议。[①]

一、全科医生概念的法治界定

全科医生即家庭医生，是指依法具备全科执业资格并与居民建立签约服务关系的基层医疗卫生服务机构基本医疗卫生服务提供者。

相关说明如下：

1. 全科医生概念是全科医生法律制度的基础

全科医生概念的法治界定是全科医生法律制度建立的基础，应在对上海“家庭医生”概念批判基础上，作出新的符合全科医生制度设计理念的界定。全科医生签约制度规范化和法治化，离不开对全科医生这一概念的法治界定。只有从法治层面准确界定全科医生，才能使全科医生成为签约执业的正当主体，从而以签约执业方式向签约居民及其家庭成员提供基本医疗卫生服务；全科医生概念的法治界定，也是从法治层面规范全科医生与社区居民之间的签约行为及双方在签约协议中权利与义务关系的法律基础。

上海家庭医生制度与国家层面相关政策文件精神所指的全科医生制度存在一定出入并对全科医生制度带来消极影响，通过前文全科医生执业类型的实证调研与问题反思，已可见一斑。全科医生制度在上海被以“家庭医生制度”解读并推广，从制度体系建构层面看，上海家庭医生制度与国家层面对于全科医生制度的整体设计，[②] 目标基本一

---

① 全科医生签约制度的规范化条文设计，可参见附录《全科医生执业管理法》。

② 参见《国务院关于建立全科医生制度的意见》（国发〔2011〕23 号）。

致，都着眼于建立全科医生或家庭医生作为社区居民健康和医疗费用的“守门人”制度，尤其是社区首诊制与双向转诊制。从细微处看，上海家庭医生制度中的“家庭医生”具有不同于一般全科医生的特点，根据上海市全面推广家庭医生制度指导意见，家庭医生是指在本市社区卫生服务机构执业，具有良好的专业素养和人际沟通能力，并与居民建立签约服务关系的注册全科医师（临床类别或中医类别）。[①] 由此可知，上海家庭医生制度改革从执业机构、执业方式与医学专业三个要素层面将家庭医生定位于一种特殊的全科医生，即与社区居民建立签约服务关系的全科医生。这样一种制度定位，在目前全科医生人数严重不足并亟须大量培养全科医生的背景下，带来的直接后果便是对家庭医生严重短缺的加剧。同时，将家庭医生与全科医生相区别的做法，也与世界其他国家、欧盟以及世界全科医生 / 家庭医生协会关于全科医生本质界定有违。全科医生与家庭医生实为来自英美诸国的舶来品。英国、美国、澳大利亚等国以及欧盟、世界全科医生 / 家庭医生协会关于全科医生或家庭医生的界定，说明了这样一个日渐公认的事实，即全科医生与家庭医生为同义语，共同指向同一种类型的初级卫生保健服务提供者。他们位于初级卫生保健这一整个卫生保健的最底层，率先接触并向签约患者及其家庭成员提供全面的、可及性的、人性化的初级卫生保健服务，通过转诊制度将上下层级的卫生保健体系有效沟通，确保向签约患者提供初级卫生保健服务的连续性与有效性。因此，需要对上海家庭医生制度中的“家庭医生”作出新的、符合国际发展趋势的法治界定。

2. 全科医生概念符合全科医生制度的设计理念

全科医生是依法具备全科执业资格并与居民建立签约服务关系的基层医疗卫生服务机构基本医疗卫生服务提供者，这一界定符合全科医生制度设计理念。国务院建立全科医生制度文件指出，全科医生是综合程度较高的医学人才，主要在基层承担预防保健、常见病多发病

① 参见《关于本市全面推广家庭医生制度的指导意见》（沪卫基层〔2013〕7 号）。

诊疗和转诊、病人康复和慢性病管理、健康管理等一体化服务，被称为居民健康的“守门人”。[①]根据这一表述，全科医生应当具备四大要素，即专业要素、机构要素、职责要素和签约要素。

一是全科医生应当具备专业要素。随着我国全科医生培养制度的完善，成为一名合格全科医生需要取得临床执业医师资格、参加住院医师规范化培训、取得《住院医师规范化培训合格证书》并经卫生行政部门注册取得执业医师证。[②]全科医生执业医师证的取得，表明全科医生接受高等医学院校本科以上临床医学专业教育并经过临床全科住院医师规范化技能培训，临床全科理论与实践技能均符合基层医疗卫生服务机构全科医生签约执业要求，并具备向签约居民及其家庭成员提供符合约定基本医疗卫生服务的能力。

二是全科医生应当具备机构要素。全科医生执业机构为基层医疗卫生服务机构，包括城市社区卫生服务中心（站）、乡镇卫生院、村卫生室等。全科医生制度设计理念将全科医生作为社区居民健康与医疗费用的“守门人”，因此，全科医生应当在空间上距离社区居民最近，是社区居民最易接触并最易得到基本医疗卫生服务的全科医学专业人员，故全科医生应当在基层医疗卫生服务机构执业。

三是全科医生应当具备职责要素。全科医生是基本医疗卫生服务的提供者，基本医疗卫生服务是社区居民健康的基本保障，包括基本医疗服务和基本公共卫生服务。全科医生培养制度着力培养和提升基本医疗卫生服务的技能与质量，全科医生具备提供符合约定基本医疗卫生服务的能力，签约对象健康问题不符合约定范围或超出基层医疗卫生服务机构功能定位的，可通过转诊程序寻求适宜的专科治疗。另外，全科医生作为基本医疗卫生服务的提供者，但并非唯一提供者，

---

① 参见《国务院关于建立全科医生制度的意见》（国发〔2011〕23号）。

② 关于全科医生培养制度，可参见《执业医师法》《住院医师规范化培训管理办法（试行）》《上海市住院医师规范化培训实施办法（试行）》（沪卫科教〔2010〕5号）等。另可参见第四章第三节关于全科医生培养制度的规范化制度设计。

全科医生需要与社区护士、公共卫生医生等不同医学专业背景的专业人员组成全科团队，以团队方式履行职责。

四是全科医生应当具备签约要素。全科医生应当与社区居民建立稳定的服务提供关系，稳定服务关系的建立需要双方就提供服务的内容、要求以及各自权利与义务等明确约定下来并形成书面凭证，即通过签约方式建立稳定的服务提供关系。签约是全科医生向社区居民提供基本医疗卫生服务并承担“守门人”职责的制度起点，没有建立签约服务关系的“全科医生”，不是真正意义上的、全科医生制度所要求的“全科医生”。

3. 全科医生概念与分级诊疗制度的建立

全科医生是依法具备全科执业资格并与居民建立签约服务关系的基层医疗卫生服务机构基本医疗卫生服务提供者，这一界定有利于分级诊疗制度的建立。建立基层首诊、双向转诊、急慢分治、上下联动的分级诊疗制度，明确各级医疗机构诊疗服务的功能定位，是医疗资源合理配置并促进基本医疗卫生服务均等化的重要举措。[①] 根据全科医生概念的法治界定，要根据二、三级医疗机构功能定位要求逐渐将全科人才分流至基层医疗卫生服务机构，取消二、三级医疗机构全科门诊并使其专注于专科医疗服务、住院服务和医学教学与科研。基本医疗卫生服务的提供由基层医疗卫生服务承担，具体责任人则是全科医生并以全科团队方式向签约对象提供全科医疗服务，签约对象健康问题超出基层医疗卫生服务机构功能定位的，则有全科医生通过转诊程序将签约对象转诊至适宜的上级医疗机构，从而形成基层医疗卫生服务机构与二、三级医疗机构清晰的功能定位。因此，将全科医生定位于在基层医疗卫生服务机构执业并通过签约方式向签约对象提供基本医疗卫生服务，将有利于分级诊疗制度的建立。

综上，将全科医生界定为依法具备全科执业资格并与居民建立签

① 参见《国务院办公厅关于推进分级诊疗制度建设的指导意见》(国办发〔2015〕70号)。

约服务关系的基层医疗卫生服务机构基本医疗卫生服务提供者，是从全科医生制度设计理念、分级诊疗制度的建立及国际共识层面，对上海家庭医生制度改革中“家庭医生”的概念修订。①

二、签约主体与签约协议名称的规范化

签约主体为签约居民和全科医生。签约居民与全科医生签约后，惠及签约居民所有家庭成员，家庭成员的范围以家庭户口本的记载为准，可以在签约协议书中追加家庭户口本上所列成员之外的人，包括其他近亲属或受扶养的人。

全科医生所在基层医疗卫生服务机构为见证单位。

全科医生与签约居民签订协议的名称为“基层医疗卫生服务机构名称＋全科医生＋签约协议书”，简称为“签约协议书”。

相关说明如下：

1. 签约居民和全科医生享有签约主体资格

首先，签约居民作为签约协议书约定基本医疗卫生服务的服务接受方。签约居民原则性限定为基层医疗卫生服务机构辖区居民，既可以是社区卫生服务中心辖区居民，亦可为乡镇卫生院辖区居民；非属该基层医疗卫生服务机构辖区居民亦有权享有该基层医疗卫生服务机构全科医生签约协议书签约主体资格。签约居民个人信息应在签约协议书中注明，以便于确定签约居民主体资格与便利签约服务的提供，签约居民需要在签约协议书中准确填写的必要内容包括：签约居民及其他家庭成员姓名、身份证号、医保卡号、既往病史、家庭地址、联系方式等。签约居民与全科医生签约后，惠及签约居民所有家庭成员，即一人签约，全家受益。家庭成员范围以家庭户

---

① 关于全科医生概念的法治界定，将全科医生与家庭医生作为同义语，为行文方便，后文一律使用“全科医生”而不使用“家庭医生”。上海相关政策文件中“家庭医生”用语，也一并改为“全科医生”。

口本记载为准，但调研中发现，随着人口老龄化趋势加剧，一些与子女分开居住的老年人有健康问题需要照顾时，常与子女居住在一起以便于健康照护。因此，可在签约协议书中追加家庭户口本所列成员之外的其他近亲属或被扶养人作为签约服务受益方。签约居民一般为户籍居民，但常住非当地户籍居民或流动性人口要求与居住地基层医疗卫生服务机构全科医生签约并保证遵守签约协议书的，全科医生不得拒绝，应当与之签约。[①]

其次，全科医生作为签约协议书约定基本医疗卫生服务的服务提供方。签约协议书应注明全科医生的详细信息，包括姓名、联系方式、所属基层医疗卫生服务机构名称、全科团队名称等。全科医生是取得执业医师资格、参加全科住院医师规范化培训并取得《住院医师规范化培训合格证书》的注册全科执业医师，作为基层医疗卫生服务机构基本医疗卫生服务的实际提供者和具体责任人，有作为签约协议书签约主体的法律资格。一方面，全科医生作为签约主体一方，有利于形成并增进签约居民及其家庭成员与全科医生之间稳定的人际信任关系和签约服务关系，签约居民一方可以通过各种约定方式与签约全科医生保持联络，有利于形成终身提供基本医疗卫生服务的协议基础并建立居民健康与医疗费用的“守门人”制度。另一方面，全科医生作为签约主体一方，明确了全科医生向特定居民提供基本医疗卫生服务的第一责任人，签约全科医生应当严格按照签约协议书和相关法律法规，向签约居民及其家庭成员提供符合约定的、合法的基本医疗卫生服务，否则应当承担约定的违约责任以及其他法律责任。除此之外，全科医生作为签约主体一方，也凸显了全科医生是签约协议书中执业权利的享有者，签约居民一方违反约定并损害全科医生合法权益的，应当承担约定的违约责任及其他法律责任；全科医生所在基层医疗卫生服务机构及其他公权力机构，也应当尊重全科医生在签约协议书中的权利

---

① 签约时，签约居民作为签约主体之一，签约后，签约效力涉及签约居民及其家庭成员。故签约居民及其家庭成员可用“签约对象”一语概括之。

主张并依法提供保障。

2. 全科医生所在基层医疗卫生服务机构作为见证单位

见证单位意味着由全科医生与签约居民签订的签约协议书，全科医生所在基层医疗卫生服务机构是签约协议书约定权利与义务的证实者、监督者与全科医生责任的最终承担者。签约协议书应当明确注明基层医疗卫生服务机构的信息，包括：名称、地址、法定代表人、联系方式等。基层医疗卫生服务机构与全科医生之间具有隶属关系，全科医生是与基层医疗卫生服务机构建立劳动合同关系并按约提供全科服务的执业人员，基层医疗卫生服务机构对于全科医生向签约居民及其家庭成员提供的基本医疗卫生服务，根据劳动合同法律关系而具有法律上的监督职责和最终责任承担资格。基层医疗卫生服务机构作为签约协议书见证单位，明确了全科医生提供基本医疗卫生服务的监督主体和最终责任主体。当然，基层医疗卫生服务机构作为责任主体承担相应法律责任之后，有权依法要求全科医生承担相应的法律责任。基层医疗卫生服务机构作为签约协议书见证单位摆正了全科医生与基层医疗卫生服务机构在签约活动中的地位与相互关系，有利于将全科医生制度塑造成居民健康与医疗费用的“守门人”制度。

3. 签约协议名称应实现规范化

据调研资料显示，上海各区县社区卫生服务中心制作的签约协议名称极不统一，主要有三种称谓，即家庭医生制服务约定书、家庭医生服务协议、家庭医生制服务协议书。为统一规范起见，签约协议名称结构宜为“基层医疗卫生服务机构名称＋全科医生＋签约协议书”。

一是应突出“全科医生”的签约主体资格。签约协议名称突出“全科医生”，表明协议约定的基本医疗卫生服务具体提供者是签约全科医生且以全科团队方式提供约定服务，还意味着约定服务为全科医疗服务并由取得全科执业资质的专业人员提供。另外，不使用“家庭医生”一语，尽管全科医生与家庭医生含义相同。如前文所述，上海全科医生制度改革将“家庭医生”与“全科医生”区别对待并人为撕裂两者同义语含义，将全科医生区分为与居民建立签约服务关系的全科医生和没有与居民建立签约服务关系的全科医生，前者称为“家庭医生”。为彻底消除将两者区分产生的消极效应，除建立统一的“全科医生”法治化概念外，签约协议名称应突出“全科医生”而非“家庭医生”。签约协议名称突出“全科医生”，可将在社区卫生服务中心全科门诊坐诊的“全科医生”纳入签约活动，使这部分全科医生投身于签约活动以缓解基层签约活动中全科医生人数不足的局面。从基层医疗卫生服务机构功能定位角度分析，签约协议名称中突出“全科医生”，将会在基层医疗卫生服务机构提供基本医疗卫生服务功能的基础上，产生基层医疗卫生服务机构功能重新定位的集合效应，即基层医疗卫生服务机构应建立以全科医生签约服务为主的运作模式，其他不同专业背景的医务人员应在基层医疗卫生服务机构组织下，与全科医生成立全科团队，并以团队协作方式实现基层医疗卫生服务机构提供基本医疗卫生服务的功能定位；基层医疗卫生服务机构中的其他机构，应着眼于辅助、强化全科团队服务并为签约居民和非签约居民提供尽可能完善的基本医疗卫生服务设施与医疗检查服务。①

二是该称谓与全科医生制度相关政策文件精神是一致的。根据国务院建立全科医生制度文件指出，推行全科医生与居民建立契约服务关系，服务责任落实到全科医生个人。②签约即为签订契约并建立契约服务关系，签约协议书即居民与全科医生签订基本医疗卫生服务契约并由此建立契约服务关系。上海全面推广全科医生制度指导意见指出，要逐步实现与每户家庭建立签约服务关系，在签约协议书中应明

① 全科团队所在卫生服务站及卫生服务中心等基层医疗卫生服务机构，应与全科团队建立外部协作机制以实现全科医生制度的设计初衷。可参见第三章第三节关于全科团队外部协作的规范化制度设计。

② 参见《国务院关于建立全科医生制度的意见》(国发〔2011〕23号)。

确全科医生提供基本医疗卫生服务的范围与要求，对签约家庭及成员获得全科医生有关特定服务内容需遵守的相关义务（如医疗救助对象等特定人群需签约首诊等），也应在签约协议中予以明确。[①]该“指导意见”将全科医生服务形式明确为签约服务，记载签约双方权利与义务的书面协议为“签约协议书”。

三是将全科医生所在基层医疗卫生服务机构名称置于“全科医生签约协议书”之前，反映了现阶段全科医生签约服务由政府主导的现状。全科医生属于事业单位的基层医疗卫生服务机构执业人员，与居民建立签约服务关系是基层医疗卫生机构向签约居民提供基本医疗卫生服务的具体体现。将全科医生所属单位名称置于“全科医生签约协议书”之前，既明确了政府在提供基本医疗卫生服务领域的主导地位，同时间接表明全科医生签约服务行为和相关责任由所在基层医疗卫生服务机构监督和承担。从基本医疗卫生服务提供模式的视角分析，我国新医改采取政府直接提供模式，即政府属于事业单位行政的基层医疗卫生服务机构作为基本医疗卫生服务的提供者，以实现“保基本、强基层、建机制”目标。因此，签约协议书名称中的“基层医疗卫生服务机构”现阶段主要为政府办的公立属性医疗机构，社会办基层医疗卫生服务机构几乎绝迹。政府主导的基本医疗卫生服务模式，从长远发展来看，并不能完全排除社会办基层医疗卫生服务机构的存在，在政府办基层医疗卫生服务机构事业单位改革基础上，以政府办基层医疗卫生服务机构为主，同时，规范社会办基层医疗卫生服务机构准入制度并实行政府办与社会办医疗机构的平等待遇，也是基本医疗卫生服务提供模式发展的必然趋势。[②]

① 参见《关于本市全面推广家庭医生制度的指导意见》（沪卫基层〔2013〕7号）。

② 可参见第一章第一节关于基本医疗卫生服务提供模式的阐释。

三、全科医生签约执业主要义务的规范化[①]

全科医生应当根据有关法律、法规、规章和签约协议书，依法组成全科团队并以全科团队服务方式，向签约对象提供符合法定和约定标准的基本医疗服务和基本公共卫生服务。

全科医生应当遵守《执业医师法》规定的法定义务，不得拒绝社区居民正当合理的签约请求和服务请求。

全科医生应当依法将符合基层医疗卫生服务机构转诊标准的患者，及时转诊至适宜的上级医疗机构。

相关说明如下：

1. 全科医生签约执业权利与义务规范来源于成文法和签约主体的约定[②]

一是成文法的规定。基本医疗卫生服务的定性与范围、全科医生服务提供方式、全科医生首诊与转诊权利及其保障、全科医生作为执业医师的一般法定执业义务等，均需要成文法予以规范。现阶段，全科医生制度主要通过国务院及其各部门、地方政府及其各部门的规范性文件推动建立，尚未纳入法治化轨道。就全科医生执业一般性法定义务而言，《执业医师法》可资适用，但全科医生其他签约执业义务与权利领域，立法空白甚多。全科医生基本医疗卫生服务提供之义务，需要制定《基本医疗卫生服务法》限定服务范围与法定标准，全科医生团队服务方式需要基层医疗卫生服务机构根据“全科团队服务规范”予以配置和建立，全科医生签约协议书的签约主体、名称、双方权利与义务以及签约协议

① 此处仅是基于签约关系而就全科医生主要签约执业义务的规范化制度设计，不排除法律、法规规定的其他执业义务。

② 全科医生首诊权与转诊权等签约执业权利，涉及全科医生制度在分级诊疗制度建立中的地位与功能问题，需要另外专门讨论，可参见第四章全科医生首诊服务制度的法治化研究。

书的生效、有效期限、续约、解约等，尤其在分级诊疗制度体系建立中全科医生应被赋予的首诊权与转诊权规范，需要“全科医生签约规范”予以规定。因此，无论是全科医生签约义务规范抑或执业权利规范，都需要建立在全科医生制度改革实践基础上成文立法的快速推进，否则，仅由签约协议书约定则弊端甚多。例如，签约协议书无法为基本医疗卫生服务限定法定范围及其法定服务标准、为全科团队成员配置与组建提供规范性操作标准、为全科医生首诊权与转诊权设定制度性保障机制等。

二是签约主体在签约协议书上的约定。全科医生签约执业权利与执业义务可由双方在不违反法律、规范与规章基础上，通过协商方式确定，但约定往往具有局限性。签约协议书一般为格式合同，基层医疗卫生服务机构根据相关法律、法规、规章等事先已制定并形成文本。签约居民虽有协商权利，但基于专业知识的缺乏以及事实上全科医生与签约居民协商成本的考虑，协商空间十分有限。另外，双方约定的服务内容也受全科医生所属基层医疗卫生服务机构服务能力的限制。基层医疗卫生服务机构由地方政府举办并通过财政拨付运作经费，包括人员工资、设备经费、人员培训及发展经费等，基层医疗卫生服务机构服务能力各不相同，甚至在同一区县，也有差异，签约协议书双方约定不能超过基层医疗卫生服务机构服务能力的提供限定。尽管存在上述约定的局限性，但也应辩证看待。基层医疗卫生服务机构事先依法在签约协议书上注明的服务内容，只要经双方确认，亦可成为约定服务内容的范畴；双方关于全科医生及其团队执业权利与义务的具体约定，在不违反相关法律、法规与规章的前提下，应当作为签约协议书的特别规定而具有法律效力。

2. 基本医疗卫生服务范围之界定

其一，基本医疗服务作为一个概念，目前尚无明确定义和具体范围限定。建立全科医生制度的目的在于由签约全科医生以团队协作方式向签约对象提供符合法定标准和约定标准的基本医疗卫生服务，基本医疗服务与基本公共服务，合称为基本医疗卫生服务。基本医疗服务被国务院政策研究室和卫生部解读为，在一定条件下，财政根据社会经济发展水平、卫生服务能力和大多数人的卫生服务需求，保证向全体居民提供一定水平的、负担得起的成本低、效果好的医疗服务，主要界定因素可以从基本设施、基本诊疗技术、基本用药、基本费用四个方面考虑，并且指出基本医疗服务具有变动性、地域性和阶段性。[①]笔者认为，新医改基本文件首次明确提出“基本医疗卫生服务”这一概念，覆盖城乡的基本医疗卫生制度逐步建立并实现人人享有基本医疗卫生服务，作为深化医药卫生体制改革的总目标。[②]但该文件并未就基本医疗卫生服务作出明确定义和范围限定。国务院政策研究室和卫生部作为该文件的主要制定者，相关解读值得重视。基本医疗服务作为基本医疗卫生服务的一部分，即使经过权威部门解读，仍然内涵不清、范围不明。至于到底何谓“基本医疗服务”，本身并非全科医生法律制度所能涵摄，只有基本医疗卫生服务领域的基本法即《基本医疗卫生服务法》，方能从法律层面予以阐释。[③]

笔者认为，“全科医生签约规范”应当对基本医疗服务作“具体列举 + 概括”式的规定。基本医疗服务的具体列举应与全科医生制度设计理念相合拍，着重列举社区常见病、慢性病、非传染病等预防、治疗、健康咨询等，并与基层医疗卫生服务机构功能定位相结合。根据笔者在上海市 17 个区县的实地调研，全科医生提供基本医疗服务的范围应当包括：（1）高血压、糖尿病、肿瘤、心脑血管疾病等慢性病、常

---

① 参见周寿祺：《对保基本要有一个确切的认识》，载《中国医疗保险》2010 年第 10 期，第 42 页；周寿祺：《基本医疗服务均等化之辨》，载《中国医院院长》2010 年第 17 期，第 50—52 页。

② 参见《中共中央 国务院关于深化医药卫生体制改革的意见》（中发〔2009〕6 号）。

③ 值得关注的是，意大利通过政府文件的形式明确了基本医疗卫生服务的内涵，即与经济发展水平相适应、政府能够提供、人人可以公平获得、能够直接满足居民健康需要的卫生服务，并通过正面肯定清单和限制清单来限定基本医疗卫生服务的范围。肯定清单是意大利国家卫生服务体系（INHS）必须提供的基本卫生服务，这些服务必须统一保证向所有意大利公民提供，包括公共卫生保健、区域卫生保健和住院服务。限制清单规定了意大利的非基本卫生服务和满足一定条件下才能成为基本卫生服务的项目。参见于德志主编：《医改专题研究》，人民卫生出版社 2013 年版，第 379—380 页。

见病的预防、治疗、康复和健康教育；（2）诊断明确的慢性非传染病的预防、治疗、康复和健康教育；（3）为诊断明确、病情稳定、需要长期服药的慢性病患者，一次开足主诊药物二到四周药量；（4）建立并提供家庭病床服务；（5）居家舒缓疗护服务；（6）会诊与转诊服务；（7）疾病预防、治疗、康复等健康咨询服务；（8）社区康复病床、舒缓疗护病床等住院服务；（9）法律、法规规定的其他基本医疗服务。

其二，基本公共卫生服务应当明确为全科医生及其团队的执业义务，其范围具有法定性。上海实证调研资料显示，部分全科医生对于将基本公共卫生服务列入全科医生执业义务，颇有微词。主要原因在于，目前全科医生执业人数与需要提供服务签约人数相比较，明显不足，公共卫生医生在各个社区卫生服务中心（站）配备严重不足，致使原本应当由公共卫生医生协助全科医生完成的基本公共卫生服务，基本上都得由全科医生或社区护士完成，加大了全科医生的工作负荷。笔者认为，新医改基本文件明确将基本公共卫生服务作为基本医疗卫生服务的重要组成部分，基本公共卫生服务应当被纳入全科医生的执业义务范畴。解决目前全科医生工作负荷重的难题，关键在于全科医生、公共卫生医生培养以及全科团队配置与组建的规范化，不能因噎废食。另外，基本医疗服务与基本公共卫生服务关系密切，对于社区居民健康而言，不可或缺。例如，社区居民高血压疾病的诊治，属于基本医疗服务，通过对社区高血压患者病情数据的整理进而为所在社区高血压患者提供健康管理服务，则属于基本公共卫生服务。如果签约全科医生仅对签约社区高血压患者提供治疗和康复等基本医疗服务，而不承担对签约高血压患者整体病情数据的分析、整理并提出一般性的健康管理服务，显然不符合全科医生为签约患者提供全面性医疗服务的执业要求，也与全科医生作为社区居民健康“守门人”的身份相悖。[①] 全科医生及其团队只有开展全

---

① 参见王秋英、钟华、郑晓英等：《家庭医生责任制的实施对社区高血压管理的影响研究》，载《中国医药导报》2013 年第 10 期，第 156-157 页；葛敏、江萍：《家庭医生制度改革的长宁经验》，载《中国医疗保险》2012 年第 9 期，第 26-28 页。

面的基本公共卫生服务，才有可能提升整个社区居民的健康水准并减少基本医疗服务工作量。

基本公共卫生服务项目应当在签约协议书中依法列明。根据《国家基本公共卫生服务规范》(2011年版)，基本公共卫生服务的内容具有法定性，包括城乡居民健康档案管理、健康教育、预防接种等11项内容。上海市有些区县的家庭医生团队服务包，典型的如“杨浦区家庭医生团队服务包”，将签约居民享有的优惠服务分为基本医疗类、公共卫生类和健康管理类。其中，健康管理类与所谓“公共卫生类”实质上均为基本公共卫生服务的范畴。“公共卫生类”服务中的免费健康体检、免费健康自测服务、免费疫苗接种等，均属于国家基本公共卫生服务的范畴，将其与“健康管理类”服务区别开来，意义不大。因此，基本公共卫生服务内容应当根据《国家基本公共卫生服务规范》规定，在“全科医生签约规范”中详细列明，不应将健康管理类服务从基本公共卫生服务中单列出来，而应统一列举各类基本公共卫生服务项目，并以《国家基本公共卫生服务规范》规定的服务标准为法定标准，签约协议书主体双方对于服务细节有另行约定且不违反法律、法规或规章的，全科医生及其团队应当按约提供服务。

3.《执业医师法》规定的法定义务

全科医生作为一类执业医师，《执业医师法》规定的执业义务当然适用于全科医生。例如，《执业医师法》第32条规定了保护患者隐私的义务，全科医生及其团队在执业中应当遵守。全科医生及其团队为签约患者提供包括建立电子化健康档案、提供个性化健康管理服务等基本医疗卫生服务，极有可能了解到签约患者的健康隐私，全科医生及其团队不得非法泄露签约患者的隐私，否则，应当依法承担法律责任。《执业医师法》规定的其他法定义务还包括遵守技术操作规范、遵守职业道德、宣传卫生保健知识等法定义务。[①]

① 参见《执业医师法》第22-30条。

4. 不得拒绝签约的执业义务

《执业医师法》是所有执业医师应当遵守的基本法律，但其并没有针对全科医生作出特殊规定，全科医生不得拒绝签约的义务，便是其中之一。

全科医生不得拒绝签约的理由在于：一是全科医生拒绝签约将使全科制度落空并无法实现其设计理念。全科医生作为一类特殊的执业医师，是基本医疗卫生服务在基层医疗卫生机构的主要提供者，全科医生通过签约方式与居民建立基本医疗卫生服务合同关系，签约是全科医生履行执业义务的途径和方式。没有签约或无法达成协议，全科医生与社区居民之间就不存在任何医疗卫生服务法律关系。故而，全科医生作为社区居民健康“守门人”并为签约居民提供个性化基本医疗卫生服务的前提，便是与社区居民签约。二是基层医疗卫生服务机构作为政府办基本医疗卫生服务机构，具有明显的公立属性。当居民提出与基层医疗卫生服务机构全科医生签约请求时，全科医生不得以任何理由非法拒绝签约，如并非本基层医疗卫生服务机构辖区居民、没有缴纳基本医疗保险而非参保对象、患有特殊疾病、低保对象、签约人数限制等，更不得以性别、年龄、职业、宗教信仰等加以歧视。但居民家庭已有家庭代表与全科医生签约，由于一人签约且惠及全家，居民作为家庭成员无须再与全科医生签约。三是全科医生签约义务的法律性质应为强制缔约义务。这种强制缔约义务根源于基层医疗卫生服务机构的公立性与基本医疗卫生服务的公益性、全科医生制度建立的公益初衷以及全科医生签约服务对象的不特定性。[①] 全科医生违反强制缔约义务，不承担基于签约协议书生效后产生的相应违约责任，

---

① 英国1997年以来工党政府卫生保健制度改革的一系列举措，就包括了全科医生不得拒绝患者提出的加入申请。参见中国医疗保险研究会、国际劳动保障研究所：《世界主要国家和地区近十年医疗保障改革研究》，经济科学出版社2013年版，第44页。另外，加拿大全科医疗的核心内容之一便是，全科医生不得拒绝为签约患者提供服务。参见田疆、季煦：《加拿大全科医生制度建设对中国的启示》，载《中国全科医学》2013年第32期，第3031–3033页。

但拒绝签约的全科医生应当根据与全科医生制度有关的法律、法规、规章等承担相应的法律责任。

5. 依法转诊的执业义务

《执业医师法》并没有就转诊问题作出明确规定，转诊是执业医师的执业义务抑或执业权利，但对其如何规范出现了法律漏洞。如果说转诊并非执业医师日常业务或仅占执业医师日常业务的比例甚微，然对于全科医生而言，转诊则是其日常业务的重要组成部分，更事关签约患者的健康安危。

转诊既是全科医生执业义务，亦是其执业权利。首先，全科医生转诊义务制度根源在于，全科医生及其团队职责是为社区居民常见病、慢性病、诊断明确的非传染病等提供基本医疗服务和基本公共卫生服务。急危重症患者和疑难复杂疾病患者所患疾病所需药品、技术或相关医学检查，已经超出了全科医生及其团队和基层医疗卫生机构服务能力范围，此时，转诊是全科医生作为执业医师履行“保护人民健康”神圣职责的应有之义。因此，对于不属于基本医疗卫生服务、超出基层医疗卫生机构功能定位和服务能力的疾病患者，如急危重症患者和疑难复杂疾病患者，全科医生应当将患者转诊至二级以上医疗机构。[①] 值得注意的是，全科医生应当依“法”履行转诊义务，“法”的范围除了签约协议书之外，还包括《执业医师法》等法律、法规、规章、执业医师临床技术操作规范等。其次，转诊作为全科医生执业权利，意味着对于超出基层医疗卫生服务机构功能定位或不属于基本医疗卫生服务范畴的签约对象或非签约对象，全科医生有提出转诊建议的请求权。是否采纳全科医生转诊建议，由患者在全科医生说明转诊理由的基础上自行决定，全科医生没有权利迫使患者接受并强行将患者转诊至上级医疗机构。因此，全科医生转诊权本质上是一种基于专业化

① 参见《国务院办公厅关于推进分级诊疗制度建设的指导意见》（国办发〔2015〕70号）。

判断的请求权。[①]

四、签约对象主要权利与义务的规范化[②]

（一）签约对象权利的规范化制度设计

居民有权自由选择基层医疗卫生服务机构公示的全科医生并与其免费建立签约服务关系。

签约对象根据签约协议书有权优先于非签约对象获得签约全科医生及其团队提供的基本医疗卫生服务。

签约协议书有效期限为 2 年，签约居民在期满前提出续约请求的，签约协议书自动续约，无须双方签字确认。

签约居民有权在签约协议书生效 6 个月后通知签约全科医生解除协议，签约协议书自通知之日起失效。

相关说明如下：

其一，居民享有自由选择全科医生的权利

居民有权自由选择基层医疗卫生服务机构公示的全科医生并与其建立签约服务关系。一是基层医疗卫生服务机构应当通过特定方式公示全科医生详细信息供居民选择。由于我国基本医保已经惠及全国 95% 以上的人口，居民一般均为参保人员，[③]符合条件的基层医疗卫生服务机构都应当纳入基本医疗保险基金定点服务机构，以便解除居民选择全科医生后基本医疗保险待遇无法享受的担忧。基层医疗卫生服

① 全科医生转诊义务在“全科医生签约规范”中应作为全科医生执业义务之一，但同时也是全科医生执业权利的一种，从执业权利视角研究全科医生转诊权及其保障制度，参见第四章第三节关于全科医生转诊权的规范化制度设计。

② 此处仅是基于签约关系而就签约对象主要权利与义务的规范化制度设计，不排除法律、法规规定的其他权利与义务。

③ 参见李克强：《不断深化医改　推动建立符合国情惠及全民的医药卫生体制》，载《求是杂志》2011 年第 22 期，第 3-10 页。

务机构应当在机构公示栏、官方网站或社区公示栏等公示可自由选择签约的全科医生详细信息，包括姓名、性别、年龄、执业年限、职称、特长等。二是居民选择全科医生并与之建立签约服务关系，不受基层医疗卫生服务机构辖区限制。基层医疗卫生服务机构辖区内居民有权选择该基层医疗卫生服务机构或其他基层医疗卫生服务机构公示出的全科医生，居民有权选择全科医生并与之建立签约服务关系，不受基层医疗卫生服务机构辖区的限制。即使因为选择其他与居住地距离较远的基层医疗卫生服务机构的全科医生，该全科医生也应尊重居民的自由选择权与之建立签约服务关系，不得拒绝。[①]

其二，居民享有免费签约的权利

全科医生制度相关政策文件规定，签约服务费由医保基金、基本公共卫生服务经费和签约居民个人分担。[②]签约服务费作为签约对象与全科医生建立签约服务关系所应支付的费用，完全由签约对象承担，显然不符合全科医生制度建立之初的国情。首先，全科医生制度试点城市签约服务费筹资结构并不一致。上海市每人每月 10 元，全部由基本医疗保险基金支出；武汉、贵阳、青岛和焦作的签约对象不支付签约服务费，由基本公共卫生服务经费和基本医疗保险基金承担；成

---

① 英国原有的全科医生服务体系按街道和社区为各个全科医生划分了固定的诊疗区域，如果患者不在这个区域内居住，哪怕只有一街之隔，医生也可以拒绝提供治疗。同时，每个居民都需要到相应的全科医生处注册，从此固定在这里看病，除非搬家或另请私人医生。英国医疗体制改革旨在打破原有的分区就诊制，允许公众“用脚投票”，即人们可以自由选择全科医生，远离那些服务质量不好的社区全科诊所。参见黄堃:《英国医改让公众可以“用脚投票”》，载《新华每日电讯》2009 年 9 月 23 日，第 8 版。另外，在意大利医疗卫生服务体系中，患者对于全科医生具有充分的自主选择权，并加强民众对于其卫生服务质量评价的跟踪力度，通过民众的满意度来评估所采取的措施和改革方案是否深入人心。参见杨存、郑晓瑛、陈曼莉:《意大利医疗保障体系建设及启示》，载《中国卫生经济》2011 年第 5 期，第 94-96 页。

② 参见《国务院关于建立全科医生制度的意见》（国发〔2011〕23 号）、《关于印发全科医生执业方式和服务模式改革试点工作方案的通知》（发改社会〔2012〕287 号）。

都、宝鸡、芜湖由基本公共卫生服务经费、基本医疗保险基金和签约对象个人共同承担。[①] 从制度设计层面看，签约服务费由基本公共卫生服务经费和基本医疗保险基金作为主要筹资渠道，签约居民承担数额甚微且仅具有形式意义，主要通过政府财政支付签约服务费。其次，应建立签约服务费由基本医疗保险基金承担机制。为鼓励更多社区居民与全科医生建立签约服务关系并逐渐形成社区首诊与转诊的就医秩序，签约服务费的付费形式应以政府财政支付为主。笔者认为，上海的做法值得肯定。基本医疗保险基金由个人缴费与财政补助而形成不同年龄群体的总筹资数额，财政补助标准通常为个人缴费标准的数倍。在政府加大财政补助标准的基础上，由基本医疗保险基金支付签约服务费，体现了政府与签约对象共同承担签约服务费且政府承担主要付费责任的付费理念。[②]

其三，签约对象享有优先获得基本医疗卫生服务的权利

签约对象根据签约协议书有权优先于非签约对象获得签约全科医生及其团队提供的基本医疗卫生服务。首先，签约对象与非签约对象在全科医生提供基本医疗卫生服务的优先性上，显然存在质的差异。尽管国家层面全科医生制度政策文件已经颁布，上海全科医生制度全面推广走在全国前列，但就笔者在上海市 17 个区县实证调查来看，社区居民签约率通常在 50% 左右，还存在相当多数非签约对象。签约协议书是签约居民与全科医生签订的、由全科医生及其团队向签约居民及其家庭成员提供符合约定基本医疗卫生服务的、具有约束力的法律文件。合乎法律要求的签约协议书生效后，便是签约双方关于约定基本医疗卫生服务提供与享有的法律，签约居民及其家庭成员作为签约对象，有权依据签约协议书要求签约全科医生优先于非签约对象提供约定的基本医疗卫生服务，签约全科医生不得拒绝。其次，全科医

① 参见伍沛儿、何露洋、洪阳等：《全科医生试点城市改革方案比较研究》，载《中国社会医学杂志》2014 年第 4 期，第 223-225 页。

② 参见第五章第三节关于全科医生绩效工资制度改革的规范化制度设计。

生向签约对象提供的基本公共卫生服务，有一部分则是为辖区全体居民免费提供，不区分签约对象和非签约对象。例如，上海杨浦区社区卫生服务中心为65岁以上签约对象，每年优先安排一次免费健康体检项目，同时可享有自选项目“血脂检测”，并根据健康评估结果实施后续干预指导方案；免费提供自助式健康自测服务和中医“治未病”辨证评估；为60岁以上老人优先安排肺炎疫苗免费接种，为有医保的退休居民优先安排大肠癌免费筛查等。这部分基本公共卫生服务具有公共性和公益性属性，关乎人群的整体健康与社会医疗福利，由政府免费向全民提供，不应以是否签约为前提。而由全科团队向签约对象提供的健康管理类全科服务，则是签约全科医生及其团队为签约对象制定的个体化健康管理方案，健康管理类全科服务应属于签约对象优先于非签约对象获得的基本公共卫生服务。最后，签约对象优先享有签约全科医生基本医疗卫生服务，有利于吸引更多居民与全科医生建立签约服务关系，逐步强化签约对象对于全科医生及其团队的依从性和信任感，有利于基层首诊、双向转诊、急慢分治、上下联动的分级诊疗秩序的形成，实现全科医生制度作为居民健康与医疗费用“守门人”的设计目标。

其四，签约居民享有单方续约权与单方解约权

所谓单方性权利，即只能由签约居民（签约对象的代表，也是家庭代表）可以行使的权利，签约全科医生一方不享有此种权利。签约全科医生一方不能行使上述权利的根据在于，全科医生制度定位在于由政府举办或购买基本医疗卫生服务并免费或通过医保支付方式向全民提供具有社会福利属性的医疗制度，基层医疗卫生服务机构的全科医生及其团队代表政府与居民签约并根据签约协议书的约定，向签约居民及其家庭成员提供全面性的、可及性的、连续性的、人性化的基本医疗卫生服务。签约全科医生单方面行使续约权与解约权，将使全科医生制度定位落空。例如，在签约居民一方不配合全科医生及其团队时，签约全科医生一方就可以单方面行使解约权，将导致签约居民失去由全科医生及其团队提供基本医疗卫生服务的医疗保障；由签约

居民一方原因导致自身健康利益损失，应当由其自行承担即可。同样，续约权若由签约全科医生单方面行使，将会导致签约协议书效力的不稳定并与全科医生制度的定位相悖。

签约居民单方续约权。一是续约行为应发生在签约协议书有效期限之内。笔者上海实证调研资料显示，各社区卫生服务中心制定的签约协议书有效期限均为 1 年，有效期限过短。基于签约居民及其家庭成员需要全科团队提供服务的病种主要为各类型慢性病、常见病或诊断明确的非传染病，需要较长的服务时间与健康恢复周期，针对签约居民及其家庭成员的个性化健康管理方案，短期内无法显现健康成效。因此，建议签约协议书有效期限应适当延长至 2 年，形成“期限 2 年、自动续约”的规则。续约行为发生在 2 年有效期届满之后，则需原签约双方另行达成签约协议并办理相关手续。二是签约居民有权提出续约请求的，签约全科医生不得拒绝权利，自动续约无须双方签字确认。签约居民作为家庭代表向签约全科医生提出续约请求，可以通过电话、亲自前往基层医疗卫生服务机构或委托授权他人向签约全科医生提出，签约全科医生仅需在原签约协议书上注明即可，无须双方签字确认。据调研资料显示，全科医生通常签约人数达 3000 人以上，如果续约需要双方签字确认，则会无形中加大全科医生及其团队的工作负荷。因此，续约与否的权利应交由签约居民享有并行使，体现了由全科团队提供的基本医疗卫生服务的公益属性。

签约居民享有单方解约权。单方解约权是指签约居民（签约对象的代表即家庭代表）有权单方面行使解约行为从而使签约协议书失效。签约协议书效力的解除，可以双方协商解除，亦可因不可抗力解除，应适用合同法关于合同解除的相关规定。但签约协议书作为一种特殊医疗服务合同，为无名合同，合同解除除适用合同法总则一般规定外，还应赋予签约居民单方解约权。首先，签约居民单方解约权作为签约协议书效力解除适用合同法一般规定基础之上的特别规定。签约居民享有自由选择签约全科医生的权利，自然也应享有单方解除协议从而选择自己满意的全科医生及其团队的自由。签约居民自由选择权与单方解约权相辅相成，共同汇集于全科医生制度的设计理念，即由全科医生作为签约居民及其家庭成员健康与医疗费用的“守门人”，如果签约居民一方对全科医生一方失去信任或无法建立信任基础，就应当赋予签约居民单方解约权并自由选择其他全科医生并与之签约。其次，签约居民单方解约权应受一定条件限制，单方解约权应在签约协议书生效6个月后以通知方式行使。一是签约协议书生效6个月后方能行使单方解约权。签约居民在签约协议书生效后就立即享有单方解约权，不利于签约关系的稳定并对签约全科医生及其团队持续性全科医疗服务带来不利影响，因此，签约协议书生效后一段期间内，签约居民单方解约权行使应受限制，笔者认为，应以6个月为限。[①] 二是签约协议书生效6个月后，签约居民单方解约权需以通知方式行使，即告知签约全科医生或其团队其他成员，使其知悉签约居民解除签约协议书的意思表示，无论签约全科医生是否同意解约，签约协议书自通知之日起失效。

（二）签约对象义务的规范化制度设计

签约对象应当配合签约全科医生及其团队履行执业义务，为全科医生及其团队履行执业义务提供尽可能的便利条件。

签约对象应当向签约全科医生及其团队提供真实、准确、完整的个人和家庭成员健康信息。

签约对象有就医需求时，应当首先选择签约全科医生并接受全科医生及其团队提供的基本医疗卫生服务，符合转诊标准的，应接受全科医生的转诊建议。否则，应当依法承担对其不利的法律后果，急危重症患者除外。

---

① 在德国，病人可以自由选择医生，但根据法律规定，其选择的全科医生在1个季度内是不能更换的。参见中国医疗保险研究会、国际劳动保障研究所：《世界主要国家和地区近十年医疗保障改革研究》，经济科学出版社2013年版，第80页。

相关说明如下：

其一，签约对象的配合义务

签约协议书本质是基本医疗卫生服务合同，签约全科医生及其团队执业义务的履行，离不开签约对象的积极配合，配合全科医生及其团队执业义务的履行，是对签约对象根本健康利益的维护。配合义务要求签约对象应当为签约全科医生及其团队执业义务履行提供尽可能的便利条件。具体表现为：一是签约对象应当向签约全科医生及其团队提供真实、准确、完整的个人和家庭成员健康信息。提供健康信息是签约全科医生及其团队提供符合约定基本医疗卫生服务的执业前提，否则，执业活动无从开展且最终将损害签约对象的健康利益，签约对象应对由此带来的损害承担责任。提供真实、准确、完整的健康信息也是签约对象的配合义务范畴，健康信息的提供是签约全科医生及其团队按约提供服务的必要条件，知悉签约对象健康信息的全科团队成员应当尊重签约对象的个人健康隐私，泄露健康隐私或未经同意公开其健康隐私，则是对签约对象自己决定权和个人信息控制权的侵害，应当承担相应的法律责任。① 二是签约对象有服务需求时，应当主动联系全科医生及其团队，遵医嘱，做好健康自我管理；当发生健康紧急情况时，应尽快拨打 120 急救电话并将健康紧急情况告知签约全科医生及其团队。上述签约对象的义务皆为上海社区卫生服务中心签约协议书上的规定，是签约对象配合义务的鲜明展现。

其二，尊重全科医生首诊权与转诊权的义务

签约对象有就医需求时，应首先选择签约全科医生并接受全科医生及其团队提供的基本医疗卫生服务，符合转诊标准的，应接受全科医生的转诊建议。否则，应依法承担对其不利的法律后果，急危重症患者除外。首先，全科医生首诊权与转诊权本质上都是一种请求权，需要签约对象的尊重，急危重症患者除外。首诊权是全科医生基于签

① 参见刘士国：《患者隐私权：自己决定权和个人信息控制权》，载《社会科学》2011 年第 6 期，第 96-100 页。另参见《侵权责任法》第 2、62 条。

约协议书而请求签约对象选择全科医生作为首诊医生的请求权，签约对象应当根据签约协议书的约定并尊重全科医生首诊请求权。转诊权是全科医生基于全科医疗专业的判断并认为签约对象符合转诊标准的，在全科医生向签约对象作出合理说明并经签约对象同意后，由全科医生签发转诊证明将签约对象转诊至适宜的上级医疗机构就诊的权利。首先，转诊权本质上是请求权，全科医生无权强制签约对象转诊到上级医疗机构就诊，全科医生只能提出转诊请求，签约对象应当尊重全科医生的转诊请求权。其次，签约对象应尊重全科医生首诊权与转诊权，是我国人口老龄化和现代疾病谱变化的客观要求。例如，各类型慢性病需要得到长期及时的医疗照顾，慢性病通常情况下病情发展缓慢且病期较长、病因复杂，心脏病、中风、癌症、慢性呼吸系统疾病和糖尿病等慢性病是迄今最主要的死因。[①] 慢性病是签约对象普遍且突出的健康问题，对慢性病患者而言，尊重全科医生首诊权与转诊权易于增强其对全科医生及其团队的依从性，有利于全科医生首诊服务模式的形成，并对分级诊疗制度的建立起到积极推动作用。最后，签约对象不尊重签约全科医生首诊权与转诊权而自行选择医疗机构就医的，签约全科医生无权强制其接受签约全科医疗服务，但签约对象应当承担对己不利的法律后果。[②]

---

① 参见世界卫生组织网，http://www.who.int/topics/chronic_diseases/zh/，访问时间为 2015 年 9 月 15 日。

② 如前文所述，全科医生首诊权与转诊权议题，笔者从全科医生执业权利视角进行规范化制度设计，在签约对象签约义务方面，仅作提示性规定，违反义务的法律后果实际则体现为两种权利的保障性制度。因此，可参见第四章第三节关于全科医生首诊服务制度的法治完善的相关建议。

第三章　全科团队服务制度的法治化研究

全科医生作为全科团队核心成员并代表全科团队与社区居民签约，根据签约协议书的约定，全科医生并非签约基本医疗卫生服务的唯一提供者，包括全科医生在内的所有全科团队成员共同成为签约对象的服务提供者。全科团队以全科医生为核心成员并应由不同医学专业知识背景和技能的医护人员组成，团队成员的职责有相互明确的分工并建立制度化合作机制，以社区卫生服务站为基本服务场所，为所有签约居民及其家庭成员乃至整个社区，提供约定和法定的基本医疗卫生服务。全科团队的建立，改变了传统医生坐堂式的工作模式，[①]通过汇集整个团队成员的智慧与经验，为解决签约对象实际健康问题提供建立在团队成员合作机制基础之上的、适宜的全科医学方案。

全科团队服务是全科医疗的本质要求。[②]全科医疗是社区医疗卫生服务技术体系中的主要医疗形式，全科团队服务顺应了全科医疗的诸多本质要素。

一是全科团队服务使全科医疗所要求的全面且持续性基

---

① 参见朱荣、李士雪：《社区全科医生团队服务模式探讨》，载《中国卫生事业管理》2008 年第 8 期，第 542-543 页。

② 参见杨秉辉主编：《全科医学概论》，人民卫生出版社 2008 年版，第 12-19 页；赵淑英：《全科医学概论》，北京大学出版社 2012 年版，第 14-18 页。

本医疗卫生服务，具备了提供可能性。全科医疗的全面性，要求不分医疗服务对象年龄、性别和病患类型，提供包括治疗、预防、康复和健康促进等全方位的基本医疗卫生服务，秉承“生物—心理—社会”新医学模式观，从以疾病为中心到以病人为中心，关心、服务与满足病人生物的、心理的、社会的各层面基本医疗卫生服务需求。单个全科医生难以与众多社区居民建立签约服务关系并兼顾所有签约对象个性化需求，尽管全科医生具备全科医疗服务资质并接受长时间的规范化培训，但医学专业技能仍以临床或中医二级学科医学为主，其他方面知识与技能则明显不足，诸如向签约对象提供涉及专业化的社区公共卫生服务、提供高质量护理服务以及运用本专业之外的家庭动力学、人际关系、心理治疗等方面知识技能提供服务。全科医疗的持续性，要求为签约对象提供从生前到死后的全过程服务，健康、疾病与康复的各个阶段，全科医疗服务始终处于不间断地预防、监控与长期管理之中。单个全科医生无法完成众多签约对象的持续性全科医疗服务，需要其他不同专业背景、专业技能的公共卫生医师、护理人员、专科医生、社区医务护工等社会工作者，形成齐心合力并团结一致的紧密性合作，方能符合全科持续性医疗的本质要求。

二是全科团队服务是全科医疗可及性与协调性要求在服务组织形式上的必然要求。全科医疗的可及性，要求全科医疗服务在服务内容、服务时间、服务地点、服务质量、服务提供者人员结构素质以及服务价格与服务收费等方面，使签约对象感受到这种医疗服务是属于其自身可以享有并值得充分购买利用的服务。全科团队服务以团队成员具备不同专业知识背景和服务技能为基础，通过高效的预约服务和非工作时间值班制度，为签约对象提供不间断的 24 小时基本医疗卫生服务，单个全科医生无法满足全科医疗的可及性要求。全科医疗的协调性，要求全科医疗服务能够组织和调动整个社区的健康资源和社会力量，包括“无缝式”高效便捷的转诊服务以及治疗、护理、精神、心理等多方面医疗协助。全科团队中的社区护士、公共卫生医生以及社区医务护工、健康志愿者等社会工作者，将成为全科团队服务践行全科医疗协调性要求的重要力量。

三是全科团队服务提供具有人文关怀且服务范围涵盖签约对象及其家庭乃至整个社区的基本医疗卫生服务，与全科医疗人性化和一体化照顾高度契合。包括全科医生、公共卫生医生、社区护士等在内的全科团队成员，均接受过高等医学人文情怀与技能的熏陶与培养，将人性化服务融汇于日常社区医疗卫生服务之中；全科团队服务对象不仅涉及签约居民及其家庭成员，还通过内部分工合作机制将全科医疗服务涵盖整个社区，为社区提供高质量的基本公共卫生服务。

全科团队服务法治化是签约制度法治化的必然要求。签约制度确立了以全科医生为核心成员的全科团队与签约对象之间基本医疗卫生服务法律关系，双方权利、义务与责任均围绕着全科医疗服务展开。如上文所言，全科医疗已并非某一临床或中医二级学科所能胜任，全科医疗是以全科医学专业人员为主要服务提供者并联合公共卫生学、社区护理学乃至心理学、社会学、法学等多学科专业人员，方能实现全科医生制度设计的初衷。因此，签约制度法治化必然要求全科团队提供全科医疗服务的规范化与法治化，否则，签约制度将被掏空且仅具有形式意义。全科团队服务法治化需要结合全科医疗服务的实践调查，着重关注全科团队的组成结构、配备标准、岗位职责乃至团队成员协作机制的制度化，同时，还应当建构全科团队与卫生服务站、社区卫生服务中心之间顺畅的协助沟通机制。在总结上海全科医生制度改革实践经验并对存在问题进行理性且符合实践要求的考量基础上，形成符合签约制度要求、能够胜任全科医疗服务并具有协作精神的全科团队服务法治化规范。

上海市全科团队服务模式于2006年开始推广，以全科医生为核心的全科团队作为社区居民健康守护者，是提供基本医疗服务和基本公共卫生服务的基层细胞。[①] 笔者在上海市各区县进行为期近一年的

① 参见陈丽洁、杨文秀：《全科医生团队建设实践与构想》，载《中国卫生事业管理》2012年第6期，第439-440页。

实践调查，与多位全科医生、社区护士、公卫师等进行“一对一”式的深度访谈，听取他们关于全科团队组成与运行过程中的主要经验、存在问题及其产生原因、可能的解决路径等。上述资料为本文进行全科团队服务制度法治化研究，奠定了坚实的实证基础。

第一节 上海全科团队服务的实践调查

一、全科团队组成情况的实践调查

从政策层面来分析，全科团队成员以全科医生和社区护士为主，其他成员为辅。国务院建立全科医生制度文件就全科团队组成有原则性的规定，即全科团队由全科医生和社区护士、公共卫生医生或乡村医生等人员组成。[①]《上海市市民社区健康促进行动计划（2004–2007年）》提出组建全科服务团队，由社区卫生服务中心组建全科团队，社区居民选择全科团队，全科团队由全科医生、公共卫生医师和社区护士组成。[②]上海市全面推广全科医生制度指导意见就全科团队的组成，也有原则性规定，即全科团队以全科医生为核心，社区护士等其他卫生人员为成员，鼓励引入社区医务社工，健康志愿者等社会力量，农村地区应充分发挥乡村医生的支持、配合作用。[③]

上海市各区县实践调研资料显示，社区卫生服务中心组建的全科团队，成员构成及各类成员人数标准，极不统一。

杨浦区采取“11125”全科医生服务模式，即1名全科医生配备1

---

① 参见《国务院关于建立全科医生制度的意见》（国发〔2011〕23号）。

② 参见《上海市市民社区健康促进行动计划（2004–2007年）》沪府〔2004〕72号。

③ 参见《关于本市全面推广家庭医生制度的指导意见》（沪卫基层〔2013〕7号）。

名社区护士及全科医生助理构成 1 个“全科医生团队”，签约服务责任涉及约 2500 名签约对象；3–5 个全科医生团队构成一个单元，互相协作，有效衔接，保证为签约对象提供全过程、全健康、不间断的基本医疗和健康管理。[①] 例如，杨浦区殷行社区卫生服务中心共设 9 个卫生服务站，[②] 每个卫生服务站便是 1 个全科团队，包括市光四村全科团队、市光三村全科团队、城市名园全科团队、殷行一村全科团队、水电新村全科团队、国和全科团队、闸二全科团队、开鲁全科团队、民星全科团队。每个全科团队由全科医生、中医医生、公共卫生医生和社区护士组成。该社区卫生服务中心与社区居民建立签约服务关系的全科医生共有 33 名，根据服务居委会及居民人数，每个全科医生工作站有 3–4 名全科医生、2–3 名社区护士，社区护士同时充当全科医生助理。[③] 笔者在调研中没有发现，诸如社区医务护工、健康志愿者等社会力量参与到全科团队之中。在杨浦区五角场街道社区卫生服务中心南茶苑卫生服务站调研时发现，该卫生服务站即为 1 个全科团队，有 2 名全科主治医生、2 名内科医生、1 名公共卫生医生、2 名社区护士，社区护士充当全科医生助理。内科医生尚未接受过全科住院医师规范化培训，即作为全科团队成员负责一部分签约居民及其家庭的基本医疗服务，实际工作与全科医生没有差别。该卫生服务站所属杨浦区五角场街道社区卫生服务中心，虽注册有 17 名下社区的二、三级医疗机构专科医生，但均在社区卫生服务中心而非中心下设的卫

---

① 参见《杨浦区 2014 年深化实施家庭医生制度工作方案》（杨卫计委〔2014〕152 号）。

② 上海社区卫生服务中心下设的站点名称并未统一，有的称为“社区卫生服务站”，有的称为“家庭医生工作站”，有的称为“家庭医生诊所”或“全科医生工作站”，笔者在此统一简称为“卫生服务站”。

③ 闵行区江川社区卫生服务中心为每一位全科医生配备 1–2 名医生助理（高年资的护士担任），形成了 1+1 或 1+2 的工作服务模式，中心总共为 40 个责任居委配备了 45 名医生助理。参见汤春红：《英国初级卫生保健制度对上海开展家庭医生制服务的启示》，载《上海医药》2012 年第 16 期，第 15–17 页。

生服务站定时开展诊疗，故卫生服务站里没有二、三级医疗机构的专科医生。

长宁区作为全科医生制度国家级试点地区，全科团队除全科医生外，还配备有全科医生助理、公共卫生医生、内科或外科专科医生，社区医务护工作为全科团队成员，也较为常见。例如，长宁区江苏街道社区卫生服务中心福世卫生服务站作为一个全科团队，除了4名全科医生、2名社区护士之外，尚有全科医生助理1名和中医治疗师1名，社区医务护工也是全科医生团队组成部分并由社区卫生服务中心支付一定费用。同属于长宁区，北新泾街道社区卫生服务中心组建的3个全科团队成员组成状况却与之不同，由3–4名全科医生、2名社区护士和2名公共卫生医生组成。[①] 长宁区周家桥社区卫生服务中心下设3个卫生服务站，分别建立3个全科团队，即范北全科团队、武夷全科团队和古南全科团队，团队组成状况也有自己的特点。每个全科团队组成并不统一，范北全科团队由全科医生（5人）、社区护士（2人）和内科医生（1人）组成；武夷全科团队由全科医生（5人）、社区护士（1人）和外科医生（1人）、中医师（1人）组成；古南全科团队由全科医生（4人）、社区护士（1人）、中医师（1人）组成。

其他区县全科团队组成情况也不一致。例如，闸北区共和新路街道社区卫生服务中心为每个卫生服务站配备1名站长（担任团队长，全科中级职称）、1名中医全科医生、2–3名西医全科医生、1名公共卫生医生和1名社区志愿者。[②] 徐汇区康健街道社区卫生服务中心下设卫生服务站均配备有全科医生、公共卫生医生、社区护士和中医医生。在静安区石门二路社区卫生服务中心调研时发现，该中心下设新

---

① 参见谢晟洁：《北新泾社区全科服务团队工作情况调查》，载《上海医药》2013年第20期，第22–23页。

② 参见张培、王峥、罗塘臻：《社区家庭医生制度团队服务模式的实践与思考》，载《中华全科医师杂志》2015年第2期，第81–83页。

福康里、光明、东王、一街区和郑家巷5个站点，每个站点即为1个全科团队，均由全科医生（包括中医全科医生）和护士组成，其中全科医生2–3名、护士1名，中医医生只在会诊时参加讨论，并不固定于某个全科医生团队。浦东新区三林社区卫生服务中心和炯社区卫生服务站，全科团队成员无公共卫生医生，① 尽管浦东新区推进全科医生制度的相关政策文件显示，全科团队应包括全科医生、公共卫生医生、乡村医生、社区护士等。②

调研资料显示，全科团队成员组成类型多样，并无固定模式。主要有如下几种类型：第一种为全科医生 + 社区护士，第二种为全科医生 + 社区护士（同时充当全科医生助理），第三种为全科医生 + 公共卫生医生 + 社区护士（同时充当全科医生助理）+ 内科医生，第四种为全科医生 + 社区护士 + 内科医生，第五种为全科医生 + 社区护士 + 全科医生助理 + 中医医生 + 社区医务护工，第六种为全科医生 + 社区护士 + 公共卫生医生 + 社区志愿者，第七种为全科医生 + 公共卫生医生 + 社区护士 + 中医医生，第八种为全科医生 + 社区护士 + 内科医生，第九种为全科医生 + 社区护士 + 中医师，第十种为全科医生 + 社区护士 + 中医师 + 外科医生。全科团队以全科医生和社区护士为基本成员，全科医生助理、公共卫生医生、内科医生、外科医生、中医师以及社区医务护工等则为不确定成员。每个全科团队里全科医生一般为2–3人，有些全科团队责任区域面积较大且服务人数较多的，全科医生达4–5人；全科团队里每名全科医生一般配备1名社区护士，个别全科团队是2–3名全科医生配备1名社区护士；团队长一般由职称较高的全科医生兼任。

---

① 相关研究成果表明，该中心建立的全科团队包括公卫医生，但笔者经过实地调研后发现，情况并非如此。相关研究成果参见宋徽江、庄康路、张文权：《上海市浦东新区三林社区卫生服务中心家庭医生责任制服务模式的实践与思考》，载《社区医学杂志》2014年第14期，第87–88页。

② 参见《关于浦东新区进一步推进全科医师家庭责任制实施方案》（浦卫〔2012〕31号）。

二、全科团队设置情况的实践调查

全科团队的设置与卫生服务站的设置通常是重合的。以社区卫生服务中心下设的卫生服务站为计算单位，1个卫生服务站即为1个全科团队，全科团队设置在卫生服务站内，并不建立在社区卫生服务中心总部。

全科团队与卫生服务站重合设置虽为常态，但也有两种特殊情况：

一是整个社区卫生服务中心虽下设多个卫生服务站，但仅设置1个全科团队并将以设置在中心医院的“家庭医生工作室”作为全科团队的总部，工作室负责人为全科团队长。例如，闸北区彭浦新村街道社区卫生服务中心下设6个卫生服务站，每个卫生服务站由全科医生和社区护士组成，卫生服务站并非如其他区县所理解的全科团队，而是由6个卫生服务站里的全科医生和全科护士共同组建1个全科团队，每个卫生服务站并非构成1个全科团队。[①] 该中心医院设置有“严正家庭医生工作室”，严正全科医生为该“工作室”负责人并配备2–3名社区护士作为助理，“严正家庭医生工作室”作为整个全科团队的总部，严正医生兼任全科团队的团队长。

二是全科团队与社区卫生服务中心下设的卫生服务站重合设置，但中心医院建立有服务于全科团队成员培养和服务规范化的指导性组织。例如，长宁区周家桥社区卫生服务中心“陈华家庭医生工作室”是上海首个家庭医生工作室，于2011年4月建立，被认为是社区卫生全科团队服务模式的深化和发展，并用“13533”工作法阐释家庭

① 据该中心团队严正医生介绍，该中心仅有6名全科医生，每个卫生服务站1名，同时给每名全科医生配备1名社区护士，共有6个卫生服务站。他作为全科团队长，负责6个卫生服务站的签约服务。

医生工作室的特色。[①]家庭医生工作室功能定位于全科团队工作的规范化与标准化建设、全科医生培养的工作场所、解决全科医生实际工作中遇到的疑难问题以及为社区居民提供健康咨询和个性化健康管理服务。“陈华家庭医生工作室”与周家桥社区卫生服务中心下设的3个卫生服务站，相互独立，但关系密切。前者是全科医生培养、讨论解决疑难问题并推进全科团队规范化和标准化建设的场所，后者是全科团队设置的具体场所。

三、全科团队岗位职责的实践调查

上海市各区县社区卫生服务中心全科团队及其成员岗位职责的制度建设情况，差异较大。有些区县，全科团队组成标准虽有明确的政策文件规定，但缺乏细化的团队成员各自职责分工机制。有些区县社区卫生服务中心较为重视，将区县政府文件规定的全科团队及其成员职责予以进一步明晰。笔者在杨浦区五角场街道社区卫生服务中心及其下设的卫生服务站调研时发现，该中心对于全科团队的制度建设尤为重视，全科团队及其成员的岗位职责均有明确规定，并张贴于卫生服务站内，予以公示。岗位职责分为全科团队岗位职责、全科团队长岗位职责、全科医生岗位职责、公共卫生医生岗位职责、全科医生助理岗位职责、全科团队护士岗位职责等，制度层面上的分工较为明确。各岗位职责内容如下：

全科团队岗位职责包括：（1）在社区卫生服务中心和综合科的领导下，认真开展中心布置的医疗、预防、保健、康复、健康教育和计划生育技术指导工作。（2）按时开诊，全科团队工作人员仪表整洁、文明用语、规范操作。不得随意缩短工作时间和擅离工作岗

① 参见肖峰、吴小岭、赵德余：《家庭医生制：基本医疗卫生服务模式新探索》，载《中国市场》2012年第29期，第84–90页；肖峰、张兴元、于爱华：《家庭医生工作室的实践与思考》，载《中国全科医学》2014年第1期，第31–33页。

位，如需上门服务，应留言告知去向，工作人员请假，须得到团队长同意后，方可休息。工作时间不准做与工作无关的事情。（3）严格贯彻执行无菌操作规范和消毒隔离制度，认真开展诊疗工作，做好药品分发工作。（4）做好社区条块结合工作，团队医生、护士与防保人员要紧密联系、互通信息，共同负责将管理区域内的社区卫生服务信息及时输入电脑。（5）爱护团队设备及财物，严格按照程序操作电脑，对随意操作电脑造成信息丢失、病毒传播或仪器损坏的，将对责任人进行经济处罚，对损害的仪器设备按原件折旧后进行赔偿。（6）认真做好安全检查工作，严防盗窃和火灾等事故发生，确保平安。从上述规定可以看出，卫生服务站与全科团队设置重合，全科团队岗位职责实际是卫生服务站管理办法，该全科团队岗位职责与全科团队成员的职责及其合作机制关联性不大。

全科团队长岗位职责包括：（1）全科团队长为全科团队工作的第一负责人。在社区卫生服务中心整体部署下，团队长全面负责管理本团队的各项工作，细化团队人员职责与分工，明确团队工作流程。（2）服从中心的各项常规性和突击性工作安排，负责制订团队工作计划并具体落实。（3）做好团队外部和内部的组织和协调工作，合理利用辖区及团队资源，促进工作落实，树立团队品牌。（4）每月参加中心的团队长会议。每月召开全科团队长工作会议即团队培训，进行工作质量控制和阶段总结，并做好会议即培训记录。（5）负责每月对全科团队队员的内部控制（医疗、预防保健、护理），保证所管全科团队各项医疗工作的质量及安全。每月做好书面团队管理记录。（6）负责全科团队成员的考勤机工作布置，参与全科团队成员的绩效考核。（7）负责社区卫生服务站点的财务保管和消防安全工作。上述全科团队长岗位职责不仅涉及全科团队的管理、分工、协调等，还涉及一些与全科团队服务关联度不大的行政性事务，如考勤、财务保管、消防安全工作等。远远超越了相关政策文件规定的精神，即赋予团队长管理团队、分配任务、进行考核的权力和责任。[①] 全科团队长一般由全科团队中职称级别较高的全科医生兼任，管理与全科团队服务关联度不大的行政性事务，说明全科团队长为卫生服务站负责人。

全科医生岗位职责包括：（1）全科医生在团队长的领导下，开展居民的健康管理工作。（2）积极开展为居民签约式服务工作，认真完成签约目标。（3）运用适宜技术，进行一般常见病、多发病的诊疗。（4）为签约居民建立电子健康档案，按规范进行动态管理。（5）为诊断明确的高血压、2 型糖尿病等慢性病进行治疗、行为干预、检测和健康评估，提供定期随访、用药指导等。（6）对居家重型精神疾病患者及肢体残疾等病人提供随访和康复指导服务。（7）开展健康教育即健康咨询，落实免疫接种、妇幼保健管理、老年人健康管理、传染病消毒隔离指导等公共卫生服务工作。（8）提供日常门诊、预约门诊服务。（9）为有需求的签约服务对象优先提供上级医院的转诊服务。上述全科医生的岗位职责显示，除了全科医生要向签约居民提供基本医疗卫生服务之外，全科医生还需要接受全科团队长的领导。据调研资料显示，1 个卫生服务站有 2–3 名全科医生及社区护士等医疗卫生辅助人员，1 个卫生服务站即为 1 个全科团队，由 1 名全科医生兼任全科团队长，全科医生之间存在领导与被领导关系。

全科护士岗位职责包括：（1）遵守中心的各项规章制度及劳动纪律，按规定着装，佩戴工号。（2）服从全科团队长的各项工作安排，做好各项护理资料的登记工作，电脑化管理。（3）在中心护理部的业务指导下，认真执行各项制度和技术操作规程，防止差错事故的发生，保证服务点的护理安全及工作质量。（4）负责社区卫生服务点的抢救物品、药品的管理以及消毒隔离工作。（5）协助医生做好社区卫生宣教、慢性病防治等工作，提高社区居民健康水平。（6）认真参加中心及团队组织的定期政治及业务学习。（7）与全科团队其他成员协

---

① 参见《2013 年本市家庭医生制度建设重点任务与要求》（沪卫计委基层〔2013〕2 号）。

作，发现问题及时汇报团队长，共同解决。上述全科护士岗位职责中，第 1 项、第 6 项和第 7 项显然不是全科护士特有的岗位职责，而是全体全科团队成员的共同职责。全科护士岗位职责主要体现在护理工作、资料登记工作和协助工作三方面，护理与资料登记工作为全科护士的本职，协助工作由全科护士在全科团队中的地位所决定。

公共卫生医生岗位职责为，（1）配合全科医生做好对签约居民个体化的预防保健等健康管理工作。（2）负责各类公共卫生数据统计与报表上报，配合定期做好社区卫生诊断。上述两项职责中，第（2）项为实践中公共卫生医生的主要业务，至于第（1）项对签约居民个体化的预防保健等健康管理工作，公共卫生医生一般只是配合全科医生，具体工作仍然由全科医生承担。

全科医生助理岗位职责为，配合全科医生负责各类事务性工作，包括电话接听、预约安排、与转诊机构联系、各类数据统计、文字材料撰写等。配合全科医生做好与社区、居委会以及其他社会组织的联系、沟通与协调，负责与居民的联络，辅助全科医生及团队其他成员完成各类事务性工作。上述全科医生助理岗位职责可以归结为对内与对外两方面，对内配合并协助全科医生完成各类事务性工作，对外负责与社区居民、其他社会组织联络。

四、全科团队协作情况的实践调查

由于全科团队公共卫生医生、社区护士、全科医生助理等配备情况不一，导致全科团队成员之间协作机制难以形成。笔者在长宁区江苏街道社区卫生服务中心福世卫生服务站调研时发现，中心为每个卫生服务站全科医生配备有全科医生助理，全科医生助理从事日常事务性工作。例如，协助全科医生登记数据、撰写材料、与签约患者联系、接听电话、值班等，大大缓解了全科医生的工作压力；尚未配备公共卫生医生，数据统计和上传报表等相关工作则由全科护士和全科医生助理承担；全科医生除了为签约患者及其家庭提供门诊、慢性病防治以及个性化健康管理等工作外，还要从事建立电子健康档案、健康宣教、康复保健等基本公共卫生服务。[①] 在杨浦区五角场街道社区卫生服务中心调研时发现，全科护士工作十分繁杂，除了全科护士本身的护理职责外，还充当全科医生助理协助全科医生工作，由于公共卫生医生的缺乏，数据统计、上报报表、健康宣教、健康档案等公卫师的职责实际上也由全科护士协助全科医生一并承担。缺少公共卫生医生是一个普遍现象，在虹口欧阳路街道优抚园社区家庭医生诊所、松江区小昆山镇社区卫生服务中心、闵行区梅陇镇社区卫生服务中心曹行分中心、黄浦区半淞园街道社区卫生服务中心等地的调研资料均显示，公共卫生医生严重不足，甚至没有设立相应岗位，公共卫生医生职责由全科医生和全科护士承担。全科护士一般以全科医生人数为标准进行配备，全科护士人数也严重不足。一些全科医生在接受调研采访时表示，基本公共卫生服务工作量已经占据了实际工作量的一半以上，主张应当将基本公共卫生服务从全科团队职责中去除，专心从事门诊和家访服务。上述情形说明，团队成员配置较为齐全的全科团队，成员职责相对明晰，团队服务运作较为顺畅；团队成员配置不足的全科团队，由于缺少一个或多个岗位职责的承担主体，导致现有成员之间职责边界不清或相互混淆，影响全科团队服务的实际功效。

另外，由于值班制度的缺失，全科医生工作日出诊的时间，卫生服务站无人值班，索性关闭，全科医生与社区护士等团队成员之间的合作机制，无从体现。在杨浦区殷行社区卫生服务中心政立社区卫生服务站调研时，笔者发现，卫生服务站作息时间为周一至周

① 关于长宁区全科团队的相关研究成果与笔者在长宁区的实际调研有违，据该文作者所言，2012 年长宁区各卫生服务站就已配备有公共卫生医生并与社区护士成为全科医生的工作助手与健康信息收集者。笔者于 2015 年实地调研时，某些卫生服务站并未有公共卫生医生。相关研究成果参见江萍、赵德余：《基本医疗卫生保障制度在基层运转的模式》，载《中国市场》2012 年第 20 期，第 54-57 页。

五的8点至12点。经过调研采访得知，每个工作日下午是家访时间，所以卫生服务站关闭。笔者在该卫生服务站工作日下午和周末均发现有社区居民前来就诊的现象，由于卫生服务站关闭则不得不前往较远处的社区卫生服务中心就诊，类似情形在杨浦区五角场街道社区卫生服务中心南茶苑全科医生工作站、徐汇康健街道社区卫生服务中心康乐社区卫生服务站等地调研时也存在。

五、全科团队服务方式的实践调查

全科团队服务方式是全科医生及其团队与社区居民建立签约服务关系后，全科团队依法为签约对象提供约定服务内容的具体行为方式。传统服务方式为全科医生门诊服务，全科医生在社区卫生服务中心（站）全科门诊坐诊，签约对象根据事先预约或直接前来就诊，由全科医生为其提供符合约定的基本医疗卫生服务，全科团队其他成员予以协助。上海各区县社区卫生服务中心及其下设的卫生服务站，目前仍以传统全科团队服务方式为主。上海全面推广全科医生制度指导意见指出，全科团队要坚持主动服务，改善服务形式和工作流程，提升服务内涵。[①]各区县主动服务情况有所不同，可以分为以下三类：

第一种类型为半天工作日提供门诊服务，即半天工作日提供上门服务。笔者在杨浦区殷行社区卫生服务中心政立社区卫生服务站、杨浦区五角场街道社区卫生服务中心南茶苑全科医生工作站、徐汇区康健街道社区卫生服务中心康乐社区卫生服务站等地调研时发现，早上工作时间全科医生、社区护士等在卫生服务站各司其职，全科医生提供门诊服务，社区护士提供护理服务。下午工作时间规定为全科医生应提供上门服务，社区护士并不跟随全科医生一同出诊或家访，但社区护士也并非留守于卫生服务站以便于签约居民及其家庭成员来就

① 参见《关于本市全面推广家庭医生制度的指导意见》（沪卫基层〔2013〕7号）。

诊，而是关闭卫生服务站。从卫生服务站工作时间制度安排分析，下午工作时间是全科医生提供上门服务的时间，社区护士的下午工作时间如何安排，不得而知。有的卫生服务站虽然下午工作时间并不关闭，但全科医生并不从事门诊服务，如有患者前来就诊，便以下午工作时间为上门服务时间为由予以推托，令患者改日门诊时间再来；而全科医生下午工作时间除了根据签约制度要求每月为家庭病床患者提供 1–2 次上门服务和预约上门服务外，其他下午工作时间则演变为在卫生服务站的休息时间，社区护士同样在下午工作时间处于站内休息状态。

第二种类型是每周五天工作时间中，三天工作时间全部从事门诊服务，两天工作时间全部提供上门服务，即“3+2”工作时间安排制度。笔者在黄浦区半淞园街道社区卫生服务中心调研时了解到，全科医生每周有两天工作时间提供上门服务，服务内容主要为预约服务和家庭病床服务。由于预约情况不多，家庭病床仅限一月 1–2 次的上门服务，两天中其他上门服务时间如何安排，由全科医生决定，实际上处于不可得知的状态。另外，两天上门服务工作时间中，社区护士一般坚守在卫生服务站，由于全科医生不在站内或因提供上门服务而不从事门诊服务，社区护士实际上也处于休息状态。

第三种类型是每个工作日全科医生均提供门诊服务，至于上门服务则利用中午或晚上的休息时间，即非工作时间上门服务制度。笔者在浦东新区三林社区卫生服务中心和炯社区卫生服务站调研时了解到，全科医生工作时间均在卫生服务站内提供门诊服务，包括健康咨询、配药等，上门服务不占用工作时间。但全科医生也坦言，签约居民及其家庭的预约服务占整个上门服务的比例极低，常为术后康复患者，全科医生通常电话询问近况；至于家庭病床患者的上门服务，由于在社区居民家中设置家庭病床的情形并不多见，而且每月仅要求 1–2 次上门服务。因此，利用休息时间提供上门服务，常流于形式。

第二节 上海全科团队服务的制度缺陷

一、全科团队基本成员岗位设置的制度缺陷

全科团队基本成员包括全科医生、公共卫生医生和社区护士。[①] 全科医生助理与全科医生履行职责关系密切，且具有相关政策依据，因此，也作为全科团队基本成员在此予以探讨。

（一）公共卫生医生全科团队成员资格缺乏制度保障

公共卫生医生即公卫师，是确保以全科医生为核心的全科团队向签约居民及其家庭提供符合约定的基本医疗卫生服务的重要参与者。全科医生制度相关政策文件对于公卫师的全科团队成员资格问题，有不同看法。国务院建立全科医生制度文件将公卫师列为全科团队的必要成员，而上海市全面推广全科医生制度指导意见则并未予以严格贯彻，公卫师并非全科团队的必要成员。[②] 由于上海市全面推广全科医生制度指导意见的政策效应，导致各区县落实该文件精神的具体政策措施各不相同。例如，杨浦区深化全科医生制度改革方案规定，全科团队组成不包括公卫师，[③] 但杨浦区各社区卫生服务中心组建的全科团队情况却各异，有的社区卫生服务中心组建的全科团队成员中有公卫师，有的则没有。浦东新区推进全科医生制度工作方案规定，全科团

---

① 参见《国务院关于建立全科医生制度的意见》（国发〔2011〕23 号）。

② 参见《国务院关于建立全科医生制度的意见》（国发〔2011〕23 号）、《关于本市全面推广家庭医生制度的指导意见》（沪卫基层〔2013〕7 号）。

③ 参见《杨浦区 2014 年深化实施家庭医生制度工作方案》（杨卫计委〔2014〕152 号）。

队成员包括公卫师，[①] 但该区各社区卫生服务中心组建的全科团队，公卫师极为缺乏。徐汇区全科医生制度指导意见也规定，全科团队组成成员包括公卫师，[②] 该区社区卫生服务中心组建的全科团队配备公卫师比例较高。从调研资料显示的十种主要全科团队成员组成类型来看，仅有三种类型涵盖公卫师，其余七种类型均没有公卫师的成员资格。

上海市全科团队中公卫师的成员资格，被忽视的主要原因可以归结为以下几点：其一，全科医生服务与全科医生团队服务的功能被混淆。以全科医生为核心的全科团队依法向签约居民提供符合约定的基本医疗卫生服务，全科医生是基本医疗卫生服务的主要提供者和团队核心成员。全科医生虽然接受过全科规范化培养或住院医师规范化培训，并取得全科医生执业资质，但其医疗技能本身仍然局限于临床全科医学专业并兼顾口腔类、公共卫生类等医学专业的一般实践技能。因此，全科医生并非万能或全能医生，而是具有侧重医学专业方向、具有其他医学专业知识并经过规范化培养或规范化培训的执业医生。全科医生执业需要其他医学专业人员的配合与协作，尤其是公共卫生专业的公卫师。公卫师加入全科团队之后，全科医生向签约居民及其家庭提供以临床类或中医类为主的基本医疗卫生服务，而公卫师则侧重向签约居民及其家庭提供以公共卫生类为主的基本公共卫生服务。两类医生共同承担提供适宜的基本医疗卫生服务并展开协作，服务整个社区并作为社区居民健康的守护者。故而，全科医生服务与全科医生团队服务的主体、内容和效果皆不相同。缺乏公卫师作为全科团队成员的做法，显然已将全科医生服务与全科医生团队服务相混淆。其二，公卫师的职责被不合时宜地归结为社区护士，导致社区护士职责的泛化与边界模糊。调研资料显示，社区护士岗位职责除了正常的护

① 参见《关于浦东新区进一步推进全科医师家庭责任制实施方案》（浦卫〔2012〕31号）。

② 参见《徐汇区家庭医生制服务工作指导意见（试行）》（徐卫局〔2011〕59号）。

理职责外，还需要协助全科医生从事社区公共卫生方面的数据调查与统计、报表上报、健康宣教、康复保健与预防等工作。社区护士兼顾公卫师已成为全科团队没有配备公卫师时的常态，导致社区护士职责泛化并使得这一职业日渐丧失吸引力，同时也给全科团队服务绩效的考核带来障碍。其三，基层医疗卫生服务对于公卫师的吸引力，有待加强。包括公卫师在内的全科团队成员，作为事业单位属性的基层医疗卫生服务机构工作人员，地方财政投入有限。实行基本药物制度后，基本药物一律实行零差率销售。社区卫生服务中心作为一级医疗机构，主要收入来自地方政府财政拨款与基本公共卫生补助，没有其他绩效收入渠道。某些社区卫生服务站包括公卫师在内的男性医生，迫于收入压力，已另谋出路。[①] 增强包括公卫师在内的全科团队职业吸引力，不仅要根据基本医疗卫生服务内容组建全科团队并依据医学专业合理分工，而且应当积极开展以全科团队服务绩效为考核重点的绩效工资制度改革。[②]

全科团队公卫师成员资格的缺席，对于整个全科团队建设和团队服务绩效已产生了负面效应。其一，全科团队成员岗位职责边界模糊。公卫师原有职责由全科医生和社区护士共同承担，从而混淆并模糊了全科医生、社区护士与公卫师三者的岗位职责与功能定位，不适当地加重了全科医生与社区护士工作量，在社区护士与全科医生“一比一”配置标准及其以下的卫生服务站，情势更为严重。[③] 结局演变为，全科医生与社区护士只能根据自身工作的轻重缓急去兼顾公卫师的职责，制度漏洞导致全科医生与社区护士对于社区基本公共卫生服务相互推诿，社区基本公共卫生服务发展也因此相对滞后。其二，基于专

---

① 笔者在虹口区欧阳路街道社区卫生服务中心优抚园社区家庭医生诊所调研时，全科医生坦言，该服务站医生均为女性，原有的男性全科医生和公卫师均已另谋出路。

② 参见第五章关于全科医生绩效工资制度改革的规范化设计。

③ 调研资料显示，有些社区卫生服务中心组建的全科团队，社区护士与全科医生的配比为“一比一”，如闸北区彭浦镇街道社区卫生服务中心；有些则不足“一比一”，如杨浦区五角场街道社区卫生服务中心。

业的局限性，基本公共卫生服务由全科医生和社区护士共同承担，影响了基本公共卫生服务提供的实际效果。公共卫生健康数据统计、相关报表的制作与上报皆为专业性工作，由全科医生与社区护士承担，难度较大并势必影响基本医疗卫生服务的可及性。① 另外，除公共卫生相关数据统计和报表制作外，基本公共卫生服务项目根据《国家基本公共卫生服务规范》(2011 年版)，尚包含城乡居民健康档案管理、健康教育、预防接种、0–6 岁儿童健康管理、孕产妇健康管理、老年人健康管理等 11 种服务项目。全科团队公卫师的缺乏，导致全科医生和社区护士在履行公卫师职责时，由于受专业局限，基本公共卫生服务不仅提供的项目有限且实效不佳。

(二) 全科医生助理及其设置标准缺乏制度设计

全科医生助理是上海全科医生制度改革实践中，由各社区卫生服务中心根据全科团队实际运作而设置的一类全科医生职责的辅助者，目前尚缺乏制度机制予以保障。主要原因在于：

其一，政策层面上的制度机制尚属空白。国务院建立全科医生制度文件和上海市全面推广全科医生制度的指导意见，在全科团队组成方面，均未涉及全科医生助理及其岗位职责。② 上海市各区县具体推进全科医生制度的政策文件中，有的在全科团队组成方面规定，全科医生助理为全科团队必要组成成员，以杨浦区为典型，③ 但未出台包括全科医生助理岗位职责的团队岗位职责规范，实践中由社区卫生服务

① 笔者在闵行区梅陇镇社区卫生服务中心曹行分中心调研时，全科医生坦言，由于团队缺少公卫师，公共卫生相关数据的统计、填表与上报工作，有时需要用半个工作日的时间去完成，而全科医生去签约患者家中访视和探视家庭病床等工作，则受到较大影响。

② 参见《国务院关于建立全科医生制度的意见》(国发〔2011〕23 号) 和《关于本市全面推广家庭医生制度的指导意见》(沪卫基层〔2013〕7 号)。

③ 参见《杨浦区 2014 年深化实施家庭医生制度工作方案》(杨卫计委〔2014〕152 号)。

中心自己规定全科医生助理岗位职责。多数区县均没有明确限定全科医生助理在全科团队里的成员资格问题。[①]杨浦区就全科医生助理的全科团队成员资格有明确规定，各社区卫生服务中心组建的全科团队皆有全科医生助理之职，但并无专职人员担任全科医生助理，而由社区护士兼任全科医生助理。没有明确限定全科医生助理在全科团队里成员资格的其他区县，全科医生助理是否成为全科团队成员，则没有制度保障。例如，调研中发现，长宁区江苏街道社区卫生服务中心组建的全科团队里有全科医生助理之职，由医学实习生担任；其他区县的全科团队，则没有全科医生助理之职。因此，全科医生助理是否应当成为全科团队成员及其在全科团队中的角色定位，均需从规范层面入手。

其二，全科医生助理职责一般由社区护士兼任，这也是很多社区卫生服务中心组建全科团队时，没有设置全科医生助理岗位的主要原因。全科医生助理协助全科医生从事的职责皆为事务性工作，可分为对内与对外职责，前者主要包括接听电话、提供咨询、登记数据、预约安排等，后者主要涉及安排转诊、与签约居民或其他组织联络等。全科医生助理从事的事务性工作，缺乏专业性且技术含量不高，往往被作为附带性工作由社区护士承担，加重了社区护士的工作负荷。

无论全科医生助理是否应当成为全科团队必要成员，都将产生如下不可回避的问题。其一，将全科医生助理作为全科团队必要成员，需要具备什么资质的专业人员担任此一职位，其岗位职责应如何规范，如何处理与社区护士在岗位职责上的关联？其二，没有设置全科医生助理的全科团队，原本不属于社区护士岗位职责的事务性工作，是否都应不加区分地强加于社区护士？如果回答是肯定的，那么，从事全科医生助理的社区护士岗位绩效考评方面，就需要作特殊规定。

---

① 参见上文全科医生团队组成情况的实践调查，并可参见《关于浦东新区进一步推进全科医师家庭责任制实施方案》（浦卫〔2012〕31号）、《徐汇区家庭医生制服务工作指导意见（试行）》（徐卫局〔2011〕59号）等区县文件。

（三）社区护士岗位职责、配置标准与执业技能，缺乏制度保障

社区护士是全科团队的重要成员，在国家层面及上海建立和推广全科医生制度的政策文件中，均有明确规定。但制度机制建设仍然缺乏，主要表现为：

其一，社区护士与公卫师、全科医生助理的岗位职责，呈现复杂化态势。如前文所述，在不同社区卫生服务中心组建的全科团队中，公卫师与全科医生助理是否具有团队成员资格，并不一致。实践调研资料显示，全科团队中往往缺少公卫师与（或）全科医生助理，缺少的这一类人员岗位职责，主要由社区护士兼任。在仅由全科医生与社区护士组成的全科团队里，社区护士除了承担繁重的护理职责之外，尚需担任全科医生助理，从事与护理职责关联度较远的事务性工作，而且，需要兼任团队的“公卫师”，从事社区基本公共卫生方面的数据整理、报表上报、健康宣教等工作，可谓“身兼数任”。[①] 笔者调研总结的十种全科团队组成类型，都没有明确将社区护士与公卫师、全科医生助理三者关系予以厘清并设置出岗位职责明晰、合作机制科学的团队组成方案。[②]

其二，社区护士的配备标准，尚缺乏制度保障。调研资料显示，各区县社区卫生服务中心组建的全科团队，一般配备标准为 1 名全科医生配备 1 名社区护士，即一比一标准。但其他各类型的配置标准甚多，1 名社区护士与 2–5 名全科医生的配置类型，并不少见，全科团

---

① 在“重医轻护”观念的影响下，社区护士的工作内容缺乏明确范围和界限，但在收集社区不同人群的资料、建立档案并对其进行动态管理，举办健康体检，开展随访、健康教育以及计划生育指导等方面，需要医护双方共同协作完成。参见靳婕、周颖清：《全科团队服务模式下社区护士与全科医生工作内容的研究》，载《中国全科医学》2011 年第 34 期，第 3899–3902 页。

② 相关实践调查研究也显示，社区护士工作负荷量大，服务中心偏移。参见陶志敏：《全科团队模式下社区护理服务内容研究》，河南大学 2010 年研究生硕士学位论文，第 38 页。

队中社区护士的缺乏，可见一斑。各社区卫生服务中心一般根据本中心社区护士数量并考虑全科团队负责社区的人口状况，将社区护士分配于各全科团队。社区护士在全科团队中的配备标准没有规范可依，但每个全科团队至少会配备 1 名社区护士。

社区护士配备标准达不到一比一标准的原因是多方面的。一是基层医疗卫生服务工作，在有些社区护士来看，体现不出自身专业价值。如前所述，由于公卫师或全科医生助理在很多全科团队中没有被赋予团队成员资格，社区护士往往兼任公卫师或全科医生助理。社区护士每个工作日大部分时间从事着与自身护理职责关联度不大的事务性工作或与自身专业完全不同的基本公共卫生服务。社区护士日常工作的繁杂性，让其对自身专业价值和工作能力产生怀疑。二是优质医疗资源一般上浮于二、三级医疗机构，基层医疗卫生机构没有比较优势。社区护士待遇与二、三级医疗机构护士待遇，相差甚多，一些优秀的年轻社区护士会通过各种途径（包括考研、应聘等）谋求进入上级医疗机构的机会。

调研资料显示，基层医疗卫生机构护士资源日渐稀缺，对于全科团队成员间合作机制的形成与服务业绩的提升，均产生了消极效应。一是严重影响全科团队成员之间合作机制的形成。根据上海市推广全科医生制度的签约服务对象目标，1 名全科医生应当签约管理 800–1000 户家庭。根据笔者全科医生问卷调查，回答实际签约人数超过 3000 人的占近 54%。[①]1 名全科医生要与 3000 名左右的服务对象签约并提供基本医疗卫生服务，离不开全科团队及其高效的合作机制。如前所述，全科医生与社区护士是全科团队的主要成员，至于公卫师与全科医生助理，他们的全科团队成员资格在一些全科团队中处于“可有可无”的境地。社区护士成为全科团队中真正协助全科医生从事基本医疗卫生服务的主力军，社区护士资源在基层医疗卫生机构的日渐稀缺，对于全科团队成员之间的合作机制，其影响不可小觑。二是由

① 参见本文第二章第一节关于全科医生签约人数的调研资料。

于全科团队社区护士的严重缺乏，影响全科团队服务的全面性。全科团队基本医疗卫生服务具有全面性特征，即对于签约居民及其家庭，全科团队服务内容涉及基本医疗服务和基本公共卫生服务，包括疾病的预防、保健、治疗、康复、健康教育与计划生育等全方位的社区医疗卫生服务，服务流程涉及签约、门诊、咨询、上门服务、家庭病床、转诊、回访探视等。全科医生并非万能医生，没有足够数量合格的社区护士予以协助和配合，全科医生制度建立的初衷和上述服务内容与程序的高效完成，显然难以实现。①

其三，社区护士执业技能的提升，尚缺乏制度保障。社区护士一般为专科以上医学院校护士专业毕业并向社区卫生服务中心应聘，经过考核并签订劳动合同的基层医疗事业单位人员，具备护士专业基本知识与基本实践技能。然而，全科护理教育尚未正式开展，至今没有一所专门培养全科护士的专科学校，未培养出 1 名合格的全科护士。②因此，作为全科团队的重要成员，社区护士在学校接受的基本专业知识与实践技能培养，缺乏与全科医疗服务相应的全科护士专业化培养制度，已不能适应全科团队服务的全面性与高效性。由一名执业护士成长为社区全科护士，相关执业技能的提升也缺乏必要的社区全科护士规范化培训制度机制。

二、全科团队非基本成员岗位设置的制度缺陷

全科团队非基本成员是指国务院建立全科医生制度文件中全科团队成员之外的其他人员，在上海市推广全科医生制度医改实践中被作为部

---

① 相关调查研究也显示，医护最佳比例应为 1∶2 或 1∶3，参见包家明、付伟、胡斌春：《社区护理人力资源管理现状分析与对策研究》，载《中国实用护理杂志》2004 年第 11 期，第 61-62 页。

② 参见汪森芹、苏霖、胡可芹等：《全科护士规范化培训课程设置初探》，载《护理实践与研究》2013 年第 21 期，第 65-67 页。

分全科团队的成员。笔者调研资料显示，内科医生、外科医生、中医师以及社区医务护工、健康志愿者等为全科团队的非基本成员。[①] 非基本成员虽然不是全科团队的必要成员，但对提升全科团队服务全面性与高效性而言，有不同程度上的积极影响。

（一）非全科专科医生作为全科团队成员，尚缺乏制度保障

作为全科团队成员的非全科类专科医生具备自身的业务专长，与全科医生、社区护士等共同组建全科团队，有利于提升全科团队社区基本医疗卫生服务的全面性与高效性。然而，全科医生之外的其他专科医生，是否可以作为全科团队成员，如何履行全科团队成员岗位职责，目前尚未有政策层面上的答案与制度保障机制。

笔者上海实地调研资料显示，有些全科团队成员中包括内、外科等临床执业医生、理疗师等中医执业医生，有些全科团队则没有。全科团队成员是否包括这些专科医生，完全由社区卫生服务中心根据本中心医生资源自主决定。非基本成员的存在，主要原因在于，全科医生制度改革之前地段医院（注：地段医院是社区卫生服务中心的前身）的功能定位，将地段医院作为综合性医疗机构进行建设，实行全科门诊与非全科门诊并存的门诊制度。由于非全科类门诊被保留下来，这些非全科类的专业医生没有经过全科医生规范化培训。2004 年至 2007 年的三年时间，是上海市现有社区医生全科化培养阶段，即对社区卫生服务中心现有医生分类进行全科化培训，2003 年新进的社区医生进行为期 4 年的规范化培训，其他社区医生进行非本专业为期半年的临床实践培训。但社区卫生服务中心仍然为一级医院，非全科类门诊需要正常运作，非全科类门诊的非全科专业医生一般不接受规范化的全科培训。至于 2006 年至 2010 年全科医生规范化培养阶段的培养

---

① 瑞典全科团队里还有心理咨询师、助产士的参与，参见薛婉君、王芳、李陈晨：《瑞典开展协同卫生服务的经验及启示》，载《中国初级卫生保健》2014 年第 5 期，第 11-14 页。

对象，仅限于在社区医院工作不足两年的临床医师或本科及以上学历的应届毕业生，也并不针对社区卫生服务中心非全科类门诊的专科医生。[①] 随着全科医生制度改革的日渐推进，社区卫生服务中心非全科类门诊逐渐转变为全科门诊，非全科类的临床和中医专科医生不能继续在社区卫生服务中心从事门诊服务，而被充实到组建的全科团队之中。因此，某些社区卫生服务中心组建的全科团队中存在内科医生、外科医生以及治疗师等中医师，也就不足为奇。

非全科类专科医生全科团队成员资格的存在，应有制度性机制予以规范。一是现有非全科类专科医生应当接受当地医学会或社区卫生服务中心组织的全科医学知识与实践技能培训。据调研资料显示，某些卫生服务站由于全科医生缺乏，而由非全科类的专科医生充当全科医生，与全科团队其他成员一起履行签约服务职责。这类非全科类专科医生未接受过全科医生的规范化培养或全科住院医师规范化培训，由其充当全科医生，显然不符合全科团队建设的制度设计且难以保证全科医疗服务的专业水准。不仅如此，与签约制度结合起来，还涉及违约问题。因此，有必要通过常规性全科医生医学知识与技能培训，提升这类专科医生的全科化水平。二是社区卫生服务中心应当鼓励这类非全科类专科医生积极参加全科住院医师规范化培训，取得全科《住院医师规范化培训合格证书》，通过执业医师证注册制度，增加执业范围，即在原执业范围基础上增加全科医学专业。这是全科团队中非全科类专科医生执业发展的必由之路，即医学专业与执业身份的转变。转变后，这类医院以全科医生身份开展签约执业活动，不仅具备全科医学专业知识与技能，还有其他非临床全科二级学科的专业功底，有利于为签约对象提供高效全面的全科医疗服务。三是在推广医师多点执业大背景下，社区卫生服务中心应当建立上级医疗机构专科医师在本中心多点执业时的全科团队组建制度。医师多点执业制度中“医

① 参见本文第四章第三节关于上海全科医生规范化培养的相关介绍。

师”不应当包括基层医疗卫生服务机构执业的全科医生。[①]开展多点执业的医师通常为二、三级医疗机构非全科类的专科医生，当选择基层医疗卫生服务机构作为第二或第三执业机构时，社区卫生服务中心等基层医疗卫生服务机构应将其安排在全科团队以充分发挥其专科医疗的专业优势。

（二）社会工作者参与全科团队组织建设，尚缺乏制度保障

社区医务工作者、健康志愿者等社会工作者参与到社区卫生服务中心组建的全科团队之中，是上海全科团队建设的一道风景。社会工作者的参与可以增进全科团队与签约居民及其家庭乃至整个社区医疗协作和信任关系的培养。[②]目前，社区医务工作者、健康志愿者等社会工作者参与全科团队的建设，并非普遍现象。

作为新生事物，需要从主要由政府提供基本医疗卫生服务、分级诊疗秩序形成与社区健康和谐的高度，设计相应的制度性规范。社会力量参与全科团队服务，目前需要对以下两类问题给予制度性考量：一是社会工作者有偿性地参与全科团队服务，由谁来选拔、组织，考核标准以及报酬如何核定与支出，被选拔对象具备的基本条件如何确定；二是社会工作者无偿性地参与全科团队服务，由谁来确定并如何确定参与者的基本条件以及组织活动的分配与开展，采取何种激励机制以号召并吸引更多社区居民主动参与全科团队的社区服务。上述两类问题的制度性设计应与全科医生制度改革结合起来，以全科团队规范化建设为主，社会工作者参与全科团队服务的制度机制为辅。

---

① 主要理由与论证过程，参见第五章第二节关于全科医生与医师多点执业关系之反思。

② 有学者提出“四元一体”新型全科服务团队模式，即全科服务团队模式是由全科医师、社区护士、公共卫生医师和社会工作者组成，并探讨了将社会工作者纳入全科团队的积极意义。参见玄泽亮：《上海全科服务团队模式现况分析及发展策略研究》，复旦大学2008年博士学位论文，第92–96页。

上述两类问题的焦点有二：一是社区卫生服务中心是否具备招募社会工作者作为全科团队成员的资格。社区卫生服务中心作为一级医院，应具备自行招募社会工作者的权力，但这一权力行使受事业单位行政化管理制度制约。基层医疗卫生服务机构人事权由享有医务人员编制计划权力的行政部门掌控，应逐步下放基层医疗卫生服务机构人事权并赋予社区卫生服务中心等基层医疗卫生服务机构充实全科团队成员类型的权利。二是在下放基层医疗卫生服务机构人事权的基础上，地方人民政府应对基层医疗卫生服务机构招募的社会工作者参照相应类别医务人员岗位，核拨绩效工资。基层医疗卫生服务机构享有招募权和物质奖励权，才能有社区医务护工、健康志愿者等社会工作者成为全科团队成员的可能性。

三、全科团队与卫生服务站设置的制度缺陷

上海社区卫生服务中心组建的全科团队一般设立在下设的卫生服务站中，1 个卫生服务站即为 1 个全科团队，全科团队与卫生服务站的角色定位完全重合。[①] 卫生服务站与全科团队设置上的重合，有利于社区卫生服务中心作为事业单位的行政化组织与领导，卫生服务站的站长即该全科团队的团队长。每个卫生服务站都是 1 个微型社区卫生服务中心，1 个微型的事业单位，卫生服务站内全科团队成员之间存在着领导与被领导的上下级关系。笔者认为，将社区卫生服务中心作为事业单位的行政化思维运用到全科团队的组建与管理上，将会产生一系列与建立全科医生制度相悖的制度顽疾。

---

① 值得指出的是，某些全科团队的设置超出了卫生服务站的界限，以全部卫生服务站的医护人员为全科团队成员，并组成 1 个全科团队，这种全科团队与卫生服务站整体性设置重合特例，以闸北区彭浦镇街道社区卫生服务中心为代表。具体分析，请参见前文关于全科团队设置的实践调研。

（一）以全科医生为核心的团队服务被边缘化

全科医生制度相关政策对于全科团队的设置、责任主体与签约人数，均有制度性要求。[①]全科团队基本成员由全科医生、公共卫生医生、社区护士组成，全科团队签约服务责任要落实到全科医生个人，签约服务人数逐渐控制在2000人左右或800–1000户家庭。根据国家和上海全科医生制度的政策文件精神可推断，全科团队以全科医生为核心成员，公共卫生医生、社区护士等为重要参与者，共同为签约服务对象及其家庭依法提供符合约定的基本医疗卫生服务，签约服务首要责任人为全科团队的核心成员即全科医生。换句话说，1个全科医生需要与2000人左右或800–1000户家庭建立签约服务关系，签约服务责任人为全科医生，而全科医生为签约对象提供签约服务并非"单打独斗"，而是要组成"团队"并团队协作的合力，为签约对象提供符合约定的基本医疗卫生服务。

目前，上海市各社区卫生服务中心组建的全科团队与下设的卫生服务站合二为一，设置、建设、考核等全方位重合。调研资料显示，卫生服务站作为1个全科团队，通常由2–5名全科医生、1–2名社区护士组成，其他组成人员则不确定，包括1名公共卫生医生、1–2名中医师、1–2名非全科的临床医生以及数量不等的社区医务工作者等社会力量参与者。多名全科医生与社区护士等组成1个全科团队，并为所有与单个全科医生签约服务对象提供符合约定的基本医疗卫生服务。这种类型的全科团队组建模式，将由1名全科医生为核心组建全科团队并为2000人左右或800–1000户家庭提供签约服务的全科团队，强行吸纳并硬性合并于一个卫生服务站内，并以"全科团队"命名。

① 参见《国务院关于建立全科医生制度的意见》（国发〔2011〕23号）和上海市《关于本市全面推广家庭医生制度的指导意见》（沪卫基层〔2013〕7号）。上海各区县全科医生制度政策文件，典型的如《杨浦区2014年深化实施家庭医生制度工作方案》（杨卫计委〔2014〕152号）。

全科团队的设置与卫生服务站重合，其弊端是显而易见的。在这种“全科团队”内部，无法明确向2000人左右或800–1000户家庭提供符合约定基本医疗卫生服务的全科团队具体成员。当然，我们可以通过签约协议书明确对这些签约对象提供基本医疗卫生服务的具体全科医生，但无法明确哪个或哪几个是服务这些签约对象的社区护士，也无法明确哪个或哪几个是服务这些签约对象的公共卫生医生。以此类推，除了可以明确具体签约全科医生以外，我们无法明确与这位签约全科医生组成团队的其他成员。也许有人认为，卫生服务站里所有的社区护士、公共卫生医生等都是该签约全科医生的团队组成人员。这种认识具有代表性。但可以试问，卫生服务站里所有的社区护士、公共卫生医生等，是不是应当对所有站内全科医生签约服务对象提供相应的基本医疗卫生服务呢？在目前卫生服务站即为全科团队的设置体制下，答案自然是肯定的。如果某卫生服务站有4名全科医生，签约服务至少可达8000人或3200–4000户家庭，卫生服务站里所有社区护士、公共卫生医生等要为所有签约对象提供服务，我们无法明确哪个或哪几个社区护士、公共卫生医生等是为这至少8000人或3200–4000户家庭提供服务的具体实施者。只能认为，卫生服务站里所有社区护士、公共卫生医生等都是这些签约对象服务的承担者。这种卫生服务站与全科团队重合的、行政化的“全科团队”，模糊了成员资格明确且职责清晰的全科团队设置初衷。

（二）全科团队成员之间的合作机制被弱化

全科团队与卫生服务站设置重合甚至作为卫生服务站的联合体，导致全科团队成员之间的合作机制无法形成。笔者调研资料显示，上海各社区卫生服务中心组建的全科团队均为多个全科医生与社区护士等组成并与卫生服务站设置重合，甚至某些社区卫生服务中心，如闸北区彭浦新村街道社区卫生服务中心组建的全科团队仅有1个，团队成员由下设所有卫生服务站里的全科医生与社区护士组成。全科团队设置与卫生服务站重合，乃至于成为卫生服务站的联合体，明显弱化了全科团队成员之间合作机制的形成。在这样一个大型全科团队中，全科医生与社区护士之间的人数关系，有两种类型：一种为全科医生与社区护士人数并不匹配，前者多，后者少。在全科团队内部，由于社区护士人数比全科医生人数少，无法形成 1 名全科医生与 1 名社区护士之间的合作机制，社区护士往往共同作为全科团队内所有全科医生的助手，谁的签约患者需要护理服务，站内任何社区护士都有提供服务的职责。另一种为全科医生与社区护士人数形成匹配关系，两者人数相当。据笔者调查，这种搭配形式的整体已经被视为一个全科团队并与卫生服务站设置重合，社区护士往往共同为全体全科医生签约对象提供护理服务，团队内部并没有再建立细致的分工机制。上述两种全科团队内部全科医生与社区护士之间人数的搭配关系及合作机制现状堪忧。

全科团队内部成员之间的合作机制被弱化，最为直接的后果便是全科医生工作负荷的明显加重以及对全科医生培养的恶性焦虑。一方面，由于全科团队内部全科医生最为重要的协助者即社区护士，不能真正与某一位全科医生形成团队服务合作机制，需要全科医生到签约对象家提供上门服务时，只能由全科医生独自承担，社区护士无法在某种程度上代替全科医生提供某些原本应由社区护士提供的上门服务，全科医生没有权利为社区护士安排上门服务。笔者调研过程中，若干次跟随全科医生前往签约对象家中提供上门服务，并无团队的社区护士一同前往。据全科医生介绍，社区护士工作范围仅以卫生服务站为限，站外服务皆由全科医生自己承担。全科医生不仅要在卫生服务站内为签约对象及其家庭成员提供门诊服务，也要为非签约患者及其家庭提供门诊服务，同时还要为签约患者及其家庭成员提供上门服务，包括为建立家庭病床的患者定期检查，为预约签约对象提供上门配药、按摩、身体检查、打针等服务以及涉及基本公共卫生服务的相关服务。其实，上门服务中的一些服务项目，诸如为签约患者提供上门打针服务、家庭病床护理服务、健康数据调查等，完全可由社区护士承担，但由于以全科医生为核心的全科团队建设缺乏合作机制，卫生服务站外需要全科团队提供的服务，均成为全科医生的职责所在。另一方面，针对全科医生卫生服务站外繁重的工作负荷，全科医生在内的社区卫生工作者以及全科医生制度研究者，均在呼吁加快全科医生的培养周期以解决社区实践中全科医生人数的缺乏。尽管需要加快规范化培养步伐并尽快实现全科医生培养制度的规范化，但由于全科团队内部合作机制的欠缺，无疑将加剧全科医生人数过少并需要加快培养步伐的心理担忧。可以试想，即使培养足够的全科医生并实现1名全科医生与2000人左右或800-1000户家庭建立签约服务关系的目标，没有全科医生与社区护士、公共卫生医生、社会工作者等全科团队内部成员之间合理分工与紧密合作机制，这种担忧仍然无法消除。从全科医生个人工作负荷限度上分析，每个与2000人左右或800-1000户家庭建立签约服务关系的全科医生，每个工作日工作最大负荷都是有限的并应合理考虑全科医生个人健康与执业发展，没有团队成员合作机制，全科医生上门服务将演变为“孤军奋战”的个人化服务模式。

（三）全科团队建设与站点建设被人为混淆

全科团队与卫生服务站两种具有不同功能定位的事物被人为合一，导致全科团队与卫生服务站建设的同一化。全科团队功能在于由全科医生、社区护士、公卫师等组成一个整体并相互协作与配合，形成为签约对象及其家庭提成员提供基本医疗卫生服务的服务合力，实现全科服务的全面性、可及性、人性化与连续性。而卫生服务站作为社区卫生服务中心下设的分支机构，是社区卫生服务中心设置在辖区某一特定区域作为全科团队提供基本医疗卫生服务的具体场所，以全科门诊服务为主，服务人员由若干全科医生、社区护士、公共卫生医生、财务人员、药剂师等组成。全科团队是全科医生服务的组织化和组织化的全科服务单位，卫生服务站是社区卫生服务中心的分支机构，两者并非同一。由于全科团队与卫生服务站被人为重合设置，全科团队建设与站点建设被完全混淆，主要表现在：

其一，全科团队岗位职责与卫生服务站管理办法混淆。据调研资料显示，全科团队岗位职责如同卫生服务站管理办法，多为行政事务性职责，真正涉及全科团队岗位职责的内容，则很少且以概括方式处理。[①] 例如，全科团队岗位职责中行政管理性事务包括按时开诊、请假制度、不得做与工作无关之事、爱护设备及其损害责任、安全检查工作等。而与全科团队岗位职责相关的部分，则采用概括方式描述为，认真开展中心布置的医疗、预防、保健、康复、健康教育和计划生育技术指导工作等。从全科医生制度设计理念上分析，全科团队岗位职责应由签约制度予以规范并以签约协议书约定的服务项目为职责范围，具体表现为签约协议书约定的服务项目和服务要求；而卫生服务站作为设置全科团队的社区卫生服务中心派出机构，机构的运作需要制度化建设并应由社区卫生服务中心制定卫生服务站管理办法予以规范。因此，将全科团队与卫生服务站的设置同一化，将导致制度设计同一化与功能混淆的局面。

其二，全科团队长职责复杂化并呈现行政管理化态势。据调研资料显示，全科团队长岗位职责如同卫生服务站站长的岗位职责，包含有大量行政性管理事务，这些行政性管理职责混合于全科团队长的应有职责之中，使得全科团队长职责复杂化并具有行政管理化趋势。例如，全科团队长岗位职责中行政性管理事务包括考勤、财务保管、消防安全工作等。由于全科团队长一般均由团队成员中的全科医生兼任，全科医生无法在原本繁忙的签约服务工作之余，还有时间与精力去承担这些行政性管理事务，全科团队长通常将这些事务交由社区护士或全科医生助理完成。因此，基于工作内容性质上的差异，应当设置卫生服务站日常运转性事务负责人，由其承担如上行政性管理事务，使全科医生及其团队从行政管理性事务中解放出来，专注于属于其本职的签约服务职责。

---

① 参见上文关于全科团队岗位职责的实践调研。

四、全科团队与家庭医生工作室的制度冲突

自 2011 年 4 月“陈华家庭医生工作室”设立以来，杨浦区、闸北区等区县的一些社区卫生服务中心效仿长宁区周家桥社区卫生服务中心在中心门诊基础上相继设立了家庭医生工作室并以社区居民认可的全科医生的姓名命名家庭医生工作室。家庭医生工作室设立在社区卫生服务中心的中心医院，与全科门诊并列，主要由全科医生和社区护士组成。

家庭医生工作室与全科团队从组织形式上分析，存在两种类型：

第一种类型可称为“总部型家庭医生工作室”，家庭医生工作室是全科团队总部，家庭医生工作室全科医生为全科团队负责人，以闸北区彭浦新村街道社区卫生服务中心“严正家庭医生工作室”为典型。“总部型家庭医生工作室”的特点在于：其一，家庭医生工作室是全科团队总部。整个社区卫生服务中心下设卫生服务站里工作的全科医生与社区护士，共同组建 1 个全科团队，每个卫生服务站仅为全科团队的一个分支，若干个卫生服务站联合起来共同构成一个全科团队。这个巨型全科团队设有总部即社区卫生服务中心的家庭医生工作室，工作室负责人为全科团队里全科医生的杰出代表，是社区卫生服务中心全科团队的“品牌”，全科团队名称也被冠以该杰出代表之名，如“严正家庭医生制服务团队”。全科团队长负责整个团队的组织、任务分配、协调与管理，全科团队长并不在中心下设卫生服务站工作，而以中心医院家庭医生工作室为基地，除了负责整个团队组织与协调等事宜外，还要为与自己建立签约服务关系的签约对象及其家庭成员提供符合约定的基本医疗卫生服务。其二，尽管这种类型下的卫生服务站与全科团队设置并非重合，但卫生服务站具备全科团队的实质内容。与其他社区卫生服务中心组建的全科团队即卫生服务站相比，这种类型下的卫生服务站并非全科团队，但每个卫生服务站均由 1 名全科医生与若干名社区护士组成，社区护士协助全科医生共同完

成卫生服务站负责区域内签约对象的基本医疗卫生服务，服务对象主要为签约居民及其家庭成员，也包括非签约居民。每个卫生服务站全科医生与社区护士组成“微型全科团队”，与国家层面和上海市推广全科医生制度指导意见精神目标相契合，即1名全科医生与社区护士等组成全科团队，以团队服务的形式向2000人左右或800–1000户家庭提供签约服务。

第二种类型可称为“服务型家庭医生工作室”，家庭医生工作室与社区卫生服务中心下设的卫生服务站不存在一体关系，全科团队设置在卫生服务站内，以长宁区周家桥社区卫生服务中心“陈华家庭医生工作室”为典型。“服务型家庭医生工作室”的特点在于：家庭医生工作室是独立并服务于全科团队的机构设置。这种类型家庭医生工作室建立在社区卫生服务中心的中心医院，但其地位并非全科团队总部，家庭医生工作室的全科医生作为负责人，也并非全科团队长。这种类型家庭医生工作室的主要职责在于培训全科团队成员，促进全科团队服务能力的规范化与标准化，为社区居民提供健康咨询与个性化健康管理服务。其中，一部分与社区卫生服务中心全科团队服务机构职责类似，还有一部分与全科团队职责重合。

上述两类家庭医生工作室都是上海全科医生制度改革的时代产物，作为新事物，总体上有利于扩充基层医疗卫生资源储备和全科医生制度改革。但就具体制度设计来看，仍然存在不可忽视的缺陷：

一是“总部型家庭医生工作室”的制度设计，将导致全科团队设置的形式化与虚无化。社区卫生服务中心下设卫生服务站内所有全科医生与社区护士共同组建成为一个全科团队，由设在中心医院的家庭医生工作室负责人作为全科团队长，进行组织、协调与管理。这种制度设计没有考虑到，全科团队长仍然是坚守在第一线为签约对象及其家庭成员提供基本医疗卫生服务的全科医生，时间与精力均难以保证。不仅如此，各卫生服务站相距较远、服务人群类型复杂、各卫生服务站全科医生签约情况均不相同，作为整个全科团队的负责人，在完成本职工作之余，如何在全科团队内部进行组织、协调与管理，是值得怀疑的。调研活动情况也说明了这一点。笔者专门安排一天时间记录“严正家庭医生工作室”负责人严正全科医生的工作安排：早上一般在家庭医生工作室坐诊，接待前来就诊签约对象及其家庭成员（包括非签约患者）、提供健康咨询；下午一般提供上门服务，包括配药、健康检查、家庭病床探视、按摩推拿等保健服务。工作过程中，随时接听电话并回答签约对象的健康咨询，工作异常繁忙。因此，“总部型家庭医生工作室”制度设计将全科团队形式化，即徒具全科团队形式，实际上仍然以各卫生服务站全科医生和社区护士为单元向签约对象及其家庭成员（也包括非签约患者）提供基本医疗卫生服务，而各卫生服务站全科医生和社区护士的全科服务组织，并没有被赋予全科团队资格。故这种“总部型家庭医生工作室”制度设计有悖于全科医生制度相关政策文件精神，导致全科团队形式化和虚无化。

二是“服务型家庭医生工作室”与全科团队职能存在重合且负责人制度存在缺陷。“服务型家庭医生工作室”作为与社区卫生服务中心组建全科团队有别的机构设置，着眼于全科团队服务规范化与标准化、培养并提升全科团队工作技能、解决全科医生实际工作中遇到的疑难问题，并依靠“3”个协同（中心协同、区域卫生协同、社区协同），以中心医院专门服务机构的形式，负责全科团队与社区卫生服务中心、社区、居委会等协同机制的创建，具备服务于全科团队的协调与管理职能。但“服务型家庭医生工作室”仍然要向社区居民提供健康咨询和个性化健康管理服务，仍然履行着全科团队的部分服务职能。“服务型家庭医生工作室”负责人本身即为本中心全科医生的杰出代表，既要负责家庭医生工作室服务与管理之责，又要在中心下设的卫生服务站从事全科医生的签约服务。职能层面上的重合，不利于“服务型家庭医生工作室”专注于实现全科团队服务的规范化与标准化，负责人与卫生服务站全科医生身份上的重合，不利于担任负责人的全科医生全身心地投入签约服务。

五、全科团队主动服务理念的制度性缺失

全科团队服务模式需要以全科医生为核心的全科团队为签约对象提供符合约定的基本医疗卫生服务，并逐渐转变服务方式，由被动服务转变为主动服务，由院内服务转变为院外服务，走进签约对象家庭与社区，将全科医疗服务融进社区居民的日常生活之中，使全科医生真正成为签约对象健康与医疗费用的“守门人”。因此，全科团队主动服务方式应当成为全科团队服务的主要类型。但上海调研资料显示，全科团队主动服务理念尚缺乏制度机制予以保障。上海市各区县全科团队服务有三种主动服务类型，即12工作时间安排制度、“3+2”工作时间安排制度和非工作时间上门服务制度。12工作时间安排制度，由于每个工作日下午工作时间的工作内容缺乏监督，全科团队服务主要体现为每个工作日的早上门诊服务。“3+2”工作时间安排制度，同样每周两天的上门服务时间，缺乏制度监督机制，全科团队服务内容主要体现为每周三天的门诊服务。非工作时间上门服务制度，不仅缺乏监督机制，而且随意性极大，是否于非工作时间提供上门服务，如何提供上门服务，完全听凭全科医生个人意志。

综合上述三种主动服务制度启示我们，首先，现阶段门诊服务是全科医生及其团队服务的主要方式。门诊服务属于传统类型的服务方式，虽然也应成为全科团队服务的重要方式，但绝不是全科团队服务的唯一方式。全科医疗服务本质要求全科团队走进签约对象家庭、走进社区，为签约对象提供主动、便捷性的基本医疗卫生关怀，打造健康社区。因此，除传统门诊服务类型外，全科医生及其团队应当创新服务方式，根据预约进行上门服务以及思考非工作时间如何全面且及时地提供符合约定基本医疗卫生服务。其次，无论采取何种全科团队服务方式，主动服务理念都应当贯穿服务始终。主动服务理念要求在传统门诊服务中，坚持以患者为中心并以预防

为主的方针，主动为签约对象的身心健康问题提供预防性医疗措施，而非出现健康问题再解决的事后医治模式；主动服务理念在现代全科医疗服务中更为集中地体现在，全科团队能够主动走进签约对象家庭和社区，提供方便快捷的可及性全科医疗服务，主动关心签约对象的健康问题，宣传健康知识，实现健康社区的目标。主动服务理念贯穿全科团队服务的始终，有利于凸显全科团队服务的制度优越性，吸引更多社区居民参与签约并有利于提升全科团队的服务质量与效率，最终实现所有社区居民都与全科团队建立签约服务关系并由全科团队提供服务的基本医疗卫生保障制度。

第三节　全科团队服务制度的法治完善

一、全科团队服务制度法治化的必要性思考

全科团队服务制度的法治化，即全科团队岗位设置、协作机制、团队设置与团队主动服务机制等与全科团队服务有关制度的规范化与法治化，即制定“全科团队服务规范”。[①] 全科团队服务规范化与法治化的目标在于，以法治方式形成结构合理、职责明晰、协作机制健全、被动与主动服务兼顾的全科团队服务规范，提升团队服务效率与基本医疗卫生服务的可及性，确保人人享有基本医疗卫生服务目标的实现。

（一）我国基本医疗卫生服务提供模式的客观要求

全科团队服务制度设计策略，即应采取法治化策略抑或交由社会办基层医疗卫生服务机构自行制定服务规范，或者说，全科团队服务所涉及的制度建构，包括团队设置、结构组成、协作机制与服务方式

① 全科医生团队服务制度的规范化条文设计，可参见附录《全科医生执业管理法》。

等，是否需要通过法治化途径予以规范。全科团队服务是否应当实现法治化，需要探求我国基本医疗卫生服务的提供模式。综观各国基本医疗卫生服务的提供情况，大致可区分为两类：即政府直接提供模式与政府间接提供模式，前者是政府直接设立基层医疗卫生服务机构并由其向全民提供基本医疗卫生服务；后者是政府向社会办医疗机构通过购买方式以提供基本医疗卫生服务的职责。我国基本医疗卫生服务的提供模式，以上海全科医生制度改革实践便可窥见一斑。社区卫生服务中心由原公立属性的地段医院改造而来并作为国有事业单位，财政资金按照当地事业单位平均工资水平向社区卫生服务中心拨付工资总额，包括基本工资与绩效工资。①社会办基层医疗卫生服务机构并不存在，不仅仅由于基本医疗保险基金定点资格的取得问题，更为重要的是，公立属性基层医疗卫生服务机构由政府财政保障其正常运转并作为主要的基本医疗卫生服务提供者，与新医改“保基本、强基层、建机制”主要经验合拍。因此，我国基本医疗卫生服务提供模式实质为政府直接提供模式，在分级诊疗制度体系中，基本医疗卫生服务由政府直接提供并确保公益性，具有积极意义。②

在政府直接提供基本医疗卫生服务模式的背景下，公立属性的基层医疗卫生服务机构全科团队的设置、结构组成、协作机制与服务方式等，应当实现规范化与法治化。其一，全科团队绩效考核后的激励机制，主要由政府财政保障。全科团队的设置、组成及服务方式等的规范化与制度化，是全科团队绩效考核的前提；没有规范化的全科团队服务制度，全科团队绩效考核是无法开展的。因此，全科团队服务的规范化，是全科医生制度绩效工资制度改革的前提之一。其二，全科团队服务模式的规范化与法治化，存在权力来源上的正当性与制度建构上的可能性。基本医疗卫生服务政府直接提供模式下，由政府设立基层医疗卫生服务机构并由其作为政府代表，组建本区域具体提供

---

① 参见第五章关于全科医生薪酬激励机制改革之反思。

② 参见第一章第一节关于基本医疗卫生服务政府提供模式的探讨。

基本医疗卫生服务的全科团队。全科团队服务的规范化与法治化，有利于新医改“人人享有基本医疗卫生服务”目标的实现。同时，全科医生制度改革实践也为全科团队服务的规范化与法治化，提供了制度建构的可能性。除此之外，全科团队服务的规范化与法治化，也是对社区卫生服务中心组建全科团队权力进行规范与审查的合法性前提。

（二）全科团队服务实践与效率提升的客观要求

全科团队服务法治化是全科团队服务实践的必然要求。上海市各区县社区卫生服务中心全科团队组建及其团队服务情况，差异性较大。即使在同一区县，不同社区卫生服务中心组建的全科团队仍存在较大的制度性差异。从全科团队服务具体制度设计来看，问题颇多。例如，社区护士配置标准不清、社区护士职责泛化、公共卫生医生团队成员资格不明、社会工作者参与制度欠缺、团队主动服务形式化以及全科团队与卫生服务站点重合设置等，已成为制约全科团队服务制度化、规范化的桎梏，导致全科团队基本医疗卫生服务的提供水平参差不齐，效率低下。只有正视上述在全科医生制度改革实践中涌现出来的全科团队服务的制度性缺陷，以确保基本医疗卫生服务的全面性、可及性、连续性与高效性为制度建构标准，吸取全科团队服务实践有益经验，将全科团队服务制度法治化，方能与全科医生制度改革的初衷相吻合。

全科团队服务法治化是提升全科团队服务协作水平与服务效率，避免服务形式化与效率低下的重要制度保障。全科团队成员之间协作水平对于团队服务效率的提升至关重要。然而，全科团队成员组成标准尚不明确，成员岗位职责模糊不清，团队建设与站点建设混淆等，都将严重影响全科团队成员之间协作机制的形成。另外，调研资料显示，团队服务方式以被动服务为常态，主动性服务严重不足，主动性服务缺乏制度激励与约束机制，易导致全科团队服务形式化与虚无化。全科团队服务法治化要对上述议题作出法治层面上的判断与制度性规范，力图实现多学科背景下全科团队协作机制的形成并开展无缝隙、连续性的决策以及以病人为中心提供保健服务，整合全科团队资源与提升团队服务效率。[①]

二、全科团队及其名称的规范化制度设计

全科团队是政府办基层医疗卫生服务机构依法组建并设置在卫生服务站内，根据签约协议书的约定，依法向签约对象提供符合约定的基本医疗卫生服务，以全科医生为核心成员的专业化基层医疗卫生服务组织。自然人、法人或其他组织依法设立全科诊所组建全科团队的除外。

全科团队的名称为“基层医疗卫生服务机构名称＋全科团队长姓名＋全科团队”，简称“全科医生姓名＋全科团队”。

相关说明如下：

其一，全科团队由政府办基层医疗卫生服务机构负责组建。[②]政府办基层医疗卫生服务机构是代表政府履行基本医疗卫生服务的城市基层医疗卫生服务机构，这与我国目前基本医疗卫生服务政府直接提供模式相关。政府办基层医疗卫生服务机构由政府投资设立并负有法定职责的医疗事业单位，是政府履行基本医疗卫生服务的具体责任机构。政府办基层医疗卫生服务机构依法组建若干全科团队并向签约对象提供基本医疗卫生服务，是基本医疗卫生服务政府直接提供模式的切实反映。需要指出的是，目前，上海全科团队皆由社区卫生服务中心组建，[③]全科团队所有成员皆为社区卫生服务中心具有劳动合同关系的工

① Heather Boon，Marja Verhoef，Dennis O’Hara，et al.，from Parallel Practice to Integrative Health Care：a Conceptual Framework，BMC Health Services Research，(4) 2004，pp.15–20.

② 除非特别指出，本文基层医疗卫生服务机构皆指政府办基层医疗卫生服务机构。

③ 上海城镇化水平较高，某些区县已经实现了社区卫生服务中心对辖区村卫生室的一体化管理，将卫生服务站设置在辖区村一级，即村卫生服务站作为社区卫生服务中心的派出机构。从这个意义上讲，基层医疗卫生服务机构即为社区卫生服务中心。

作人员，但不排除全科团队由社会力量依法兴办全科诊所组建的可能性。国外通行基本医疗卫生服务提供模式为政府间接提供模式，即由社会力量兴办全科诊所并组建全科团队，由政府通过税收或基本医疗保险方式向全科诊所购买基本医疗卫生服务，政府本身并不直接提供基本医疗卫生服务。

我国目前虽为基本医疗卫生服务政府直接提供模式，但随着人口老龄化趋势的日益加剧和慢性病、常见病以及诊断明确的慢性非传染病等疾病谱变化，政府直接提供模式无法涵盖基本医疗卫生服务的所有领域。在政府直接提供模式为主的条件下，应当允许自然人、法人或其他组织依法设立全科诊所并组建全科团队，根据约定向签约对象提供基本医疗卫生服务。政府之外社会力量如何参与基本医疗卫生服务的提供，如何设立全科诊所并符合何种准入标准，如何实现政府办与社会办基层医疗卫生服务机构的法律地位平等，都需要在完善政府办基层医疗卫生服务机构及其全科团队规范化运作并实现法治化的基础上，根据基本医疗卫生服务提供的可及性评估，适时考虑社会办基层医疗卫生服务机构及其全科团队的规范化与法治化议题。因此，关于全科团队概念中的举办主体，从长远看，不应局限于政府办基层医疗卫生服务机构，社会力量依法兴办并提供基本医疗卫生服务的基层医疗卫生服务机构，也应有权组建全科团队。

其二，全科团队是设置在卫生服务站内专业化基层医疗卫生服务组织，全科团队与卫生服务站设置不能重合。卫生服务站是社区卫生服务中心设立在辖区提供基本医疗卫生服务的具体场所，卫生服务站本身不是全科团队。全科团队是提供基本医疗卫生服务的专业化基层医疗卫生服务组织，由全科医生、社区护士与公共卫生医生等医疗卫生专业人员组成，相互配合并相互协作，根据签约协议书向签约对象提供符合约定的基本医疗卫生服务。因此，全科团队是专业化的基层医疗卫生服务组织，卫生服务站则是其提供服务的具体场所，两者不能等同。

国外全科诊所与全科团队设置情形，也是对两者不能等同的有力佐证。全科诊所与全科团队设置，主要有两种类型：一种是全科诊所里设置 1 个全科团队，全科团队与全科诊所设置重合，1 个全科诊所即 1 个全科团队，反之，亦然。例如，古巴全科诊所主要由 1 名全科医生和 1 名护士组成，全科医生与社区护士共同组成 1 个全科团队，全科诊所与全科团队设置完全重合。英国有 5% 左右的全科医生单独开业并成立全科诊所，雇用社区护士、全科诊所管理者、健康护理助手、接待员等，共同组成 1 个全科团队。① 另一种类型为全科诊所里设置若干个全科团队，每个全科团队由全科医生、社区护士等人员组成，全科诊所与全科团队设置并不重合。国外（如英国、丹麦、德国、荷兰等国）全科诊所一般为合伙制，即由几名全科医生合伙创办全科诊所，全科医生作为诊所合作人，同时也可以雇用其他全科医生，每个全科诊所有 3 名以上全科医生，每名全科医生都配备有自己的团队包括社区护士、健康助手等，每个全科团队负责向约 1800 名左右的患者提供签约协议书上约定的医疗服务。② 因此，全科团队可以与全科诊所设置重合，1 个全科团队即为 1 个全科诊所；也可由多个全科团队设置于 1 个全科诊所，而合伙制全科诊所则为全科诊所的主流形式。无论全科诊所与全科团队设置是否重合，全科诊所均为全科团队的设立场所和向签约对象提供约定服务的主要场所，全科诊所本身并非全科团队。第一种类型无法将这种关系表达清楚，但合伙制全科诊所作为主流全科诊所类型，则清楚明白地展现了全科诊所与全科团队之间的辩证关系。

其三，全科团队的名称应当明确为“基层医疗卫生服务机构名称 + 全科团队长姓名 + 全科团队”，简称为“全科团队长姓名 + 全科团队”。

---

① 参见中国医疗保险研究会、国际劳动保障研究所：《世界主要国家和地区近十年医疗保障改革研究》，经济科学出版社 2013 年版，第 35 页；苗蕾、王家骥：《关于组建全科服务团队的思考》，载《中国初级卫生保健》2010 年第 2 期，第 33–34 页。

② 参见饶克勤、刘新民主编：《国际医疗卫生体制改革与中国》，中国协和医科大学出版社 2007 年版，第 154–155、167、177、188 页；中国医疗保险研究会、国际劳动保障研究所：《世界主要国家和地区近十年医疗保障改革研究》，经济科学出版社 2013 年版，第 35 页。

全科团队名称是专业化基本医疗卫生服务组织的外在标志。首先，全科团队名称是对全科团队与卫生服务站重合设置的否定。由于上海全科医生制度改革实践中，将全科团队与卫生服务站设置予以重合对待，一个卫生服务站即为一个全科团队，全科团队名称与卫生服务站名称高度重合，以卫生服务站命名全科团队并作为全科团队名称的核心要素。例如，杨浦区五角场街道社区卫生服务中心南茶苑卫生服务站，即南茶苑全科团队。为全科团队设置法定名称，是将全科团队与卫生服务站予以区别对待的重要方面。其次，全科团队名称是专业化基本医疗卫生服务组织的外在标志。名称是主体的外在标志，不同名称显现不同主体。全科团队是以全科医生为核心成员并与社区护士、公共卫生医生等组建而成的、为签约对象提供符合约定基本医疗卫生服务的专业化服务组织，作为专业化服务组织，应当具备可辨识的组织名称以区别于所属基层医疗卫生服务机构。

全科团队名称结构应当实现规范化。全科团队名称应由三部分组成。第一部分为基层医疗卫生服务机构名称。全科团队成员均来自组建单位并与组建单位形成劳动合同关系，全科团队名称应当标明基层医疗卫生服务机构与全科团队之间组建与被组建的隶属关系。基层医疗卫生服务机构名称可包括其下设机构名称，如某某社区卫生服务中心某某卫生服务站，某某乡（镇）卫生院某某村卫生室等。第二部分为全科团队长姓名。全科团队以全科医生为核心成员，全科医生是一个全科团队的灵魂和基本医疗卫生服务的主要提供者、组织者和协调者，同时兼任全科团队长，全科团队名称应当凸显全科医生的地位并作为此全科团队与彼全科团队区分的标志。全科团队长姓名是全科团队名称的核心要素，是区别不同全科团队的重要标志。第三部分为全科团队以表明服务组织的性质。全科团队名称可简称为“全科团队长姓名 + 全科团队”。[①] 值得

① 全科团队名称的简称，借鉴了家庭医生工作室的名称思路。例如，上海已成立的典型的家庭医生工作室，如陈华家庭医生工作室、严正家庭医生工作室等，皆由工作室的全科医生姓名与家庭医生工作室组成。

注意的是，全科团队名称是树立全科团队品牌的重要标志。全科医生兼任全科团队长并将全科团队长姓名作为全科团队名称的核心要素，是一个全科团队服务于签约对象并汇聚签约对象评价的声誉载体，有利于凸显全科医生在全科团队中的领导、组织和协调功能，强化全科团队成员之间的分工与协作。同时，全科团队名称清楚地向社区居民表明，建立签约服务关系的全科团队所属基层医疗卫生服务机构和主要负责人，有利于社区居民与全科团队建立签约服务关系以及续约权、选择权、解约权等权利的行使。

三、全科团队基本成员的规范化制度设计

（一）全科团队基本成员及其组成

全科团队基本成员是基层医疗卫生服务机构依法组建的全科团队应当具备的团队成员，包括全科医生、社区护士和公共卫生医生。

相关说明如下：

全科团队基本成员是基层医疗卫生服务机构依法组建的全科团队应当具备的团队成员。全科团队应当由哪些成员组成，各国情况均有所不同。古巴由政府投资组建的全科医生诊所，由全科医生与社区护士组成。[①]英国全科团队通常包括全科医生、地区护士、执业护士、健康访问者、全科诊所管理者、接待员、健康护理助手等，共同组成基层保健团队，其中全科医生、执业护士、全科诊所管理者、健康护理助手、接待员由诊所聘用，健康访问者和地区护士由

① Dresang LT, Brebrick L, Murray D, et al., Family Medicine in Cuba: Community Oriented Primary Care and Complementary and Alternative Medicine, J Am Board Fam Pract, (18) 2005, pp.297-303; F V Rodriguez, N B Lopez, I Choonara, Child health in Cuba, Arch Dis Child, (93) 2008, pp.991-993.

初级卫生保健信托机构聘用。[①]加拿大于1994年提出基层医疗保健方面革新建议，鼓励包括药剂师、精神病学专家、营养学专家等加入全科医生团队开展工作。巴西则是建立团队辖区责任制，每个全科团队由1名全科医生、1名护士和4–12名社区代理人组成并以团队方式提供跨学科卫生服务，截至2009年4月，巴西全国共有22.7万名社区代理人。[②]荷兰全科服务站主要组成人员为全科医生、医生助理、全科护士、财务人员。[③]各国全科团队的组成情况说明，全科医生与社区护士是全科团队的基本成员，除此之外，其他成员并不统一，各国情况各具特色。

全科团队根据团队成员的重要性和服务领域的不同，可分为：（1）核心型团队，即全科团队的基本形式，主要成员有全科医生、社区护士、预防保健人员等；（2）扩展型团队，即在核心团队的基础上补充扩大而成，增加的人员包括临床心理医生、康复治疗师、营养师、中医师、药师、精神科护士、门诊护士、助产士、护工、社会工作者以及志愿者等，有些成员是兼职的，在规定时间或有患者需要时前来服务；（3）特别团队，即根据患者病情和需要，在一段时间内只为某个患者服务而组成的特殊服务小组，必要时可请医院的专科医生参加。[④]其中，核心型团队涉及全科团队的基本成员问题，其他两种团队类型涉及全科团队的非基本成员问题。有学者提出了确定全科团队成员的“三定”原则，即定岗、定编、

---

① 参见王岚、杜亚平：《中英全科医疗服务模式的比较与探讨》，载《全科医学临床与教育》2011年第3期，第241–245页；苗蕾、王家骥：《关于组建全科服务团队的思考》，载《中国初级卫生保健》2010年第2期，第33–34页。另参见《National Health Service Act 2006》第86条。

② 参见陈丽洁、杨文秀：《全科医生团队建设实践与构想》，载《中国卫生事业管理》2012年第6期，第439–440页。

③ 参见吴雯：《荷兰与上海初级卫生保健的比较》，载《中国卫生资源》2011年第2期，第132–134页。

④ 参见赵淑英主编：《全科医学概论》，北京大学医学出版社2012年版，第19页。

定员。[①]

上述各国全科团队组织情况与学者探讨，为确定我国全科团队基本成员和人员比例，提供了有益经验和研究基础。全科团队基本成员应当由全科医生、社区护士和公共卫生医生组成，这三类人员的组成体现了全科团队对基本医疗服务与基本公共卫生服务的兼顾与专业化服务倾向，符合上海全科医生制度改革的实践需求，也是国务院建立全科医生制度文件和上海市全面推广全科医生制度指导意见的制度要求。[②]

（二）全科医生配备标准及岗位职责

全科医生是全科团队核心成员，每个全科团队配备全科医生 1 名，岗位职责包括：（1）全科医生代表全科团队依法与社区居民签约并向签约对象及其家庭成员提供基本医疗卫生服务；（2）遵守《执业医师法》等法律规定的执业义务，遵守签约协议书约定的执业义务；（3）全科医生兼任全科团队长，全面负责管理本团队的各项工作，细化团队成员分工，明确团队工作流程，制订落实团队工作计划；（4）负责团队内部和外部组织和协调工作，树立团队品牌；（5）法律、法规规定的其他岗位职责。

相关说明如下：

其一，全科团队以全科医生为核心成员，配备全科医生 1 人。根据国务院建立全科医生制度文件和上海市全面推进全科医生制度指导意见的规定，与 1 名全科医生签约的社区居民应当逐渐控制在 2000 人左右或 800–1000 户家庭。社区护士、公共卫生医生等与全科医生共同组成全科团队，为这 2000 人左右或 800–1000 户家庭依法提供符

---

① 参见陈丽洁、杨文秀：《全科医生团队建设实践与构想》，载《中国卫生事业管理》2012 年第 6 期，第 439–440 页。

② 参见《国务院关于建立全科医生制度的意见》（国发〔2011〕23 号）和上海市《关于本市全面推广家庭医生制度的指导意见》（沪卫基层〔2013〕7 号）。

合约定的基本医疗卫生服务。从全科团队制度设置的初衷来看，除全科医生以外的其他全科团队成员，作为团队成员的意义在于与全科医生一道，服务于全科医生具有特定人数或范围的签约对象。因此，1 名全科医生与若干名社区护士、公共卫生医生等共同组成全科团队，符合全科团队制度设置的初衷。

其二，全科医生作为全科团队长，岗位职责可以确定为八字方针，即签约、守法、管理、协调。既然全科团队以全科医生为核心成员，社区护士、公共卫生医生等团队其他成员皆服务于全科医生签约对象，因此，全科团队长应当由全科医生兼任，负责整个团队基本医疗卫生服务工作。具体岗位职责表现为：一是负责签约工作。由全科医生、社区护士和公共卫生医生等共同组成的全科团队，是一个整体，如同一个法人，需要一个"法定代表人"与特定社区居民建立签约服务关系。全科医生是整个团队的"法定代表人"，代表团队与社区居民签约。二是守法职责。包括全科医生在内的整个团队，应当严格遵守《执业医师法》等法律法规规定的执业义务，严格遵守签约协议书中约定的执业义务，全科医生要带头并模范遵守上述执业义务，依法依约带领整个团队合"法"执业。三是管理职责。全科医生负责管理整个团队的日常工作，包括团队成员的职责分工、计划制订、内部考核、商定服务流程等，这些管理性职责与全科团队日常工作密切相关，非相关性事务不属于全科团队长职责范畴，如财务保管、考勤、消防安全等。四是协调职责。全科团队由不同学科、不同职责、不同知识背景的专业人员组成，全科医生作为全科团队长，要协调好团队成员各自职责并使所有成员密切配合、相互合作、融为一体，不留服务"死角"，依法依约全面履行基本医疗卫生服务。

（三）社区护士类型及其岗位职责

社区护士作为全科团队基本成员，可划分为两类：

一类为全科医生助理护士（简称为助理护士），每个团队配备 1 名，承担全科医生助理职责，岗位职责包括接听咨询电话、提供咨询服务、登记相关数据、预约安排、联系转诊服务、与签约居民或其他组织联络等。

另一类为社区全科护士（简称为全科护士），每个团队配备1–2名，60岁以上老年人、慢性病人、残疾人等特殊人群比例超过签约对象人数50%的全科团队，应当配备2名全科护士。岗位职责包括全科护理、护理数据登记、参与基本公共卫生和疾病预防控制工作等。

全科护士在全科医生授权下，有向诊断明确的签约对象进行配药的权利。全科护士应当在社区卫生服务中心接受全科护理规范化培训，获得培训合格证书，持证上岗。

相关说明如下：

其一，根据具体职责的性质，设置“全科医生助理护士”岗位，不再设置“全科医生助理”岗位。上海全科医生制度改革实践中，具体职责涉及团队内部与团队外部事务性工作，有些全科团队中专门设置“全科医生助理”岗位，由社区护士兼任或实习生等人员担任，极不规范。考虑到全科团队实践中，多由社区护士兼任全科医生助理，即使没有设置全科医生助理的全科团队，实际上全科医生助理的事务性工作，仍然由社区护士兼任。因此，全科医生助理的工作岗位，不再专门设置，而是由社区护士承担，这一类社区护士称为“全科医生助理护士”（简称为助理护士）。具体职责可分为对内职责与对外职责，前者主要包括接听电话、提供咨询、登记数据、预约安排等，后者主要涉及安排转诊、与签约居民或其他组织联络等。每个全科团队配备1名全科医生助理护士，承担上述职责。

其二，全科团队中承担全科护理与护理数据登记等岗位职责的社区护士，称为社区全科护士（简称为全科护士），每个团队配备1–2名。全科护士从事护士的本职工作，护理工作极为繁重。常见病、慢性病、诊断明确的非传染疾病等签约患者，在治疗、康复、保健等各个环节，皆需要全科护士的细心护理。设置有家庭病床的签约家庭，全科护士还需要定期上门履行护理职责。在对老年病人的家庭访视中，全科护士要常规性地评价其健康和疾病状况、目前面临的主要健康问题、用药情况、心理状况、营养状况、家庭环境安全等，提供全面而有针对性的个别指导和咨询，这种工作性质使得他们深入家庭的时间大大超过全科医生。[①] 除此之外，根据《护士条例》的相关规定，全科护士有义务参与公共卫生和疾病预防控制工作。[②] 在以卫生服务站即为全科团队重合设置模式下，有的“团队”全科医生 5 名，全科护士只配备 1–2 名，配备标准极不合理。在有 1 名全科医生与社区护士、公共卫生医生等组成的全科团队中，承担护理职责的全科护士应当配备 1–2 名，具体配备情况应当视签约对象的具体情况而定，考虑因素主要为 60 岁以上老年人、慢性病人、残疾人等特殊人群比例超过签约对象人数 50% 的全科团队，应当配备 2 名全科护士。若由 1 名全科护士承担护理职责，则力不从心，影响护理效果。配备 2 名全科护士，由全科团队长明确分工职责和服务对象，有利于提升护理服务的全面性、可及性与高效性。

其三，全科护士在全科医生授权下，享有配药权。调研资料显示，配药已成为社区居民前往社区卫生服务中心（站）就医的主要目的。患者在二、三级医疗机构就诊后开具药品，使用完后便会前往本社区医疗卫生服务机构配制原处方上的药品。有全科医生坦言，由于优质医疗资源仍然上浮于二、三级医疗机构，尤其是三级甲等医疗机构，社区居民将社区卫生服务中心（站）看作配药场所，配药工作简单、单调，全科护士没有配药权，配药占据了全科医生大部分门诊时间。笔者认为，全科医生诊断签约服务对象病情稳定、所需药品符合病情，可以授权由全科护士代为行使开具相关药品的职责，为签约服务对象配制符合病情与原处方药品；全科医生的授权证明应以全科护士开具处方上的全科医生签名为凭。国外全科护士类型与权利都较为广泛，

① 参见杨秉辉主编：《全科医学概论》，人民卫生出版社 2008 年版，第 20 页。

② 《护士条例》第 19 条：护士有义务参与公共卫生和疾病预防控制工作。发生自然灾害、公共卫生事件等严重威胁公众生命健康的突发事件，护士应当服从县级以上人民政府卫生主管部门或者所在医疗卫生机构的安排，参加医疗救护。

以英国为例，可将全科护士划分为实践护士、初级实践护士、高级实践护士、健康助理等。除健康助理外，其他三类全科护士都享有配药权或续方权。① 全科护士享有配药权，有利于缓解全科医生工作负荷，提高门诊服务效率。

其四，全科护士应当接受规范化培训。全科护士协助经过规范化培训的全科医生从事全方位的护理工作，若未接受过规范化全科护理培训，尚难以圆满完成护理之责。② 我国尚未建立起住院护士的规范化培训体系和制度，鉴于这种现状将会持续相当长一段时间，目前，应当授权社区卫生服务中心对新进全科护士，开展规范化护理培训。社区卫生服务中心应当由专门机构负责全科护士的规范化护理培训工作，根据本社区卫生服务中心实际情况编制培训方案，选聘年资较高的本中心或其他中心全科护士担任培训教师，以实践技能培训为主，培训期限一般不得少于 6 个月，培训期结束并经考核合格者，发给培训合格证书。全科护士凭本中心培训合格证书，持证上岗。

（四）公共卫生医生及其岗位职责

每个全科团队应当配备公共卫生医生（简称公卫师）1 名，岗位

---

① 英国 2014 年调查数据显示，共 23833 名全科护士（GPN），包括：初级实践护士（SPN）35%，高级实践护士（ANP）15.9%，实践护士（PN）40%，健康助理（HCA）11%。参见《Overview of 2014 General Practice Nurse Survey Report》，英国皇家全科医生学院（RCGP）网，访问时间为 2015 年 9 月 25 日。同时，参见《2012 年上海全科医师 / 社区护士代表团赴英国伯明翰大学培训报告》，上海卫生网，http://www.hs.sh.cn/website/b/82266.shtml，访问时间为 2015 年 9 月 25 日。http://www.rcgp.org.uk/membership/practice-team-resources/practice-teams-nurses-and-managers.aspx，访问时间为 2015 年 9 月 25 日。

② 英国全科护士需要具备的十种能力，参见《Developing the Nursing workforce in General Practice：A road map to excellence conference（Nov 2013）presentations and outcomes GPN Roadmap to Excellence》，英国皇家全科医生学院（RCGP）网，http://www.rcgp.org.uk/membership/practice-team-resources/information-for-practice-teams.aspx，访问时间为 2015 年 9 月 25 日。

职责包括为签约对象及其家庭成员依法提供个体化健康管理服务、健康档案管理、健康教育服务、预防接种服务、传染病及突发公共卫生事件报告和处理服务、卫生监督协管服务和各类公共卫生数据统计与报表上报等。

相关说明如下：

其一，公卫师是全科团队基本成员，每个全科团队应当配备 1 名。公卫师是否具备全科团队成员资格，相关政策文件对此也有不同认识。国务院建立全科医生制度文件指出，全科团队成员应当包括公卫师。而上海市全面推广全科医生制度指导意见则未表明态度，仅规定全科团队由全科医生、社区护士等组成。① 公卫师应当成为全科团队基本成员，除了地方性政策应当符合国务院政策精神之外，主要理由在于：一是全科团队的职责在于向签约居民依法提供符合约定的基本医疗卫生服务。基本医疗卫生服务包括基本医疗服务和基本公共卫生服务，前者主要由全科医生承担，后者主要由公卫师承担。两者关系密切，一项疾病极有可能由全科医生和公卫师共同承担相应职责，只是侧重点不同而已。因此，公卫师是全科团队承担基本医疗卫生服务的主力军。二是基于公卫师的专业性，全科护士不宜兼任公卫师或履行公卫师职责。公卫师与全科护士为两类专业属性截然不同的团队成员，各有各的专业领域和执业资格考试制度。由全科护士兼任公卫师或履行公卫师职责，混淆了两类不同医学专业界限，无法保证基本公共卫生服务提供的质量与效率。三是公卫师成为全科团队基本成员，有利于消除在全科医生制度改革实践中，全科医生与社区护士在岗位职责方面的混乱与空白。全科团队缺少公卫师的情况下，全科医生与社区护士均不认为个体化健康管理服务、健康档案管理以及公共卫生数据统计与报表上报等为其本职所在，便会出现岗位职责履行上的“空白”；由于公卫师职责归属不明，全科医生与社区护士对于公卫师职责的履

---

① 参见《国务院关于建立全科医生制度的意见》（国发〔2011〕23 号）和《关于本市全面推广家庭医生制度的指导意见》（沪卫基层〔2013〕7 号）。

行，混乱而又无序。社区护士将此职责推诿于全科医生，全科医生又将公共卫生数据统计与报表上报等工作推诿于社区护士，最终演变为由全科医生和社区护士共同承担了公卫师职责，但谁也不能保证相关服务的专业性。

其二，公卫师职责范围应以《国家基本公共卫生服务规范》为准。[①]主要职责可划分为两类：一类是与签约对象直接相关的服务内容，包括签约居民及其家庭个体化的健康管理服务、健康档案管理、健康教育服务；另一类则与签约对象整体所处的社区公共环境有关，包括预防接种服务、传染病及突发公共卫生事件报告和处理服务、卫生监督协管服务、各类公共卫生数据统计与报表上报等。《国家基本公共卫生服务规范》是基本公共卫生服务的权威指南，既明确了基本公共卫生服务领域的范围，又对各个基本公共卫生领域设定服务规范，公卫师应当严格根据《国家基本公共卫生服务规范》履行职责。

四、全科团队非基本成员的规范化制度设计

全科团队非基本成员，指全科团队基本成员之外的团队成员，由基层医疗卫生服务机构在组建全科团队时，依法根据医疗卫生人力资源具体情况予以配备与监管，包括内科医生、外科医生、中医师等非全科的专科医生以及社区医务护工、健康志愿者等社会工作者。

（一）非全科的专科医生

基层医疗卫生服务机构组建全科团队时，应当将注册在本机构实行多点执业非全科的专科医生，委派到全科团队中并将其作为全科团队成员，每个全科团队可以配备1名，在全科团队长领导下履行相应

① 参见《国家基本公共卫生服务规范（2011年版）》，卫生和计划生育委员会网，http://www.nhfpc.gov.cn/zhuzhan/wsbmgz/201304/cb5978bb42814451a26e5c97dd855254.Shtml，访问时间为2015年9月25日。

岗位职责，包括相应临床或中医二级学科的门诊服务，协助全科医生诊治涉及本专业的疾病，参与相关病情讨论与诊断、康复方案制定等，具体职责由全科团队长负责制定。

全科团队中本医疗机构非全科的专科医生，应当按照全科团队长的分工，协助全科医生完成本职工作；基层医疗卫生服务机构应当定期对全科团队中本医疗机构非全科的专科医生，开展全科知识与技能培训。

基层医疗卫生服务机构应当鼓励本机构非全科的专科医生参加全科医生住院医师规范化培训，取得《住院医师规范化培训合格证书》，并依法增加执业范围。

相关说明如下：

其一，非全科的专科医生一部分来自实行多点执业的二、三级医疗机构的专科医生，基层医疗卫生服务机构组建全科团队时，应当将其委派至全科团队中工作。[①] 在基层医疗卫生服务机构多点执业的非全科专科医生，基层医疗卫生服务机构不得将其安排在本机构从事非全科团队事务。例如，社区卫生服务中心将多点执业的非全科专科医生安排在本中心从事专科门诊服务。

这样安排的好处在于，一是可以缓解全科团队的工作负荷。根据政策文件精神，1 个全科团队签约对象将控制在 2000 人左右或 800–1000 户家庭并为其提供全面的基本医疗卫生服务，而全科团队基本成员最多只有 5 名专业人员，即全科医生 1 名，助理护士 1 名，全科护士 1–2 名以及公卫师 1 名，人力资源不充足导致工作负荷量较大。非全科的专科医生作为临床类或中医类专业医生，可以大大缓解整个全

① 二、三级医疗机构的专科医生在基层医疗机构开展多点执业，一般需要办理多点执业相关手续，即医师在参加城乡医院对口支援、支援基层，或在签订医疗机构帮扶或托管协议、建立医疗集团或医疗联合体的医疗机构间多点执业时，不需要办理多点执业相关手续。这样的制度安排，有利于优质医疗资源的下沉并增强基层医疗服务能力。参见《关于印发推进和规范医师多点执业的若干意见的通知》（国卫医发〔2014〕86 号）。

科团队的工作负荷。二是非全科的专科医生将会有力提升全科团队的服务质量。非全科的专科医生包括两类专业医生，即非全科的临床二级专业医生和中医师。非全科的临床二级专业医生和中医师可以为签约对象及其家庭成员提供更为专业的临床服务。例如，临床二级学科除全科医学科之外，尚包括内科、外科、妇产科、儿科、急诊科、神经内科等 18 个临床学科，除中医全科外，中医科尚包括中医内科、中医外科、中医妇科等 7 个中医学科。全科医生与非全科专科医生各有所长，全科医生专业着重于全面性的医学专业服务，即临床医学或中医学二级学科之间整体医学知识的融会贯通；而非全科的专科医生则侧重于某一个临床二级学科或中医学二级学科的专业钻研，非本学科医生并未接受过专业训练。因此，非全科的专科医生加入全科团队中，将会有力提升某一临床二级学科或中医学二级学科的专业服务水准，使签约对象及其家庭成员享受到更为专业的基本医疗卫生服务。三是可为增进全科团队成员之间全方位协作提供条件。全科团队成员之间的协作，既包括工作职责方面的协助，也包括专业领域上的协作。非全科的专科医生加入全科团队，将增进全科团队成员之间的专业领域协作，包括探讨病情、协商医治方案、康复护理等，使全科团队成为既具备全面的医学知识与技能，又在某一临床或中医二级学科领域具备专长的团队组织。四是在社区卫生服务中心多点执业的非全科专科医生，被委派至全科团队工作，有利于社区卫生服务中心的功能转型。将在社区卫生服务中心多点执业的专科医生安排在本中心从事专科门诊服务，一方面会使主要由全科门诊构成的社区卫生服务中心门诊体系出现混乱，使得社区卫生服务中心医疗卫生服务定位出现偏差；另一方面，非全科的专科医生在社区卫生服务中心开设专科门诊，将吸引社区居民前往社区卫生服务中心就诊，不利于全科医生签约工作的顺利开展以及整个全科医生制度的推广。[①]

其二，每个全科团队可以配备 1 名非全科的专科医生，在全科

① 关于社区卫生服务中心的功能转型问题，将在后文予以专述。

团队长的领导下，履行相应岗位职责，包括相应临床或中医二级学科的门诊服务，协助全科医生诊治涉及本专业的疾病，参与相关病情的讨论与诊断、康复方案的制定等，具体职责由全科团队长负责制定。首先，非全科专科医生在全科团队的配备并非“应当”而是“可以”，即采取鼓励原则。基层医疗卫生服务机构可以考虑选择在本机构多点执业的二、三级医疗机构专科医生的专业特长，结合每个全科团队服务签约对象及其家庭成员实际情况，并尊重多点执业医生个人意愿，委派合适的专科医生进入需要某类专科医生的全科团队。非全科的专科医生进入或退出全科团队由基层医疗卫生服务机构在尊重专科医生意愿的基础上予以妥善安排。其次，每个全科团队可以安排 1 名非全科的专科医生。非全科的专科医生多点执业是优质医疗资源下沉的重要举措，除非选择在基层医疗卫生服务机构多点执业的二、三级医疗机构专科医生人数较多，基层医疗卫生服务机构应当照顾到本机构所有全科团队实际情况，每个全科团队可安排 1 名非全科的专科医生作为团队成员。最后，非全科的专科医生岗位职责，由全科团队长负责具体制定，一般包括相应临床或中医二级学科的门诊服务，协助全科医生诊治涉及本专业的疾病，参与相关病情的讨论与诊断、康复方案的制定等。全科团队长制定非全科专科医生岗位职责时，应当尊重并考虑非全科专科医生专业特点和个人意愿，结合本团队成员组成以及签约对象实际情况，合理确定非全科专科医生具体的岗位职责。

其三，全科团队中本医疗机构非全科的专科医生，应当按照全科团队长的分工，协助全科医生完成本职工作；基层医疗卫生服务机构应当定期对全科团队中本医疗机构非全科的专科医生，开展全科知识与技能培训。首先，上海社区卫生服务中心全科团队中存在非全科的专科医生，是一个普遍现象。上文也曾从上海全科医生自 2004 年起的规范化培养和规范化培训制度角度，对此作过分析。[①] 对于这部分

① 参见本章第二节“全科团队非基本成员岗位设置的制度缺陷”部分的相关论述。

专科医生，实际是错过了经过规范化全科医生培养或培训契机，在推进分级诊疗体系改革中，遗留在了社区卫生服务中心并在组建全科团队时，被委派至全科团队工作。其次，这部分专科医生应当接受社区卫生服务中心定期举行的全科知识与技能的培训。在调研中笔者发现，部分全科团队中本中心的专科医生，实际上承担的是全科团队中全科医生的职责，他们在卫生服务站从事普通全科门诊，上门为签约对象及其家庭成员提供全面的基本医疗服务，与全科医生无异。原因一方面是全科团队与卫生服务站重合设置且全科医生人数较少，基于签约服务对象人数较多，这部分专科医生不得不兼任起全科医生的角色并承担全科医生的岗位职责。另一方面是签约制度不规范。签约应当由全科医生代表全科团队与社区居民及其家庭成员签订基本医疗卫生服务协议，但这部分专科医生往往也以全科医生角色与社区居民签约。基于上述现状已成为既定事实，因此，社区卫生服务中心应当承担起对这部分专科医生的全科知识与技能培训，力图使这部分专科医生实际上具备全科医生应有的全科素养。

其四，基层医疗卫生服务机构应当鼓励本机构非全科的专科医生参加全科医生住院医师规范化培训，取得《住院医师规范化培训合格证书》，依法增加执业范围并取得全科医生执业资格。基层医疗卫生服务机构非全科的专科医生，虽可作为全科团队成员与其他成员共同向签约对象提供基本医疗卫生服务，但因其毕竟不是全科医生，不能独立代表全科团队与社区居民签约，在基层医疗卫生服务机构全科医生人数不足的情况下，这部分专科医生应当通过住院医师规范化培训制度转为全科医生，所在基层医疗卫生服务机构应当大力支持。需要注意的是，一是参加全科医学的住院医师规范化培训，应当是已取得执业医师资格并有临床工作经历的专科医生。二是该专科医生经所在单位同意后，应参加具有全科住院医师规范化培训招生资格的培训医院招考，培训医院在同等条件下应优先录用有执业经历的在职人员。三是被录用后，培训对象与委派单位、培训医院应当签订培训协议，委派单位发放的工资低于培训基地同等条件住院医师工资水平的部分由培训基地负责发放。[①]

（二）社区医务护工、健康志愿者等社会工作者

基层医疗卫生服务机构组建全科团队或补充全科团队成员时，可以将社区医务护工、健康志愿者等社会工作者委派至需要相关服务的全科团队，每个全科团队配备1名。社区医务护工、健康志愿者等社会工作者在全科团队长的领导下，按照全科团队长的任务分工，协助全科医生、社区护士和公卫师等从事社区基本医疗卫生服务。

基层医疗卫生服务机构可由专门机构负责招募具有医学基本知识和技能并且品行良好、愿意从事社区基本医疗卫生服务的社区医务护工、健康志愿者等社会工作者。基层医疗卫生服务机构与社区医务护工、健康志愿者等社会工作者在平等自愿的基础上，签订劳动合同，根据工作时间、服务内容、劳动强度等因素，合理确定劳动报酬。社区医务护工、健康志愿者等社会工作者无偿提供服务的，基层医疗卫生服务机构应当给予适当的物质或精神奖励。

基层医疗卫生服务机构可以公开招聘具有本科以上学历的社会工作专业人员，依法签订劳动合同，负责对社区医务护工、健康志愿者等人员的社区工作专业培训，作为全科团队成员并在全科团队长的领导下，协助全科团队承担社区诊断、疾病干预、病例讨论、健康管理与健康教育等职责。

相关说明如下：

其一，基层医疗卫生服务机构可将社区医务护工、健康志愿者等社会工作者，委派至全科团队中，协助全科团队从事基本医疗卫生服务。需要注意，一是鼓励社区医务护工、健康志愿者等社会工作者参与全科团队服务，每个全科团队可配备1名。全科团队基本成员并不包括社区医务护工、健康志愿者等社会工作者，社区卫生

---

① 参见《关于建立住院医师规范化培训制度的指导意见》（国卫科教发〔2013〕56号），另参见第五章第二节关于全科医生执业类别和执业范围变更之反思。

服务中心可以根据全科团队组建情况、社区服务对象实际情况以及自身财政情况，决定是否应当招募社区医务护工、健康志愿者等社区工作者。二是社区医务护工、健康志愿者等社会工作者作为全科团队成员，应当接受全科团队长领导，承担团队长分配的工作，一般包括协助全科医生、社区护士和公卫师等从事社区健康宣传、健康教育、上门服务等。

其二，社区医务护工、健康志愿者等社会工作者的招募、管理和培训，由基层医疗卫生服务机构的专门机构负责。社区医务护工、健康志愿者等社会工作者应当具备医学基本知识和技能并且品行良好、愿意从事社区基本医疗卫生服务等条件，经基层医疗卫生服务机构负责机构考核合格后，基层医疗卫生服务机构与社区医务护工、健康志愿者等社会工作者在平等自愿的基础上，签订劳动合同，方可持证上岗。基层医疗卫生服务机构应当根据工作时间、服务内容、劳动强度等因素，合理确定劳动报酬。不同社会工作者，应当合理拉开收入差距，劳动报酬不能一律等同。无偿提供服务的社区医务护工、健康志愿者等社会工作者，应当给予适当的物质或精神奖励。

其三，社区卫生服务中心应当高度重视社会工作专业人员的作用。社会工作专业人员（又称社工）是国外普遍存在的一种社会职业，从事此类职业的人员必须经过正式的学历教育（往往要取得"社工"硕士学位），然后才可到社会服务机构（如社区管理机构、医院、社区服务中心、各种社会团队等）工作。他们积极参与社区卫生服务，运用社会学、人类学、管理学等多方面知识和技能，协助全科医生进行社区诊断和干预；娴熟个体病人的社会学评价和干预，参与困难病例讨论和管理，这是他们的日常工作。各种与健康和疾病相关的心理、社会问题都在社工的职责管理范围内，如人际关系协调、心理问题协调、助老助残、扶贫、劳动保护、卫生资源协调利用、社区及社区环境保护等。正是由于社工的参与，才使全科医疗全方位、全过程卫生服务实现成为可能。[①] 截至

① 参见杨秉辉主编：《全科医学概论》，人民卫生出版社2008年版，第20页。

2014年年底，我国已有380所院校招收社会工作专业本科和专科学生，每年培养近3万名毕业生。[①]但选择社区医疗的社会工作者所占比例并不高，据有关学者统计，上海2012年共注册社会工作者40.5万人，从事社区医疗服务的仅占2%。[②]社区卫生服务中心可以公开招聘具有本科以上学历的社会工作专业人员，依法签订劳动合同，除了负责对社区医务护工、健康志愿者等人员的社区工作专业培训之外，主要作为全科团队成员并在全科团队长领导下，协助全科团队承担社区诊断、疾病干预、病例讨论、健康管理与健康教育等职责。社会工作专业人员充实到全科团队中，必将显著提升全科团队提供基本医疗卫生服务的全面性、可及性与连续性，并将人性化服务贯穿整个团队服务的始终。

五、全科团队外部协作的规范化制度设计

从协作机制角度分析，全科团队成员之间的协作为内部协作，全科团队与卫生服务站、社区卫生服务中心之间的协作为外部协作。内部协作需要明确全科团队成员组成、职责分工；外部协作需要明确卫生服务站、社区卫生服务中心与全科团队之间的关系。基于上述考虑，需要对全科团队与卫生服务站、社区卫生服务中心的协作关系作出明确规定。[③]

（一）卫生服务站与全科团队间的协作关系

卫生服务站是社区卫生服务中心设立的、为全科团队提供基本医疗卫生服务的主要场所。卫生服务站内可设立多个全科团队，每个全

① 参见《2014年度全国社会工作发展报告》。

② 参见王劲颖：《上海社区志愿服务工作的实践与探索》，载《长沙民政职业技术学院学报》2013年第1期，第19-21页。

③ 以下规范化制度设计，主要针对城市基层医疗卫生服务机构即社区卫生服务中心全科团队而言，社区卫生服务中心对村卫生室进行一体化管理的，也可适用。

科团队应设有独立的工作室。

卫生服务站应当配备站长、药剂师、财务、安保等工作人员。站长是卫生服务站内不同全科团队之间以及全科团队与社区卫生服务中心之间行政性事务的总负责人。

相关说明如下：

其一，卫生服务站是社区卫生服务中心设立的、全科团队依法为签约对象提供符合约定的基本医疗卫生服务的主要场所。[①] 卫生服务站是社区卫生服务中心派出机构，隶属于社区卫生服务中心，性质属于非独立法人的卫生服务机构。卫生服务站的主要功能在于为社区卫生服务中心组建的全科团队提供具体工作场所。以全科医生为核心的全科团队设置于卫生服务站内并以卫生服务站为主要工作场所，向签约居民提供符合约定的基本医疗卫生服务。卫生服务站并非全科团队唯一的工作场所，除了卫生服务站之外，全科团队工作场所涉及签约对象家庭乃至整个社区，卫生服务站仅是全科团队日常工作的主要场所。

其二，卫生服务站内可设立多个全科团队，每个全科团队应设有独立工作室。卫生服务站与国外合伙制全科诊所相似，均由多名全科医生与社区护士等组成多个全科团队，每名全科医生均为每个全科团队的核心成员并有社区护士、公卫师等与之配合。不同之处在于，我国卫生服务站是基本医疗卫生服务政府直接提供模式的产物，是社区卫生服务中心代表政府设立的、具有公益属性的基层医疗卫生服务机构；国外合伙制全科诊所则多为具有全科医生资质的自然人联合。以全科医生为标准，每名全科医生都应当有一定数量的社区护士、公卫师等与之组成全科团队，卫生服务站内可设立多个全科团队。为保证全科团队工作协调性与秩序性以及签约对象就诊的便利性，卫生服务

---

① 《关于印发〈上海市社区卫生服务中心设置基本标准〉和〈上海市社区卫生服务站设置基本标准〉的通知》（沪卫基层〔2006〕13号）指出，本市社区卫生服务站是社区卫生服务中心在本社区内设置的非独立法人的卫生服务机构，是社区卫生服务中心派出的全科服务团队在责任区内提供综合卫生服务的工作场所。

站应当为每个全科团队设有独立工作室，即全科医生工作室。全科医生工作室布置既要有门诊室的特色，又富有家庭温馨气息，让签约患者就诊时感受到家庭般温馨的人文关怀。

其三，卫生服务站应当配备站长、药剂师、财务、安保等工作人员，站长是卫生服务站行政事务性工作的总负责人。全科团队设置于卫生服务站内，需要卫生服务站相关工作人员事务性工作的配合与协助。事务性工作不同于业务性工作，后者由专业人员组成的全科团队承担，前者则需要卫生服务站事务性工作人员承担。根据事务性工作的不同类型，卫生服务站应当配备有站长、药剂师、财务人员、安保人员等。站长是卫生服务站行政事务性工作的总负责人，主要职责有二：一是协调职能，即协调卫生服务站内不同全科团队之间的事务性工作，包括值班制度的制定、消防安全的维护等；卫生服务站内不同全科团队之间建立会诊制度的协调工作；传达社区卫生服务中心给全科团队工作指示，上报本卫生服务站全科团队开展工作的具体情况及存在问题，特殊病例在社区卫生服务中心会诊或医学检查；与卫生服务站所在地居委会以及其他社区组织建立联动服务机制等。二是服务职能，即为设立在卫生服务站内全科团队提供日常各项事务性服务工作，包括考勤、财务保管、设备设施维护等。站长应当由社区卫生服务中心选派，不得由全科医生兼任站长，实现站长职业化与全科团队成员专业化，避免职能上的混淆。

（二）社区卫生服务中心与全科团队间的协作关系

社区卫生服务中心与卫生服务站、全科团队之间的功能地位，亟须厘清。截至 2014 年 4 月，上海共建立 245 家社区卫生服务中心，约 1200 家卫生服务站，[①] 社区卫生服务中心由过去的地段医院改造而成，并根据居委会或辖区人口分别下设 3–10 个站点。从整个医疗卫

---

① http://www.wsjsw.gov.cn/wsj/n2006/n2012/n2013/u1ai87559.html，上海市卫生与计划生育委员会网，访问时间为 2015 年 5 月 18 日。

生资源配置与医疗机构等级上看，社区卫生服务中心（站）属于一级或初级医院。根据笔者在上海市17个区县的实证调研资料显示，上海社区卫生服务中心设有门诊服务并以全科门诊为主。除此以外，还有心理咨询室、精神卫生室、口腔卫生室、康复治疗室、计划免疫、儿童保健等。在全科门诊坐诊的全科医生并不与社区居民签约并提供基本医疗卫生服务，这种“全科医生”显然不同于与社区居民签约并提供基本医疗卫生服务的全科医生。不与社区居民签约并在社区卫生服务中心全科门诊坐诊的“全科医生”，不是真正意义上的全科医生，应当将这部分“全科医生”充实到社区卫生服务中心下设的卫生服务站全科医生队伍中，以缓解与社区居民签约全科医生人数严重不足的局面。[①] 将这部分“全科医生”从中心医院“剥离”后，社区卫生服务中心如何定位？国外全科诊所一般由私人开业，由全科医生单独或合伙经营，全科诊所之上的医疗机构便是专科医院或综合性医院，不存在设立全科诊所的“社区卫生服务中心”。古巴医疗机构实行政府主导，全国共设立约2036个全科诊所，每个全科诊所覆盖人口约为600位居民或150个家庭，30–40个全科诊所设立一个综合门诊部，从事专科治疗，全国约440个综合门诊部。[②] 国外全科诊所与上一级医疗机构之间关系说明，我国社区卫生服务中心功能和定位亟须厘清，否则将会消解或阻碍基本医疗卫生服务的提供。

将社区卫生服务中心全科门诊全部取消并将在全科门诊坐诊的“全科医生”充实到卫生服务站之后，社区卫生服务中心该如何定位，如何看待社区卫生服务中心与卫生服务站之间的关系，需要从基层医疗卫生机构提供基本医疗卫生服务的视角来思考。[③] 城市基层医疗卫

① 在社区卫生服务中心全科门诊坐诊的“全科医生”，应当恢复他们的“本来面貌”。

② Dresang LT，Brebrick L，Murray D，et al.，Family Medicine in Cuba：Community Oriented Primary Care and Complementary and Alternative Medicine，J Am Board Fam Pract，（18）2005，pp.297–303.

③ 参见《中共中央　国务院关于深化医药卫生体制改革的意见》（中发〔2009〕6号）。

生机构即社区卫生服务中心（站）。卫生服务站以全科医生为主导，全科医生及其团队与社区居民签约，通过卫生服务站的全科门诊服务或上门服务形式，向签约居民提供基本医疗卫生服务。鉴于目前卫生服务站仅作为社区卫生服务中心下设机构，医疗卫生资源不够充沛，有些专业性检查不能实现，除去全科治疗外，其他基本医疗卫生服务，诸如预防、康复保健、健康教育、计划生育、精神卫生等基本公共卫生服务，卫生服务站仍然欠缺足够医疗资源来向签约居民全面提供这些基本医疗卫生服务。而社区卫生服务中心功能被定位为政府大力发展社区卫生服务的主要载体，是按照区域卫生规划设置的基层公益性非营利性医疗机构。① 这一定位仍然没有厘清社区卫生服务中心与卫生服务站之间的关系，必须改变社区卫生服务中心“坐堂门诊”的做法，② 建构以全科团队为主体，增强社区卫生服务中心服务与监管职能的新型基层医疗卫生服务体系。③

国务院推进分级诊疗制度文件就各级各类医疗机构诊疗服务功能定位作出原则性规定。④ 社区卫生服务中心（站）作为城市基层医疗卫生服务机构，组建以全科医生为核心成员的全科团队为社区签约居民提供基本医疗卫生服务，服务主要场所为卫生服务站，服务主要力量是以全科医生为核心的全科团队。而社区卫生服务中心作为组建全科团队并负有监管职责的基层医疗卫生机构，其与由全科团队组成的

---

① 参见《关于印发〈上海市社区卫生服务中心设置基本标准〉和《上海市社区卫生服务站设置基本标准〉的通知》（沪卫基层〔2006〕13 号）。

② 参见焦婷婷、冯泽永：《家庭医生健康责任制的发展状况及对策建议》，载《重庆医学》2012 年第 26 期，第 2777−2779 页。

③ 上海社区卫生服务中心由过去的地段医院转制而来，有完备的门诊和病房系统且业务量非常大，全科团队目前还只是社区卫生服务体系的重要组成部分，而非主要组成部分。参见玄泽亮：《上海市社区全科服务团队模式的比较分析》，载《中国全科医学》2011 年第 34 期，第 3903−3904 页。

④ 参见《国务院办公厅关于推进分级诊疗制度建设的指导意见》（国办发〔2015〕70 号）。

卫生服务站，协作机制应当有清晰定位。

基于上述考虑，笔者就社区卫生服务中心与全科团队间的协作关系，提出以下法治建议：

社区卫生服务中心是政府按照区域卫生规划设置的城市基层公益性、非营利性医疗机构。社区卫生服务中心不设专科门诊与全科门诊。

社区卫生服务中心的主要职责包括全科团队服务与监管、社区医疗检查与会诊服务、社区康复与健康教育服务等。

相关说明如下：

其一，社区卫生服务中心是全科团队服务与监管中心，负责全科医生的学习交流与病例讨论、全科团队之间的协调、全科团队社会工作者的招募、全科团队绩效考核、卫生服务站管理等。[①]

社区卫生服务中心作为全科团队服务与监管中心，主要职责在于服务与监管。就服务职责而言，社区卫生服务中心应当定期举办由全科医生、社区护士和公卫师参加的学习交流活动，通过经验总结、病例讨论等形式提升执业水准；协调不同卫生服务站里全科团队执业活动，为全科团队配备具有医学基本知识并且品行良好的社区医务护工或健康志愿者并负责管理与培训事宜。就监管职责而言，社区卫生服务中心作为全科团队服务的监管机构，应当定期就全科团队的签约人数、签约率、服务质量、各类表册记载情况等通过实地检查、电话随机抽查等方式，予以监管；同时，卫生服务站作为社区卫生服务中心的下设机构，社区卫生服务中心对其有行政事务性的管理职权，包括站长选任、岗位设置、考核等。

家庭医生工作室是上海全科医生制度改革实践中涌现出的新鲜事物，但从社区卫生服务中心服务与监管的功能定位来看，仍然存在制度层面上的冲突。以陈华家庭医生工作室为例，其职能可以划分为三

① 社区卫生服务中心从机构设置上来分析，实际上包括两部分，即中心医院和中心下设的卫生服务站。本文此处所谓社区卫生服务中心仅指社区卫生服务中心的中心医院，不包括社区卫生服务中心下设的卫生服务站。

部分，即基本医疗卫生服务、全科团队规范化与标准化、解决全科医生实际工作中遇到的疑难问题。其中，基本医疗卫生服务应由设置在卫生服务站的全科团队承担，不应在社区卫生服务中心另设立提供基本医疗卫生服务的组织。全科团队规范化与标准化问题，并非家庭医生工作室职责，从2010年起，住院医师规范化培训全面启动，成为一名注册全科医生除了获得全科执业医师资格外，尚需取得全科《住院医师规范化培训合格证书》。因此，家庭医生工作室服务于全科医生规范化与标准化的职责，已经被全科住院医师规范化培训制度取代。至于解决全科医生在实际工作中遇到的疑难问题，完全可由社区卫生服务中心履行全科团队服务与监管职能的机构承担。因此，设立在社区卫生服务中心的家庭医生工作室应当取消，或者说，其原有职能已经被全科团队和社区卫生服务中心服务与监管机构取代。

社区卫生服务中心作为全科团队服务与监管中心，将不再设立全科门诊，已经设立的予以取消。笔者前文已经指出，全科医生即家庭医生，是指在基层医疗卫生服务机构执业，具有良好的专业素养和人际沟通能力，与居民建立签约服务关系的基本医疗卫生服务提供者。签约服务关系建立是判断是否为全科医生的主要标准。在社区卫生服务中心设立全科门诊，而在全科门诊里工作的所谓“全科医生”并未与社区居民建立签约服务关系。为确保全科医生定性的一致与社区卫生服务中心功能的完善，应当取消社区卫生服务中心全科门诊，将全科门诊里工作的全科医生充实到卫生服务站并与社区居民建立签约服务关系，以全科团队执业方式向签约对象提供符合约定的基本医疗卫生服务，有利于缓解全科医生人数不足的困境。既已取消社区卫生服务中心全科门诊，那么卫生服务站全科医生也就无须定期去社区卫生服务中心坐诊或值班，[①] 可以专注于以全科团队方式向签约居民提供全

① 笔者在上海市各区县调研时发现，卫生服务站里的全科医生需要定期前往所属的社区卫生服务中心值班，而值班的诊室即为社区卫生服务中心的全科门诊，这种值班往往安排在周末。

方位的基本医疗卫生服务。

社区卫生服务中心作为全科团队的服务与监管中心，将不再设立专科门诊，已经设立的予以取消。调研资料显示，目前上海社区卫生服务中心门诊服务以全科为主，有的社区卫生服务中心已经取消了所有非全科类专科门诊，但有些社区卫生服务中心仍然存在儿科、妇科、内科、外科等专科门诊。[①]主要原因，一是由于社区卫生服务中心门诊服务定位不准确导致非全科类专科门诊仍然存在，在2010年前全科医生规范化培养和规范化培训阶段，非全科类专科医生并未参加，这部分专科医生在非全科类专科门诊中从事专科门诊服务；二是实行多点执业的二、三级医疗机构的非全科类专科医生在社区卫生服务中心执业，往往选择与自身专业相符的非全科类专科门诊从事门诊服务。随着分级诊疗制度改革的日益推进，[②]社区卫生服务中心非全科类专科门诊将予以取消，需要接受非全科类专科服务的患者，应当由签约全科医生根据转诊程序转诊至相应的二、三级医疗机构就诊。

其二，社区卫生服务中心作为社区医疗检查与会诊中心，在社区医疗检查方面，主要从事卫生服务站无法完成的医疗检查，诸如心电图、B超、放射、抽血化验、胸透等。医疗检查项目应当适合常见病、慢性病的预防、治疗与康复，优质医疗资源不断得到强化。[③]在社区医疗会诊方面，社区卫生服务中心对于卫生服务站全科医生及其团队

---

① 长宁区社区卫生服务中心专科门诊的设置情况，可参见贺小林、梁鸿、江萍等：《上海市长宁区家庭责任医生制度探索的政策成效与经验》，载《中国卫生政策研究》2012年第6期，第14-20页。

② 参见《国务院办公厅关于推进分级诊疗制度建设的指导意见》（国办发〔2015〕70号）。

③ 笔者在众多上海卫生服务站调研时发现，卫生服务站的主要业务是全科门诊和配药，几乎不能完成任何医疗检查。从基本医疗卫生服务提供的可及性与医疗卫生资源向基层下沉的发展趋势来看，这些社区卫生服务中心所能够做的检查，应当“下沉”到卫生服务站，社区卫生服务中心的医疗检查类型可以从医疗检查设备的稀缺性、专业性方面来限定检查类别。

难以治疗或需要集体商讨的特殊医疗案例，由相关人员通过会诊作出医疗方案，相关人员包括具体签约的全科医生、出现过类似医疗案例的本中心卫生服务站的全科医生和特别邀请的上一级医疗机构的专业医生等。

社区卫生服务中心医疗检查资源应当得到合理配置并仅限于卫生服务站无法完成的检查项目。分级诊疗制度的最终目标在于医疗卫生资源的合理配置，合理配置的关键在于改变目前优质医疗卫生资源上浮于二、三级医疗机构，尤其是三级甲等医疗机构的局面。优质医疗资源集中体现在各类专业性且价格昂贵的医疗检查设备，而社区卫生服务中心则不具备优质医疗设备检查的资格。全科医生制度改革与分级诊疗制度的推行，迫切需要优质医疗资源尽可能下沉至初级医疗机构，增强初级医疗机构优质医疗资源的供给能力，使社区居民就近得到优质医疗资源的共享，诸如心电图、B 超、放射、抽血化验、胸透等常规性检查项目应当在所有社区卫生服务中心得到普及。医疗检查项目应当适合常见病、慢性病的预防、治疗与康复，凡是属于社区卫生服务中心功能定位范围内的常见病、慢性病的预防、治疗与康复相关医学检查项目，社区卫生服务中心应当具备并不断得到充实和强化。除此之外，卫生服务站应当有能力进行必要的医疗检查，而不能仅限于全科门诊和配药服务。

社区卫生服务中心应当有组织相关专业人员对疑难病例进行会诊的能力。全科医生并非万能医生，在执业过程中遇到自身诊治有困难或需要其他医生协助而又不是必须通过转诊渠道转诊至二、三级医疗机构就诊的患者，可以在社区卫生服务中心组织和协调下进行会诊，集相关专业人员智慧于一体并作出诊疗方案或转诊决定。根据病情需要，社区卫生服务中心可以组织除患者签约全科医生外的其他专业人员参加会诊，如本中心卫生服务站具有该专业特长的全科医生、诊疗过此疾病的全科医生、特别邀请的上级医疗机构专科医生等。社区卫生服务中心对疑难病例进行会诊的能力，是社区卫生服务中心服务全科团队职能的集中体现。

其三，社区卫生服务中心作为社区康复与健康教育中心，应当有能力提供社区康复活动场所和康复病床服务，并开展健康教育与保健知识的宣传和普及。

在社区康复方面，社区卫生服务中心应当设立康复场所并提供康复病床服务。社区卫生服务中心应当为存在心理、精神等障碍或身体残疾的社区居民提供恢复健康的简易活动场所。康复场所既可以设在社区卫生服务中心内，亦可单独设在社区居民活动中心内。康复场所应当设置必要的康复设备，如电视、锻炼器材、报纸图书、座椅、饮水机等，康复场所的布置应当如家庭般温馨，康复活动应当由康复专业人员负责安排、协助指导并提供康复咨询。康复病床服务是为从二、三级医疗机构出院但尚未完全康复且不便于在家休养的患者提供短期病床服务以及为临终患者提供舒缓病床服务。社区卫生服务中心虽不从事二、三级医疗机构的专科住院服务，但保留必要的住院服务，有利于提升社区居民就医的便利性和可及性，使二、三级医疗机构优质的医疗资源得以充分利用。因此，对于从二、三级医疗机构出院但尚未完全恢复且不便于在家休养的患者，社区卫生服务中心应当提供康复病床，满足患者对专业性康复资源的需求；对于临终患者而言，社区卫生服务中心可以提供舒缓病床服务，使临终患者随时得到必要的医疗照顾并有尊严地度过人生的最后时光。

在健康教育方面，社区卫生服务中心应当向儿童、孕产妇、老年人、高血压、糖尿病等常见病、慢性病患者，提供健康教育服务、预防接种服务、戒烟宣传服务、毒品危害宣传服务、计划生育健康教育服务等。健康教育服务，不仅仅由全科团队在执业过程中提供，社区卫生服务中心还应当设立专门机构负责健康教育的宣传与普及工作。主要原因在于，一是健康教育宣传与普及往往涉及整个社区，受众为社区的全体居民，由社区卫生服务中心设立专门机构负责，可以避免全科团队受签约对象局限的影响；二是健康教育是社区基本公共卫生的重要方面，而全科团队中公卫师人数较少，工作负荷大，对签约对象开展全方位健康教育的能力有限；三是健康教育宣传与普及活动涉及面广，由社区卫生服务中心成立专门机构负责，可以提升健康教育宣传与普及的专业性和实效性。

六、全科团队主动服务的规范化制度设计

（一）全科团队主动服务的内在动因

全科医生作为社区居民健康与医疗费用的“守门人”，必须逐渐适应保健服务模式的转变。传统保健服务模式是被动的，签约患者主动前来全科诊所寻求全科团队的基本医疗卫生服务；传统的保健服务模式服务场所主要为社区卫生服务中心组建的卫生服务站，站外服务是日常全科团队服务的例外情形；传统保健服务模式以签约患者生理健康为主要保健目标，生理健康之外的方面不属于全科团队服务内容。如果将全科医生制度定位于社区居民健康与医疗费用的“守门人”，那么，以服务为导向的保健服务模式（按照提供服务的能力决定提供服务的种类）到以患者为中心的保健服务模式（由患者的实际需要决定提供服务的种类）的根本性转变，则势在必行。[①] 这一根本性转变在于全科医生制度的特殊意义。上海全科医生制度改革，除了基层医疗卫生机构形式上的转变，即将过去地段医院改建为社区卫生服务中心并下设若干卫生服务站，更为重要的是，社区卫生服务中心以卫生服务站为基地，组建若干以全科医生为核心的全科团队服务于签约居民及其家庭。全科团队利用全科医学知识从事全科医疗，为签约患者提供人性化、综合性、持续性并以预防为导向的基本医疗卫生服务。人性化的照顾要求全科医生应能主动“移情”，即从病人的观点来看他们的问题，积极为病人提供个体化、人性化的治疗措施和方案；综合性照顾要求全科医生不分服务对象年龄、性别、种族、社会文化背

① 参见［美］索特曼、里克、布尔玛：《欧洲基本保健体制改革》，陈宁姗主译，中国劳动社会保障出版社2010年版，第100页。

景、经济状况、居住环境和病患类型，积极主动为病患提供涉及生理、心理和社会文化各方面的一体化服务；持续性照顾要求全科医生建立慢性病随访制度和24小时电话值班制度，使任何一个慢性病患者均可获得规范化的管理而不至于失控；以预防为导向的照顾要求全科医生对个人、家庭和社区健康的整体负责与全程控制，即在人健康时、由健康向疾病转化过程中以及疾病发生早期就主动提供关注，全科医生要利用每次与病人接触的机会，主动考虑这些人可能还有什么健康问题需要预防。[①]

为适应这一趋势的转变，全科团队服务应由被动服务逐渐转变为主动服务，由院内提供服务逐渐转变为院外提供服务，由遵从传统医学模式转变为现代医学模式的全面领会，向社区居民提供“生理—心理—社会”全面高效且具有连续性的基本医疗卫生服务。因此，全科团队应当树立主动服务理念并应有相应的主动服务制度安排，为全科团队主动服务奠定制度基础。

（二）全科团队主动服务的规范设计

1. 全科团队上门服务的情形与方式

全科团队应当在签约对象预约、提供家庭病床服务、签约对象慢性病随访或需要采集与评估签约家庭健康信息和健康状况时，实地前往签约对象家中提供上门服务，也可根据签约对象请求并结合实际情况，通过电话提供上门服务。

相关说明如下：

其一，全科团队上门服务主要有四种情形，即签约对象的预约、家庭病床协议的要求、签约对象慢性病随访和签约家庭健康信息的采集与评估。签约对象预约是全科团队提供上门服务的通常情形，签约对象可以与全科医生或负责预约事务的社区护士协商具体预约上门服务时间，全科团队委派的人员根据预约时间提供上门服务。家庭病床

① 参见杨秉辉:《全科医学概论》，人民卫生出版社2008年版，第12-13、19页。

协议是全科团队与诊断明确、病情稳定、适合在家庭条件下进行检查、治疗和护理的患者，达成由全科团队为其提供定期查床、治疗和护理服务的约定。一般每周 1 次查床和护理服务，也可根据病情调整查床和护理次数。[①] 根据家庭病床协议的事先约定，全科团队应当委派全科医生或社区护士为家庭病床患者提供上门服务。签约对象慢性病随访是全科团队根据慢性病随访制度的要求，定期前往签约慢性病对象家中了解慢性病状况并为签约对象提供健康咨询服务。签约家庭健康信息和健康状况的采集与评估，需要全科团队与签约对象保持密切的合作关系，进而获取和掌握签约对象及其家庭成员全面翔实的健康信息。

其二，全科团队上门服务的形式包括两种，即实地前往签约对象家中提供上门服务和电话上门服务。根据事先约定并且不实地前往签约对象家中提供上门服务就无法作出准确判断的，全科团队应当派团队成员实地前往签约对象家中提供上门服务，如签约对象经过预约需要上门服务的情形，或根据家庭病床协议需要全科团队提供实地上门服务的情形。通过电话方式提供上门服务，也是上门服务的一种特殊类型。经过签约对象同意并根据其健康状况的实际情况，通过电话了解签约对象的健康状况并提出合理化建议。在采集签约对象及其家庭成员健康信息或进行健康评估时，电话上门服务具有优越性并有助于提升全科团队的服务效率。

2. 全科团队上门服务人员的选定与要求

全科团队提供上门服务，由全科团队长负责指定团队成员履行上门服务职责。全科团队提供上门服务，应当按照要求填写签约家庭健康管理登记表、家庭病床记录表、慢性病随访登记表等。

相关说明如下：

其一，具体履行上门服务职责的全科团队成员，由全科团队长指定。全科团队长具有指定具体成员提供上门服务的职责，这是其确定

① 参见《关于遵照上海市地方标准〈家庭病床服务规范〉开展家庭病床服务的通知》（沪卫基层〔2010〕18 号）。

成员分工与职责的具体表现。团队成员应当服从全科团队长的决定，对此有异议的，可向全科团队长提出，被驳回异议的，可向社区卫生服务中心全科团队服务与监管机构反映情况，但应执行全科团队长决定。全科团队长根据签约对象预约、家庭病床协议、签约对象慢性病随访或采集、评估签约对象及其家庭成员健康信息和健康状况的实际情况，可以亲自前往签约对象家中提供上门服务，可由社区全科护士前往签约对象家中提供护理服务，可由公卫师前往签约对象家中为其制定个体化的健康管理方案，也可由社区医务护工、健康志愿者等社会工作者前往签约对象家中提供心理、精神方面的咨询、宽慰和疏导等服务。

其二，全科团队提供上门服务，应当按照规定作好相关记录。根据签约对象预约请求上门服务的，具体履行上门服务职责的团队成员应当按照要求填写签约家庭健康管理登记表，详细且准确记录服务内容。根据家庭病床协议提供上门服务的，应当记载家庭病床查床或护理登记表。通过电话方式采集和评估签约对象及其家庭成员健康信息和健康状况的，应当真实、准确、完整地登记签约对象及其家庭成员的健康信息并对其健康状况作出准确评估。根据慢性病随访制度要求，按约或定期前往签约对象慢性病患者家中提供慢性病随访的，应当在慢性病随访登记表上登记随访具体情况，包括随访时间、地点、健康状况、用药情况等。上门服务状况需要登记或记录的各种表册，是全科团队绩效考核的重要依据，是为签约对象及其家庭成员制定个体化健康方案的基础，也是社区卫生服务中心对全科团队进行监管的重要方面。

3. 上门服务不影响全科团队正常履行职责

全科团队成员受全科团队长指定为签约对象提供上门服务的，应当根据全科团队长规定的时间和要求履行上门服务职责。全科团队其他成员应当在卫生服务站继续履行职责，不得擅离岗位。

相关说明如下：

上门服务时间安排与全科团队其他成员正常履行职责，没有冲突。笔者在上海市各区县实证调研资料显示，有三种类型的上门服务时间安排制度，第一种为半天工作日提供门诊服务，半天工作日提供上门服务；第二种为每周五天工作时间，三天工作时间全部从事门诊服务，两天工作时间全部提供上门服务，即“3+2”工作时间安排制度；第三种是每个工作日全科团队均正常履行职责，至于上门服务则利用中午或晚上休息时间。上述三种上门服务时间安排制度有两个共有的前提：一是提供上门服务的均为全科医生，而非全科团队。也就是说，全科团队长没有指定团队成员谁应当提供上门服务的权力，而是由签约全科医生自己决定并负责提供上门服务。全科团队其他成员，诸如社区护士、公卫师或社区医务护工等，不参与上门服务。二是全科团队与卫生服务站设置重合，1 个全科团队即为 1 个卫生服务站。而提供上门服务的仅为全科医生，社区护士也无配药权，尤其在全科团队仅由全科医生与社区护士组成的情况下，全科医生提供上门服务时，仅剩下社区护士的卫生服务站无法继续开展门诊服务，索性关闭。

笔者认为，团队成员提供上门服务时，其他全科团队成员应当坚守岗位，不得擅离岗位，卫生服务站更不应当关闭。一方面，要发挥全科医生以外其他团队成员的专业优势，全科团队长可以根据签约对象的要求并结合具体情况，指定全科医生之外的其他全科团队成员提供上门服务，包括护理服务、个体化健康管理服务、心理咨询服务等；另一方面，即使在全科医生提供上门服务的场合，全科团队其他成员应正常履行各自岗位职责，不能因为全科医生提供上门服务，而使全科团队中止履行职责，因此，必须依法赋予全科护士配药权，明确全科团队基本成员组成标准，充实非基本成员，改变目前全科团队成员过于单一的局面。①

4. 全科团队非工作时间的值班制度

全科团队长应当制定本团队非工作时间值班制度并报社区卫生服务中心备案。值班人员原则上为全科团队的基本成员，值班时间为每

① 参见上文关于全科团队基本成员和非基本成员及其岗位职责规范化的相关建议。

个工作日的非工作时间和法定节假日。

值班人员主要通过接听电话为签约对象提供基本医疗卫生服务咨询和建议，特殊情况下可协助签约对象联系急诊服务。

全科团队成员个人联系方式和卫生服务站中本团队的专用电话，应当在签约协议书中注明，社区卫生服务中心与卫生服务站应当予以公示。

相关说明如下：

其一，全科团队非工作时间值班制度本质为全科团队 24 小时服务制。非工作时间为签约对象及其家庭成员提供基本医疗卫生服务，是全科医疗可及性、综合性与便利性的集中体现。许多国家，如古巴、瑞典、荷兰、丹麦、德国、英国等均建立有全科团队 24 小时服务制度，其中，到 20 世纪 90 年代中期，瑞典有 87% 的全科医生提供 24 小时卫生保健服务，此数字在欧盟高居第一。[①] 荷兰在地方上建立了大规模的全科服务网络，在非正常工作时间，配备一定数量的全科医生，还配备了汽车、司机、电话呼叫系统和供病人直接就诊的场所，为居住在某一区域的人群提供服务。[②]24 小时服务制是全科团队履行职责的大趋势，不能回避，应当进行制度建构。我国全科医生制度是基本医疗卫生服务政府直接提供模式的写照，全科医生及其团队均为社区卫生服务中心这一事业单位的工作人员，非工作时间则享受国家的休假制度。全科团队非工作时间值班制度使得团队值班成员休假权利无法实现，应当根据劳动法律法规给予相应的物质补偿。

其二，全科团队非工作时间值班制度由以下几方面具体制度构成：一是值班制度制定者为全科团队长。全科团队长有权制定本团队非工

---

① F V Rodriguez，N B Lopez，I Choonara，Child health in Cuba，Arch Dis Child，(93) 2008，pp.991–993；饶克勤、刘新民主编：《国际医疗卫生体制改革与中国》，中国协和医科大学出版社 2007 年版，第 163、172、204、155 页。

② 参见［美］索特曼、里克、布尔玛：《欧洲基本保健体制改革》，陈宁姗主译，中国劳动社会保障出版社 2010 年版，第 109 页。

作时间的值班制度，但应与团队成员协商并考虑团队成员个人的特殊情况。二是全科团队非工作时间值班制度应当报社区卫生服务中心备案。非工作时间值班制度一经制定并向团队成员公示，立即生效，但备案不是非工作时间值班制度的生效要件。社区卫生服务中心全科团队服务与监管机构在事后审查认为该制度不尽合理时，有权要求全科团队长另行制定非工作时间值班制度并备案。三是值班人员当为全科团队基本成员，即全科医生、社区护士（包括助理护士和全科护士）和公卫师。全科团队基本成员是团队固定的、具备相关专业知识的医务人员，在非工作时间内，有能力为签约对象及其家庭成员提供相应的电话咨询服务。非基本成员如社区医务护工、健康志愿者等不宜被安排为值班人员，至于内科医生、外科医生、中医师等非基本成员，全科团队长可以根据本团队成员组成的具体情况，决定是否将其列入值班人员名录。四是考虑到非工作时间，签约对象及其家庭成员主要通过电话咨询值班人员相关医疗与健康问题，非工作时间值班人员主要通过接听电话为签约对象提供基本医疗卫生服务咨询和建议，特殊情况下可协助签约对象联系急诊服务。因此，全科团队基本成员和非基本成员个人联系方式和卫生服务站中本团队的专用电话，应当在签约协议书中注明，社区卫生服务中心与卫生服务站应当予以公示。

第四章　全科医生首诊服务制度的法治化研究

全科医生首诊服务是全科医生制度的重要内容。全科医生制度总体目标之一，即到2020年，基本形成统一规范的“首诊在基层”服务模式。[①] 首诊服务即在初级卫生保健系统中构建的、以全科医生为核心成员组建全科团队、为社区居民提供初次诊疗服务并将符合条件的患者转诊至上级医疗机构的全科医生制度，包括社区首诊与社区转诊两大制度体系。

其一，社区首诊是社区居民基于健康问题而选择签约的社区全科医生为初次就诊医生，全科医生以专业化全科医疗服务为标准，向签约对象提供符合签约协议书约定的基本医疗卫生服务。社区居民选择签约全科医生作为首诊医生，此时健康问题尚未分化，即疾病本身演化进程尚未进入或尚未被医疗专业人员发现已经进入身体器官某一特定领域。健康问题未分化前的状态，需要将医学各专业门类具有通识知识并接受规范化培训的全科医生作为首诊医生，促使疾病本身的演化进程停止在未分化状态，通过专业化的疾病预防服务“守护”签约对象生命健康；通过专业化的全科医疗服务，使疾病分化进程尽可能得以延缓，从而使签约对象不必过早进入二、三级医疗服务体系之中，以节省医疗费用支出；利用全科医学专业知识，尽早发现签约对象的健康问题并作出

① 参见《国务院关于建立全科医生制度的意见》(国发〔2011〕23号)。

疾病是否存在、是否分化的医学判断，为签约对象尽早利用二、三级医疗专科服务争取足够的诊治时间。全科医生作为社区首诊医生，被誉为社区居民健康与医疗费用的“守门人”。

其二，社区转诊是签约对象的健康问题经过全科医生的全科医疗服务后发现，健康问题已经分化为某一特定领域的疾病，或者有分化成为某一特定领域疾病的可能性，经采取预防性诊疗措施仍然无法阻止疾病演变进程，需要尽早接受医学专科服务，全科医生通过转诊程序将签约对象转诊至相应二、三级医疗机构就诊。需要转诊的签约对象的健康状态及其健康问题，已经超越了基层医疗卫生机构功能定位所能够依法提供的基本医疗卫生服务范畴，进入二、三级医疗机构提供专科或住院服务的射程领域。社区转诊是联通初级医疗卫生服务与二、三级医疗卫生服务的桥梁与纽带。需要指出的是，全科医生首诊服务中的社区转诊制度，本身并不包括二、三级医疗机构的转回制度。转回制度是二、三级医疗机构将急性病恢复期患者、术后恢复期患者及危重症稳定期患者转诊至患者原先就诊的基层医疗卫生服务机构。[①] 转回制度与社区转诊制度共同构成双向转诊制度体系，双向转诊制度是建立分级诊疗制度的客观要求。就全科医生首诊服务模式而言，转诊制度应为全科医生根据转诊标准与转诊程序实施的，将签约对象转诊至二、三级医疗机构的全科医疗服务，即社区转诊。转回制度已经超出了全科医生首诊服务模式制度射程，而进入分级诊疗制度体系之中。[②]

全科医生首诊服务在保障公民健康权与医疗卫生资源合理配置的时代背景下，制度优势凸显无疑。其一，签约对象健康与医疗费用有了“守

① 二、三级医疗机构之间是否应当建立转诊制度，对此有不同看法。但“分级诊疗指导意见”对此持肯定态度。参见王宁：《分级诊疗体系构建求索》，载《中国医院院长》2014 年第 6 期，第 39-41 页；另参见《国务院办公厅关于推进分级诊疗制度建设的指导意见》（国办发〔2015〕70 号）。

② 基于转回制度已经超出了全科医生首诊服务模式的制度射程，本文将对此不作专门阐述。

门人”制度。守门人的作用有两个方面，一是通过控制对专科服务、住院服务或者其他昂贵服务的利用来降低卫生保健费用，也就是说，全科医生发挥着引导居民合理利用保健服务的作用。二是通过协调居民所接受的所有保健服务，促进保健服务的连续性，改善保健服务的质量。① 就全科医生首诊服务而言，签约对象的健康问题得到签约全科医生全方位且人性化的预防、诊治、健康咨询、转诊等全科医疗服务，力图减少、消灭签约对象存在的健康风险并以“生物—心理—社会”现代医学模式为指引，为签约对象实现完整健康提供周到的全科服务。通过疾病诊断与筛查，为健康问题已经分化为某一特定领域疾病的签约对象，提供高效的转诊服务，防止签约对象提前进入二、三级医疗机构并接受原本可以避免的医学专科服务，对于签约对象医疗费用的节省意义重大。其二，建立分级诊疗制度是实现医疗卫生资源合理配置的切实体现。建立全科医生首诊服务制度，实行社区首诊与社区转诊，有利于初级医疗卫生服务机构与二、三级医疗卫生服务机构功能定位的科学界定，进而引导医疗卫生资源在三级医疗卫生机构之间根据各自功能定位的不同，而有区分式的合理配置，最终建立分级诊疗体系并实现分级诊疗目标。② 因此，全科医生首诊服务是分级诊疗制度体系的基础性制度建构，前者是后者得以建立与实现的关键制度设计，后者是前者制度建立后在医疗卫生资源配置中的合理性与秩序性体现。③ 其三，签约对象健康权益有了制度

---

① 参见［美］索特曼、里克、布尔玛：《欧洲基本保健体制改革》，陈宁姗主译，中国劳动社会保障出版社 2010 年版，第 101 页。

② 建立分级诊疗制度，是合理配置医疗资源、促进基本医疗卫生服务均等化的重要举措，是深化医药卫生体制改革、建立中国特色基本医疗卫生制度的重要内容，对于促进医药卫生事业长远健康发展、提高人民健康水平、保障和改善民生具有重要意义。参见《国务院办公厅关于推进分级诊疗制度建设的指导意见》（国办发〔2015〕70 号）。

③ 分级诊疗不是一项单独的制度，而是良好的医疗制度运行的结果，是医疗服务体系的一种良性状态，是医疗服务在功能上的连续。参见熊先军：《对分级诊疗的异见》，载《中国医疗保险》2015 年第 10 期，第 11-14 页。

性关怀与保障。全科医生首诊服务模式的建立，要求以全科医生为核心的全科团队为签约对象提供全面可及性的、连续人性化的基本医疗卫生服务。签约对象不仅得到专业化全科团队高质量的全科医疗服务，而且健康权益有了全科医生首诊服务模式的制度性关怀与保障。制度建设是公民健康权益得以实现和享有的本质要求，以社区首诊与社区转诊制度为核心内容的全科医生首诊服务模式，将为公民健康权保障奠定坚实的制度基础。

上海全科医生制度改革在建立全科医生首诊服务制度方面，改革力度大，实施面广，有许多可资借鉴的宝贵经验。笔者通过在上海各区县为期近一年的实践调查，与近60位全科医生进行“一对一”形式座谈访问并发放数百份调查问卷，累积了大量一手调研资料。本章研究将以上海社区首诊与社区转诊制度实施情况的调研为基础，深入分析目前全科医生首诊服务制度存在的制度性瑕疵与漏洞，为全科医生首诊服务制度提供可资参考的法治化建议。

第一节　上海全科医生首诊服务的实践调查

一、社区首诊制度实施情况的实践调查

从政策层面上分析，社区首诊制度已成为分级诊疗制度建设的重要目标。国务院分级诊疗制度指导意见指出，鼓励并逐步规范常见病、多发病患者首先到基层医疗卫生机构就诊，对于超出基层医疗卫生机构功能定位和服务能力的疾病，由基层医疗卫生机构为患者提供转诊服务。[①] 上海全面推广全科医生制度指导意见指出，现阶段建立全科医生首诊制度，主要采取三种策略：一是制定优惠政策，吸引居民首

① 参见《国务院办公厅关于推进分级诊疗制度建设的指导意见》（国办发〔2015〕70号）。

诊，包括建立全科医生门诊预约制度和用药制度的政策倾斜。二是从医疗照顾需求较大的部分特定人群起步，首诊人群范围逐步扩大。三是逐步完善相关配套政策，推动建立居民与家庭医生签约首诊、有序转诊机制。[①] 但上海市各区县建立全科医生制度的实施方案，尚未就本区县实现社区首诊制度，提出具体措施。

上海市各区县推行社区首诊制度的情况，存在较大差异，总体上可区分为三类：

第一类为社区首诊与否采取完全自愿原则，即完全自愿型社区首诊。笔者在杨浦区五角场街道社区卫生服务中心调研时发现，该中心采取签约自愿、首诊自愿和转诊自愿原则，签约协议书中没有实行社区首诊制的硬性规定，签约居民是否选择签约全科医生作为首诊医生，完全采取自愿原则。某些特殊群体如65周岁以上的慢性非传染病人、残障人士、孤寡老人等与全科医生签约后，在全科医生签约服务过程中逐渐与全科医生之间培养出“首诊情结”，通常这些签约对象会选择签约全科医生作为首诊医生，但仍以自愿为主并无制度性约束机制。笔者在闸北区、虹口区、徐汇区、闵行区、黄浦区等区县的调研资料和访谈问卷均显示，这些区县社区首诊制度的实施情况与杨浦区类似。例如，在闸北区彭浦新村街道社区卫生服务中心调研时，全科医生告诉笔者，社区首诊总体上还是停留在政策鼓励层面上，社区首诊制度在全科医生制度推广中已经被边缘化，只能采取完全自愿原则。相关调研报告也证实了笔者的调研结论。[②]

第二类为受客观情况限制而形成的社区首诊制度，笔者称为“传统型社区首诊制”。笔者在松江区小昆山镇社区卫生服务中心调研时发现，由于松江区远离市区，地理位置相对偏远，医疗卫生资源尤其三级甲等医疗机构相对不足，社区居民就医会首先选择社区卫生服务

---

① 参见《关于本市全面推广家庭医生制度的指导意见》（沪卫基层〔2013〕7号）。

② 参见张一飞、汤真清、武桂英等：《上海市闸北区全科医生对家庭医生制认知和接受度调查》，载《中国全科医学》2014年第25期，第3001-3004页。

中心（站）的签约全科医生作为首诊医生，再加上基本医疗保险基金在社区与二、三级医疗机构医保报销比例上的差异，松江区具备了形成社区首诊的客观条件。

第三类为以特定人群为突破口的社区首诊制度，笔者称为“局部型社区首诊”。笔者在长宁区江苏街道社区卫生服务中心福世卫生服务站调研时发现，社区首诊制虽然实行自愿原则，但某些特定人群已经实现了社区首诊制。特定人群包括：其一，“四医联动”对象，即民政特殊救济对象、低保人员、低保残疾和大重病人非本区户籍配偶、低收入大重病人员、65周岁以上无业老人和因病致贫人六类特殊群体，就医结算时除享受医保正常报销比例外，个人自付部分，在社区卫生服务中心（站）仍享受95%的基本医保报销比例优惠政策，即在社区卫生服务中心（站）就医的个人自付部分降到全部就医成本的5%。[①]其二，建立家庭病床的签约患者，应当遵守社区首诊制约定，不得擅自到其他医院就医。签约全科医生及其团队每周会提供上门服务一次，有特殊需求的可以随时预约。长宁区上述两类特定人群已经实现了社区首诊制要求。除此之外，由于社区卫生服务中心（站）设置在社区居民活动中心并实行网格化签约管理服务，长宁区常见病、慢性病老年患者对于签约全科医生及其团队的依从性较为强烈，这两类患者将卫生服务站作为社区活动中心的组成部分并作为日常社区活动的必要场所，有就医需求时，选择先来签约全科医生处就诊，已经逐渐成为长宁区常见病、慢性病老年患者的就医习惯。[②]

上述三类社区首诊制实施情况的实践调研，凸显出这样一个客观事实，即首诊制基本原则仍然为自愿原则，签约对象有是否选择签约

① 相关报道，也可参见《“四医联动”：保障民生的有效之举》，载《长宁时报》2011年6月21日，第11版。

② 深圳对于劳务工集中的社区，施行严格的社区首诊与社区转诊制度，即以特定人群为社区首诊制突破口的典型医改事例，参见赖光强、张炜、陈皞璘：《深圳新型社区首诊制实施现况分析》，载《中国卫生经济》2008年第5期，第40–43页。

全科医生作为首诊医生的自由权，首诊制实施仅局限在狭小的特定人群范围之内。

二、社区居民首诊制态度的实践调查

笔者的调研资料显示，除松江区与长宁区外，上海市其他区县全科医生被问及“社区居民对社区首诊制的态度如何”时，回答均为“不太欢迎，态度消极”。

社区居民往往将社区卫生服务中心（站）作为配药和输液的主要场所。配药已成为全科医生日常门诊服务的主要工作内容，无论是否为签约对象，来到社区卫生服务中心全科门诊或卫生服务站，主要需求在于配制二、三级医疗机构已经开具处方的药品。为了吸引更多患者选择签约全科医生作为首诊医生，对病情较稳定、依从性较好的慢性病患者，用药数量上给予了政策倾斜，全科医生有权为其开具2–4周的药量。① 但据笔者调查，基本药物制度已经覆盖上海所有社区卫生服务中心（站）并实行零差率销售，基本药物目录上的药品范围有限且常出现断货现象。② 来社区卫生服务中心（站）配药的患者往往已经在二、三级医疗机构就诊过，需要配制的药品在基本药物目录中很难找到，全科医生在征求患者同意的情况下，会为其配制基本药物目录中相应的替代药品以便享受基本医疗保险基金报销待遇。因此，社区卫生服务中心（站）并不能完全满足患者配药的合理需求。③ 就输液而言，

---

① 参见第二章关于“全科医生签约执业主要义务的规范化”的实践调查。

② 至于基本药物缺货或断档的原因，徐汇区康健街道社区卫生服务中心的全科医生告诉笔者，基本药物虽然进行统一招投标，但由中心采购时，为了确保经费不会超支（要求每年有5%的结余，年底才会有奖金），所购进的药物不能完全满足患者需要。

③ 有关专家也深有同感，参见侯文婕：《从基层医疗体系建设看上海的双向转诊——访著名医改专家、上海复旦大学公共卫生学院教授　龚幼龙》，载《中国社会保障》2009年第9期，第77–78页；参见王宁：《分级诊疗体系构建求索》，载《中国医院院长》2014年第6期，第39–41页。

社区卫生服务中心（站）输液流程便利，为吸引更多社区患者选择签约全科医生作为首诊医生，全科医生往往满足签约患者输液服务需求。笔者在杨浦区殷行社区卫生服务中心调研时发现，输液区域经常人满为患并以老年人和儿童居多。当被问及输液必要性时，回答多为“方便”和“效果好”。“方便”与“效果好”的回答，固然凸显了基层医疗卫生服务机构便利社区居民就医和吸引社区居民选择签约全科医生为首诊医生的制度倾向，但输液这一医疗行为是否应当有所限制以及对抗生素滥用的担忧，全科医生仍需对此作出专业性反思。

根据首诊类型的不同，可将社区居民对社区首诊制态度，区分为以下几类：

一是完全自愿型的社区首诊制，社区居民对于社区首诊态度较为消极。如前所述，上海市各区县总体上社区首诊制并未实现，社区首诊制采取自愿原则，是否选择签约全科医生作为首诊医生，完全由签约对象自己决定。相关调研报告也揭示，性别为男性、离退休、文化程度越低、医疗保障为新农合形式、无体检经历、离社区医院距离越近的居民，更倾向于首诊选择社区医院就诊。①这部分签约对象占整个社区居民的大多数，并不包含低保等特定人群和对全科医生有依从性的特殊患者，他们选择签约全科医生就诊的主要需求在于配药和输液，但并不能说明，他们确定会选择签约全科医生作为首诊医生。当有健康需求时，这部分签约患者持医保卡或社保卡直接前往二、三级医疗机构就诊概率很大，②主要理由表现为：

首先，全科医生的专业素养受到质疑。社区居民对全科医生专业素养的质疑，确为全科医生整体执业素养不高的客观反映。在各区县

---

① 参见裴蓓、蔡泳、鲍勇：《上海社区居民首选社区医院就诊影响因素探讨》，载《中华全科医学》2013 年第 7 期，第 997–998 页。

② 参见侯文婕：《从基层医疗体系建设看上海的双向转诊——访著名医改专家、上海复旦大学公共卫生学院教授龚幼龙》，载《中国社会保障》2009 年第 9 期，第 77–78 页。

社区卫生服务中心（站）调研时，笔者发现，接受过“5+3”全科医生培养制度的全科医生，在执业全科医生人数中所占比例较低，多数全科医生均由过去实行的专科医生经过规范化培训转岗而来，多数全科医生学历为大专或中专，本科学历者寥寥无几。[①]其次，全科医生人数严重不足。以杨浦区殷行社区卫生服务中心为例，截至2015年年底，该社区有居委会57个，常住人口约228279人，其中，户籍居民约175075人，外来人口约53204人，60岁以上老年人约45959人，0–6岁儿童约11990人。以常住人口计算并以每名全科医生签约2500人为标准，总共需要91名全科医生，以户籍人口计算并以每名全科医生签约2500人为标准，总共需要70名全科医生。而目前该中心共有55名全科医生，其中有22名全科医生只从事中心的全科门诊服务，不与社区居民建立签约服务关系，实际上与社区居民建立签约服务关系的仅有33名全科医生。如果该社区常住人口均实现与全科医生签约服务关系的话，现有33名全科医生每人需要与6917人签约，以户籍人口为标准统计下来的结果为5305人，远远超过每名全科医生签约服务人数控制在800–1000户家庭的上海市目标。有统计资料显示，以上海市浦东新区为例，全科医生实际人数明显不足，进行过三年规范化培训的全科医生更为稀缺。[②]截至2013年年底，长宁区共有140名全科医生，以每名全科医生签约2500人为计算标准，无论是按照户籍人口还是按照常住人口，全科医生的缺口都很大。[③]以上海市为例，2013年年底共注册4229名全科医生，不与社区居民建立签约服务关系的全科医生暂时先忽略不计，以上海市总人口2415万统计，

① 相关调查研究报告也有相同看法，参见田国栋、王光荣、金仕晔等：《上海市闸北区就诊患者社区首诊制的意愿分析》，载《中国卫生资源》2015年第3期，第241–243页。

② 参见冯伟、王洪兴、王君妹等：《关于浦东新区推进家庭医生责任制服务的几点冷思考》，载《中华全科医学》2014年第12期，第1978–1980页。

③ 参见贺小林、娄继权、梁鸿等：《上海市长宁区家庭医生责任制实施现状与发展策略研究》，载《中国初级卫生保健》2013年第12期，第17–19页。

需要每名全科医生与5711人建立签约服务关系；如果以每名全科医生签约负责人数为2500人来统计的话，需要9660名全科医生。再次，社区卫生服务中心（站）药品和医学检查资源较为稀缺。患者基于病情而需要开具的药品，要么不在医保药物目录之中，无法开具；要么虽在医保药物目录之中，但常出现缺货、断档现象。至于医学检查，项目类型少且无法满足患者做进一步医学检查的合理需求。最后，社区首诊制消极态度的背后，折射出对于自由就医权受到限制的担忧。有全科医生反映，在签约协议书中若写明社区首诊的制度性要求，则社区居民很少会与全科医生签约，他们担心签约后，自由就医权利被签约协议限制，而不能随时前往自己想去的医疗机构就诊。

二是传统型的社区首诊，社区居民对于社区首诊态度相对积极。如前所述，传统型社区首诊主要存在于上海较为偏远的区县，如松江区。由于地理位置偏远和医疗资源相对不足，有健康问题时，社区居民通常会选择基层医疗卫生服务机构的签约全科医生作为首诊医生。当然，社区居民仍有权利直接前往其他二、三级医疗机构就诊，对于社区居民越级就医的权利，除基本医疗保险报销比例上存在一定差异外，目前尚未对其有任何有效制约，是否行使越级就医权利，取决于社区居民对就医成本与疗效的考虑。社区居民对于社区首诊制度的实施，从维护自身健康利益的角度考虑，对以全科医生为核心的全科团队，无论是全科医生的专业素质、人员配备抑或社区卫生服务中心（站）的医学检查与药品等医疗卫生资源，均表现出不同程度的担忧与质疑，与完全自愿型社区首诊中社区居民的感受类似。

三是局部型的社区首诊，即某些需要遵守社区首诊制的特定人群，对社区首诊制态度最为积极。这些患者皆为特定群体，需要社区首诊制在医疗费用上的优惠并对全科团队服务有较为强烈的依从性。社区首诊对于这些患者而言，医疗费用上的优惠是他们遵守社区首诊制的主要决定因素。如前所述，长宁区对于六类特定群体在社区就医个人自付部分的再减免政策，使得这六类特定人群的个人自付部分医疗费用降低至5%。这六类特定人群皆为困难且弱势群体，几乎免费式的签约基本医疗卫生服务，既有利于社区首诊制的推行，又体现了政府对弱势群体的社会福利关怀。除医疗费用上的优惠外，对签约全科医生及其团队服务的依从性，也是这类群体社区首诊制态度积极的主要因素。对于病情稳定并处于康复期的患者，建立家庭病床服务的患者对于全科医生及其团队服务的依从性最为强烈，家庭病床服务协议书对选择签约全科医生及其团队作为首诊医生有明确约定，家庭病床患者往往行动不便、子女不在身边或为孤寡老人，具备形成对签约全科医生及其团队服务强烈依从性的客观条件。笔者在闸北区彭浦新村街道社区卫生服务中心调研时了解到，严正全科医生作为上海市十佳家庭医生之一，最多时持有签约患者家庭钥匙多达51把，被称为“钥匙医生”。将家庭钥匙交于严正医生并非仅仅基于信任，而是这些患者皆为行动不便且身患各类常见病、慢性病的老年人或临终患者，选择严正签约医生作为社区首诊医生并将家庭钥匙交由其保管，皆由客观情事所决定。未建立家庭病床服务的社区居民，但患有各类常见病、慢性病的老年人，由于需要定期前往签约全科医生处配药、做基本检查或进行健康咨询，社区首诊制给这些患者带来便利性全科医疗服务，这部分患者对签约全科医生及其团队的依从性日渐加深。

三、全科医生首诊权确立情况的实践调查

全科医生首诊权是全科医生依法享有的、签约对象有就医需求时，应当选择签约全科医生作为首诊医生的医事权利。目前，成文法尚未对此作出明确界定，在签约协议书中对全科医生首诊权的规范情况，上海各区县可区分为以下两类：

第一类为建议性规定。全科医生首诊权建议性规定以长宁区和杨浦区社区卫生服务中心全科医生签约协议书上的相关规定为代表。[①] 例如，长宁区全科医生服务协议的第二部分为“乙方的权利与

① 参见第二章“签约对象权利与义务情况的实践调查”。

义务”，签约对象的主要义务部分包括：需配合甲方提供健康相关信息，以建立和完善个人健康档案；需配合甲方的就医路径引导、健康指导和建议等。其中“配合甲方就医路径引导的义务”，值得回味。笔者在长宁区江苏社区卫生服务中心福世卫生服务站调研时，全科医生对此条款原委作了解释，该条款是社区首诊制的翻版表述，即签约患者出现健康问题时，应当首先接受签约全科医生的基本医疗卫生服务，需要二、三级医疗机构专科和住院服务时，由全科医生通过转诊渠道予以提供。基于目前社区居民还不能接受社区首诊制的客观现实，首诊制条款不宜明确写明，只能模糊化处理。又如，杨浦区社区“家庭医生制”服务约定书签约对象主要义务方面规定，“积极配合其签约家庭医生，有服务需求时主动利用家庭医生服务，遵医嘱，做好健康自我管理”。其中，“有服务需求时主动利用家庭医生服务”，也值得回味。杨浦区五角场街道社区卫生服务中心提供的旧版“家庭医生制”服务约定书规定，签约对象有权选择任何医院就诊。据该中心全科医生介绍，随着全科医生制度与分级诊疗制度改革步伐的加快，旧版规定已不适合并被新版规定取代。从“有权选择任何医院就诊”到“有服务需求时主动利用家庭医生服务”，体现了改革的阶段性。

以长宁区和杨浦区为代表的全科医生首诊权建议性规定，有如下几个特点：一是仅作建议性规定。建议性规定是对签约对象就医路径的指引和劝告，提示签约对象应当作出这样的选择；至于这样的选择是否被采纳，完全取决于签约对象自己。笔者上文也谈到，签约对象往往基于全科医生的素质、人数、基层医疗卫生服务机构的医学检查和药品等医疗资源的多方面思虑，选择签约全科医生作为首诊医生的概率，并不乐观。签约协议书不作任何强制性规定来约束签约对象的就诊选择权，仅作建议性规定的全科医生首诊权规范，徒具形式意义。二是规定的模糊性。例如，长宁区签约协议书规定签约对象“配合就医路径引导”的表述，与全科医生首诊权内涵和要求的关联度，似乎已十分微弱。仅从签约对象义务层面“暗示”性地规定全科医生首诊权，其规范效果甚微。三是缺乏违反规定的法律后果。由于全科医生首诊权相关规定的建议性与模糊性，同时，为了吸引更多社区居民与全科医生建立签约服务关系以提高签约率，违反全科医生首诊权规定的法律后果在签约协议书中被人为淡化。

第二类是对全科医生首诊权不作规定。除长宁区和杨浦区社区卫生服务中心全科医生签约协议书有上述建议性规定外，其他区县全科医生签约协议书尚未见全科医生首诊权的相关规定。例如，黄浦区、静安区等社区卫生服务中心家庭医生制服务协议书中规定，签约对象应当对全科医生提供的服务给予支持和便利，及时提供外院就诊信息等。这些规定已与全科医生首诊权无任何内在联系，尚有某种程度上认可越级就诊的嫌疑。既然社区首诊制缺乏制度性约束机制，也只能在签约协议书中承认现实。

四、社区转诊制度实施情况的实践调查

全科医生社区转诊制度政策文件，对转诊的宏观要求、具体转诊制度以及转诊优惠措施等均有明确规定。上海全面推广全科医生制度指导意见规定，全科医生对超出基本诊疗服务的，应提供就诊居民转往其他适宜医疗机构的路径或建议，并要求建立区级和市级转诊平台，预约诊疗平台资源优先向全科医生开放，全科医生预约的患者能够享有优先预约、优先就诊及优先住院等便捷服务。[①]早在2007年，上海就出台了社区卫生服务中心定向转诊管理规定，就定向转诊的定义、原则、条件、程序等作出明确规定。[②]同时，出台普通门（急）诊诊查费个人自负部分的诊查费减免政策，鼓励社区居民通过基层医疗卫

① 参见《关于本市全面推广家庭医生制度的指导意见》（沪卫基层〔2013〕7号）。

② 参见《关于印发〈上海市社区卫生服务中心定向转诊管理规定（试行）〉的通知》（沪卫基层〔2007〕4号）。

生服务机构有序转诊。[①] 上海有些区县专门制定了转诊管理办法。例如，杨浦区就双向转诊的组织管理、转诊条件、转诊程序以及转诊要求等均作出明确规定，力图在本区内实现社区卫生服务中心与二、三级公立医疗机构之间的双向有序转诊。[②]

全科医生社区转诊制度相对健全，但客观上接受转诊并按照定向转诊程序实现有序转诊的情况，并不乐观。综合上海市各区县全科医生社区转诊情况，可区分为如下两类：

第一类是社区转诊制度的利用率较低。笔者在杨浦区、黄浦区、静安区、浦东新区、虹口区等地社区卫生服务中心调研时发现，利用全科医生社区转诊制度的患者极少，不论是签约患者抑或非签约患者，前来社区卫生服务中心或卫生服务站的主要目的为配药、输液、健康咨询、医学检查等；转诊服务虽然熟知，但很少利用。在笔者询问下，有患者坦言，社区转诊服务虽然可以享受到二、三级医疗机构诊查费的减免政策，但社区转诊的定向医院不一定是自身所关注疾病的权威医院。同时，一旦接受定向转诊，担心必须要去定向转诊的医院就诊，而失去自由选择医疗机构的就诊权利。全科医生向笔者介绍，现在几乎没有社区转诊情况发生并随手拿起一叠空白转诊单向笔者出示。当问及全科医生是否可以帮助患者预约到二、三级医疗机构专家号时，全科医生表示，由于与所在社区卫生服务中心建立医疗合作关系的区属上级医疗机构不多且均为松散型合作关系，全科医生并不掌握上级医疗机构的专家号资源，无法帮助患者预约到与其疾病相关的权威专家。

全科医生社区转诊利用率低的具体情形，以是否接受全科医生社区首诊服务为标准，又可区分为两种：一种是包括签约对象在内的社区居民利用社区卫生服务中心（站）全科医生及其团队的基本医疗卫生服务后，

---

① 参见《关于印发〈本市市民社区就诊和定向转诊普通门（急）诊诊查费减免试行办法〉的通知》（沪卫基层〔2006〕8号）。

② 参见《关于下发〈杨浦区区属公立医疗机构“双向转诊”管理实施方案〉的通知》（杨卫计委〔2014〕142号）。

有进一步就医需求时，径直选择某些二、三级医疗机构，而不利用全科医生社区转诊制度。另一种是包括签约对象在内的社区居民不接受全科医生社区首诊服务的制度安排，在有就医需求时，直接选择二、三级医疗机构就诊，全科医生社区转诊制度自然也就没有了被利用的可能性。

第二类是在医疗机构纵向合作前提下，全科医生社区转诊制度被"激活"。笔者在长宁区江苏街道社区卫生服务中心调研时发现，长宁区作为国家级全科医生制度改革试点区域，社区卫生服务中心与区属二、三级公立医疗机构之间建立有紧密型或松散型医疗服务合作关系，即"3-2-1协同模式"。全科医生作为签约居民首诊医生，签约对象符合转诊条件时，全科医生在征求签约对象同意的前提下，会将患者就近转诊至与本社区卫生服务中心有协同合作关系的区属二、三级医疗机构。相关研究成果对长宁区三级医疗机构纵向合作关系的建立，也有详尽分析。①全科医生向笔者介绍，由于长宁区二、三级医疗卫生资源较为丰富，区属所有社区卫生服务中心均与区属二、三级医疗机构建立各种协同合作关系，并将这种协同合作关系扩展到区外知名三级医疗机构，患者一般会接受全科医生的转诊建议并按照转诊单的要求，在规定时间内前往二、三级医疗机构就诊。全科医生可以利用医疗协同服务内部的预约转诊平台，为需要转诊患者预约到有协同合作关系的二、三级医疗机构专科门诊。同时，二、三级医疗机构都建立了转诊绿色通道，接受转诊的患者不仅可以享受诊查费减免政策，同时还可以享受转诊绿色通道的各类优先性服务。另外，在闵行区梅陇镇社区卫生服务中心曹行分中心调研时，全科医生告诉笔者，全科医生有能力帮助签约对象预约到上级医疗机构的专家号，对于转诊至上级医疗机构的签约对象，全科医生应当在24-48小时内探望一次，了解签约对象在二、三级医疗机构的治疗情况，社区卫生服务中心为全科医生每次探望活动提供200元工作补贴。

---

① 参见江萍、陈支援、缪栋蕾等：《上海市长宁区构建区域医疗联合体的政策效果、经验与建议》，载《中国卫生政策研究》2013年第12期，第19-24页。

第二节　上海全科医生首诊服务的问题反思

上海全科医生首诊服务模式实践调查说明，全科医生社区首诊制与社区转诊制尚处于起步阶段，从总体上讲，全科医生首诊服务模式并未得到制度性构建，社区居民对于全科医生首诊服务模式缺乏信任。制度缺失是导致社区居民对全科医生首诊服务模式不信任的主要原因。反过来，社区居民的不信任更加剧了医疗秩序的混乱与就医成本的攀升。以实践调查所展现的客观事实为基础，以下几个问题值得反思。

一、首诊服务模式与全科医生的培养

建立科学、完善的全科医生培养制度，培养大量合格的全科医生，将为全科医生首诊服务模式的推行奠定坚实的人力资源基础，并有利于重塑社区居民对基层医疗卫生服务的信任关系。

其一，首诊服务模式的建立，需要培养大量合格全科医生作为基本医疗卫生服务的提供者。全科医生首诊服务模式，主要制度建构包括社区首诊制度与社区转诊制度。其中，作为社区首诊与社区转诊全科服务的主要提供者，全科医生显然是首诊服务模式的核心人力资源，并成为首诊服务模式得以顺利建构的关键。在社区首诊服务中，以全科医生为核心成员的全科团队为签约对象提供签约协议书约定的各类基本医疗卫生服务，全科医生作为全科团队队长，负责全科团队成员职责的具体分工与内部协调，是全科团队签约对象首诊服务的责任人。在社区转诊服务中，全科医生是判断签约对象是否符合转诊条件的专业人员和转诊活动的组织者与实施者，当签约对象被转诊至上级医疗机构后，负责转诊的全科医生为签约对象后续治疗活动的协助者，以体现全科医疗的持续性与全面性。

上海全科医生首诊服务模式的调研资料显示，以上海市确定的800–1000户家庭拥有一名全科医生的配置目标为衡量标准。目前，上海全科医生人数严重不足。严重不足的直接后果体现在：一方面，基于各区县签约率的硬性要求，全科医生签约任务压力大，导致签约率形式化。杨浦区、浦东新区等区县对全科医生签约率有明确的年度要求，各区县社区卫生服务中心将签约率硬性指标强加于全科医生，层层施压。全科医生为完成签约任务，各尽所能，由于对统计出来的数字缺乏监管，导致各区县签约率存在不同程度的水分，有数字形式化趋势。笔者在杨浦区五角场街道社区卫生服务中心下设的南茶苑全科医生工作站调研时，有全科医生坦言，签约率监管主要方式有二，一是查看签约家庭的健康档案，二是随机电话询问签约对象及其家庭成员。只要社区居民愿意签约，家庭健康档案的记载以家庭成员个人信息为主，至于有关部门的电话监督，只需要事先与签约对象协商好即可。另一方面，建立签约服务关系的全科医生工作量大，不堪重负。笔者在徐汇康健街道社区卫生服务中心康乐社区卫生服务站调研时，全科医生告诉笔者，通常一个早上要接待患者90人次左右，平均每人次不足2分钟，下午要去签约患者家中出诊，一般一个下午要去十余家。虹口区欧阳路街道社区卫生服务中心优抚园社区家庭医生诊所的全科医生告诉笔者，由于工作量大且待遇不高，诊所里男性全科医生都已辞职另谋生路，只剩下女性全科医生。

其二，培养大量合格的全科医生，是首诊服务模式得以建构的质量保证。全科医生首诊服务模式是分级诊疗制度建设的关键，首诊服务模式的成功构建将会吸引社区居民在有健康需求时，首先选择社区签约全科医生作为首诊医生。吸引社区居民首先选择全科医生作为首诊医生的关键因素在于，社区医疗机构能够提供老百姓满意的基本医疗服务，[1]签约全科医生能够高质量、高效率地履行签约协议书上约定

---

① 参见吴春容：《关于社区首诊制的一些思考》，载《中华全科医师杂志》2007年第1期，第26–27页。

的服务内容。直接前往二、三级医疗机构获取的医疗服务质量与从社区签约全科医生及其团队处获取的医疗服务质量相当，甚至后者还具有二、三级医疗机构所不具有的优势，如享受较高的基本医疗保险报销比例待遇、地理位置上与签约家庭较为接近、人性化的全科医疗服务、卫生服务站家庭式陈设布置等。但目前我国医疗卫生资源在三级医疗机构中的资源配置明显不合理且不成比例，二、三级医疗机构尤其是三级甲等医疗机构垄断了最为优质的医疗资源，其中就包括各类专业技术水准较高的医学专业人才。社区居民舍近求远并不惜忍受三级甲等医疗机构长时间的门诊、取药排队，目的在于得到高水平医学专业人才的优质医疗服务。因此，培养大量合格的全科医生，向签约居民提供优质的全科医疗服务，将为全科医生首诊服务乃至分级诊疗制度的构建奠定人才基础。

目前，全科医生专业素养的提升，任务艰巨。全科医生专业素养不仅是临床二级学科或中医类二级学科基本知识与技能的掌握，更主要的是培养全科人文精神，以患者为中心，提供全面人性化的、连续性、可及性的基本医疗卫生服务。据笔者在上海市各区县调研资料显示，经过住院医师规范化培训的全科医生，人数极少，每个社区卫生服务中心（站）平均 1–2 名，其他全科医生皆由专科医生全科培训转岗而来，并未接受过正规专业化的医学全科专业教育和旨在培养实践操作能力的住院医师规范化培训。上海市从 2010 年起，社区卫生服务中心招聘全科医生要求应聘人员提供《全科医生规范化培养合格证书》或者《住院医师规范化培训合格证书》，并作为准入条件之一。[①] 目前，培养的合格全科医生人数还无法满足社区卫生服务中心（站）全科服务需求。

其三，培养大量合格的全科医生，将是重塑社区居民对基层医疗卫生服务信任关系的基础。分级诊疗制度的建立，目标在于建立

① 参见《上海市全科医师规范化培养试行办法》（2006–2010 年）、《上海市住院医师规范化培训和考核管理办法（试行）》（沪卫科教〔2010〕14 号）。

以基层首诊、双向转诊、急慢分治、上下联动为主要特点，布局合理、规模适当、层级优化、职责明晰、功能完善、富有效率的医疗服务体系。[①]建立基层首诊服务在于吸引前往二、三级医疗机构盲目就医的社区居民选择签约全科医生作为首诊医生，由首诊医生作出健康问题的准确判断并对患者进一步的就诊提供路径引导。首诊服务制度的建立，需要社区居民对于基本医疗卫生服务提供者的专业能力与医学人文素养充分信任，而这种信任则以社区居民与全科医生签约为信任关系纽带，签约本身就表达出签约居民对于全科医生医学专业能力与医学人文素养的信任与肯定。签约不应成为完成行政化任务的单纯数字统计以应付监督与检查，签约更不应演变成为不以双方信任为基础的、徒具形式的一纸空文。也只有基于签约所表达出的信任关系，以全科医生为核心成员的全科团队如同签约居民家庭成员一般走进签约居民的家庭生活，像家庭成员一样去关心签约对象及其家庭成员的健康问题，才能真正担负起社区签约居民健康与医疗费用的"守门人"职责，才能在疾病分化之前为签约对象提供综合全面的人性化全科医疗服务，而在疾病分化之后为签约对象提供就医路径引导，从而建立具有制度优势与吸引力的全科医生首诊服务制度。

据调研资料显示，上海社区居民对全科医生首诊服务模式缺乏信任，这种信任的缺乏，主要表现为对于首诊服务提供者全科医生及其团队的不信任。全科医生是全科团队核心成员且为全科团队与社区居民建立签约关系的代表和责任人。对全科团队的不信任，集中表现为对于全科医生的不信任。这种"不信任"具体表现为，为什么社区卫生服务中心（站）里的全科医生大部分都是专科学历，本科学历者寥寥无几？二、三级医疗机构里不称职的医务工作者，为什么被"下放"到社区卫生服务中心（站）？基

① 参见《国务院办公厅关于推进分级诊疗制度建设的指导意见》（国办发〔2015〕70号）。

层医院是否为不合格医生的“集散地”？社区卫生服务中心（站）签约全科医生是否只能够医治一些小病，包括配药和提供输液服务？一些全科医生签约社区居民人数达几千人，全科医生是否能够顾及每一个签约居民的个性化需求？与社区居民“不信任”有关的疑问还可以列举很多。如果社区居民不愿意在社区看病，非要用制度来约束社区居民在社区看病，则会无形中增加社区居民看病流程和成本，即先去社区开转诊单，然后去大医院看病。[①]医务人员也认为，这种“不信任”将对转诊起到阻碍作用。[②]在上海市各区县调研过程中，笔者深感这种“不信任”将成为首诊服务模式得以建立的桎梏与瓶颈！外在化的基层医疗卫生服务机构办医条件的改善，不足以从根本上应对与化解这种长久以来日渐形成的信任危机；只有基层医疗卫生服务具体提供者的专业技术能力得到全面提升，才能修复并逐渐夯实社区居民对于全科团队基本医疗卫生服务能力的内心确信。因此，培养大量合格的全科医生，是建立首诊服务模式的本质要求。

二、首诊服务模式与全科医生首诊权

全科医生首诊服务制度的建立与有序且高效地运转，需要系列性制度安排方能达成。其中，全科医生欠缺对于签约对象应当接受首诊服务的制衡力，则是全科医生制度权利机制缺位的重要表现。在签约协议书中赋予全科医生首诊权并设计相应的制度安排，包括对签约对象就医自由的合理限制、责任条款、基本医保报销比例差异条款等，

---

① 参见吴春容：《关于社区首诊制的一些思考》，载《中华全科医师杂志》2007年第1期，第26–27页。

② 参见王川、张蕾：《当前我国施行社区首诊的必要性及可行性分析》，载《卫生经济研究》2009年8期，第25–26页。

从制度层面保障全科医生首诊权的享有与实现。[①]全科医生首诊权作为全科医生首诊服务模式的权利保障机制，将赋予全科医生实现首诊服务的权利资格、权利实现的各种保障措施，从制度约束力的角度，[②]确保社区居民就诊首选签约全科医生，接受全科团队基本医疗卫生服务，践行全科医生首诊服务理念。

据调研资料显示，上海市各区县签约协议书对于全科医生首诊权皆未有所提及或作模糊化表述，无法凸显全科医生作为社区居民健康与医疗费用“守门人”的首诊地位与制度功能，使得全科医生制度的制度魅力与特色遗失殆尽，严重阻碍全科医生首诊服务制度建立。

就全科医生首诊权模式化表述而言，与全科医生首诊权的要求，相差甚远。长宁区全科医生签约协议书上的“配合甲方就医路径引导”与杨浦区全科医生签约协议书上的“积极配合其签约家庭医生，有服务需求时主动利用家庭医生服务”规定，皆为签约对象配合义务的建议性规定，没有不予配合的责任性后果，导致该规定不具有可操作性而流于形式。就规定内容“配合义务”的本质来讲，也并非全科医生首诊权的规范表达，充其量是一种模糊化表述。签约协议书全科医生首诊权在这种模糊化的表述下，无法赋予全科医生制衡并限制签约对象自由选择就医方式与路径的权利能力，对于签约对象不选择全科医生作为首诊医生或不依照转诊程序实现有序转诊的现象，全科医生实际上处于“无能为力”的境地。而签约对象对于就医方式与路径的自

① 利用基本医保报销比例差异制度推进社区首诊制的医改实践案例，可参见张邹、张笑天：《依靠制度力量 推动社区首诊——珠海市社区首诊制实施情况与效果分析》，载《中国医疗保险》2013年第1期，第53-54页；参见黄岩、柏雪、种波等：《东莞社区首诊制运行特点及对医疗卫生服务的影响》，载《社区医学杂志》2011年第21期，第6-7页。

② 参见王宁：《分级诊疗体系构建求索》，载《中国医院院长》2014年第6期，第39-41页。

由选择权，事实上处于没有制衡和限制的自由状态。[①]权利皆有边界，没有不受制约的权利与自由。签约居民选择就医方式与路径的自由选择权，本身应当受到签约协议书全科医生首诊权的制衡与限制。另外，上海市其他区县的签约协议书未见有全科医生首诊权的规范表达，有些甚至没有长宁区和杨浦区那样的模糊化表述。

需要进一步追问的是，与全科医生首诊权相关的模糊化表述存在的制度性缘由是什么？全科医生首诊权模糊化表述与上海全科医生制度改革的阶段性，密切相关，并以改革阶段性为据来为这种模糊化的表述充当合理性论证。根据上海全面推广全科医生制度指导意见的规定，全科医生制度全面推广采取分阶段、分步骤的渐进方式，第一阶段以全科医生逐步覆盖、服务模式完善和畅通转诊关系构建为重点，第二阶段以基本医疗保险制度的配套改革为重点，第三阶段以首诊机制的建立为重点，最终使全科医生真正成为居民健康、医疗资源与卫生经费的“守门人”。[②]基于第一阶段全科医生逐步覆盖、服务模式完善和畅通转诊关系的要求，签约成为第一阶段的核心目标并以签约率、知晓率、利用率等数字指标为评价手段。全科医生首诊权作为全科医生首诊服务模式的重要制度设计，上海市各区县签约协议书对此不作规定或仅作模糊化规定，似乎也有了政策依据并期待后阶段的逐步完善。

如何评价这种全科医生制度阶段性推进思路，笔者认为：

首先，这种阶段性改革思维与全科医生制度改革所要求的各种制度环环相扣的完整性之间，存有内在的、甚至是不可调和的紧张关系。全科医生制度是由一系列具体制度组合而成的完整性制度体系，至少包括全科医生签约制度、全科医生团队服务制度、全科医

① 既要保障市民医疗机构的选择权，又要实施全科医生签约制度，折中后形成所谓的“软签约”制度。参见雷鹏、王克利、吴龙等：《家庭医生制度与医保支付制度联动机制研究——以上海为例》，载《中医疗保险》2015年第4期，第9–11页。

② 参见《关于本市全面推广家庭医生制度的指导意见》（沪卫基层〔2013〕7号）。

生首诊服务制度与全科医生执业发展制度，每个制度之间环环相扣，缺一不可。在阶段性改革的某一阶段内只能建立并推行其中一部分制度设计，其他制度设计则被靠后安排。然而，看似在某一阶段已经建立并全面推广开来的某一全科医生具体制度，由于没有其他具体制度的配合而演变成了一个不伦不类的制度怪胎！例如，签约并完善全科医生服务模式是上海全科医生制度改革第一阶段任务之一，可以试问，没有第三阶段首诊机制的建立与第二阶段基本医疗保险制度的配套改革，全科医生服务模式又如何构建？因为全科医生服务模式本身就是首诊机制的体现，而首诊机制需要一系列具体制度机制相互配合、相互协作并形成一个完整的制度体系，方能形成首诊机制所要提供的全科医生服务模式。因此，以改革的阶段性为由而忽视全科医生制度的完整性，不利于实现该制度设计的初衷与目标。

其次，阶段性改革可能会加剧就诊秩序的无序化。基于改革的阶段性要求，由于全科医生培养制度需要逐渐完善，而培养出大量合格全科医生需要时间与激励机制的完善，因此，全科医生培养制度显然不是第一或第二个阶段所能完成的任务。笔者调查资料显示，上海社区卫生服务中心全科医生主要由过去本单位专科医生转岗培训而以全科医生身份开展签约执业，学历以医学专科为主，笔者调研的众多社区卫生服务中心（站），尚未发现有本科以上学历的全科医生，原因在于上海社区卫生服务中心系由过去地段医院改造而成，而地段医院属于医院分级序列中的一级医院，吸引本科以上学历医学人才的能力十分有限。由于开展签约执业的全科医生并未接受全科医学专业教育与全科医生规范化培训，专业素养受到包括签约对象在内的社区居民质疑。再加上全科医生首诊权制度设计在签约协议书中的缺失，对于签约对象自由选择就医方式与路径权利缺乏制衡与限制，上海第一阶段所要实现的全科医生服务模式演变为，签约对象对于全科医生专业素养的不信任、服务能力的不信任、签约与不签约效果相似性的判断感受以及接受签约首诊服务会耽误疾病诊治最佳时机的担忧。基于上述的不信任与担忧，上海全科医生制度改革第一阶段实现的任务，反而加剧了包括签约对象在内的社区居民对于二、三级医疗机构优质医疗资源的向往，加剧了日益无序化的就诊秩序。

最后，这种阶段性改革思维可能会稀释并淡化改革实效。上海全科医生制度在2013年全面推广，在此之前，全科医生制度已经率先在某些区县进行改革试点并取得一定经验。全科医生制度在上海全面推行，除了社区看病的便利性之外，社区居民其实并未感受到该制度真正的优越性所在。建立起来的全科医生制度，在社区居民看来，与过去地段医院并没有什么大的区别。社区居民基于对自身健康的关注、对社区卫生服务中心（站）全科医生的不信任、基层医疗机构医学检查层次不高、基本药物难以满足现实需求，这一系列因素结合起来便是一个老生常谈的话题，即“看病难看病贵”！全科医生制度改革的阶段性思维，稀释并淡化了改革实效，让社区居民看不到全科医生制度的优越性所在，也在某种程度上增加了改革阻力与成本。

三、首诊服务模式与全科医生转诊权

首诊服务模式的建立，需要赋予全科医生更多医疗权利并具有健全的权利保障制度，方能发挥全科医生在首诊服务中作为签约居民健康与医疗费用的“守门人”职责。全科医生转诊权，即全科医生在为签约对象提供首诊服务时，有权根据签约对象具体健康状况，以全科专业人员所应有的专业素养，判断签约对象健康问题本身是否已经分化为某一类疾病，以全科专业人员应有的注意义务，决定签约对象是否应当被转诊至相应上级医疗机构的相应科室就诊。对于签约对象而言，全科医生转诊权是全科专业人员在尽到高度专业注意义务前提下所作出的是否应当转诊的判断，签约对象应当遵从全科医生对于是否应当转诊的建议并应承担相应的协助义务，不同意或拒不接受全科医生转诊建议的，应承担由此给其健康利益和医疗费用可能造成的损害与利益损失。对于首诊服务模式的建立而言，全科医生转诊权是将接受社区首诊服务的签约对象，根据其身心健康具体情况，决定其是否应当继续接受全科团队全科医疗服务，还是在健康状况分化为某一类疾病时，将其转诊至相应上级医疗机构就诊，从而实现患者在二、三级医疗机构的有序合理分流。

据上海市各区县调研资料显示，除在个别区县社区转诊被“激活”外，大部分区县转诊现象很少发生，即使上海基层社区转诊制度建设已较为健全。

其一，就社区转诊利用率低的区县而言，以下两类原因值得关注：一是在社区首诊制难以落实的情况下，就没有社区转诊现象发生的可能性。社区居民要么不与社区卫生服务中心（站）全科医生签约并建立签约服务关系，要么建立签约服务关系但并不利用全科团队服务，在有健康需求时，径直选择二、三级医疗机构就诊。在这种情况下，全科医生转诊权没有权利实施的外部条件与权利实现的外部环境，全科医生转诊权处于休眠状态。二是包括签约对象在内的社区居民利用全科团队社区首诊服务，但并不接受全科医生对于社区转诊的建议与安排，即全科医生转诊权受到排斥与拒绝。在这种情况下，患者个人对于转诊与否的意愿，决定全科医生转诊权的实现与否。调研资料显示，患者拒绝转诊主要理由为，担心定向转诊会影响自身选择医疗机构就诊的自由选择权。其实，这种担忧是没有必要的。上海定向转诊管理规定指出，定向转诊应当遵循就近、及时、便捷原则。[①]这意味着，转诊机构的选择以患者利益最大化为目标，在转诊机构选择问题上，患者有充分表达意愿的权利，最终转诊机构的确定由双方共同决定而非医务人员单方决断。值得注意的是，全科医生在行使转诊权时，除要尽到全科专业人员应当尽到的注意义务外，还应当就转诊与否及

---

① 参见《关于印发〈上海市社区卫生服务中心定向转诊管理规定（试行）〉的通知》（沪卫基层〔2007〕4号）。另参见夏琳：《我国双向转诊制度优化研究——以上海市实施双向转诊制度为例》，上海交通大学2012年硕士学位论文，第28页。

相关具体情况履行详尽的说明义务。

因此，针对第一种情况而言，应当强化社区首诊制度建设，广泛宣传，同时不应当采取阶段化改革思维，在社区首诊制度建立之后，再加强社区转诊制度建设，而是同步建立并强化社区首诊与社区转诊两种制度建设并与基本医保制度配套改革结合起来。针对第二种情况而言，包括全科医生转诊权为主要内容的社区转诊制度，应当成为被规范化的重点，包括全科医生转诊权的转诊条件、转诊程序、转诊判断的注意义务、转诊决定的说明义务、限制转诊权的情形等。

其二，就转诊制度被“激活”的区县而言，经验总结至为重要。一是社区卫生服务中心与二、三级医疗机构协同合作关系的建立，大大消解了患者对于自由就医选择权被侵害的担忧，将优质医疗资源引向转诊制度，从而增强患者对于社区转诊的制度信任，为全科医生转诊权确立与实现奠定了和谐而又顺畅的外部环境。社区卫生服务中心与二、三级医疗机构之间建立紧密或松散型的协同合作关系，将优质医疗资源与以全科团队服务为核心的社区一级医院通过合作协议这一法律关系联系起来，沟通并建立起社区一级医院与二、三级医疗机构优质医疗资源之间的合作桥梁，患者无须担忧定向转诊至不满意的医疗机构，患者自由选择就诊机构的选择权，在医疗机构协同合作中得到全方位满足。值得关注的是，协同合作关系的建立，需要尽可能扩充优质资源联合的深度与广度，将更多的优质医疗资源纳入协同合作关系中来，使社区患者自由选择就诊机构的选择权得到最大程度的满足，使全科医生转诊权的行使与实现拥有更为和谐与制度性保障的外部环境。二是医疗机构之间的协同合作关系的建立，不仅使社区转诊制度被“激活”，社区首诊制度也得到蓬勃开展，全科医生首诊权在签约制度中得到伸张并在医疗机构协同合作关系中得到保障。社区转诊与社区首诊两种制度之间存在相互影响、相互制约的紧密联系，社区转诊制度在医疗机构协同合作关系中得到蓬勃开展并将更多优质医疗资源引向社区居民，将会吸引更多社区居民通过全科医生转诊权的行使与实现，享受优质医疗资源；反过来，为了实现这一点，更多社区居民会选择与社区卫生服务中心（站）全科医生签约并建立签约服务关系，因为高效便捷的转诊服务即为签约服务的核心内容之一，也是基于签约才能享受到的基本医疗卫生优惠服务之一。

第三节　全科医生首诊服务制度的法治完善

全科医生首诊服务制度的建立，需要对前述上海全科医生制度改革实践中存在的问题有清醒认识与制度构建考量。上述问题的存在，根本原因在于缺乏足够吸引社区居民遵从全科医生首诊服务模式的制度优势。这种制度优势的缺乏主要表现为旨在全面提升全科医生专业素养的专门而又科学合理的培养制度，吸引社区居民主动配合全科医生社区首诊并对全科医生首诊服务保持足够敬畏的首诊权制度，将患者健康合理关切与就诊秩序维护融合并规范行使的全科医生转诊权制度，秉承“以患者为中心”的全科医疗理念的全科团队服务配套制度与主动服务方式的制度建构。笔者以为，现阶段全科医生首诊服务制度的建立，贵在对于上述制度漏洞的理性思考并结合全科医生制度改革的实践分析，构建以秩序规范与健康维护为价值理念的全科医生首诊服务制度规范体系，并赋予这种制度规范足够的法治权威与实施合力，与其他全科医生法律制度结合并融为一体，形成符合我国国情、值得信任并高效运转的全科医生法律制度。

一、全科医生培养制度的规范化制度设计

从上海全科医生执业人数与执业素养的实践调研来看，全科医生培养制度亟须构建。培养大量合格的全科医生，是全科医生首诊服务制度得以建立的人力资源基础、重塑社区居民对于基层医疗卫生服务信任关系的基础以及首诊服务质量得以确保的基础。统一而

又规范的全科医生培养制度，旨在实现与全科医生首诊服务制度相适应的全科医生执业队伍建设的规范化。据前文调研资料显示，上海全科医生制度全面推广以来，尽管取得了很大成绩，但全科医生人数与常住人口数、户籍人口数不协调的现象，并未从根本上得以改观。目前以上海市每名全科医生签约负责 2500 人为标准，需要近 10000 名全科医生。而据学者统计，英国约 1/4 的医生为全科医生，每名全科医生负责终身照顾 1800–2000 名患者。[①] 全科医生人数的严重不足，制约着全科医生首诊服务模式的建立并对全科团队服务产生消极影响。同时，现阶段已经具备执业资格的全科医生执业素养与包括签约对象在内的社区居民愿望与要求，还有相当差距。故而，全科医生人数与素养的双重提升，是构建统一而又规范全科医生培养制度的设计目标。

从制度发展的历程来看，上海全科医生培养制度经历了三个阶段：

第一个阶段为现有社区医生的全科化培养阶段。这一阶段目标是到 2007 年年底，社区卫生服务中心内中专及以下学历的医师原则上撤离临床医疗第一线，实现社区卫生服务中心临床医师全部具有大专或本科学历，全科医生占临床医师总数的 50%，全科医生总数达到 3500 名。具体措施：一是对 2003 年以后进入社区卫生服务中心工作，具有临床医学本科学历的医师，在静安区试点基础上，全部开展为期四年的全科医师规范化培训。二是对目前已在社区卫生服务中心担任临床工作的医师，分助理医师（限村卫生室）、医师、主治医师三个级别，内科、外科、其他科三个组别共 7 种对象，分别制定教纲、编写教材，分别开设培训班，由不同级别的教师授课，课程 300–400 学时不等。针对参加培训医生的原专业和岗位特点，强化非本专业医学等项相关知识的学习，并用半年时间（或分

① 参见孙宁霞、赵凯：《英国全科医疗与初级保健制度初探》，载《中华全科医学》2010 年第 12 期，第 1588–1589 页；张一飞、冯学山：《英国全科医生制度建设对我国的启示》，载《中国初级卫生保健》2013 年第 11 期，第 10–12 页。

段进行），在二、三级医院和社区卫生服务中心进行临床实践培训。三是指导二、三级医院在职或退休5年之内的中、高级专科医生，通过全科医学培训后，到社区卫生服务中心工作，充实社区全科医师队伍。[①]这一阶段的主要特点在于，对社区卫生服务中心现有医生分类进行全科化培训，对2003年新进的社区医生进行为期4年的规范化培训，对其他社区医生进行非本专业的为期半年的临床实践培训。

第二阶段是全科医生规范化培养阶段。上海市卫生局在全市三级综合性医院和社区卫生服务中心选择设立8个全科医生临床基地、40个社区全科医生基地。2006年至2010年共计划招收1000名在社区医院工作不足两年的临床医师或本科及以上学历的应届毕业生作为全科医师规范化培养对象，平均每年200名左右。按照卫生部制定的《全科医学专科细则》，由上海市卫生局组织制定《上海市全科医师规范化培养教学大纲》，对培养对象进行为期3年的规范化培养。规范化培养分理论学习和技能强化、临床基地轮转、社区基地实践三个阶段。全科医师规范化培养考核合格者将获得卫生部统一印制的《全科医师规范化培养合格证书》。[②]这一阶段的特点是重在培养而非现有社区医生的培训，招收新进入社区医院工作的年轻医生或医科专业毕业的应届毕业生作为培养对象，临床基地与社区基地的双层培养模式相结合，并对长期从事社区医疗卫生工作的全科医生给予奖励。

第三阶段是住院医师规范化培训阶段。这一阶段将全科医生的规范化培训纳入整个住院医师规范化培训体系，并制定统一的培训办法和师资、人事、管理与考核办法。住院医师规范化培训考核合格者获

① 参见《上海市社区全科医师培养三年行动计划》（2004.9–2007.8）、《上海市全科医师岗位培训实施方案（试行）》。

② 参见《上海市全科医师规范化培养试行办法》（2006–2010年）。另参见李蕴明：《上海：重金培养千名全科医师》，载《医药经济报》2008年9月8日。

得卫生部统一印制的《住院医师规范化培训合格证书》。[①]这一阶段的特点是将全科医生规范化培训纳入整个住院医师规范化培训体系，各项具体制度不作区分地进行了统一规定，招生对象为本科以上的医学应届毕业生，即面向未来并为以后从事社区全科医疗卫生工作的年轻人提供规范化全科医生培训机会。同时，进行住院医师规范化培训与临床医学硕士专业学位教育衔接改革，临床医学专业硕士毕业应当实现"四证合一"，即医师资格证书、上海市住院医师规范化培训合格证书、硕士研究生学历证书和临床医学硕士专业学位证书。[②]这一阶段上海住院医师规范化培训走在了全国前列，并为制定国家层面的相关政策文件提供了实践经验支撑。[③]

与其他专科医生的规范化培训相比，全科医生的规范化培训有自己的特点。例如，我国台湾地区家庭医生训练为3年，第一年住院医师必须独立处理病患问题，以整体医学的观念为患者提供周全的照顾。第二年住院医师必须能视病患的需要而进行家庭评估，提供以家庭为单位的照顾。第三年住院医师能独立从事社区医疗。在3年的规范化

---

① 参见《上海市住院医师规范化培训实施办法（试行）》（沪卫科教〔2010〕5号）、《上海市住院医师规范化培训和考核管理办法（试行）》（沪卫科教〔2010〕14号）、《上海市住院医师规范化培训劳动人事管理暂行办法》（沪卫人事〔2010〕96号）、《上海市住院医师规范化培训医院和师资管理办法（试行）》（沪卫科教〔2010〕13号）、《上海市住院医师规范化培训与临床医学硕士专业学位教育衔接改革实施办法》。

② 上海住院医师规范化培训与临床医学硕士专业学位教育相结合的工作得到了教育部、卫生部和国务院学位办的充分肯定和大力支持，并列入教育部批准上海实施的23项教育体制综合改革项目和部市共建上海教育综合改革试验区项目。根据上海市2010年住院医师实际招录人数，教育部2011年下达了900个临床医学硕士专业学位名额的单列计划。参见许铁峰、王涛、张堪等：《上海市全科医师培训工作的回顾与展望》，载《中华全科医学》2011年第12期，第1827、1835页。

③ 参见《关于建立住院医师规范化培训制度的指导意见》（国卫科教发〔2013〕56号）、《住院医师规范化培训管理办法（试行）》、《住院医师规范化培训基地认定标准（试行）》、《住院医师规范化培训内容与标准（试行）》、《全科医生规范化培养标准（试行）》（卫科教发〔2012〕48号）等。

培训时间里，前两年在综合性医院，最后一年在社区医院。[①] 美国全科医学生的规范化培训是典型的毕业后教育并与继续医学教育和执业再认证制度结合在一起。[②] 全科医生规范化培训时间为3年，经过培训合格并取得专科医师资格证后，方可注册成为全科医生。全科医生每3年必须获得150分的继续医学教育学分，每6年必须参加美国家庭医学委员会组织的家庭医师资格再认证制度，合格者才能再注册执业。[③]《英国医疗法》（1983年）授予英国医师总会（GMC）负责英国医师的培训、注册和管理职责，具体由英国皇家全科医生学院（RCGP）负责全科医生规范化培训、继续教育、执业发展等事项。RCGP编定的培训大纲6项基本要求被细化为12项教学目标，每个目标突出“知识、技能和行医态度”三项内容，培训时间为3年，包括18个月在医院专科培训和18个月在社区诊所培训。培训结束后参加由RCGP统一承办的准入考试，考试包括专科知识、临床技能和实地考核三部分，前两部分在第三年完成，第三部分在3年中每半年考核一次，受训者通过三部分考试合格后便可获得毕业证书和皇家全科医师专科学会会员资格。[④] 其他国家，如法国、德国、澳大利亚、加拿大、古巴

① 参见孟群：《中外住院医师/专科医师培训制度概况》，中国协和医科大学出版社2010年版，第173—174页；李孟智：《台湾地区的全科（家庭）医学教育培训》，载《首都医科大学学报》2013年第2期，第218—223页。

② 参见鲁建华、陈融、王青青等：《美国全科医生培养模式对综合性医院全科医生培养的启迪》，载《全科医学临床与教育》2013年第1期，第50—51页。

③ 参见美国家庭医疗委员会网，http://www.theabfm.org/index.aspx，访问时间为2015年6月30日。另参见鲁建华、陈融、王青青等：《美国全科医生培养模式对综合性医院全科医生培养的启迪》，载《全科医学临床与教育》2013年第1期，第50—51页。

④ 参见英国皇家全科医生学院网，http://www.rcgp.org.uk/，访问时间为2015年6月30日。另参见英国《Medical Act 1983》Part IVA部分的条款。需要指出的是，从1989年到2009年的20年间，英国全科医生人数增加了40%，随之每个全科医生的平均登记注册患者人数从1999人下降到1432人。参见中国医疗保险研究会、国际劳动保障研究所：《世界主要国家和地区近十年医疗保障改革研究》，经济科学出版社2013年版，第32页。

等国，医学专业毕业生毕业后一般都要进行3年左右的规范化培训，方能注册执业。[①]这些国家或有关地区全科医生规范化培训特点有二：一是由全科医生自治组织承担全科医生规范化培训之责任，充分发挥了全科医生自治组织在全科医生规范化培训上的优势；二是全科医生自治组织制定了涉及全科医生规范化培训各方面的规范或指南，每一项培训要求都有具体规范或指南，要求严格并有据可施。

上海全科医生规范化培训已与国际接轨，但将全科医生规范化培训与其他专科医生规范化培训“扎堆”放在一起，相关政策文件缺乏针对性以及法治效力。国务院卫生计生委于2014年颁布了《住院医师规范化培训管理办法（试行）》这一行政规章，但仍然缺少针对全科医生规范化培养的具体实施办法。因此，有必要根据《住院医师规范化培训管理办法（试行）》与上海住院医师规范化培训相关政策文件精神，制定《全科医生规范化培养办法》，将全科医生规范化培养系统化、规范化、法制化并作为《执业医师法》资格准入的特别法，重点确认并规范以下两项基本制度：

一是临床医学本科毕业生的全科规范化培训制度。临床医学本科毕业，再经过3年的全科医生规范化培训，取得医师资格证书与住院医师规范化培训合格证书，方能注册成为全科医生。这一制度的特点在于全科医生执业资格需要具备“两证”，即医师资格证书和住院医师规范化培训合格证书。临床应届本科毕业生的本科教育为5年，全科医生规范化培训为3年，此即所谓“5+3”模式。这一制度有如下几个要点：（1）该制度适用于所有需要取得全科医生执业资格的临床医学本科毕业生。临床硕士研究生取得全科医生执业资格不适用此制度。（2）全科临床培训基地与全科临床实践基地的规范化。由省级卫生行政主管部门根据《住院医师规范化培训基地认定标准（试行）》确定本

① 参见孟群：《中外住院医师/专科医师培训制度概况》，中国协和医科大学出版社2010年版，第三、四、五、六、九章；杨秉辉：《全科医学概论》，人民卫生出版社2008年版，第174-175页。

省符合条件的全科临床培训基地与全科临床实践基地名单，每 3 年根据国家标准对名单进行修订。根据名单确定的培训基地与实践基地，主要根据属地原则，由 1 个培训基地与 3–5 个实践基地签订合作协议，明确双方在全科医生规范化培训中的权利与义务。（3）培训对象与培训基地或实践基地签订劳动合同。在培训基地接受规范化培训时，由培训对象与培训基地签订劳动合同，明确双方权利与义务，培训基地按照本单位相同学历与工作经历人员的工资标准，向培训对象支付工资。在实践基地接受规范化培训时，由培训对象与实践基地签订劳动合同，实践基地按照本单位相同学历与工作经历人员的工资标准，向培训对象支付工资。（4）培训基地与实践基地应当根据《全科医生规范化培养标准（试行）》（卫科教发〔2012〕48 号）制定本单位全科临床规范化培训实施办法，报卫生行政主管部门备案。培训基地与实践基地的培训实践应各为 18 个月，以增强培训对象的基层实践操作能力。（5）培训基地与实践基地的带教老师资格须为临床主治医师以上并有 5 年以上工作经历。（6）全科临床规范化培训采取政府主导模式，培训基地与实践基地的培训经费由政府根据培训人数归入事业单位人员工资支付范畴，除培训对象工资之外，培训单位的带教师资培训经费与培训设备经费等，计入同级政府财政。（7）培训基地与实践基地的培训内容包括医德医风、政策法规、临床全科实践技能、全科专业理论知识、人际沟通交流等，重点提高临床全科诊疗能力。[①]（8）考核包括过程考核和结业考核，过程考核由培训基地与实践基地自行组织，结业考核由各省、自治区和直辖市医学会负责组织。过程考核合格和通过医师资格考试是参加结业考核的必备条件。过程考核与结业考核均合格者，颁发统一制式的《全科医师规范化培训合格证书》。

二是临床全科医学硕士培养与全科医生规范化培训相结合。《上海市住院医师规范化培训与临床医学硕士专业学位教育衔接改革实施办法》开创了临床医学硕士培养与全科医生规范化培训相结合的改革

---

① 参见《住院医师规范化培训管理办法（试行）》第 26 条。

思路，具有推广价值。该制度作为全科医生规范化培养制度的重要内容，以下重要制度应当得以确认并规范化：（1）临床全科医学硕士专业学位教育实行“5+3”模式，即接受临床全科医学本科教育为5年，接受临床全科硕士研究生教育并参加全科医生规范化培训为3年。临床全科医学硕士研究生培养一律与全科住院医师招录、全科临床规范化培训、全科临床医师准入标准相结合。不与全科住院医师招录、全科临床规范化培训、全科临床医师准入标准相结合的临床全科医学硕士研究生培养制度，予以取消。（2）临床全科医学硕士专业学位研究生（住院医师）具有硕士研究生和住院医师的双重身份，接受高校、培训医院管理。由高校与培训基地、实践基地分别签订全科临床硕士规范化培训协议，全科临床硕士研究生不与培训基地、实践基地分别签订劳动合同。全科临床硕士研究生的学位教育归高校管理，具体规范化培训事宜通过高校与培训单位的协议予以明确。（3）被高校录取的全科临床医学硕士专业学位研究生获得研究生学籍，不享受国家和高校研究生助教、助研、助管补助和生活补贴。在参加培训期间，依法享受规定的各种福利待遇。（4）申请全科临床医学硕士专业学位应当取得临床全科医学硕士研究生学历证书、临床全科医学硕士专业学位证书、医师资格证书和全科医师规范化培训合格证书。[①]

二、全科医生首诊权的规范化制度设计

（一）域外国家或地区全科医生首诊权制度分析

在英国、法国、古巴、澳大利亚、意大利、荷兰、丹麦等国，全科医生皆被赋予社区居民健康与医疗费用“守门人”职责并处于卫生保健系统的中心位置。这些国家的所有居民都须选择一名全科医生并

① 参见《上海市住院医师规范化培训与临床医学硕士专业学位教育衔接改革实施办法》。

签约，即建立所谓的病人名单制度。全科医生通常是病人接触的第一个专业人员，并首先决定病人需要何种服务。[①] 在卫生保健系统中，全科医生享有社区居民选择其作为首诊医生的权利资格，由全科医生控制对专科服务、医院服务或其他昂贵服务的利用，从而降低卫生保健费用。同时，由全科医生为签约对象制定符合个体化需求并与健康状况相适宜的医疗保健方案。例如，英国是最早确立全科医生“守门人”制度并赋予全科医生首诊权的西方国家，1946 年《国民健康服务法》则是全科医生“守门人”制度与全科医生首诊权在基本法律层面上的集中体现。该法将医疗卫生服务体系区分为初级医疗卫生服务与次级医疗卫生服务，前者主要由全科医生建立起“守门人”制度并为所有英国居民提供初级医疗卫生服务，后者则为专科服务与住院服务。英国居民从出生起即应选择所在社区全科医生作为签约首诊医生，由全科医生向签约居民提供非专科与住院的全科医疗服务。[②] 法国原本没有建立“守门人”制度，病人可以在卫生保健体制中自由选择服务提供者，没有强制性的全科医生注册制度，由于法国卫生保健系统缺乏这种组织机制，导致协作不佳，尤其是保健服务的连续性不好，公众对此多有不满。无论是居民就医流程，还是个人健康维护，都没有专业人员负责，因此，病人不得不自行安排整个过程。从 2005 年 1 月 1 日起，法国政府根据《社会保障法典》实施覆盖全民的强制性守门人制度，[③] 投保者必须为自己选择一名全科医生并作为投保人的首诊主治医生，首诊主治医生保管投保人电子医疗档案，在需要专科服务时，投保人必须征求首诊主治医生的意见，经首诊主治医生诊断后确有必要的，方可持开具的转诊证明去看专科医生。否则，享受的医疗

---

① 参见［美］索特曼、里克、布尔玛：《欧洲基本保健体制改革》，陈宁姗主译，中国劳动社会保障出版社 2010 年版，第 100 页。

② 参见《National Health Service Act 1946》第 33 条。

③ 参见［美］索特曼、里克、布尔玛：《欧洲基本保健体制改革》，陈宁姗主译，中国劳动社会保障出版社 2010 年版，第 102 页。

保险报销比例将被削减20%，急诊、看妇科或眼科等情形除外。[①] 古巴也实行严格分级诊疗制度和全科医生首诊权制度，建立在乡村和街道的医疗站由全科医生和护士组成，全科医生作为负责辖区居民的首诊医生，有就医需求时，应当先来医疗站寻求全科医生的医疗帮助。[②]

德国和我国台湾地区的全科医生首诊权制度，也值得关注。德国实行严格的分级诊疗制度，医疗服务实行门诊与住院服务双轨制，门诊服务由独立开业的全科医生和专科医生负责提供，根据患者购买的医疗保险类型而与医疗保险协会签约的全科医生或专科医生建立签约服务关系，门诊服务必须首先选择签约全科医生或专科医生作为首诊医生。[③] 由此可见，德国提供门诊服务的全科医生与专科医生共同享有针对签约对象而提供门诊服务的首诊权。我国台湾地区已经建立了家庭医师制度，以民众健康为导向，建立以病人为中心的医疗观念，提升医疗服务品质。家庭医师制度虽不限制民众就医选择路径，但要求所有加入全民健康保险的民众应以家户为单位选择已登记的家庭医师，并提供适当诱因以促成家庭医师制度的形成。故而，我国台湾地区全科医生/家庭医生享有的首诊权不具备强制性，而是在多项诱导性制度合力作用下的首诊权，参加全民健康保险的民众在该制度诱导下（包括具备专业性、可及性与可选择性的社区医疗群），往往会选

---

① 参见李久辉、樊民胜：《法国医疗保险制度的改革对我们的启示》，载《医学与哲学（人文社会医学版）》2010年第8期，第44—46页。

② 参见王诺：《古巴医疗体制的评价及其对中国的启示》，载《拉丁美洲研究》2009年第2期，第50—55页；毛相麟：《古巴的全民医疗保障制度》，载《科学决策月刊》2007年第8期，第54—55页；Dresang LT，Brebrick L，Murray D，et al.，Family Medicine in Cuba：Community Oriented Primary Care and Complementary and Alternative Medicine，J Am Board Fam Pract，（18）2005，pp.297–303；Margaret Gilpin Source，Cuba：on the Road to a Family Medicine Nation，Journal of Public Health Policy，Vol. 12 Spring 1991，pp.83–103。

③ 参见魏鹏：《德国分级医疗体系管窥》，载《中国医疗保险》2011年第9期，第70页。

择签约全科医生 / 家庭医生作为首诊医生。[①]

上述国家或地区全科医生首诊权制度具有共同特点，但也有制度差异。共同之处在于，分级诊疗体系的构建是这些国家或地区全科医生首诊权制度设计的共同背景。在谋求并实现分级诊疗规范秩序的要求下，全科医生作为初级保健专业医生，被依法赋予作为投保人或社区居民首诊医生的法律资格，并在强制性或诱导性法律规定下，使全科医生首诊权的实现有了可靠的法律保障。就制度差异而言，各国基于各自社会、文化与历史传统而对于全科医生“守门人”制度和社区居民就医自由权之权利限度的不同理解，全科医生首诊权的法律要求存在差异，根据法律规定的约束性限度，可将全科医生首诊权分为强制性首诊权与诱导性首诊权。前者以英国、法国、澳大利亚、意大利等国为代表，全科医生首诊权规定为法律强制性规定，但也存在由于客观情况或急诊等原因，签约对象越过全科医生而直接寻求专科服务或住院服务的例外情形。后者以我国台湾地区为代表，法律并不以强制性规定限制民众的就医自由权，但通过一系列诱导性制度安排吸引民众选择全科医生作为首诊医生，以此作为尊重与保障全科医生首诊权的基础。

在构建我国分级诊疗制度的时代背景下，全科医生首诊权作为建立全科医生首诊服务模式的重要制度设计，需要借鉴上述国家或地区的有益经验，设计出符合我国国情并兼具公平与效率价值理念的可行性全科医生首诊权制度。

（二）全科医生首诊权制度的规范理念

从上海全科医生制度的实践调研情况可知，全科医生社区首诊服务制度并未得到制度性实现，仅在个别区县有社区首诊服务的制度雏形。以全科医生为核心的全科团队作为基本医疗卫生服务主要提供者，

① 参见中国台湾地区当局 2005 年发布并执行的《全民健康保险家庭医师整合性照护制度试办计划》（健保医字第 0940017934 号）。

并无有效制约签约对象接受全科医生首诊服务的权利能力以及相应的权利保障机制。因此，全科医生首诊权需要在全科医生制度改革实践经验的基础上，借鉴其他国家或地区的有益做法，从制度层面予以合理规范，方能实现“社区首诊、双向转诊、急慢分治、上下联动”的分级诊疗秩序。

全科医生首诊权的规范设计，应当在总结全科医生制度改革的实践经验和域外国家有益做法的基础上，以符合制度实践运作规律和民众意愿作为全科医生首诊权制度的建构理念。笔者以为，以下三点尤为重要：

1. 统一但有区分表述的制度要求

全科医生首诊权应由统一的制度性规范予以赋予。全科医生制度的建立是我国分级诊疗制度得以建立的前提与关键，全科医生首诊权制度应当作出统一规定。国务院建立全科医生制度意见对全科医生制度重要性与必要性作了理性阐释，认为全科医生制度是保障和改善城乡居民健康的迫切需要、提高基层医疗卫生服务水平的客观要求和促进医疗卫生服务模式转变的重要举措。[①] 除此以外，全科医生制度是建立分级诊疗制度的前提与关键，只有建立完善的全科医生制度，“基层首诊、双向转诊、急慢分治、上下联动”的分级诊疗制度才有了得以实现的具体制度支撑；“首诊在基层”服务模式作为全科医生制度总体目标之一，全科医生首诊权是实现此目标的关键制度设计。全科医生首诊权的统一规范意味着，规范本身对社区居民不作区分并统一作出规定，即所有社区居民都应尊重全科医生首诊权，有就医需求时，应当选择社区卫生服务中心（站）签约全科医生作为首诊医生，签约全科医生作为首诊医生，有权依法作出专业性诊疗意见。

统一规范的意义在于，一是有利于全科医生制度的规范化并对分级诊疗制度建立有促进作用。如果针对不同人群而作出不同的全科医生首诊权规范，全科医生制度“守门人”作用将会大打折扣，即意味

① 参见《国务院关于建立全科医生制度的意见》（国发〔2011〕23号）。

着全科医生制度对于不同签约人群有不同的首诊要求，势必减损全科医生制度的影响力并制约该制度顺利实施。分级诊疗制度将会因为不同人群的不同首诊要求，进而演变成为不同人群有不同的分级诊疗制度。因此，全科医生首诊权规范应当统一而不能针对不同人群作出不同规定。二是有利于公平对待所有社区居民。所有社区居民接受签约全科医生及其团队服务，全科医生有请求所在地社区居民选择其作为首诊医生的法律资格，社区居民也有选择所在地社区卫生服务中心（站）签约全科医生作为首诊医生的法律义务。全科医生首诊权的统一规范，体现了对所有社区居民在全科医生及其团队服务上的公平对待。

全科医生首诊权虽然需要统一规范，但可以社区居民是否与全科医生建立签约关系为标准，分别进行表述。无论是否与全科医生建立签约服务关系，社区居民都应尊重全科医生首诊权并接受所在地社区卫生服务中心（站）全科医生的首诊服务请求，而全科医生有权请求所在地社区居民选择其作为首诊医生并由其所在全科团队依法提供基本医疗卫生服务。区分建立签约服务关系与未建立签约服务关系两种情况并分别表述全科医生首诊权规范，其意义在于全科医生及其团队所能为其服务对象提供服务的范围不同，这种范围的不同，根源于签约制度。建立签约服务关系后，全科医生有权利要求签约对象首先接受全科医生及其团队提供符合约定的基本医疗卫生服务；而针对未建立签约服务关系的社区居民，其所在地社区卫生服务中心（站）全科医生仍然有作为非签约对象首诊医生的权利，但首诊服务内容显然不包括建立签约服务关系后所能享受到的优惠服务。

2. 诱导而非强制性的制度要求

全科医生首诊权规范不具备强制性色彩，不能强制社区居民必须选择全科医生作为首诊医生。英国、法国、澳大利亚、意大利等国的全科医生首诊权被严格的分级医疗保健系统赋予强制色彩，即社区居民从出生起，必须选择或由其监护人代其选择一名全科医生作为首诊医生，而全科医生也有权利要求签约对象在有就医需求时，必须先接受全科医生的签约服务。这些国家具有强制色彩的全科医生首诊权制度并非源于单纯法律强制性规范的结果使然，而是由其社会保障文化传统、社会保障法律传统、全科医生培养制度以及健全健康保险制度等一系列因素共同作用的结果。[①]我国不宜规定全科医生首诊权的强制性规范，不仅在于尚不具备统一完善的医疗社会保障法律体系、覆盖全民统一且制度健全的基本医疗保险制度，而且尚未培养出大量合格全科医生作为全民基本医疗卫生服务的提供者并充当全民健康与医疗费用“守门人”职责，更为重要的是，基于不同国家社会保障文化传统的差异，不宜采取简单的“拿来主义”为我所用，否则，即使强行作为规范，也会因得不到民众理解与支持而成为具文。

诱导性全科医生首诊权规范，在现阶段而言，最为可取。首先，全科医生首诊权规范所要实现的分级诊疗秩序，从本质上讲，并非法律规则产生的效果，而是人们在日常就医活动中，基于公平、效率与秩序等价值观念以及自身利害关系的考量，客观上逐渐形成的自然状态。有就医需求时，选择一名具备全科医学专业的全科医生作为首诊医生，既可以全面评估健康状态并提供综合性、持续性的全科医疗服务，又可以预防疾病分化并为已经分化成为某一类疾病的患者提供转诊服务；而直接谋求接受医院的专科服务，则未免过于唐突，因为疾病本身尚未分化到需要专科服务的地步。于是，人们在长期的就医活动中，本着疾病轻重缓急状态的考量，全科医学与实践全科医学的全科医生应运而生。同时，也在逐渐改变并重塑着诊疗秩序。因此，全科医生首诊权规范存在的必要性，从根本上讲，是人们长期诊疗活动中逐渐形成并共同遵守的诊疗秩序的客观要求使然。其次，我国现阶

① 参见陈林：《英国国民健康服务体系研究》，武汉科技大学2008年硕士研究生学位论文；郜峰：《英国国民健康服务体系的建立》，安徽大学2012年硕士学位论文。

段医疗社会保障制度的现状不具备全科医生强制性首诊权规范的制度环境。虽然基本医疗保险制度日益健全并逐渐实现了全面覆盖，但基本医疗保险制度并不统一且各项保险具体制度亟须完善，尤其是基本医疗保险制度在促进分级诊疗制度形成的机制方面尚缺乏制度创新。同时，法治化进程极为缓慢并阻碍了基本医疗保险制度的规范实施。另外，全科医生作为基本医疗卫生服务的主要提供者，全科医生培养制度亟须构建并实现规范化与法制化，为培养大量合格的全科医生奠定法治基础。最后，从实践经验借鉴层面来讲，上海全科医生制度改革实践与我国台湾地区家庭医师制度的构建，都为诱导性全科医生首诊权规范设计提供了有价值的参考。

3. 充分发挥基本医保的经济杠杆作用

诱导性全科医生首诊权规范，需要借助并发挥基本医保的经济杠杆作用，吸引更多社区居民利用全科医生及其团队的基本医疗卫生服务，并享受尊重全科医生首诊权带来的经济利益。卫生行政部门至少应该联合国家基本医疗保险部门来共同推行社区首诊制度。[①] 基本医保的经济杠杆效应将会让社区居民深切感受到，选择社区卫生服务中心（站）全科医生作为首诊医生并尊重全科医生的首诊权，规范有序就医，将会享受比二、三级医疗机构基本医保报销比例更高的报销实惠；而不选择全科医生作为首诊医生并直接前往二、三级医疗机构就诊，将无法享受报销实惠并承担与社区卫生服务中心（站）有较大差距的报销比例。

基本医保报销比例差异经济利益诱导是实现全科医生首诊权的制度措施之一，但并非唯一措施，全科医生首诊权的实现需要多种制度的配合。基本医保的经济杠杆虽有一定效果，但上海全科医生制度改革的实践告诉我们，其作用还十分有限。毕竟在不同级别医疗机构之

---

① 参见吴春容：《关于社区首诊制的一些思考》，载《中华全科医师杂志》2007年第1期，第26-27页。

间的医疗资源分配尚不合理，而人们重视生命远胜于医保报销比例。①另有学者认为，基本医保差异化报销比例是一种分级诊疗良性结果实现最好成本收益的付费方式，分级诊疗是医疗制度运行的一种良性状态，分级诊疗这种良性状态并非基本医保差异化的报销比例所能达致。②笔者也认为，基本医保报销比例差异化经济杠杆作用不可过分夸大，除此之外，全科医生首诊权的实现以及分级诊疗制度的形成，尚需与其他制度形成合力，诸如优质医疗卫生资源在基层医疗机构合理配置、全科医生转诊权制度的确立与完善、全科医生培养制度的完善、基本药物制度与基本医保制度的有效衔接等。

（三）全科医生首诊权规范设计及其相关说明③

1. 全科医生对于签约对象的首诊权规范

与基层医疗卫生服务机构全科医生建立签约服务关系的居民有就诊需求时，全科医生有请求签约对象选择自己作为首诊医生的权利，急危重症患者除外。全科医生及其团队应当依法为签约对象提供符合约定的基本医疗卫生服务。

相关说明如下：

其一，全科医生有请求签约对象选择自己作为首诊医生的权利，急危重症签约对象除外。全科医生首诊权是一种请求签约对象选择自己作为首诊医生的权利，其权利实质为请求权。请求权的权利主体为

---

① 参见王东进：《分级诊疗是一篇大文章》，载《中国医疗保险》2015年第10期，第5–8页；王宁：《分级诊疗体系构建求索》，载《中国医院院长》2014年第6期，第39–41页。

② 参见熊先军：《对分级诊疗的异见》，载《中国医疗保险》2015年第10期，第11–14页。另参见海韵：《不改革医疗管理体制便无分级诊疗——本刊“分级诊疗与公立医院改革论坛”观点综述》，载《中国医疗保险》2015年第10期，第35–37页。

③ 本文所谓“上级医疗机构”或“二、三级医疗机构”中的“医疗机构”，均指基本医疗保险定点的医疗机构。另外，全科医生首诊权规范化条文设计，可参见附录《全科医生执业管理法》。

与社区居民建立签约服务关系的全科医生，具备法定的执业资质。被请求者为与全科医生建立签约服务关系的社区居民及其家庭成员，一人签约，全家受益。全科医生首诊权作为一种请求权，其行使的前提便是全科医生作为签约对象首诊医生的资格，即签约服务关系的建立。请求权内容为双方的权利义务关系，即全科医生有权利充当签约对象首诊医生并有权利请求签约对象履行选择自己作为首诊医生的义务，签约对象在有就诊需求时，则有义务选择全科医生作为首诊医生。作为请求权的全科医生首诊权被签约对象拒绝后，全科医生没有强制签约对象必须接受自己作为首诊医生的权利，结果为全科医生首诊权权利内容没有实现，但签约对象应当承担由此带来的不利法律后果。

作为全科医生首诊权的例外情形，急危重症签约对象有权直接前往二、三级医疗机构寻求专科治疗，全科医生无权请求急危重症签约对象选择自己作为首诊医生。基于全科医疗特点以及全科医生在医疗卫生体系中的地位，全科医生作为首诊医生所要面对的签约对象的健康状况，已经分化为某一类疾病，全科医生已经不适合作为急危重症签约对象的首诊医生。此时，二、三级医疗机构专科医生应作为急危重症签约对象的首诊医生。签约对象在二、三级医疗机构接受专科或住院服务及康复期间，基于全科医疗持续性和综合性要求，全科医生及其团队应当依法履行符合约定的探视、社区康复与护理等基本医疗卫生服务。

其二，全科医生首诊权与全科医生及其团队的执业义务，不可混淆。全科医生首诊权作为一种请求权，不包含义务内容，即全科医生请求签约对象作为其首诊医生的权利。全科医生没有必须保证首诊权一定得到实现的义务，签约对象可以拒绝全科医生的请求，但应当承担由此带来的不利后果。全科医生作为签约对象首诊医生后，全科医生及其团队应当根据签约协议书的约定和签约相关法规的要求，依法履行约定和法定的基本医疗卫生服务。从上海全科医生制度改革的实践来看，全科团队服务一般包括基本服务和优惠服务两类，除此之外，还应当允许签约双方另行约定基本服务和优惠服务之外的其他全科团队能力范围所及的医疗卫生服务。[①] 由此可发现，全科医生首诊权属于权利范畴，而全科医生作为签约对象首诊医生后履行法定和约定基本医疗卫生服务，则属于执业义务范畴。不能将全科医生首诊权与执业义务混为一谈，而将执业义务也纳入全科医生首诊权的范畴。

其三，全科医生首诊权作为法定权利，应当纳入签约内容，基于权利本身的非强制性，社区居民签约不应有顾虑。一方面，全科医生首诊权应当被纳入签约内容之中。全科医生首诊权是在初级卫生保健系统中实现全科医生作为居民健康与医疗费用“守门人”职责的重要权利制度，是建立分级诊疗制度的必要制度设计，应当以法治化的形式予以确立下来。全科医生首诊权作为法定权利，既是全科医生一方重要的权利制度，又是签约对象一方签约后应当遵守的法律义务，而签约协议书则是签约双方权利与义务的集中体现，因此，全科医生首诊权应当被纳入签约协议书并作为必要条款之一。另一方面，作为签约内容必要条款的全科医生首诊权规范，不具有强制性而仅具有诱导性。全科医生首诊权规范的法律依据有二，即法律规定与签约协议书。签约对象拒绝全科医生行使首诊权的请求，既违反全科医生首诊权相关法律规定，同时也是违反签约协议书的违约行为，应当承担对其不利的法律后果。法律后果则是签约对象在基本医疗保险报销比例上的不利益，并非强制签约对象必须选择全科医生作为首诊医生，签约对象仍然有权直接前往二、三级医疗机构寻求专科医疗服务。是否尊重全科医生首诊权，此中利害关系，皆由签约对象决断，而不应有签约后自由就医权会被剥夺的担忧。

2. 全科医生对于非签约对象的首诊权规范

没有与基层医疗卫生服务机构全科医生建立签约服务关系的居民有就诊需求时，全科医生有权利要求社区居民选择自己作为首诊医生，急危重症患者除外。全科医生及其团队应当依法为其提供基本医疗卫生服务。

---

① 参见本文第二章第三节关于全科医生及其团队执业义务规范化的相关阐述。

相关说明如下：

其一，是否与全科医生签约，不影响全科医生首诊权的法律赋予。没有与基层医疗卫生服务机构全科医生建立签约服务关系的社区居民有就诊需求时，应当选择所在地基层医疗卫生服务机构全科医生作为首诊医生，而社区居民所在地的基层医疗卫生服务机构的全科医生也有向未签约社区居民提出作为其首诊医生的权利请求，接受全科医生请求是未签约社区居民的法律义务，拒绝履行的，应当承担相应的法律后果。其法律后果与签约对象拒绝全科医生首诊权请求的法律后果相同，即承担基本医疗保险报销比例上的不利益，但承担法律后果的依据不同。未签约社区居民承担法律后果的法律依据仅为法律的具体规定，而不包括签约协议书，因此，未签约社区居民不能以没有签约为由，拒绝所在地基层医疗卫生服务机构全科医生担任其首诊医生的权利请求。由此可知，全科医生首诊权作为法定权利，重要性与必要性可见一斑。

其二，未与全科医生建立签约服务关系的社区居民，全科医生作为首诊医生，全科医生及其团队所能提供的服务内容不具有优先性与优惠性。对未签约社区居民而言，与签约居民所能享受到的全科团队服务相比，全科医生及其团队所能提供的基本医疗卫生服务仅以法律规定为履行依据，而无法享受到签约协议书约定的各项优先性与优惠性服务，更何况我国基本医疗卫生服务法治不健全，基本医疗卫生服务范围尚缺乏法律的明确界定。签约协议书中规定的优先性和优惠性服务对未签约社区居民而言，将是其主动签约的一个激励因素。既然是否签约不影响全科医生首诊权的享有与行使，而未签约将会失去签约协议书上优先性和优惠性服务的享有资格，签约便成为一个理智选择。因此，全科医生首诊权的统一规定和针对所有社区居民的一体化要求，将有利于更多社区居民选择签约、乐于签约并将遵守包括全科医生首诊权在内的签约内容，作为享有优先性与优惠性全科团队服务的必要前提。

3. 基本医疗保险报销比例的差异化

基层医疗卫生服务机构就诊的签约对象与非签约对象，享受基本医疗保险报销比例应当高于二、三级医疗机构的基本医疗保险报销比例。具体基本医疗保险报销比例及其差额由各省、自治区、直辖市人民政府根据基本医疗保险收支情况决定，差额部分不得低于10%。

所有符合条件的基层医疗卫生服务机构都应纳入基本医疗保险定点医疗机构目录，省级人力资源保障部门负责制定资格准入条件与监管办法。

相关说明如下：

其一，基本医疗保险报销比例差异化是实现全科医生首诊权与建立分级诊疗制度的重要经济杠杆，亟须进行法治化确认与完善。

在城镇职工基本医疗保险、城镇居民基本医疗保险和新型农村合作医疗基本实现全民覆盖的情况下，[①] 基本医疗保险在不同级别医疗机构之间的报销比例差异化做法，将会从经济利益诱导层面，逐渐影响并改变居民就医必须前往二、三级医疗机构的惯性思维和就医习惯，增强居民对基层医疗卫生服务机构的资源配置信心，提升居民主动选择在基层医疗卫生服务机构就诊的利用率，有利于加速分级诊疗制度的建立。[②] 基本医疗保险报销比例差异化做法，目前仅停留在模糊化的政策层面，尚未有明晰的政策措施和法治化目标。国务院建立全科医生制度文件，对此尚未有专门表述；国务院办公厅分级诊疗制度建设的指导意见仅指出，要完善不同级别医疗机构医保差异化支付政策，适当提高基层医疗卫生机构医保支付比例；上海全面推广全科医生制度的指导意见也只是提出了一个改革的构想，即基本医疗保险制度改

① 中国人权事业白皮书指出，截至2014年年底，我国城乡基本医疗保险覆盖率超过95%。参见《中国人权事业白皮书：城乡基本医疗保险覆盖率超95%》，中国新闻网，http://www.chinanews.com/gn/2015/06-08/7329046.shtml，访问时间为2015年11月4日。

② 参见刘佳、冯泽永：《医保制度对双诊制的影响及改革思路》，载《中国卫生事业管理》2011年第11期，第828-830页；雷鹏、王克利、吴龙等：《家庭医生制度与医保支付制度联动机制研究——以上海为例》，载《中医疗保险》2015年第4期，第9-11页。

革要逐渐形成支持全科医生制度的医保机制。[1]具体做法则完全由各地医保统筹地区劳动社会保障行政主管部门根据医保收支具体情况来决定，不同统筹地区的不同级别医疗机构报销比例差额情况并不统一。例如，南京市2014年医疗保险基金支付比例，一级医院为74.32%，三级医院为60.69%，两者相差13.63个百分点[2]。上海从2016年1月1日起实施的《上海市城乡居民基本医疗保险办法》不再区分城镇户籍与农村户籍，实现对象范围、筹资标准、待遇水平、经办服务的“四个统一”。不同级别的医疗机构之间门诊基本医疗保险报销比例相差10%，但不同级别的医疗机构之间住院基本医疗保险报销比例差额则不统一，60岁以上人员医保基金支付比例一、二、三级医疗机构分别为90%、80%、70%，差额为10%，60岁以下人员医保基金支付比例一、二、三级医疗机构分别为80%、75%、60%。[3]是否应当实行基本医疗保险报销比例差异化做法以及如何实施，亟须纳入法治化轨道。

其二，无论是否与基层医疗卫生服务机构全科医生建立签约服务关系，社区居民享受的基本医疗保险报销比例均应高于二、三级医疗机构的基本医疗保险报销比例，差额部分不得低于10%，具体基本医疗保险报销比例及其差额由各省、自治区、直辖市人民政府根据基本医疗保险收支情况决定。

一方面，无论是否签约，社区居民在基层医疗卫生服务机构均可享受比二、三级医疗机构较高的报销比例。签约居民与非签约居民同

---

① 参见《国务院关于建立全科医生制度的意见》（国发〔2011〕23号）、《国务院办公厅关于推进分级诊疗制度建设的指导意见》（国办发〔2015〕70号）、《关于本市全面推广家庭医生制度的指导意见》（沪卫基层〔2013〕7号）。

② 参见黄汉明、刘跃华、卜亚丽：《南京市医保差异化支付与分级诊疗的实证分析》，载《中国医疗保险》2015年第6期，第41-48页。

③ 参见《关于2016年本市城乡居民基本医疗保险有关事项的通知》（沪人社医发〔2015〕43号）。另参见《2016年起本市建立城乡居民统一的基本医疗保险制度》，上海医保网，http://www.shyb.gov.cn/ybdt/201510/t20151026_1239461.shtml，访问时间为2015年11月4日。

等享受较高的基本医保报销比例，有利于吸引未建立签约服务关系的社区居民，为了享受在基层医疗卫生服务机构较高的基本医保报销比例，而选择基层医疗卫生服务机构作为首诊机构，进而选择全科医生作为首诊医生。另外，拉开不同级别医疗机构之间的基本医保报销比例，尤其是基层医疗卫生服务机构与二、三级医疗机构之间的基本医保报销比例应当有明显的差别化待遇，将基本医保报销比例的差异化作为经济杠杆，有利于吸引更多社区居民利用基层医疗卫生服务资源，培养分级诊疗的就诊习惯。另一方面，不同级别医疗机构之间基本医保报销比例及其差额应当由省级政府决定，差额部分不得低于10%。实现基本医疗保险基金省级统筹的省市，不同级别医疗机构的基本医疗保险报销比例及其差额应当由省级人民政府决定；实现基本医疗保险基金市级统筹的地方，不同级别医疗机构基本医疗保险报销比例及其差额也应当由所在地省级人民政府决定。[①]基本医疗保险报销比例事关人民切身利益并对实现分级诊疗秩序而言，意义重大，应统一由省级人民政府决定；同时，随着基本医疗保障制度法制化进程的加快，基本医疗保障制度应尽早实现地方法制化，即制定省级地方政府规章或地方性法规。[②]另外，不同级别医疗机构之间基本医保报销比例差额应当适当拉开，以10%的差额为宜。差额幅度过大，在社区居民尚

① 据中国新闻网报道，全国90%以上地区实现了市级基本医疗保险基金统筹，实现省级统筹的省市有北京、上海、天津、重庆、海南、西藏等。参见中国新闻网，《养老保险能否异地转移？人社部回应称已形成初稿》，http://finance.chinanews.com/gn/2015/10-28/7593662.shtml，访问时间为2015年11月4日。

② 《上海市城乡居民基本医疗保险办法》于2016年1月1日起实施，作为地方政府规章，上海在基本医疗保险领域实现了城乡一体化、医疗机构之间保险比例的合理差异化和法制化。参见《2016年起本市建立城乡居民统一的基本医疗保险制度》，上海医保网，http://www.shyb.gov.cn/ybdt/201510/t20151026_1239461.shtml，访问时间为2015年11月4日。但有些省市不仅没有实现城乡一体化的基本医疗保险制度，而且不同级别医疗机构之间也没有设计差异化的基本医保报销比例。参见《北京市人民政府关于印发北京市城镇居民基本医疗保险办法的通知》（京政发〔2010〕38号）第五章第22-24条。

未养成分级诊疗就医习惯的情况下，将不利于对社区居民在二、三级医疗机构的基本医疗保障；差额幅度过小，基本医疗保险报销比例差异化作为经济杠杆的功效将大打折扣。

其三，所有符合条件的基层医疗卫生服务机构都应纳入基本医疗保险定点医疗机构目录，省级人力资源保障部门负责制定医保定点资格准入条件与监管办法。

首先，社区居民在基层医疗卫生服务机构享受基本医疗保险较二、三级医疗机构较高的报销比例，前提是基层医疗卫生服务机构已经被纳入基本医疗保险定点医疗机构目录中。只有基层医疗卫生服务机构被纳入基本医疗保险定点医疗机构目录，社区居民在这样的基层医疗卫生服务机构接受全科团队的基本医疗卫生服务，属于基本医保报销范围内的医疗费用，才能享受较高的报销比例。如果该基层医疗卫生服务机构不属于基本医疗保险定点医疗机构，则不存在基本医保报销比例差异化的经济杠杆问题。据相关资料显示，上海所有社区卫生服务中心（站）都已纳入基本医疗保险定点医疗机构目录。[①] 就政府职责来讲，由于我国基层医疗卫生服务采取政府直接提供模式，基层医疗卫生服务机构的行政主管部门负有使辖区所有基层医疗卫生服务机构都具备基本医保定点医疗机构资格准入条件的行政职责，保障社区居民在基层医疗卫生服务机构就医时，都能有机会享受基本医疗保险待遇。

其次，省级人力资源保障部门负责制定基本医保定点医疗机构资格准入条件与监管办法。基本医疗保险定点医疗机构资格审查原本属于中央指定地方实施的行政审批事项，[②] 由地方基本医保统筹地

---

① 参见《上海市社区卫生服务中心概况》，上海市卫生和计划生育委员会网，http://www.wsjsw.gov.cn/wsj/n2006/n2012/n2013/u1ai87559.html，访问时间为2015年11月4日。

② 参见《国务院办公厅关于保留部分非行政许可审批项目的通知》（国办发〔2004〕62号）。

区的人力资源保障部门负责审批。2015年10月14日，国务院作出决定，取消基本医疗保险定点医疗机构资格审查的行政审批。[①] 基本医保定点医疗机构行政审批取消之后，地方负责制定基本医保定点医疗机构准入条件和事中事后监管的部门，显然不能等同于该行政审批被取消前的主管部门，即地方各级基本医保统筹地区人力资源保障部门。基本医疗保险基金省级统筹作为基本医疗保险制度的目标之一，[②] 在基本医疗保险定点医疗机构行政审批取消后，应由省级人力资源保障部门统一负责制定基本医保定点医疗机构的资格准入条件和事中事后监管办法，条件成熟时，应当通过制定地方性法规或地方政府规章予以规范。

4. 医疗救助与全科医生首诊权

医疗救助对象有就医需求时，应当选择所在地基层医疗卫生服务机构全科医生作为首诊医生，除享受相应的基本医疗保险待遇外，就医结算的个人自付部分，可以按规定申请医疗救助基金补贴。

相关说明如下：

其一，可以申请医疗救助基金给予补贴的主体必须为医疗救助对象。医疗救助对象包括最低生活保障家庭成员、特困供养人员和县级以上人民政府规定的其他特殊困难人员。[③] 医疗救助对象是社会中由于经济条件极度困难并达不到社会最低生活保障标准的弱势群体，如果基本医疗卫生服务需求难以得到满足，将会产生一系列社会问题，而需要得到国家专门的医疗救济。医疗救助对象得到国家医疗救助基金给予补偿的前提，是其必须选择全科医生作为首诊医生。同时，全科医生也有权请求希望得到国家医疗救助的人选择全

---

① 参见《国务院关于第一批取消62项中央指定地方实施行政审批事项的决定》（国发〔2015〕57号）。

② 参见《社会保险法》第63条第3款。

③ 参见《社会救助暂行办法》第28条。最低生活保障家庭成员、特困供养人员的具体对象，参见《城市居民最低生活保障条例》第2条、《社会救助暂行办法》第14条。

科医生作为首诊医生。如果符合医疗救助对象条件的人不遵守获得国家医疗救助基金补偿的前提条件，则不具备获得医疗救助的资格并无法得到国家医疗救助基金医疗费用补偿。从获得国家医疗救助基金的前提条件来分析，这一部分特殊人群已经实现了社区首诊目标，也就是说，社区首诊在局部人群中由于国家福利的杠杆作用而得到实现。

其二，这一“前提”的设定，是借鉴上海全科医生制度改革实践经验的结果。

国家层面上的政策文件，目前并未有这一“前提”的相关表述。上海市全面推广全科医生制度指导意见指出，社区首诊制度应从医疗照顾需求较大的部分特定人群起步，并规定城乡医疗救助对象应当与全科医生签约并选择全科医生作为首诊医生，方能享受医疗救助基金对于医疗费用的补偿。[①] 例如，上海长宁区将“四医联动”对象（包括民政特殊救济对象、低保人员、低保残疾和大重病人非本区户籍配偶、低收入大重病人员、65 周岁以上无业老人和因病致贫人六类特殊群体）作为实现社区首诊的突破口，就医结算时除享受医保正常报销比例外，个人自付部分，在社区卫生服务中心（站）仍享受 95% 的报销比例，个人自付部分降到了整个就医成本的 5%。长宁区对医疗救助对象在社区卫生服务中心（站）基本医保报销后个人自付部分的二次报销，资金便来自该区设立的医疗救助基金。上海全科医生制度改革将获得医疗救助与医疗救助对象的首诊要求结合在一起，利用医疗救助这一福利杠杆，诱导医疗救助对象这一社会弱势群体对于全科医生首诊权的尊重并自觉践行社区首诊要求，既实现了对这一弱势群体的国家医疗福利救济，保障《宪法》规定的公民物质帮助权，也将社区首诊要求在局部范围内得到落实。

---

① 参见《关于本市全面推广家庭医生制度的指导意见》（沪卫基层〔2013〕7 号）、《关于进一步完善本市城乡医疗救助制度的实施意见》（沪民救发〔2012〕31 号）。

三、全科医生转诊权的规范化制度设计

（一）域外国家或地区全科医生转诊权制度分析

全科医生转诊权的效力、制度保障方式与全科医生首诊权类型，密不可分。

上文已指出，基于各国或地区法律对于公民就医自由权约束程度的不同，可将全科医生首诊权分为强制性首诊权与诱导性首诊权。其一，英国、法国、古巴、澳大利亚、意大利、荷兰、丹麦等国实行严格的分级诊疗制度，全科医生充当社区居民健康与医疗费用的“守门人”，社区居民从出生起就必须选择或由其监护人代理其选择一名全科医生作为首诊医生，全科医生首诊权具有强制性。在强制性全科医生首诊权背景下，签约居民能否得到专科治疗或住院治疗服务，必须经由全科医生转诊才能实现。故而，全科医生转诊权在强制性全科医生首诊权的制度环境下，得到了制度效力的强化，当然，急危重症患者除外。如果全科医生根据病情而作出不予转诊决定，即没有行使转诊权，签约居民直接前往专科医院或综合性医院谋求专科治疗或住院治疗的话，将因为没有全科医生转诊证明而不得不忍受长时间的候诊。就全科医生转诊权行使而言，各国通常都会由全科医生自治组织制定相应的转诊指南，转诊程序简便快捷。例如，在英国，全部转诊预约仅由需要转诊的患者将病情通过传录机口述给传录打印员，由传录打印员输入电脑打印一份转诊信即可。[①] 但全科医生行使转诊权的效率并不高，电子化转诊系统日益成为提升全科医生转诊效率的有力技术支撑，同时，仍需加强全科医

① 参见刘晓溪、毕开顺：《英国基础医疗服务体系对我国的启示——以城市社区卫生服务中心建设为例》，载《人民论坛》2013 年第 4 期，第 246-247、256 页。

生的继续教育与协作互助。[①] 获得全科医生转诊证明后，近 1/4 的签约居民由于各种所谓的困难或障碍而没有按照转诊证明上的要求接受专科或住院治疗。[②] 全科医生转诊权行使之后患者转诊到位率较低的现实说明，只有整个医疗卫生服务体系通力合作与各项制度的完善，才能真正实现全科医生首诊权制度设计目标。其二，在实行诱导性全科医生首诊权的国家或地区，是否与全科医生签约并接受首诊服务，则为社区居民的个人自由，至于签约后是否利用全科医生转诊服务进而接受专科或住院医疗服务，也由其自行决定。然而，为了社区居民健康与实现分级诊疗秩序起见，各国或地区均采取一系列制度措施保障全科医生的转诊权，即只有全科医生行使转诊权，签约居民才能受到周到性、优先性的专科或住院服务。例如，我国台湾地区实行家庭医师照护制度，建立由同一地区特约西医诊所与特约医院组成的社区医疗群，开展共同照护门诊或建立转诊合作机制，通过共同照护门诊制度或转诊合作机制来保障家庭医师的转诊权，诱导社区居民积极利用家庭医师的转诊服务，从而形成规范的转诊秩序。[③]

由上述分析可以得出这样一个结论，即全科医生首诊权采取强制性或诱导性的国家或地区，全科医生转诊权的效力与制度保障实际上也存在一个强制性或诱导性问题。强制性全科医生转诊权与强制性全科医生首诊权是匹配且连贯的，具有制度设计理念的一致性；而诱导性全科医生转诊权则与诱导性全科医生首诊权相匹配，通过各种诱导性权利制度设计来实现全科医生的首诊权与转诊权，进而谋求分级诊疗秩序的规范化。

---

① Ann-Maree Kennedy, et al., Do GP Referral Guidelines Really Work? Audit of an Electronic Urgent Referral System for Suspected Head and Neck Cancer, Eur Arch Otorhinolaryngol,（269）2012：1509-1512.

② Katharine E. Zuckerman, Barriers to Specialty Care and Specialty Referral Completion in the Community Health Center Setting, J Pediatr,（162）2013：409-414.

③ 参见中国台湾地区当局 2005 年发布并执行的《全民健康保险家庭医师整合性照护制度试办计划》（健保医字第 0940017934 号）。

（二）全科医生转诊权制度的规范设计理念

1. 全科医生转诊权规范设计应实现体系化

全科医生转诊权不是一项单一性的权利，而是由多项制度性权利构成的集合体。首先，全科医生转诊权是全科医生在初级卫生保健系统中基于签约对象或非签约对象健康状况的全科医疗专业判断，所作出的就诊对象是否应当接受进一步专科或住院医疗服务的全科医学建议，其本质为一种建议权。没有就诊对象对于转诊意愿的表达，全科医生转诊权也仅是一种建议权，全科医生无法强制就诊对象接受转诊的建议，只能通过作为全科医学专业人员基于其特定执业身份所作出的专业判断来说服就诊对象，从而使其认可并同意全科医生关于是否转诊的判断。其次，全科医生关于应当转诊的建议得到就诊对象认可和同意后，便是全科医生转诊权的实施阶段。全科医生转诊权的实施具有法定要求，即实施身份与实施程序的法定性。只有全科医生才能实施转诊权，其他全科团队成员不具有实施转诊权的权利资格；只有按照法律规定的程序要求，签发转诊证明并交给就诊对象，全科医生转诊权才算实施完成。再次，全科医生转诊权设定目标在于，通过全科医生全科医疗专业化判断来全方位地达致就诊患者健康的圆满状态和健康利益的充分享有。当就诊患者认可并同意全科医生的转诊意见而使全科医生转诊权进入实施阶段时，法律需要设定一系列权利保障的制度安排，保障全科医生转诊权实施之后，就诊患者对于全科医生转诊权的信赖利益得以充分实现，从而为全科医生转诊权在法律制度意义上的实现奠定保障基础。最后，全科医生的转诊建议权、转诊实施权和转诊保障权，共同构成全科医生转诊权体系，需要在法律规范层面予以体系化，缺一不可。全科医生转诊权作为体系化的权利制度安排，需要从法律层面上对权利规范进行合理设计与逻辑体系的合理安排。

2. 全科医生转诊权规范宜采取诱导方式，且基本医保不宜进行强制性干预

其一，如前文所述，我国全科医生首诊权的规范设计宜采取诱导

式立法，不宜采取强制性立法方式。诱导式全科医生首诊权规范需要诱导式全科医生转诊权规范与之相适应，显然，强制性全科医生转诊权规范在诱导式全科医生首诊权规范的前提下，是难以建立制度性关联的。因为全科医生首诊服务并不强制社区居民一定接受并签约，社区居民完全可以自行前往二、三级医疗机构满足就医需求，那么，强制性全科医生转诊权的要求（即必须经全科医生转诊才能接受上级医疗机构专科或住院服务），便失去存在的意义。

其二，采取诱导性全科医生转诊权规范设计方式，基本医疗保险制度就不能采取强制性干预方式，即未经全科医生转诊，则基本医疗保险基金不予报销。基本医疗保险制度的强制性干预将使得不接受全科医生转诊建议而自行前往上级医疗机构就诊的患者，无法得到基本医疗保险基金的报销福利待遇。在我国现如今转诊制度尚不健全且法治不完善、民众就医习惯尚未得到转变、医疗卫生资源尚未得到合理配置的背景下，基本医疗保险制度的强制性干预将引起社会制度性恐慌并徒增患者就医程序与成本。上海于 2016 年 1 月 1 日起实施统一的城乡居民基本医疗保险办法，该办法规定，中小学生和婴幼儿以外的参保人员因病情需要转诊治疗须办理转诊手续，否则在医保定点医疗机构门诊发生的医疗费用不予结算。[①] 将办理转诊手续作为基本医保予以结算的先决条件之一，似乎采取了强制性基本医保干预方式，实则不然。在二、三级医疗机构门诊就医的，携带就医凭证即可免除办理转诊手续，就医凭证主要是上海户籍居民或非户籍居民在办理社会保险手续时领取的全市统一的社保卡或医保卡。社保卡或医保卡在基本医保就医凭证上的功能，显然在某种程度上抵消了基本医保报销对于转诊手续的要求。即使没有作为基本医保就医凭证的社保卡或医保卡，将转诊作为获得基本医疗保险基金保险这一福利待遇的前提，

① 参见《上海市人民政府关于印发〈上海市城乡居民基本医疗保险办法〉的通知》（沪府发〔2015〕57 号），中国上海网，http://www.shanghai.gov.cn/nw2/nw2314/nw2319/nw12344/u26aw45361.html，访问时间为 2015 年 12 月 1 日。

不仅使未遵守这一规则的患者质疑此一规则的合理性，而且还为既不想遵守这一规则，又想获得基本医疗保险基金报销福利待遇的患者，徒增一道去社区医院找全科医生再开一个转诊单的就医程序。[①]

因此，诱导性全科医生转诊权目的在于通过各种保障全科医生转诊权得以实现的权利制度设计，诱导并吸引更多社区居民接受全科医生的转诊服务，而基本医疗保险制度强制性干预与诱导性全科医生转诊权规范设计理念是难以匹配的。

3. 全科医生转诊权规范设计目标的实现，需要从整体上合理安排医疗卫生服务制度体系

全科医生转诊权的权利规范体系化设计目标在于规范转诊秩序、建立分级诊疗制度和切实保障就诊患者健康权益。全科医生转诊权，从另一个侧面来分析，在符合转诊标准的情况下，转诊也是全科医生的一种执业义务。但从全科医生转诊权的权利视角研究，将更能凸显全科医生转诊权的规范价值。就规范转诊秩序而言，全科医生转诊权首先是一种转诊与否的专业化建议权。在全科医生全科医疗专业判断下，不具备转诊标准的就诊患者，全科医生将作出不予转诊的专业化建议，而具备转诊标准的就诊患者，全科医生将作出转诊的专业化建议。全科医生转诊建议将为就诊患者是否应当接受上级医疗机构专科或住院医疗服务提供就诊指南，使得就诊患者转诊与否的行为安排，不再无序和盲目，客观上将有利于转诊秩序的规范化与合理化。就分级诊疗制度的建立而言，全科医生转诊权是介于一级与二、三级医疗

---

① 我国有些地方，如南京、珠海、东莞等地，基本医疗保险基金对于未经社区转诊的患者，采取了不予报销的做法。在诱导社区居民规范转诊的各种制度性机制尚未健全的今天，基本医疗保险基金的这一做法可能会加重患者的就医负担。参见黄汉明、刘跃华、卜亚丽：《南京市医保差异化支付与分级诊疗的实证分析》，载《中国医疗保险》2015 年第 6 期，第 41-48 页；张邹、张笑天：《依靠制度力量　推动社区首诊——珠海市社区首诊制实施情况与效果分析》，载《中国医疗保险》2013 年第 1 期，第 53-54 页；黄岩、柏雪、种波等：《东莞社区首诊制运行特点及对医疗卫生服务的影响》，载《社区医学杂志》2011 年第 21 期，第 6-7 页。

卫生服务体系之间并成为以全科医疗专业为基础、合理调控患者比例、规范进出通道的“闸门”。客观上有利于形成分级化的医疗卫生服务体系并建立初级医疗卫生服务体系向二、三级医疗卫生服务体系输入适宜服务对象的过滤与分流机制。从根本上讲，全科医生转诊权的规范设计目标在于，用全科医疗专业化的判断来促进就诊对象圆满健康权益的实现。全科医生转诊权不是制约就诊患者实现健康权的羁绊与枷锁，也并非没有效用且徒增就诊成本的程序制度设计，而是以全科医疗专业化判断来为就诊对象提供更为专业、更为合理的就诊路径选择，就诊患者健康利益的圆满实现是全科医生转诊权规范的制度使命。

上述全科医生转诊权规范设计目标的实现，需要政府、上级医疗机构、基本医疗保险乃至医疗救助基金在整个医疗卫生服务体系中建立全方位的合作机制。其一，政府在实现全科医生转诊权规范设计目标中的作用，至为关键。高等医学院校全科医学专业的设置与培养机制的建立，基层医疗卫生服务机构与二、三级医疗卫生服务机构之间转诊预约信息系统的建设，促进不同级别医疗卫生服务系统之间建立紧密或松散型医疗协同合作关系或医疗联合体等，都需要政府尤其是各级人民政府医疗卫生行政主管部门的积极有效作为，没有哪个机构能够取代政府在实现全科医生转诊权规范设计目标中的地位。其二，没有上级医疗机构为保障全科医生转诊权实现的各种制度性安排，全科医生转诊权将失去权利制度的魅力，无法发挥在不同医疗卫生服务体系之间合理调控患者比例、规范进出通道的“闸门”作用。例如，上级医疗机构为接收转诊患者而建设的绿色转诊通道、与基层医疗卫生服务机构医疗协同服务关系的建立、诊查费减免优惠等，都需要上级医疗机构在政府统一协调下积极配合。其三，基本医疗保险制度在实现全科医生转诊权规范设计目标中的作用不可小觑。全科医生转诊权的规范设计应当采取诱导性方式，当就诊对象不接受全科医生专业化转诊与否建议而执意前往上级医疗机构就诊的，仍然与通过全科医生转诊上来的就诊对象一样，享受国家基本医疗保险医疗费用相同报销比例的福利待遇。但在设计基本医疗保险具体制度时，完全可以在起付标准下就个人自付部分是否能够连续计算方面作出差异化对待，对于通过全科医生转诊上来的就诊患者给予一定的优惠待遇。其四，针对受医疗救助的弱势群体，凡是通过全科医生转诊程序转诊上来的医疗救助对象，有权根据有关法规、规章申请医疗救助基金的补贴。

（三）全科医生转诊权制度的规范设计及其相关说明[①]

1. 全科医生转诊权的概念和两种情况的处理

（1）全科医生转诊权的概念

基层医疗卫生服务机构全科医生经过全科专业诊断，认为就诊对象病情和诊疗确需转诊并符合转诊标准的，经患者请求，全科医生有权签发规定式样的转诊证明，使就诊对象有就近至适宜上级基本医疗保险定点医疗机构接受专科或住院服务的就诊资格。

相关说明如下：

其一，全科医生转诊权本质上为请求权。首先，全科医生转诊权是全科医生基于专业判断并认为就诊对象应当转诊至上级医疗机构接受专科或住院服务的一种建议权，其本质为请求权。全科医生对就诊对象病情经过全科专业的诊断后，根据病情和具体诊疗需要，判断是否符合转诊标准并作出是否需要转诊的诊疗意见。作为请求权，全科医生转诊权是全科医生对其作出应予转诊的诊疗意见，请求就诊对象予以接受并同意诊疗意见的权利。是否接受并同意全科医生作出的诊疗意见，就诊对象在参考全科医生专业性判断的基础上，有完全的自主决定权，全科医生没有强制就诊对象接受抑或不接受诊疗意见的权利。其次，全科医生转诊权的权利主体为具备执业资格的全科执业医生。转诊权应当专属于全科医生，全科医生所在全科团队其他成员不具备行使转诊权的权利资格。因为作出是否予以转诊的诊疗意见，需要全科医疗的专业化判断，没有接受过全

---

① 全科医生转诊权的规范化条文设计，可参见附录《全科医生执业管理法》。

科医学专业教育并经过规范化培训的社区护士或公卫医生，无法为就诊对象作出符合全科专业的判断。全科团队其他成员虽然不具备全科医生转诊权的行使资格，但可以协助全科医生实施转诊权。另外，全科医生作为转诊权的权利主体，不需要具备一定的专业技术职称为前提，即使是执业医师级别的全科医生，也有权利作出是否予以转诊的诊疗意见。当然，在特殊情况下，全科医生完全可以通过会诊的方式作出诊疗意见。再次，全科医生转诊权作为请求权，被请求权人为就诊对象。就诊对象是前来社区卫生服务中心就诊的社区居民，是否与全科医生签约并建立起首诊服务关系，在所不同。全科医生转诊权的规范设计采取诱导方式，通过多种全科医生转诊权的配套权利制度设计，保障全科医生转诊权行使和规范设计目标的实现，诱导并吸引更多就诊对象尊重全科医生关于是否转诊的专业化诊断意见，按照全科医生专业化诊断意见决定相应的就诊路径选择。最后，全科医生转诊权的权利客体为全科医生作出应予以转诊的诊疗行为。作出转诊决定应当符合转诊标准，对是否符合转诊标准的判断，要尽到与全科医学专业相应的注意义务。①

其二，全科医生转诊权的实施需要符合实施要件与实施程序。首先，全科医生转诊权是一种就诊对象符合转诊标准从而建议其前往上级医疗机构接受专科或住院医疗服务的权利。作为一种转诊建议权，该权利行使时应当充分尊重就诊对象的个人意愿。就诊对象同意是全科医生转诊权的实施要件，就诊对象不同意全科医生转诊意见的，全

---

① 《上海市社区卫生服务中心定向转诊管理规定（试行）》就转诊标准作了列举加概括式的规定，即应当及时予以转诊的情况包括：（1）符合急诊和危重指征。（2）连续三次门诊不能明确诊断，或有难以解释的症状；经规范治疗、完整疗程，但疗效不清，或体征继续加重。（3）超越社区卫生服务中心诊疗范围，或社区卫生服务中心检查和诊疗手段无法支持的。（4）因病情较重、复杂（合并多种较为严重的夹杂症等）或自身体质等原因，可能发生病情突变的。（5）存在其他较为复杂的诊疗等问题。参见《关于印发〈上海市社区卫生服务中心定向转诊管理规定（试行）〉的通知》（沪卫基层〔2007〕4号）。

科医生无权实施转诊所要求的程序性行为。因此，全科医生转诊权的实施，除了符合转诊标准进而全科医生转诊权成立外，尚需具备就诊患者的同意要件。其次，全科医生转诊权的实施程序主要分为两个步骤，制作转诊证明并交付于就诊患者。转诊证明具有规定式样，需要全科医生写明患者基本信息、疾病和转诊意见等内容并签名（章），最后应加盖“社区卫生服务中心转诊专用章”。[①] 转诊证明是否应当经具有主治及以上专业技术职称的上级医师审核签名（章），值得探讨。[②] 转诊权是全科医生基于全科医学专业判断而认为符合转诊标准的一种建议权，在取得就诊对象同意后，转诊权实施就无须其他医师对是否符合转诊标准的再审核。一方面，再审核是对全科医生独立行使转诊权的不当干预，影响全科医生对就诊对象病情是否符合转诊标准的专业判断；另一方面，进行再审核的其他主治专业技术职称以上的医师没有时间和精力去审查某个全科医生负责的就诊对象是否符合转诊标准，硬性作此要求，无非增加了一道程序而已，没有实际意义。转诊权实施程序的第二个步骤便是将制作好的转诊证明交付于就诊患者，转诊证明是就诊患者在上级医疗机构就诊并享受上级医疗机构各种鼓励转诊待遇的凭证。再次，转诊机构的选择应当符合就近与适宜原则。就近原则即全科医生应当选择基层医疗卫生服务机构所在地区县的上级医疗机构，为就诊患者提供距离上的便利。适宜原则即上级医疗机构的选择应当与就诊对象的健康利益相一致，如果病情复杂则可直接转至相应的医疗机构就诊。[③] 当然，选择的上级医疗机构应当是基本医疗保险定点单位，不具备基本医保定点资格的上级医疗机构，就诊

---

① 参见《关于印发〈上海市社区卫生服务中心定向转诊管理规定（试行）〉的通知》（沪卫基层〔2007〕4号）。

② 参见《关于印发〈上海市社区卫生服务中心定向转诊管理规定（试行）〉的通知》（沪卫基层〔2007〕4号）。

③ 参见《关于印发〈上海市社区卫生服务中心定向转诊管理规定（试行）〉的通知》（沪卫基层〔2007〕4号）；刘晓溪、毕开顺：《英国基础医疗服务体系对我国的启示——以城市社区卫生服务中心建设为例》，载《人民论坛》2013年第11期，第246-247、256页。

对象将无法获得基本医疗保险基金对上级医疗机构就诊费用的报销待遇。如果民营专科医院具备基本医疗保险定点单位资格的，经就诊对象同意，也应属于上级医疗机构的选择范围。

（2）两种情况的处理

就诊对象认为符合转诊标准而全科医生没有行使转诊权的，全科医生应当作出合理解释，就诊对象有权自主选择上级医疗机构进行治疗，并有权向有关监管机构投诉。

全科医生基于全科医疗的专业判断认为符合转诊标准，但就诊对象不同意转诊的，全科医生应当向就诊对象或其近亲属说明转诊的理由。就诊对象坚持不同意转诊的，全科医生应当写明诊断结论并由就诊对象签字确认。

相关说明如下：

其一，在就诊对象认为符合转诊标准而全科医生认为不符合转诊标准的情况下，全科医生有权利作出不予转诊的决定。全科医生不行使转诊权，就等于作出了不予转诊的决定，这是全科医生对于就诊对象病情不符合转诊标准而作出的逻辑判断。在全科医生不行使转诊权的情况下，首先，全科医生应当对就诊对象作出不行使转诊权的合理解释。[①] 解释应当在全科医学专业判断下，兼顾就诊对象的知识结构与理解能力，解释目的在于，使就诊对象对于自己健康状况之所以不符合转诊标准而在全科医学层面有一定了解并信任全科医生的专业判断。其次，就诊对象有权利自主选择上级医疗机构谋求进一步的专科或住院治疗服务，这是就诊对象就医权利，全科医生无权干预。全科医生不作出转诊决定，只能说明就诊对象无法通过全科医生而转诊至上级医疗机构接受专科或住院医疗服务；但并不意味着就诊对象无法自主选择上级医疗机构进行治疗。如上文所述，全科医生转诊权的规范设计宜采取诱导性方式，全科医生不能因为转诊权的享有，而限制

① 参见《关于印发〈上海市社区卫生服务中心定向转诊管理规定（试行）〉的通知》（沪卫基层〔2007〕4 号）。

不符合转诊标准就诊对象选择上级医疗机构进一步治疗的权利。最后，就诊对象认为全科医生在行使转诊权的过程中有违反执业准则或执业道德的现象时，完全可以依法向有关监管机构投诉。社区卫生服务中心应当在中心医院设置全科团队服务与监管机构，受理就诊对象对本中心全科医生的各类投诉。[①] 同时，也有权利依法向卫生行政主管部门的有关监管机构投诉。

其二，就诊对象不同意全科医生作出的转诊建议时，全科医生应当履行合理说明的义务。全科医生合理说明义务的履行，应当符合普通就诊对象的理解能力和基于通常医学知识的判断能力，并对作出转诊建议的过程、转诊标准的判断、及时转诊的预期结果以及未及时转诊可能带来的后果，作出详尽说明并争取就诊对象的理解与支持。在就诊对象坚持不同意转诊的情况下，全科医生应当在诊断证明上写明诊断结论与就诊对象不同意转诊的情况记载，并由就诊对象签字确认，作为书面证据。

2. 全科医生的专科门诊预约权

省级人民政府卫生行政主管部门应当负责组织建设区域性联通各级医疗卫生机构的预约转诊平台，并逐步实现区域性预约转诊平台的省级统一化，实现健康档案、电子病历等重要信息在医疗卫生机构间连续记录、互通共享与按需调阅。

基层医疗卫生服务机构全科医生有权在转诊预约平台上为就诊对象优先预约上级医疗机构的专科门诊。

相关说明如下：

其一，省级统一的预约转诊平台信息化建设是建立分级诊疗制度的必然要求。预约转诊平台信息化建设的必要性，已经受到高度重视。国务院分级诊疗意见指出，地方各级人民政府卫生行政主管部门应当建立区域性医疗卫生信息平台，实现电子健康档案和电子病历的连续记录以及不同级别、不同类别医疗机构之间的信息共享，以确保转诊

① 参见本文第三章关于全科团队的定性及其外部协作机制规范化的相关阐述。

信息畅通。[①] 上海全面推广全科医生制度指导意见也指出，市卫生局、市医保办等应搭建全市所有医疗机构与全科医生互联互通的市级转诊平台，市级医疗机构预约诊疗平台资源要优先向家庭医生开放。[②] 因此，省级统一的预约转诊平台应当联通所有医疗卫生服务机构，并建立健全转诊指导目录，包括医疗卫生服务机构专业特色、医师专业服务特长及工作时间安排等，实现患者健康档案与电子病历等重要信息在预约转诊平台上的连续记录、按需调阅与资源共享。

省级医疗卫生服务机构应当组织相关部门共同建设省级统一预约转诊平台，已经建成的区域性预约转诊平台要继续发挥作用并逐渐实现省级统一预约转诊平台的联网。区域性预约转诊平台起因于区域医疗联合体的建设。区域医疗联合体是上海医疗卫生体制改革中首创的一个概念，即由二、三级综合医院和社区卫生服务中心组成的跨行政隶属关系、跨资产所属关系的医疗机构联合体。[③]2011 年 1 月，瑞金医院和原卢湾区下设的 2 家二级医院、4 家社区卫生服务中心联合，组建了上海第一个市级医联体试点——瑞金—卢湾医联体，医联体内部打通信息化预约转诊平台，瑞金医院每个科室每个工作日给 4 家社区卫生服务中心的签约居民分别提供 2 个专家门诊号源。[④] 区域医疗联合体已成为上海市各区县深化医改的重要举措。例如，浦东新区九大医联体覆盖整个浦东新区版图，医联体内部预约转诊信息化平台均已搭建完成并实现所有区属医疗机构全部联网。[⑤] 全科医生有权利用这一医联体内部预约转诊平台为就诊对象提供高效的预约转诊服务，

---

① 参见《国务院办公厅关于推进分级诊疗制度建设的指导意见》（国办发〔2015〕70 号）。

② 参见《关于本市全面推广家庭医生制度的指导意见》（沪卫基层〔2013〕7 号）。

③ 参见《关于本市区域医疗联合体试点工作的指导意见》（沪卫医管〔2010〕12 号）。

④ 参见孔令敏：《上海：美丽设想遇上体制障碍》，载《健康报》2013 年 4 月 10 日，第 1 版。

⑤ 参见《浦东九大医联体服务百姓健康》，人民网，http://sh.people.com.cn/n/2015/0427/c134768-24653590.html，访问时间为 2015 年 11 月 8 日。

为全科医生转诊权的实现提供了可靠的制度支撑。上海预约转诊平台建设经验启示，通过组建医联体而实现医联体内部预约转诊平台的信息化，并逐渐实现区域性预约转诊平台乃至省级统一的预约转诊平台信息化，将是具有可行性的渐进方案。

省级统一的预约转诊平台不同于市民医疗预约信息系统。目前，上海市已经建成全市统一的市民预约信息系统，即由上海申康医院发展中心研发的医联预约平台，已经向全市市民开放预约服务。[①] 基层医疗卫生服务机构全科医生在医联预约平台上没有权利为就诊对象提供预约转诊服务，该平台也没有为全科医生的预约转诊服务提供技术性的制度安排。从服务功能角度看，医联预约平台仅是方便全市市民预约医院挂号的单一性信息化平台，并非全市所有医疗机构之间实现患者健康档案、电子病历等就医信息共享并实现联系记录的预约转诊平台。

其二，省级统一的预约转诊平台将为全科医生转诊权的实现，提供制度性保障机制。首先，预约转诊平台是联通所有医疗卫生服务机构并实现患者就诊信息资源共享的医疗卫生服务机构内部信息平台，全科医生利用这一内部信息平台，可以按照预约转诊平台上的转诊指导目录，为符合转诊标准的就诊对象优先预约符合病情治疗需要的适宜上级医疗机构专科门诊服务；同时，基于健康档案、电子病历等重要信息可以实现连续记录、按需调阅与资源共享，接受转诊的上级医疗机构可以及时掌握就诊对象病情详细信息，为进一步专科治疗奠定基础。全科医生利用预约转诊平台为就诊对象预约上级医疗机构专科服务的优先性，体现在上级医疗机构专科门诊服务应当优先供给基层社区卫生服务中心全科医生的转诊需要，而非普通市民通过市民医疗服务预约平台进行的专科预约服务需求。其次，省级统一的预约转诊平台实现了全省医疗卫生服务机构资源统一整合，而非地方区域性医

① 参见上海申康医院发展中心网，http://www.shdc.org.cn/portal.action，访问时间为 2015 年 11 月 8 日。

疗资源的简单拼凑。预约转诊平台要实现省级统一化而非地方区域化，根源于基层全科医生转诊权的实现。全科医生转诊权的实现需要全科医生通过信息化手段了解不同级别医疗卫生服务机构的医疗资源配置情况，为符合转诊标准的就诊对象选择适宜的上级医疗机构专科服务。因此，预约转诊平台不仅能够提供本地医疗卫生服务资源配置情况，还能较为全面、详尽地提供本省跨区域性的医疗卫生资源配置情况，故而，预约转诊平台不应当区域化，而应当实现跨区域化并逐渐实现省级统一化。[①]最后，全科医生利用省级统一预约转诊平台为就诊对象提供预约转诊服务，是全科医生转诊权得以实现的可靠保障。全科医生转诊权的实施，其重要内容之一就在于为就诊对象提供尽可能的转诊便利服务。便利且高效的预约转诊平台，有利于全科医生转诊权的顺利实施，从而吸引更多就诊对象尊重全科医生的转诊权并逐渐形成分级诊疗的就诊习惯。

3. 转诊患者的绿色转诊通道服务制度

通过基层医疗卫生服务机构全科医生转诊到上级医疗机构的患者，上级医疗机构应建立转诊绿色通道服务制度，为转诊患者提供优先接诊、优先检查、优先住院等优先性服务。转诊患者的绿色通道服务制度应当报所属卫生行政主管机构备案。

相关说明如下：

其一，转诊患者绿色通道服务制度应作为上级医疗机构为鼓励基层转诊的一项独立的制度安排。一方面，该制度不同于目前二、三级医疗机构建立的各类为特殊群体开设的绿色通道服务制度。例如，为急诊患者开设的绿色通道服务制度、为残障儿童开设的绿色通道服务

① 域外国家在预约转诊平台的信息化建设方面，走在了我国的前列。例如，英国社区诊所建有相对独立的局域网，同时与各医疗机构、全国各社区医疗诊所相连接，为社区医疗服务机构高效工作提供信息保障和科技支撑。参见刘晓溪、毕开顺：《英国基础医疗服务体系对我国的启示——以城市社区卫生服务中心建设为例》，载《人民论坛》2013 年第 11 期，第 246-247、256 页。

制度、为军烈属开设的绿色通道服务制度等，皆服务于某一类特殊群体。转诊患者的绿色通道服务制度，针对所有通过社区卫生服务中心（站）全科医生转诊而来的患者，只要患者持有全科医生开具的转诊证明，就应当得到上级医疗机构在门诊、检查或住院等医疗服务方面的优先对待。另一方面，该制度也不同于区域医疗联合体内部的转诊绿色通道服务制度。医联体内部转诊绿色通道服务制度适用范围为建立医疗联合服务关系的基层社区卫生服务中心的社区签约居民，非签约社区居民不享有医联体内部上级医疗机构的转诊绿色通道优先性服务。由此可见，医联体内部建立的转诊绿色通道服务的适用范围严格限定在医联体内并具有签约要求，不具备这两项要求的患者无法享受医联体内部上级医疗机构的绿色转诊通道服务。而转诊患者的绿色通道服务制度并没有受医联体和签约服务要求的束缚，是否属于建立医联体服务关系的基层医疗卫生服务机构的社区居民，在所不问；是否与所在地基层医疗卫生服务机构全科医生建立签约服务关系，也在所不问。只要通过基层医疗卫生服务机构全科医生转诊而来并持有转诊证明的患者，都应享有转诊患者的绿色通道服务制度。

其二，作为一项法定的制度安排，上级医疗机构应当履行法定义务，制定本单位转诊患者的绿色通道服务制度并保障该制度的顺利实施。上级医疗机构应当依法制定本单位转诊患者的绿色通道制度并予以公布，设置专门机构负责这一制度的实施，并由专门机构统一负责针对特殊群体的绿色通道服务制度的实施。在专科门诊服务方面，可以开设专门转诊患者挂号和缴费窗口，为持有全科医生转诊证明的患者提供优先挂号与缴费服务待遇；在医学检查和住院医疗服务方面，对于持有全科医生转诊证明的患者，应当规定提供服务的限时要求，确保转诊患者优先于非转诊患者并及时得到相应的医疗服务。

其三，转诊患者绿色通道服务制度是保障全科医生转诊权实现并建立分级诊疗制度的重要措施，应当为二、三级医疗机构设定必要的法定义务。国务院分级诊疗指导意见指出，上级医院对转诊患者提供优先接诊、优先检查、优先住院等服务。上海市全面推广全科医生制度指导意见也提出，由家庭医生预约的患者能够享有优先预约、优先就诊及优先住院等便捷。[①] 转诊患者绿色通道优先性服务制度虽已提出，但尚未上升到法治化的高度，通过法治化的制度安排，使这一制度建设成为二、三级医疗机构的法定义务。作为二、三级医疗机构的卫生行政主管部门应当采取事后监督相关措施，保证所属二、三级医疗机构都能建立合法有效的转诊患者绿色通道服务制度，并监督该制度的有效实施。转诊患者绿色通道服务制度的有效施行，有利于全科医生转诊权规范设计目标的实现，吸引并鼓励更多的社区居民利用全科医生的转诊服务来寻求上级医疗机构的专科服务或住院服务。同时，也通过全科医生转诊权的规范实施，为就诊对象提供全科医疗转诊指南，选择与疾病治疗有关的最佳适宜的上级医疗机构，规范转诊秩序并节省患者就医成本，实现专科与住院医疗资源的有效利用。

4. 规范转诊的诊查费减免优惠制度

基层医疗卫生服务机构全科医生行使转诊权并出具转诊证明后，患者在转诊证明有效期内至转诊证明所指定的二、三级基本医疗保险定点医疗机构普通门（急）诊挂号的，可享受由该接诊医疗机构给予的普通门（急）诊诊查费减免50%的优惠。优惠部分的费用由二、三级基本医疗保险定点医疗机构承担，政府财政给予适当补贴。

诊查费是指二、三级基本医疗保险定点医疗机构普通门（急）诊诊查费中应当由城乡基本医疗保险个人医疗账户资金支付的部分。

相关说明如下：

首先，享受诊查费减免优惠待遇，需要注意该制度的几个要点：一是只有利用基层医疗卫生服务机构全科医生的转诊服务，才能享受诊查费减免优惠待遇。如果越过基层医疗卫生服务机构全科医生而自行前往二、三级医疗机构就诊，全科医生没有机会对患者疾病进行全科医疗的先行介入，患者是否具备转诊标准并能有效利用上级医疗机构

---

① 参见《国务院办公厅关于推进分级诊疗制度建设的指导意见》（国办发〔2015〕70号）、《关于本市全面推广家庭医生制度的指导意见》（沪卫基层〔2013〕7号）。

资源，便存在不确定性。针对这样的患者，给予其享受诊查费减免优惠待遇，会纵容更多患者采取类似做法，不利于转诊秩序的规范运行。因此，诊查费减免的优惠待遇应当给予遵守转诊秩序的患者，鼓励更多患者按照分级诊疗转诊要求来满足自身的就医需求。二是应当选择转诊证明上指定的医疗机构就诊，选择转诊证明非指定医疗机构就诊的，不享有诊查费减免优惠待遇。转诊证明上医疗机构的选定，是全科医生根据就诊对象病情为其选择的适宜医疗机构，是一种全科医学的专业化判断，其根本目的是使就诊对象的健康权益得到充分实现。擅自选择其他医疗机构就诊的，不仅使得全科医生的专业化服务付之东流，而且还会带来转诊秩序的混乱。三是诊查费减免优惠待遇为上级医疗机构诊查费的 50%。诊查费是指二、三级医疗机构普通门（急）诊诊查费中应当由城乡基本医疗保险个人医疗账户资金支付的部分。[①] 普通门（急）诊诊查费中属于基本医疗保险报销范围的费用，由基本医疗保险基金予以报销。将基本医疗保险报销待遇与诊查费减免的优惠待遇相结合，可以发现，遵守规范转诊要求的患者，在二、三级医疗机构普通门（急）诊诊查费方面的经济负担，将得到进一步的减轻。

其次，诊查费减免优惠待遇作为保障全科医生转诊权实施和规范转诊秩序的经济杠杆之一，其功效也需要清醒看待。上海市 2006 年就下发了社区就诊和定向转诊普通门（急）诊诊查费减免试行办法，[②] 诊查费减免优惠政策似乎并未引起市民的广泛关注。由此说明，规范转诊秩序并实现分级诊疗的目标，需要多种充当经济杠杆作用的制度形成合力并实现制度的规范化与法治化，方能从经济诱导方面逐步形成规范化的转诊秩序。诊查费减免优惠待遇仅为一种经济杠杆，除此之外，基本医疗保险报销比例差异化、基本医疗保险个人自付部分起

① 参见《关于印发〈本市市民社区就诊和定向转诊普通门（急）诊诊查费减免试行办法〉的通知》（沪卫基层〔2006〕8 号）。

② 参见《关于印发〈本市市民社区就诊和定向转诊普通门（急）诊诊查费减免试行办法〉的通知》（沪卫基层〔2006〕8 号）。

付线连续计算以及规范弱势群体转诊秩序的医疗救助制度等，都需要得到进一步制度化、规范化与法治化，从法治层面建立规范转诊秩序，实现分级诊疗目标的经济杠杆机制。

5. 起付线连续计算的基本医保优惠制度

经由基层医疗卫生服务机构全科医生转诊至上级医疗机构的门诊患者，可以连续计算基本医疗保险起付线。

相关说明如下：

首先，国务院办公厅分级诊疗指导意见规定，对符合规定的转诊住院患者可以连续计算起付线，促进患者有序流动。[①] 基本医保起付线是基本医疗保险对于患者医疗费用予以报销的起付标准，起付标准之上的医疗费用由基本医疗保险按照规定报销比例予以报销支付，起付标准之下的医疗费用由患者个人负担。分级诊疗指导意见规定“转诊住院患者”可以连续计算起付线，对于基层医疗卫生服务机构全科医生转诊权的实现意义不大。据笔者在上海市各区县基层医院的调研资料显示，社区卫生服务中心作为一级医院，住院服务范围主要限定在康复病床和舒缓疗护病床服务，而主要医疗服务领域为全科门诊服务以及以全科医生为核心的全科团队服务。社区居民在社区卫生服务中心（站）医疗费用主要为门诊费用，通过全科医生转诊至二、三级医疗机构将会首先产生包括各种医疗检查、药品、挂号费等门诊费用，住院费用不一定会产生。因此，对于社区卫生服务中心（站）而言，“转诊住院患者”可以连续计算起付线的规定，对于鼓励规范转诊并没有实际的经济杠杆效应。

其次，连续计算基本医疗保险起付线，对于基层医疗卫生服务机构全科医生转诊至上级基本医疗保险定点医疗机构的门诊患者而言，却可以起到规范转诊秩序的经济杠杆效应。社区居民在基层医疗卫生服务机构全科医生处接受全科门诊服务，门诊费用在基本医疗保险起

① 参见《国务院办公厅关于推进分级诊疗制度建设的指导意见》（国办发〔2015〕70号）。

付线以下部分由居民个人自付，即由基本医疗保险中的个人账户予以负担。社区居民符合转诊标准并由全科医生转诊至二、三级基本医疗保险定点医疗机构接受专科门诊服务时，连续计算基本医疗保险起付线意味着，先前在基层医疗卫生服务机构门诊费用中由基本医疗保险个人账户部分承担的医疗费用，将以此为基础，连续计算在上级医疗机构门诊费用中基本医疗保险个人账户承担数额，实际效果便成为在上级医疗机构门诊费用的基本医疗保险起付线降低了。显然，对于尊重全科医生转诊权并按照转诊流程接受上级医疗机构专科门诊服务的患者而言，基本医疗保险起付线连续计算效果为起付线实际标准的降低，能够享受更多的基本医疗保险报销福利待遇。

最后，连续计算基本医疗保险起付线对于保障全科医生转诊权并形成规范的转诊秩序，具有现实的经济杠杆作用。除了对基本医疗保险起付线以上部分由差异化的基本医疗保险报销比例，作为鼓励规范转诊的经济杠杆之外，对于基本医疗保险起付线以下由基本医保个人账户支付部分，基本医保起付线的连续计算，在二、三级基本医疗保险定点医疗机构各类医学检查和药品价格尚无法得到全面调控的背景下，这一福利待遇将会在一定程度上减轻社区居民在二、三级医疗机构门诊费用基本医保的个人负担。作为一种基本医疗保险经济杠杆，连续计算基本医疗保险起付线将会吸引更多社区居民选择首先接受全科医生的全科医疗服务，符合转诊标准的，由全科医生行使转诊权并将患者转诊至适宜二、三级基本医疗保险定点医疗机构，从而有利于保障全科医生转诊权并有助于形成规范的转诊秩序。

6. 医疗救助与全科医生转诊权

医疗救助对象需与基层医疗卫生服务机构全科医生签约并按约首诊时，全科医生认为医疗救助对象符合转诊条件确应转诊到上级医疗机构治疗的，应当由签约全科医生出具转诊证明，方可根据有关法规、规章申请医疗救助基金补贴。

相关说明如下：

首先，医疗救助对象与基层医疗卫生服务机构全科医生签约并通过全科医生实现规范转诊的，可以凭转诊证明申请医疗救助。医疗救助对象在二、三级医疗机构申请医疗救助的前提是通过社区卫生服务中心全科医生的规范转诊。[①] 这一规定的功能在于，医疗救助对象不能擅自前往二、三级医疗机构就诊并申请国家医疗救助基金补贴，必须先由社区卫生服务中心签约全科医生首诊并作出是否符合转诊标准的判断，如果符合转诊标准，应由全科医生签发转诊证明。医疗救助对象持转诊证明前往二、三级医疗机构就诊时，可以根据有关法规、规章申请医疗救助基金的补贴。如果未通过社区卫生服务中心全科医生转诊的，在二、三级医疗机构就诊时，将不具备申请医疗救助基金补贴的资格。

其次，这一规定尚需要注意以下几点：一是医疗救助对象的认定问题。医疗救助对象范围包括最低生活保障家庭成员、特困供养人员，同时，县级以上地方人民政府有权认定其他特殊困难人员为医疗救助对象。[②] 二是医疗救助对象也要遵守社区卫生服务中心（站）全科医生首诊制度，即与全科医生建立签约服务关系并选择全科医生作为首诊医生。[③] 三是医疗救助对象在二、三级医疗机构的医疗费用，可根据相关法规、规章申请医疗救助基金的补贴。相关法规、规章即指《社会保险法》《社会救助暂行办法》《城乡医疗救助基金管理办法》等。申请医疗救助基金补贴范围是参加基本医疗保险的个人缴费部分以及

① 参见《关于进一步完善本市城乡医疗救助制度的实施意见》（沪民救发〔2012〕31号）。

② 参见《社会救助暂行办法》第28条。例如，上海市于2016年1月1日起实施的《上海市城乡居民基本医疗保险办法》将以下三类人员也认定为医疗救助对象，即高龄老人（指年满70周岁，在上海居住、生活满30年，从户籍制度建立起就是本市户籍，且未享受基本医疗保障的老人）、职工老年遗属（指具有本市户籍，年满60周岁，按照本市有关规定，享受遗属生活困难补助的人员）、重残人员（指具有本市户籍，年满16周岁，持有《中华人民共和国残疾人证》并符合本市重残标准的无医疗保障人员）。

③ 参见前文“全科医生首诊权的规范设计及其相关说明”部分的相关阐释。

经基本医疗保险、大病保险和其他补充医疗保险支付后，个人及其家庭难以承担的符合规定的基本医疗自负费用。[①] 前者实际为基本医疗保险中个人账户部分，后者是按照基本医疗保险等报销比例支付后应由医疗救助对象个人承担的自付部分。

① 参见《社会救助暂行办法》第29条。

第五章 全科医生执业发展制度的法治化研究

执业发展制度是全科医生在基层医疗卫生服务机构通过签约方式向社区居民提供基本医疗卫生服务的过程中，基于全科医生这一特定执业身份所能依法享有的、由多种激励机制予以保障的自由与利益的制度集合体。执业发展制度设计立足于全科医生在基层医疗卫生服务机构签约执业这一特定身份，由此区别于在非基层医疗卫生服务机构从事不属于基本医疗卫生服务范围的其他专科医生。执业发展制度本质是为基层医疗卫生服务机构签约执业的全科医生带来自由与利益，自由与利益也是所有执业发展具体制度服务于全科医生的目标所在。执业发展制度需要立足于全科医生制度的发展规律并与当代中国社会全面发展与保障人权的时代主题相适应，在这一时代背景下，需要多种激励机制来激发、促进并保障全科医生在签约执业过程中应有的、合乎自然规律与社会发展规律的自由与利益。我们需要结合实践并探求全科医生在基本医疗卫生服务政府主导背景下执业自由空间的限度，需要结合实践并立足于全科医生签约执业这一执业特性来思考全科医生职称制度的改革，需要结合实践并为全科医生合理的专业技术发展前景而斟酌全科医生执业类别与执业范围变更权利的实现，更需要结合全科医生制度改革的实践来思索兼具控费与激励效用的全科医生薪酬制度的体系建构。这一谋求全科医生签约执业自由与利益而具有共同使命的制度体系，便是全科医生执业发展制度的内核。

从全科医生制度体系与制度功能的视角观察，执业发展制度需格外关注。如前文所述，签约制度是全科医生依法提供符合约定的基本医疗卫生服务的特有制度设计，团队服务制度是全科医生以团队组合的形式履行签约执业制度的行为范式，而首诊服务制度则是全科医生制度在整个分级诊疗制度体系中特有制度价值的功能体现。这三类全科医生具体制度搭建起全科医生制度的服务框架，尚需激励全科医生在此服务框架中以专业化的全科医疗充当社区居民健康与医疗费用“守门人”的执业发展制度，并作为整个制度服务框架的支柱。执业发展制度建构的功能在于，让以团队形式在初级卫生保健系统中签约执业的全科医生感受到全科医生制度所能带来的执业认同、执业前景、执业荣耀与执业动力，切身体会到全科医生制度本身所折射出的自由与利益价值，从而使全科医生各具体制度功能充分发挥并形成有机联系的整体，将“守门人”制度坐实并为建立分级诊疗制度奠定基础。

从全科医生执业权利视角分析，全科医生执业发展制度法治化研究，是对全科医生执业发展权利确立与保障性机制的研究。全科医生执业发展权是全科医生在基层医疗卫生服务机构通过签约方式向社区居民提供基本医疗卫生服务的过程中，基于全科医生这一特定执业身份所能依法享有的、由多种激励机制予以保障的自由与利益的权利集合体，执业发展自由与利益也是所有具体全科医生执业发展权利的指向所在，具体权利制度设计应围绕全科医生职称制度改革及其职业荣誉资格的享有、依法变更执业范围或执业类别的专业技术发展权利以及全科医生绩效工资制度改革后的薪酬激励权利等。

全科医生执业发展制度的法治化研究，目的在于通过实证调研与比较研究，探求形成全科医生执业发展的激励机制，为从法治层面切实保障全科医生执业发展权益提供符合制度本身运作规律的法治建议。用法治办法去发现、确认全科医生制度改革的有益经验，进而巩固与完善全科医生制度并逐渐形成具有我国特色的全科医生法律制度。本章以上海全科医生制度改革为背景并以相关的实践调查为研究基础，同时借助规范分析方法展开讨论，力求总结上海全科医生制度改革中执业发展制度的有益经验，为从法治层面建构并完善全科医生执业发展制度，提出看法与建议。

第一节 上海全科医生执业发展制度的实践调查

一、全科医生多点执业制度的实践调查

在全科医生多点执业方面，上海全科医生制度相关政策文件与国务院建立全科医生制度文件似有不同。国务院建立全科医生制度文件指出，全科医生多点执业的机构选择范围包括基层医疗卫生机构（或医院）、个体诊所或合伙制诊所，这意味着全科医生提供基本医疗卫生服务的机构，不仅限于政府办基层医疗卫生机构（或医院），还应包括社会办的个体诊所或合伙制诊所。①2011 年上海市政府发布医师多点执业的通知，就多点执业的总体要求、注册条件、注册提交材料、注册变革与撤销、监督管理等事项作了统一规定，② 但上海全面推广全科医生制度的指导意见并未涉及全科医生多点执业问题，③ 上海深化医药卫生体制改革和社区卫生服务综合改革方面的政策文件，也未将多点执业作为主要目标或主要任务，而是规定基本医疗卫生服务主要由社区卫生服务中心提供，只有每一街道或乡镇新增人口超过 5-10 万时，才有可能通过公开竞争方式引入社会资本投资建立社区卫生服

① 参见《国务院关于建立全科医生制度的意见》（国发〔2011〕23 号）。

② 参见《市卫生局关于在本市开展医师多点执业试点工作的通知》（沪卫医政〔2011〕94 号）。

③ 参见《关于本市全面推广家庭医生制度的指导意见》（沪卫基层〔2013〕7 号）。

务中心。[①] 到目前为止，社区卫生服务中心皆为公立，社会资本兴办的尚不存在。作为提供基本医疗卫生服务主力军的全科医生，由于政策将提供基本医疗卫生服务机构限定于公办社区卫生服务中心范围之内，多点执业的机构范围不可能包括个体诊所或合伙制诊所，全科医生只有可能在不同社区卫生服务中心多点执业。

笔者在上海市各区县的实践调研资料也显示，除长宁区外，其他区县全科医生多点执业现象几乎绝迹。首先，基于签约制度和团队服务的要求，全科医生没有多点执业的空余时间。在杨浦区五角场街道社区卫生服务中心南茶苑卫生服务站调研时全科医生反映，每个工作日早上平均 2–3 分钟要看一个门诊患者，下午工作时间去患者家中看望家庭病床患者和为预约的签约居民提供配药、基本检查、健康咨询等服务，休假时间极为宝贵，没有去其他社区卫生服务中心多点执业的打算，也没有听说全科医生多点执业现象。在闸北区彭浦新村街道社区卫生服务中心调研时，上海“十佳”家庭医生之一的严正医生介绍说，本辖区老年患者和慢性病患者较多，全科医生签约人数严重超标，手机 24 小时开机，每个工作日从早上 8 点到晚上 8 点全部被门诊服务和上门服务占据，休假期间签约患者有需求时，还要上门服务，全科医生多点执业是不符合全科医生实际工作现状的。其次，社区卫生服务中心管理制度与全科医生多点执业存在紧张关系。笔者与杨浦区五角场街道社区卫生服务中心管理层座谈时了解到，中心对全科医生的签约服务有各种考核指标。例如，签约率、知晓率、满意度、签约对象建档率等，另外，全科医生及其团队还应承担基本公共卫生服务，只有在完成本职工作的基础上，全科医生才可能有机会多点执业，尚未有全科医生多点执业的先例。再次，全科医生多点执业的具体实施制

---

① 参见《上海市“十二五”期间（2013–2015 年）深化医药卫生体制改革实施方案》;《上海市人民政府办公厅印发〈关于进一步推进本市社区卫生服务综合改革与发展的指导意见〉的通知》（沪府办发〔2015〕6 号），载《上海市人民政府公报》2015 年 3 月 5 日。

度尚不健全，尤其是在第二、第三点执业机构的薪酬待遇如何支付问题，目前尚无明确规定。最后，笔者在各区县的调研中，尚未发现社会办全科诊所的存在，基本医疗卫生服务的提供，被政策限定为社区卫生服务中心，社会办全科诊所不仅缺乏政策层面上的支持，且在医保定点资格和服务收益等方面尚难以满足要求。社区卫生服务中心的基本医疗服务和基本公共卫生服务具有公益性，经费主要来源于政府财政拨款，没有政府财政支持，社会办全科诊所几乎得不到任何利益。

笔者在长宁区社区卫生服务中心调研时发现，该区卫计委制定有全科医生多点执业的阶段性实施方案。[①] 该区全科医生多点执业的特色在于建立"8+X"多点执业模式，即全科医生团队成员8小时常规工作时间在所属社区卫生服务中心（第一执业点）工作，8小时以外的个人时间在家友诊所（第二执业点）兼职服务的工作模式。主要制度特点包括：其一，此处"家友诊所"作为第二执业地点并非社会办的全科诊所，而是长宁区卫生行政主管部门设置的、具有公立性质供全科医生多点执业的诊所，有多点执业需求的全科医生可在该诊所登记注册，同时建立有家友诊所预约中心系统，居民、公司等在家友诊所预约中心系统选择服务项目，发送预约信息至第三方（家友诊所预约中心），第三方预约中心安排医务人员提供上门服务。家友诊所通过委托长宁区社区卫生协会对家友诊所的服务质量进行监督。其二，服务对象主要有两类：一是有个性化和特需健康服务要求的社区居民；二是为其员工购买非社区卫生服务中心承担的医疗服务和健康管理需求的功能社区内的公司或企事业单位。其三，服务内容主要为上门服务，结合全科医生团队服务能力，提供全科、中医、康复以及护理四大类服务项目。其中，全科服务主要提供健康评估和管理等服务；中医服务主要提供脉诊、推拿、拔罐、艾灸、刮痧、穴位敷贴等；康复服务主要提供康复咨询、康复评定、作业疗法、运动疗法等；护理服

---

① 参见《长宁区全科医生团队多点执业试点工作方案》（内部文件），实施时间为2014年9月至2015年8月。

务主要提供换药、褥疮护理、伤口拆线等。其四，服务时间主要是利用在社区卫生服务中心（第一执业点）工作之外的时间，如下班后时间（17:00–22:00）以及休息日或节假日（8:00–22:00）等时间，以全科团队的第一执业点所在的辖区为主要服务范围。其五，多点执业全科医生要求具有三年以上执业经历，连续两年没有发生医疗事故或医疗差错。其六，家友诊所预约中心为多点执业的全科医生提供基本的医疗责任险和意外险以保障医务人员在第二执业点医疗过程中的医疗风险和个人安全。区卫计委下拨项目经费对试点项目给予经费保障。至于不同执业点之间的协作机制、多点执业薪酬体系、医务人员的保险制度、多点执业的监督管理等，该文件指出，需要在实践中逐步摸索。笔者在长宁区各社区卫生服务中心调研时，全科医生对长宁区创设的多点执业实施办法反应平淡，主要理由在于：一是日常工作繁忙，客观上没有时间参与多点执业；二是该制度中诸如多点执业薪酬体系的建立，受到全科医生关注，但尚无具体制度设计，全科医生参与多点执业的积极性不高。

二、全科医生职称评审状况的实践调查

全科医生职称评审在政策层面有一定的倾斜性照顾。例如，国务院建立全科医生制度文件赋予规范化培养的全科医生有资格优先晋升职称，并将与全科医生签约执业业绩作为晋升职称的重要考核指标。[①]上海全科医生制度的指导意见并未就全科医生职称评审问题定下任务或目标，[②]但关于社区卫生服务综合改革与发展的指导意见指出，需要

① 参见《国务院关于建立全科医生制度的意见》（国发〔2011〕23号）。个别省市随即出台了有关全科医生职称评聘的通知，可参见《甘肃省关于全科医生职称评聘有关问题的通知》（甘人职〔2013〕72号）、《关于印发〈重庆市基层医疗卫生机构全科医生职称评聘办法〉的通知》（渝人社发〔2015〕132号）。

② 参见《关于本市全面推广家庭医生制度的指导意见》（沪卫基层〔2013〕7号）。

提高社区卫生职务中高级岗位结构比例并完善任职资格标准。[①]

笔者在上海市各区县调研时发现，全科医生对职称评审问题尤为关注。在虹口区欧阳街道优抚园社区家庭医生诊所调研时，全科医生反映，目前全科医生职称评审条件并未有实质性松动，除了经过规范化培训的全科医生可以提前一年参加上一级职称评审外，其他评审条件均未有任何变化，尤其关于科研论文评审条件，至今仍是全科医生职称评审的重要门槛。[②]在松江区小昆山镇社区卫生服务中心调研时，有全科医生坦言，全科医生的职称评审与二、三级医疗机构的专科医生相比，存在很多劣势。全科医生日常工作主要为全科门诊服务、社区公共卫生服务和家庭病床服务，全科门诊服务通常 2 分钟至 3 分钟就要服务一个病患，健康问题皆为日常生活中的“小病”，社区公共卫生服务较为琐碎并且还要整理相关数据，家庭病床服务主要为行动不便的康复患者提供健康管理与康复指导服务；每个工作日都事务繁杂，遇到复杂疾病时便需要根据转诊要求，将患者转诊至上级医疗机构的专科门诊，由于缺乏对某些复杂疾病的医疗实践经验作为研究基础，因此，也就不具备专注于某一感兴趣的医学领域并进行纵深研究的执业环境，希望能将全科医生执业经历作为全科医生职称评审条件之一，并取消全科医生职称评审条件中科研论文的硬性要求。在闸北区彭浦新村街道社区卫生服务中心调研时，上海“十佳”家庭医生严正医师告诉笔者，目前自己职称为主治医师，参加工作近二十年，日常工作甚为繁忙，手机 24 小时开机，节假日签约居民有需求时，都要提供上门服务和随时健康咨询服务，根本没有时间和精力完成副主

---

① 参见《上海市人民政府办公厅印发〈关于进一步推进本市社区卫生服务综合改革与发展的指导意见〉的通知》（沪府办发〔2015〕6 号），载《上海市人民政府公报》2015 年 3 月 5 日。

② 关于上海社区全科医生副高级和正高级职称评审条件，可参见《关于印发〈上海市卫生系列社区卫生高级专业技术职务任职资格评审工作办法〉的通知》（沪人社专发〔2014〕23 号）、《关于 2015 年度上海市卫生系列社区卫生高级专业技术职务任职资格申报工作的通知》（沪卫评审〔2015〕2 号）。

任医师评审条件所要求的科研业绩。通过一天的门诊服务与家庭随访服务观察，笔者发现，越是服务周到、深受社区居民欢迎的全科医生，职称评审条件越难以达到。严正医生表示，将会专注于社区居民的签约服务，至于职称评审问题则不再考虑。[①]

三、全科医生执业范围变更的实践调查

社区卫生服务中心执业的全科医生，能否将执业范围由全科医学专业变更为其他临床二级学科专业，进而在二、三级医疗机构开展相应临床专科执业服务，这种现象的法律与政策空间越来越小。全科医生属于临床类别的全科医学专业，执业医师证上的执业类别为临床，执业范围为全科医学专业。执业范围是全科医生依法执业并在执业医师证上的必要记载事项，全科医生只能在全科医学专业这一执业范围内从事执业活动。如果要改变执业医师证上的执业范围即申请变更登记，则必须提交医师变更执业注册申请审核表、《医师资格证书》、《医师执业证书》以及省级以上卫生行政部门规定提交的其他材料。[②] 其中，省级以上卫生行政部门规定提供的材料包括《住院医师规范化培训合格证书》。上海自 2010 年起，《住院医师规范化培训合格证书》已经成为各级医疗机构新进人员聘任临床医学类初级医师岗位和晋升

---

① 2015 年 6 月 29 日至 7 月 3 日，根据国家卫生计生委的部署，全国十大最美医生严正同志先进事迹报告会先后在河南郑州和福建厦门、漳州举行。严正同志作为先进典型，近年来，受到中央和上海市有关部门的多次表彰，他曾荣获全国卫生系统先进个人、上海市十佳家庭医生、上海市“五一劳动奖章”、感动上海十大年度人物等荣誉称号，2016 年 3 月又在国家卫生计生委、上海市卫生计生委的推荐下，被中央电视台评为全国十大最美医生。参见《严正医生事迹在全国巡讲》，上海市卫生和计划生育委员会网，http://www.wsjsw.gov.cn/wsj/n422/n424/u1ai136026.html，访问时间为 2015 年 11 月 18 日。

② 参见《医师执业注册暂行办法》（卫生部令第 5 号）。

临床医学类中级专业技术职务任职资格的重要依据之一。[①]也就是说，在社区卫生服务中心执业的全科医生想要改变执业范围，必须参加全市统一的非临床全科专业住院医师规范化培训，取得《住院医师规范化培训合格证书》后，方有资格在二、三级医疗机构从事临床非全科专业的专科执业服务。但上海市住院医师规范化培训相关规定，将培训对象限定为本科以上学历的医学专业毕业生，许多具体规定皆为应届毕业生而设计。[②]上述规定与国务院建立全科医生制度文件精神有一定出入。后者明文规定，有基层医疗卫生服务机构执业经历的全科医生被住院医师规范化培养单位优先录用。[③]

笔者与上海市各区县社区卫生服务中心全科医生座谈时了解到的情况，印证了政策文件之间的冲突与全科医生谋求执业发展的困惑。在松江区小昆山镇社区卫生服务中心调研时，有全科医生坦言，一旦在区卫计委注册成为全科医生后，就必须在社区卫生服务中心一直从事全科医学专业的执业活动，执业范围无法改变，想转变为非全科的其他专科医生，在事实和规定层面都是不可能的。全科医生被牢牢束缚在基层医疗卫生服务机构，没有合法途径转变为非全科的专科医生，无法更换执业机构并到二、三级医疗机构执业。这样一种现状，让全科医生感受不到执业发展前景和上升空间，对年轻全科医生尤为不公。在静安区石门二路社区卫生服务中心调研

---

① 参见《上海市住院医师规范化培训实施办法（试行）》（沪卫科教〔2010〕5号）第15条、《上海市住院医师规范化培训劳动人事管理暂行办法》（沪卫人事〔2010〕96号）第9条。另外，国家层面上要求到2015年，各省（区、市）全面启动住院医师规范化培训工作；到2020年，所有新进医疗岗位的本科及以上学历临床医师均接受住院医师规范化培训。参见《关于建立住院医师规范化培训制度的指导意见》（国卫科教发〔2013〕56号）。

② 例如，医学本科和研究生学历毕业生的培训时间要求、培训期间必须取得执业医师资格的要求等，参见《上海市住院医师规范化培训实施办法（试行）》（沪卫科教〔2010〕5号）第3、11、13条。另参见《上海市住院医师规范化培训劳动人事管理暂行办法》（沪卫人事〔2010〕96号）第11、12条。

③ 参见《国务院关于建立全科医生制度的意见》（国发〔2011〕23号）。

时，有年轻的全科医生坦言，如果想选择去二、三级医疗机构从事非全科的专科执业活动的话，只有辞职并读研或读博以获取更高一级学位，才能以应届毕业生的身份参加专科医生住院医师规范化培训，因为招收专科医生规范化培训的培训基地医院仅招收应届毕业生，有工作经历或往届毕业生无法参加培训基地医院的招考。该中心这几年新进的年轻全科医生中，为了更换执业范围而攻读更高一级学位的，不在少数。有年轻本科学历的全科医生向笔者反映，接受“5+3”共 8 年的学历教育和全科医生规范化培训，如果再读研并接受 2 年的专科医生规范化培训，总共需要 13 年的时间，才有资格去二、三级医疗机构应聘临床非全科的专科岗位，如果在社区卫生服务中心再工作几年的话，付出的时间代价更大。

四、全科医生薪酬保障制度的实践调查

全科医生薪酬保障制度是全科医生相关政策文件的重要内容。国务院建立全科医生制度文件就全科医生薪酬激励机制作出专门规定，包括签约服务费、非约定医疗卫生费用和向非签约居民提供门诊服务一般诊疗费的收取，以及以医生津贴等方式分配绩效工资、地区津补贴政策等。[①] 上海市全面推广全科医生制度的指导意见就全科医生薪酬保障制度规定了两项任务，一是按照全科医生签约数量核定卫生经费，二是建立健全以签约数量、服务数量和质量、居民满意度以及医疗卫生费用控制为主要指标的家庭医生绩效工资收入分配制度。[②]2015 年，上海市推进社区卫生服务综合改革与发展的指导意见指出，建立社区卫生服务基本项目运行新机制（包括基本项目的确定、基本项目标准、中心年度工作负荷核定、基本项目补

① 参见《国务院关于建立全科医生制度的意见》（国发〔2011〕23 号）。

② 参见《关于本市全面推广家庭医生制度的指导意见》（沪卫基层〔2013〕7 号）。

偿机制、薪酬考核机制等）。①

笔者在上海市各区县调研中发现，上述关于全科医生薪酬保障制度的政策措施，目前并未真正付诸实践，全科医生收入普遍不高，有如下几个特点：

一是绩效工资制度改革基本未开展。全科医生每月收入大体包括两部分，一部分为基本工资，包括档案或合同工资、各种福利和津贴；另一部分为绩效工资，主要分配标准为职称、学历、工龄和门诊工作量。但个别区县试点“家庭医生服务津贴”制度，作为全科医生绩效工资制度改革的先导性制度设计。②

二是签约居民不支付签约服务费，即社区居民与社区卫生服务中心全科医生免费建立签约服务关系。每个签约对象每月 10 元签约服务费，由基本医疗保险基金或财政支付。③例如，长宁区签约服务费的支付制度将服务数量与服务质量作为约束性考核指标，并作为签约服务费的拨付依据，其中，签约对象为城镇职工的，签约服务费由基本医疗保险基金支付，签约对象为城镇居民的，签约服务费由市、区两级财政支付。④

三是个别区县基本医疗保险基金的奖励制度。浦东新区卫生局将新型农村合作医疗基本医疗保险基金根据人头预付 90% 给社区卫生服务中心，10% 预留在区合作医疗管理办公室作为风险基金，全科医生为农民节省医保基金有奖励，医保费用超支则需要全科医生承担相应

---

① 参见《上海市人民政府办公厅印发〈关于进一步推进本市社区卫生服务综合改革与发展的指导意见〉的通知》（沪府办发〔2015〕6 号），载《上海市人民政府公报》2015 年 3 月 5 日。

② 参见葛敏、江萍：《家庭医生制度改革的长宁经验》，载《中国医疗保险》2012 年第 9 期，第 26–28 页。

③ 参见伍沛儿、何露洋、洪阳等：《全科医生试点城市改革方案比较研究》，载《中国社会医学杂志》2014 年第 4 期，第 223–225 页。

④ 参见江萍：《家庭医生服务模式的制度特征及效率评估——基于上海长宁区的实践》，载《中国医疗保险》2014 年第 4 期，第 31–33 页。

责任。[①] 例如，六灶社区卫生服务中心和惠南社区卫生服务中心还制定了详细的医保费用管理奖惩机制，防止医生为了多拿奖励而少开药或超额使用医保基金。[②]

四是个别区县试点全科医生补助制度。闵行区为激励全科医生保证全科医疗服务的连续性，对转诊至二、三级医疗机构的患者，要求全科医生在 24 小时到 48 小时内前去探望治疗情况一次，住院后在家康复时，要求全科医生家访一次，社区卫生服务中心向全科医生支付补助 200 元。长宁区试点“家庭医生服务津贴”制度，通过考核各类指标，如签约对象满意度、健康管理效果等，对全科医生发放“服务津贴”以调动其服务积极性。[③]

五是全科医生交通工具或交通费用补贴不到位。全科医生需要根据签约协议书的约定提供上门服务，笔者在上海市各区县社区卫生服务中心调研时询问全科医生“单位是否提供交通工具或给予相应交通补贴”时，所有回答结果均为“没有”。

六是全科医生收入普遍不高，导致这一群体人心不稳。社区卫生服务中心全科医生工资收入主要来自各区县财政拨款，由于财政状况与各区县社区居民具体情况的不同，全科医生收入也存在差异。笔者在闸北区彭浦新村街道社区卫生服务中心、闵行区梅陇镇社区卫生服务中心、浦东新区三林社区卫生服务中心等处调研时发现，全科医生月收入普遍在 5000 元到 8000 元之间，收入差别主要体现在门诊量与职称等级、工龄等方面。而年轻全科医生的收入状况堪忧，在静安区石门二路社区卫生服务中心调研时发现，工作时间在

---

① 参见申欣旺、郁玫：《上海浦东在社区推行全科医生家庭责任制》，中国新闻网，2012 年 10 月 9 日，http://www.chinanews.com/jk/2012/10-09/4233989.shtml，访问时间为 2015 年 11 月 18 日。

② 参见陈青：《参保农民八成首诊在社区》，载《文汇报》2013 年 12 月 3 日，第 7 版。

③ 参见葛敏、江萍：《家庭医生制度改革的长宁经验》，载《中国医疗保险》2012 年第 9 期，第 26-28 页。

2-4年的全科医生月收入普遍在4000-5000元左右，仅为上海市城市最低工资的两倍左右，个别年轻全科医生选择辞职改行或辞职后继续攻读高一级学位谋求非全科的专科执业机会。男性年轻全科医生辞职现象较为突出，笔者在虹口区欧阳路街道优抚园社区家庭医生诊所调研时发现，该诊所仅有女性全科医生而无男性全科医生。据介绍，男性全科医生均已辞职。①

第二节　上海全科医生执业发展制度的问题反思

一、全科医生与医师多点执业关系之反思

（一）医师多点执业及其特点分析

医师多点执业是符合条件的执业医师经卫生行政部门注册后，在两个以上医疗机构从事与其执业类别和执业范围相一致的医疗活动。医师多点执业已经作为引导优质医疗资源合理流动与下沉的有效举措，为此，中央医改文件和国务院卫生行政主管部门指导意见或通知为构建制度化的医师多点执业，奠定了规范基础。② 医师多点执业制度有两个特点，需要格外关注。

---

① 在调研中，笔者发现，全科医生薪酬待遇与其所承担的岗位职责的确无法匹配，不仅人心不稳，更为重要的是无法激励全科医生真正充当社区居民健康与医疗费用的“守门人”。在采访上海“十佳家庭医生”严正时，他告诉笔者，在上海首届“十佳家庭医生”颁奖会上，曾向上海主管卫生工作的副市长反映待遇过低问题，副市长表示，需要先行先试，等有了经验后再完善制度。严正医生也坦言，作为全科医生，要有雷锋精神。

② 参见《中共中央　国务院关于深化医药卫生体制改革的意见》（中发〔2009〕6号）、《卫生部关于医师多点执业有关问题的通知》（卫医政发〔2009〕86号）、《关于扩大医师多点执业试点范围的通知》（卫办医政发〔2011〕95号）、《关于印发推进和规范医师多点执业的若干意见的通知》（国卫医发〔2014〕86号）。

一是该制度建立的初衷是鼓励执业医师到基层医疗卫生服务机构或医疗资源稀缺地区开展多点执业，以弥补基层医疗卫生资源不足的困境。上述关于推行医师多点执业的国家卫生行政主管部门的政策文件，对此有明确规定并作为总体要求的内容之一，上海试点医师多点执业的通知中，也对此有明确规定。[①] 这就说明，基于我国优质医疗卫生资源一般集中在二、三级医疗机构，尤其是大城市三级甲等医疗机构的现状，医师多点执业制度是鼓励等级较高医疗机构的优质资源向等级较低的医疗机构规范流动，即从上到下的纵向流动，而非从下到上的逆向流动。[②] 医师多点执业需要多部门的配合，需要不断松绑执业医师身上的体制束缚。[③]

二是医师多点执业应当保持执业类别和执业范围的一致性，即在多个医疗机构开展执业，不得超越第一执业地点注册事项中的执业类别和执业范围，否则，将被视为违法执业。上述医师多点执业政策文件对此有明确规定，上海试点医师多点执业的通知中也将此作为申请多点执业的条件之一。[④] 例如，作为执业类别为“临床”的内科医生，在其他执业地点多点执业时，执业类别和执业范围不得改变，如果开

---

① 参见《市卫生局关于在本市开展医师多点执业试点工作的通知》（沪卫医政〔2011〕94 号）。

② 医师多点执业是“鼓励”而非“强制”，相关政策文件对此态度十分明确。但有些地方推出的医师多点执业规定、多点执业医师考核暂行规定等，要求实施支援农村卫生工程医师、省市级医疗机构副高级以上职称医师、县级医疗机构中级以上职称和 5 年以上住院医师等三类医师必须进行多点执业，并将多点执业医师在受援执业地点开展诊疗活动、技术推广等考核结果，与职称评审、岗位等级认定等工作挂钩。参见孔令敏：《分级诊疗：重构医疗服务体系》，载《健康报》2015 年 1 月 8 日，第 2 版。

③ 参见廖新波：《医师多点执业并非“走穴”合法化》，载《南方日报》2015 年 3 月 31 日，第 B02 版。

④ 医师可以申请多点执业应当具备下列条件，包括医师需具有中级及以上医学专业技术职务任职资格；能够完成第一执业点的工作，并取得第一执业点医疗机构的书面同意；申请多点执业所从事的执业类别和执业范围应当与在第一执业地点从事的执业类别和执业范围一致；执业类别和执业范围在拟聘用申请人的医疗机构的诊疗科目范围内；身体健康，能胜任多点执业工作；医师定期考核合格。参见《市卫生局关于在本市开展医师多点执业试点工作的通知》（沪卫医政〔2011〕94 号）。

展临床外科医疗服务，则属违法执业。

（二）长宁区全科医生多点执业制度的思考

如前文调研资料所述，长宁区试点“8+X”全科医生多点执业模式，即全科医生团队成员 8 小时常规工作时间在所属社区卫生服务中心（第一执业点）工作，8 小时以外的个人时间在家友诊所（第二执业点）兼职服务的工作模式。长宁区全科医生多点执业制度，虽为“多点执业”，但从制度设计的本质来看，与通常所谓的多点执业存在差别，称为“多点服务”，也许更为妥当。

首先，全科医生多点执业选择的执业机构较为特别。通常所谓全科医生多点执业选择的执业机构，从理论上讲，可选择的执业机构并非具有唯一性，全科医生所在社区卫生服务中心之外的基层医疗卫生服务机构都在可选择之列。但长宁区全科医生多点执业的执业机构为家友诊所，并设置有家友诊所预约中心系统，全科医生多点执业的执业机构只能为家友诊所并具有唯一性。家友诊所是一个与全科医生第一执业机构不同、也并非其他社区卫生服务中心而是由政府专门设置的公立服务性机构。全科医生在家友诊所注册后，家友诊所负责为注册全科医生购买基本医疗责任保险，家友诊所预约中心系统是连接注册多点执业全科医生与需要服务的社区居民或企业之间的桥梁，负责预约服务和传达服务指令。

其次，全科医生多点执业的注册要求不同。通常所谓全科医生多点执业应当在第二或第三执业机构所在地卫生行政主管部门进行注册，增加执业地点和执业机构。长宁区全科医生多点执业需要全科医生在家友诊所注册，而非相应的卫生行政主管部门注册。由于家友诊所并非卫生行政主管部门，不享有行政监管职权，因此，家友诊所委托长宁区社区卫生协会监督家友诊所注册的全科医生服务质量。

再次，全科医生多点执业的服务内容不同。通常全科医生多点执业的服务内容应当为社区卫生服务中心全科团队服务并接受全科团队长的任务分工。长宁区全科医生多点执业的服务内容，是为社区居民提供个性化和特需健康服务和企事业单位为其员工购买非社区卫生服务中心承担的医疗和健康管理服务，通过提供上门服务并结合全科医生团队服务能力来确定具体服务范围。

最后，服务时间的安排与薪酬支付制度也有特别之处。通常所谓全科医生多点执业的时间安排，应由全科医生与选择的执业机构协商确定并经第一执业机构同意。长宁区全科医生多点执业的时间被明确规定在下班后时间以及休息日或节假日等。这样的多点执业时间安排，似乎是为增加全科医生收入而设定的。全科医生多点执业的薪酬问题，并不涉及第一执业机构，全科医生多点执业的时间安排已经说明，全科医生是在确保完成第一执业机构工作任务之余而为某些有特别需求的主体提供服务。全科医生多点执业的薪酬支付问题并未在该文件中写明，但从家友诊所作为第二执业机构并作为供需双方桥梁的地位来看，应由服务需求方根据一定费用标准支付给家友诊所，家友诊所再根据一定标准支付给提供服务的全科医生。

综上，长宁区试点的全科医生多点执业制度与医师多点执业制度相差甚远，这是一种由政府“搭桥”的全科医生“多点服务”制度，目的在于增加全科医生收入和满足社区居民或企事业单位医疗卫生服务的特殊需求。

（三）全科医生与医师多点执业制度之间的紧张关系

以执业医师类别和专业性质为区分标准，可将医师多点执业分为全科医生的多点执业与非全科的专科医生多点执业（简称为专科医生多点执业）。以上海全科医生制度改革为背景，基层医疗卫生服务机构执业医师将主要为全科医生并以签约服务形式向社区居民提供约定的基本医疗卫生服务，[①] 二、三级医疗机构功能定位将在建立分级诊疗

① 到2020年，基本实现每万名常住人口拥有4名注册全科医生，社区卫生服务中心执业医生中注册全科医生占比达到60%以上。参见《上海市人民政府办公厅印发〈关于进一步推进本市社区卫生服务综合改革与发展的指导意见〉的通知》（沪府办发〔2015〕6号）。

制度要求下予以重新布局，即三级医院以诊治疑难重症和医学科研、教学为主要功能，二级医院将定位为区域医疗中心、康复医疗机构或老年护理机构。[①] 在全科医生制度改革与建立分级诊疗制度的时代背景下，医师多点执业的制度设计更符合或者更适应专科医生。首先，二、三级医疗机构专科医生可以在非基层医疗卫生服务机构开展多点执业，可以在相应二、三级医疗机构开展与其执业类别和执业范围相一致的医疗活动，包括选择民营医院作为多点执业机构。其次，二、三级医疗机构专科医生也可以在基层医疗卫生服务机构开展多点执业。上海基层医疗卫生服务机构专科门诊虽然已经基本取消并更换为全科门诊，但专科医生在基层医疗卫生服务机构多点执业，可以作为全科团队成员并有助于强化全科团队服务的专业深度和服务质量。在基层医疗卫生服务机构专科门诊尚未取消的区域，专科医生多点执业的执业领域更为广阔。

与专科医生多点执业相比，全科医生多点执业与医师多点执业制度设计理念，存在制度与改革实践层面上的紧张关系。

其一，制度设计方面，医师多点执业制度鼓励符合条件的医师到基层医疗卫生服务机构开展多点执业活动，既有利于优质医疗资源合理流动，又增加了医师执业收入。而全科医生制度要求培养大量合格全科医生并作为基层医疗卫生服务机构的主力军，全科医生与社区护士、公共卫生医生等组成全科团队与社区居民建立签约服务关系，依法提供符合约定的基本医疗卫生服务，对于不符合基层医疗卫生服务机构功能定位和不属于基本医疗卫生服务范围的签约对象，根据转诊规则转诊至上级相应的医疗机构并接受专科或住院医疗服务。全科医生制度是分级诊疗制度体系中初级卫生保健体系的支柱性制度设计，

---

① 参见《中共上海市委、上海市人民政府关于贯彻〈中共中央、国务院关于深化医药卫生体制改革的意见〉的实施意见》（沪委发〔2011〕10 号）。关于医疗机构功能定位，可另参见《国务院办公厅关于推进分级诊疗制度建设的指导意见》（国办发〔2015〕70 号）。

全科医生将作为签约对象健康与医疗费用的“守门人”。因此，全科医生执业岗位在于基层医疗卫生服务机构，全科医生执业方式是建立在签约制度基础之上的全科团队服务。医师多点执业制度鼓励医师到基层执业，而全科医生执业机构本身便定位于基层医疗卫生服务机构；医师多点执业制度设计目标尤其在于促进优质医疗资源从上到下的纵向流动，全科医生则无法适用相关的制度安排。

其二，就全科医生多点执业的机构选择范围而言，选择二、三级医疗机构或民营专科医院，均与被选择医疗机构的功能定位不符。根据医师多点执业的相关规定，作为执业类别为“临床”的全科医生，在其他执业地点多点执业时，执业类别和执业范围必须保持一致，即全科医生多点执业时，执业范围必须为临床全科医学专业。如前所述，上海二级医疗机构将进行有区分式的功能转型并以区域医疗中心或康复机构作为机构定位，三级医疗机构则专注于疑难重症与医学科研和教学。全科医生制度与二、三级医疗机构的功能定位在分级诊疗制度中有不同的价值取向，二、三级医疗机构以非全科的专科医生为主体，全科医生选择二、三级医疗机构进行多点执业，不仅与其功能定位不符，执业空间也将严重受限。另外，民营专科医院的专科设置主要集中在临床非全科专业的其他二级学科或口腔、中医专业，如内科、外科、妇科、儿科、皮肤科、眼科等，开设全科门诊或以全科为主要服务内容的民营专科医院，与其功能定位也不符合，实践中更是难以寻觅。

其三，全科医生多点执业时选择其他基层医疗卫生服务机构的可能性，似乎也并不乐观。首先，基于新医改“保基本、强基层、建机制”的主要经验，基本医疗卫生制度作为公共产品向全民提供，基层医疗卫生服务则主要由政府提供。① 笔者在上海市各区县调研也证实了这一点，即基本医疗卫生服务主要由政府举办的社区卫生服务中心

① 参见《中共中央 国务院关于深化医药卫生体制改革的意见》（中发〔2009〕6号），另参见本文第一章第一节中关于新医改基本文件主要内容和主要经验的阐述。

提供，社会办全科诊所或类似的医疗机构并不存在，在出现需求大于供应的情况下，政府会主动投资设立新的社区卫生服务中心以满足社区居民的基本医疗卫生服务需求，社会资本目前无法进入基本医疗卫生服务领域。因此，全科医生多点执业机构在基层的选择，只能是公立的社区卫生服务中心。其次，全科医生多点执业受到签约制度的硬性约束。根据全科医生制度改革的要求，全科医生应当与社区居民建立签约服务关系并根据签约协议书的约定，依法提供符合约定的基本医疗卫生服务。目前，上海全科医生执业人数与常住人口基本医疗卫生服务需求相比，缺口很大。[①] 全科医生签约服务人数常常超过全科团队服务能力，同时这种状况还在加剧。鼓励更多的社区居民参与全科医生签约服务是建立全科医生制度的关键，也是全科医生制度的应有之义；签约是全科医生执业并发挥全科医生作为社区居民健康与医疗费用"守门人"功能的起点。因此，为了完成签约任务并依法按照签约协议书的约定提供基本医疗卫生服务，全科医生工作时间异常繁忙，门诊业务、家访业务以及健康管理与咨询业务占据了全科医生每个工作日的全部时间，根本无暇在其他社区卫生服务中心兼职。再次，基于签约所产生的信任关系，也会对全科医生多点执业带来不利影响。基于签约而形成的全科医生与签约对象之间签约服务关系与信任关系，都需要全科医生 24 小时手机开机，随时接受签约对象电话咨询并根据签约对象要求，安排好预约家访时间，情况紧急时，必须立刻提供上门服务；同时，全科医生每个工作日至少还要进行半天的全科门诊服务，由于全科医生人数有限，全科门诊服务量居高不下。如果全科医生每周只有一天在其他社区卫生服务中心兼职进行多点执业，也需要根据签约制度提供上述服务，而且，不同社区卫生服务中心，往往地理位置相隔一段距离，社区卫生服务中心通常不提供交通工具或给予交通补贴，全科医生在不同社区卫生服务中心多点执业，

---

① 关于上海全科医生人数缺口及其产生的问题的讨论，可以参见本书第四章"全科医生首诊服务制度的法治化研究"的相关论述。

是难以想象的。最后，全科团队服务也是阻碍全科医生多点执业的因素之一。全科医生是全科团队核心成员与基本成员之一，同时兼任团队长并作为全科团队组织者与领导者，全面负责管理本团队各项工作，细化团队成员分工、明确团队工作流程、制订并落实团队工作计划。[①]在第一执业机构全科团队服务的空余时间，选择在其他社区卫生服务中心全科团队担任团队长或基本成员并按照签约制度提供基本医疗卫生服务。这种执业时间与执业方式上的安排，恐难以保证全科团队的服务效率与服务质量。

综上，与专科医生多点执业相比，全科医生多点执业存在诸多全科医生制度本身难以消除的制度障碍。基于对这些制度障碍的审慎思量，笔者以为，不能不加区分地将医师多点执业制度强行施行于所有医师，应当考虑全科医生制度改革、分级诊疗制度的建立以及实现人人享有基本医疗卫生服务的医改背景，医师多点执业制度中的“医师”，当以非全科的专科医生为限。

二、全科医生职称评审制度改革之反思

相关政策关于全科医生职称评审制度的改革方案，与全科医生制度在基层运作的实践相比，并未对现有职称评审制度产生实质性影响，相关优先性、免除性政策措施以及与全科医生制度功能定位相适应的评价指标体系，仍然停留在政策宣传层面，改革效果不容乐观。

其一，经过规范化培养的全科医生可提前一年申请职称晋升并优先聘用到全科主治医师岗位，这一政策措施对全科医生职称评审的实质影响有限。据上海全科医生制度改革的调研资料显示，2006 年上海就开始对在社区医院工作不足两年的临床医师或本科以上学历的应届毕业生进行全科医生规范化培养；2010 年之后，将《住院医师规范

① 参见本文第三章关于全科团队基本成员岗位职责规范化的相关阐述。

化培训合格证书》作为各级医疗机构招聘全科医生的必要条件之一。[①] 笔者在上海市各区县社区卫生服务中心调研时发现，持证上岗的全科医生均接受过不同时期的全科医生规范化培养或培训，而未接受过全科医生规范化培养或培训的医师，将不能作为全科医生持证上岗。因此，将经过规范化培养作为可提前一年申请职称晋升或者优先聘用到全科主治医师岗位的条件，对所有经过规范化培养或培训的全科医生而言，职称评审优先性的实质影响有限。

其二，放宽外语要求并对论文不作硬性规定，这一政策要求目前仍未落实。以上海为例，全科医生申报正高级专业技术职务的科研要求是，在受聘副高级技术职务期间，本科以上学历至少需要发表 2 篇论文，其他人员至少发表 3 篇论文，均为第一作者或通讯作者，论文发表的期刊需为省部以上的专业期刊且 1 篇须为核心期刊，同时，承担或参与区县卫计委级以上课题或获得科技奖励。申报副高级专业技术职务的科研要求是，在受聘中级专业技术职务期间以第一作者或通讯作者身份发表 2 篇以上专业论文，论文发表期刊要求省部级以上，在郊区（县）社区卫生服务机构工作超过 20 年的，可将 1 篇在专业期刊上发表的专业文章，视作论文。[②] 更有甚者，当年评审未通过而隔年申报的，必须有突出贡献和重大贡献，否则不予受理。[③] 至于职称外语和职称计算机考试，部分郊区县社区卫生服务机构可以免试，

① 参见第四章第三节“全科医生培养制度的规范化制度设计”的相关介绍。

② 参见《关于印发〈上海市卫生系列社区卫生高级专业技术职务任职资格评审工作办法〉的通知》（沪人社专发〔2014〕23 号）。另外，这里全科医生职称评审问题的讨论，其实仅限于副高级和高级职称评审，因为副高级和高级资格采取考试与评审相结合的制度，至于初级和中级职称评审并不涉及，因为初级资格与执业准入制度相结合，取得助理执业医师资格或执业医师资格，便可被聘为医士或医师；中级资格实行以考代评，并无科研硬性要求。参见《人事部、卫生部关于加强卫生专业技术职务评聘工作的通知》（人发〔2000〕114 号）、《临床医学专业中、高级技术资格评审条件（试行）》（国人发〔1999〕第 92 号）。

③ 参见《关于 2015 年度上海市卫生系列社区卫生高级专业技术职务任职资格申报工作的通知》（沪卫评审〔2015〕2 号）。

不作为晋升职称的必要条件。而对于不在“部分郊区县”基层社区卫生服务机构工作的全科医生而言，职称外语和职称计算机考试是不能免试的，必须取得职称外语 B 级合格证书和职称计算机考试合格证书。[①] 另外，放宽外语要求和对论文、科研不作硬性规定的政策要求，如何“放宽”也不无疑问，“不作硬性规定”是否意味着将科研和论文作为参考因素，若为参考因素，则又会人为制造出新的评审标准，这些都取决于各省级人力资源社会保障部门和卫生部门的具体规定。[②] 由于缺乏统一的评审规则，各省多样化评审制度势必形成省份不同、职称评审制度不同的混乱局面。

其三，全科医生职称晋升以签约数量、服务质量等签约执业业绩为主要考核指标，这一政策要求至今仍然停留在口号层面。2011 年，国务院建立全科医生制度意见出台，但与基层社区卫生服务机构全科医生职称评审有关的政策文件，并未作出相应修订，职称级别分类以及各级别职称评审条件均未作实质性改变。[③] 地方省级政府依照这些部门规章或“红头文件”制定并在本区域施行的卫生或社区卫生职称评审文件，自然也就无法满足全科医生制度改革和建立分级诊疗制度的新医改要求。[④]

---

① 参见《关于印发〈上海市卫生系列社区卫生高级专业技术职务任职资格评审工作办法〉的通知》(沪人社专发〔2014〕23 号)。

② 参见《关于进一步改革完善基层卫生专业技术人员职称评审工作的指导意见》(人社部发〔2015〕94 号)。

③ 关于执业医师职称评审全国性政策文件，多为人力资源保障部门和卫生行政部门的部门规章或“红头文件”，重要的如《临床医学专业中、高级技术资格评审条件(试行)》(国人发〔1999〕92 号)、《人事部、卫生部关于加强卫生专业技术职务评聘工作的通知》(人发〔2000〕114 号)、《卫生部、人事部关于印发〈临床医学专业技术资格考试暂行规定〉的通知》(卫人发〔2000〕462 号)、《预防医学、全科医学、药学、护理、其他卫生技术等专业技术资格考试暂行规定》(卫人发〔2001〕164 号)等。

④ 《关于印发〈上海市卫生系列社区卫生高级专业技术职务任职资格评审工作办法〉的通知》(沪人社专发〔2014〕23 号)是贯彻国务院人力资源保障部门和卫生行政部门的部门规章和“红头文件”的代表性地方文件。

现行全科医生职称评审制度无法真正适应分级诊疗体系下全科医生制度的功能定位，具体表现在：

首先，职称评价机制不符合全科医生制度的特有定位。现行全科医生职称制度评价体系分为考试与评审。其中，助理执业医师资格考试或执业医师资格考试通过后，可聘为助理级医士或员级医师，实行以考代评；主治医师为中级职业技术级别，也采取以考代评方式，必须通过中级职业技术资格考试，科研方面并无硬性要求。因此，中级以下全科医生职称制度实行的是考试评价方式，而非职称评审制度。[①]但副高级和正高级专业技术职称即副主任医师和主任医师职称，采取考试与评审相结合的评价机制，考试是对专业技术知识与技能的考核，评审主要是对科研素质的考核。现行全科医生职称制度根据考试与评审机制分为若干等级并将级别与收入待遇挂钩。级别较高的全科医生收入待遇高于级别较低的全科医生，以收入待遇作为促进全科医生提高职称等级的主要推动力。对于全科医生而言，全科医生制度设计目标是将全科医生作为社区居民健康与医疗费用的“守门人”，评价一个全科医生的工作业绩，自然也应当以其服务的签约对象健康业绩与签约对象医疗费用控制业绩作为主要评价机制，如同国务院建立全科医生制度文件所指出的，即根据签约数量、服务质量等签约执业业绩为全科医生职称晋升主要考核指标，除此之外，还应当包括医疗费用控制情况这一评价指标。如此，方能衡量或评价全科医生是否真正履行并实现了自身的职责定位。现实情况并非如此，全科医生评价机制不仅偏离了全科医生制度功能定位，而且以非全科的专科医生评价体系来评价全科医生，并以评价结果作为全科医生收入待遇的主要影响

---

① 中级职业技术资格虽然采取以考代评方式，但基于社区卫生服务机构职称比例结构的不合理安排，即使通过中级职业技术资格考试，也不一定会有“指标”，即职称晋升机会稀缺。参见孙桂东：《全科医生的前途之惑》，载《半岛都市报》2014 年 2 月 17 日，第 A5 版；王艳斌、欧阳昭连、陈薇等：《我国全科医师职称评审现状》，载《中国全科医学》2014 年第 13 期，第 1569-1570 页。

因素。在收入待遇的激励之下，全科医生不是考虑如何为签约对象健康状况采取更为专业的全科医疗服务，也并非考虑采取何种预防措施以控制签约对象的医疗费用，而是忙于不同级别的专业理论考试、论文课题等科研任务的达标，并争取科研任务的超额完成以应对评审指标有限的现实。

其次，职称制度的具体评价指标不符合全科医生制度的运作实践。除相应级别专业理论与技能考试之外，副高级和正高级评审阶段的主要指标包括论文、课题、外语、计算机以及特定经历或学术地位的要求。[①] 论文有数量和质量（如与专业对应、核心期刊发表）要求，课题有级别要求，外语与计算机有考级要求；同时，要具备指导和培养下级专业技术人员特定经历、本单位或本专业学术技术带头人的特定学术地位等。就笔者在上海市各区县社区卫生服务中心（站）的调研体会而言，无法认同上述要求作为全科医生职称等级制度的主要评审指标。以笔者采访过的上海“十佳家庭医生”严正为例，作为一名深受社区居民爱戴、努力践行全科医疗服务精神并在社区基层卫生服务机构工作近 20 年的全科医生而言，目前仍为全科主治医师；上述评审指标与其执业实践产生交集的可能性，似乎越来越小，严正医生表示并不在乎，尽管职称级别差距对其收入颇有影响。每个工作日从早上 8 点到晚上 8 点皆为工作时间，手机 24 小时开机，严正医生作为闸北区彭浦新村街道社区卫生服务中心全科团队长，主要工作内容便是家庭医生工作室的门诊业务和签约对象的家访业务。令笔者印象深刻的是，门诊签约患者以及非签约患者排队等待严医生接诊，在两名护士的协助下，严医生仍然要帮助行动不便的患者取药并叮嘱用法；家访时骑着一辆破旧电动自行车，最多时拥有 51 把行动不便签约对象的家门钥匙，充满信任和温馨的医患关系；严正医生听说某些老年患者缺乏用药常识而擅自用药产生严重后果，如果能够为他们提供服务则

---

① 以上海为例，可参见《关于印发〈上海市卫生系列社区卫生高级专业技术职务任职资格评审工作办法〉的通知》（沪人社专发〔2014〕23 号）。

可避免，为此常感自责。对严医生而言，论文、课题以及职称外语和职称计算机考级要求，其都是可以达到的，除非改变现在执业岗位或消极应付即可。至于特定经历或特定学术技术带头人的地位，原本在基层社区卫生服务中心执业环境中就难以存在。

最后，不合理的职称评价指标体系对全科医生日常执业产生了消极影响。从笔者的实践调研来看，消极影响主要表现但不仅限于：一是由于职称对于收入待遇的严重影响，迫使部分全科医生尤其是年轻男性全科医生选择辞职。目前，基层社区卫生服务机构全科医生大部分由过去地段医院专科医生转岗培训后持证上岗，学历通常为大专或中专，本科以上学历并经过全科医生规范化培训的全科医生寥寥无几。无法满足职称科研评审条件的年轻全科医生，选择辞职的不在少数，有些卫生服务站因此仅剩下女性全科医生。二是由于职称评审指标偏重于科研业绩，签约执业业绩并不在考虑之列，导致全科医生执业活动中出现“干多干少与干好干坏都一样”的消极情绪。三是这些消极情绪的蔓延一定程度上抵消了全科医生的执业认同感，并影响在基层医疗卫生服务机构从事全科执业后继者的职业选择心理，全科医生的职业吸引力不足以吸引更多年轻医学专业毕业生投身到这一职业中来。

全科医生职称评审制度与全科医生制度改革的不相适应，迫使我们重新思考全科医生职称制度设置的目的。有关卫生专业职称评审部门规章指出，专业技术职称资格表明其具有相应的技术与工作能力。[①]根据这一论断，职称制度设置目的在于验证医生技术水平与工作能力，不同职称级别的医生，其技术水平与工作能力则应不同。将职称制度与医生技术水平、工作能力联系在一起，这恐为职称制度所不能承受。如前所述，全科医生制度改革的一项重要内容，便是全科医生培养制度，目标在于培养理论素养与实践操作技能均

① 参见《临床医学专业中、高级技术资格评审条件（试行）》（国人发〔1999〕92号）。

能适应基层全科医疗签约服务的实践需求，取得全科执业医师资格并通过全科医生规范化培训的注册全科医生，便意味着全科医疗服务能力的具备，在各种激励机制引导下，全科医生制度改革设定目标就能够实现。因此，职称制度的设定，不是限制全科医生的发展，而在于作为一种激励机制以促进全科医生职业生涯更为广阔地发展；作为一种激励机制，职称等级不是全科医生执业技术水平与工作能力高低的象征，而是给全科医生带来职业荣耀的身份礼遇，以激励全科医生为维护这种身份礼遇与荣耀而更全身心投入基层医疗卫生保健的服务之中。

全科医生职称制度改革应当与全科医生制度的功能定位相适应。全科医生制度目的在于以全科医生与社区居民建立签约服务关系为基础，建立签约对象健康与医疗费用“守门人”制度。全科医生职称改革应当具备三个特点：一是全科医生职称制度应当体现全科医生制度的运作实践，即全科医生以门诊服务和家访服务为主要形式，为签约对象健康提供全科医疗服务并控制签约对象医疗费用。故而，全科医生职称制度的改革应当着重考虑全科医生的签约人数、门诊接诊量、服务质量、服务态度、首诊与转诊情况、控费情况等。二是全科医生职称制度改革应当与非全科的专科医生职称制度有所区别。现行全科医生职称制度来源于全科医生制度建立之前的专科医生职称制度，[①] 并与专科医生尤其是二、三级医疗机构专科医生的专科医疗服务和住院服务密切相关，科研与教学任务在专科医生日常工作中占据重要地位并有利于提高专科医疗服务的专业与教学水平。全科医生则不同，不仅在于全科医学与非全科医学的

① 参见王艳斌、欧阳昭连、陈薇等：《我国全科医师职称评审现状》，载《中国全科医学》2014 年第 13 期，第 1569-1570 页。值得注意的是，《国务院关于建立全科医生制度的指导意见》颁布后，一些省市开始有改革基层医疗卫生技术人员职称评审制度的动向，可参见薛江华：《建议为全科医生设专有职称》，载《羊城晚报》2014 年 11 月 21 日，第 A4 版。

专业区分，更在于分级诊疗体系中基层医疗卫生服务机构与二、三级医疗机构功能定位的差异。[①]因而，全科医生制度要求全科医生应当依法向签约对象提供符合约定的基本医疗卫生服务，关注的重心是签约对象疾病预防与家庭保健的全科医疗服务的全面性、连续性、可及性与人性关怀；与此要求相应，全科医生职称制度应当符合全科医生制度的运作规律并有利于提高签约对象疾病预防与家庭保健的全科医疗服务质量。三是终结全科医生职称制度与全科医生薪酬待遇之间的内在联系。全科医生职称制度是一种更多蕴含职业荣誉的身份象征，是精神层面的激励机制，而全科医生薪酬待遇则是物质层面的激励机制。全科医生向签约对象依法提供符合约定的全科医疗服务，不仅可以获得物质激励，同时也将得到职业荣誉层面上的精神激励。

三、全科医生执业类别与范围变更之反思

全科医生依法变更执业类别和执业范围是其执业发展权的应有之义。全科医生在卫生行政主管部门初次登记注册时，执业类别和执业范围为必要登记注册事项。[②]全科医生为临床类别，执业范围为全科医学专业且只能填写一个，[③]执业类别与执业范围均为执业医师证上必要记载事项。全科医生初次登记注册、取得执业医师证并在执业医师证上登记的执业地点开展执业后，能否变更执业类别或执业范围？从执业医师法和医师执业注册部门规章来看，依法申请变更执业类别或执业范围是执业医师的法定权利。[④]从全科医生专业技术发展角度来

---

① 关于医疗机构的功能定位，可参见《国务院办公厅关于推进分级诊疗制度建设的指导意见》（国办发〔2015〕70号）。

② 参见《执业医师法》第14条。

③ 参见《关于医师执业注册中执业范围的暂行规定》（卫医发〔2001〕169号）。

④ 参见《执业医师法》第13、14、17条，《医师执业注册暂行办法》（卫生部令第5号）第16–19条。

看，变更执业类别或执业范围是全科医生就自身专业技术发展而主动采取的人生规划，属于全科医生执业发展权的范畴。全科医生执业发展权不仅包括获得与其执业业绩相应的薪酬待遇、职称所带来的职业荣耀，还包括全科医生依法主动变更全科医学专业的全科医疗服务内容、选择其他执业类别或执业范围从事相应的医疗卫生执业服务，即全科医生有权依法改变全科医生这一执业身份。

执业类别和执业范围变更虽然是全科医生的法定权利，但这一权利行使却遇到来自以下两方面的障碍：

其一，上海全科医生从事非全科的专科医师规范化培训前提，必须为本科以上学历的应届毕业生。

首先，从国家层面建立住院医师规范化培训指导意见相关规定来看，住院医师规范化培训招收对象包括两类人员，即拟从事临床工作的本科以上医学毕业生和取得执业医师资格而需要接受培训的人员。[①] 这两类人员区分实质标准在于是否已经从事临床医疗工作。尚未从事临床医疗工作的非在职人员即指取得本科以上学历的高等院校医学类专业毕业生，不论是否为应届毕业生，均属于此类人员；已经从事临床医疗工作并取得医师执业资格的即为有临床执业经历人员。以是否已经从事临床医疗工作，将培训对象区分为两类并赋予这两类人员接受住院医师规范化培训的资格，这是住院医师规范化培训制度应有之义。[②] 除此之外，该“指导意见”和相关部门规章还对在职人员接受住院医师规范化培训的“人员管理与待遇”即培训期间原工作单位与培训基地关系以及工资发放标准、执业注册地

---

① 参见《关于建立住院医师规范化培训制度的指导意见》(国卫科教发〔2013〕56号)、《住院医师规范化培训管理办法（试行）》第3条。

② 住院医师规范化培训是指医学专业毕业生在完成医学院校教育之后，以住院医师的身份在认定的培训基地接受以提高临床能力为主的系统性、规范化培训。住院医师规范化培训制度是对招收对象、培训模式、培训招收、培训基地、培训内容和考核认证等方面的政策性安排。参见《关于建立住院医师规范化培训制度的指导意见》(国卫科教发〔2013〕56号)。

点与注册范围问题，作出了明确规定。[①] 这些规定将取得执业医师资格并已从事临床医疗工作人员接受住院医师规范化培训需要注意的事项，均作出妥当处理，有利于在职人员通过住院医师规范化培训制度提供临床实践能力。

其次，上海住院医师规范化培训实施办法与国家层面上"指导意见"和部门规章，在培训对象或招生对象范围上，存在差异。根据上海住院医师规范化培训实施办法的规定，住院医师规范化培训制度招生对象被称为培训对象，并限定在为具有本科以上学历、拟在本市医疗机构从事临床工作的医学专业毕业生。[②] 这一规定将已经取得执业医师资格并已经从事临床医疗工作的在职人员从住院医师规范化培训制度中剔除，即有执业经历人员不具备报考住院医师规范化培训的资格。该实施办法中关于培训医院与培训对象之间劳动合同关系缔结的规定，最为清楚地表达了这一点。[③] 除此之外，上海住院医师规范化培训实施办法还将"医学专业毕业生"限定为"应届毕业生"。这一

---

① 人事管理与待遇方面，培训期间原人事（劳动）、工资关系不变，委派单位、培训基地和培训对象三方签订委托培训协议，委派单位发放的工资低于培训基地同等条件住院医师工资水平的部分由培训基地负责发放；执业注册方面，在职人员规范化培训前已取得执业医师资格的，应当将培训基地注册为执业地点，可不限执业范围。参见《关于建立住院医师规范化培训制度的指导意见》（国卫科教发〔2013〕56 号）、《住院医师规范化培训管理办法（试行）》第 20 条。

② 参见《上海市住院医师规范化培训实施办法（试行）》（沪卫科教〔2010〕5 号）。值得注意的是，其他省市的住院医师规范化培训办法是包括已从事医疗卫生工作的在职人员的。例如，《甘肃省住院医师规范化培训实施方案（试行）》《重庆市关于建立住院医师规范化培训制度的实施意见》等。

③ 培训期间，培训医院与培训对象签订培训暨劳动合同，培训对象劳动关系委托市卫生人才交流服务中心管理，培训期限为合同期限。培训结束后，合同自然终止，培训对象自主择业。参见《上海市住院医师规范化培训实施办法（试行）》（沪卫科教〔2010〕5 号）第 16 条。另外，上海市的"实施办法"还与国务院建立全科医生制度的意见，存在冲突。后者规定，专科医生培养基地招收学员时同等条件下优先录取具有基层执业经验的全科医生。参见《国务院关于建立全科医生制度的意见》（国发〔2011〕23 号）。

意图虽未明确表达，但从相关规定可见端倪。例如，本科以上学历医学毕业生培训时间的规定、[①]非上海生源的应届医学毕业生居住证转户籍问题的规定、本市医疗卫生单位不再直接从医学院校招录医学应届毕业生的规定等。[②]

最后，上海住院医师规范化培训实施办法与国家层面“指导意见”和部门规章在招生对象或培训对象范围上的差异，对已经取得执业医师资格并从事临床医疗工作的全科医生而言，是对其执业发展权利的不当限制。如果全科医生想增加执业范围，如执业医师证上注册范围由原来的全科医学专业再增加一个其他非全科医学专业的临床二级学科，或将执业医师证上的注册范围由全科医学专业改变为其他非全科的临床二级学科，甚至通过考取非临床医学专业执业医师资格并改变执业医师证上执业类别，[③]必须接受相应临床二级学科或中医二级学

---

① 本科毕业生培训时间为3年，毕业研究生根据其已有的临床经历可相应减少培训时间。参见《上海市住院医师规范化培训实施办法（试行）》（沪卫科教〔2010〕5号）第11条第2款。

② 培训对象为非上海生源的应届医科类高校毕业生，可以按本市有关规定申请办理本市户籍或人才居住证。培训对象培训合格后自主择业到郊区基层医疗机构工作的，可按规定优先申请办理居住证转户籍手续。实施住院医师规范化培训制度后，除培训医院及经批准同意的有关单位以外，本市用人单位不再从医学院校直接招录从事临床医学专业工作的应届毕业生。参见《上海市住院医师规范化培训劳动人事管理暂行办法》第11、12条。

③ 原卫生部关于医师执业范围的有关规定指出，在基层医疗卫生服务机构执业的全科医生，可以根据工作需要，在原有的全科医学专业执业范围基础上，再增加1–2个临床非全科二级学科；也可根据工作需要，经过国家医师资格考试取得公共卫生类医师资格，申请公共卫生类别专业作为执业范围进行注册。参见《关于医师执业注册中执业范围的暂行规定》（卫医发〔2001〕169号）。

科的住院医师规范化培训。[①]然而，根据上海市住院医师规范化培训实施办法的规定，一是取得执业医师资格并已经从事临床医疗工作的在职人员，并非住院医师规范化培训制度中的“培训对象”。在职全科医生没有资格报考非全科的临床二级学科或中医二级学科的住院医师规范化培训，更无法取得相应的《住院医师规范化培训合格证书》。没有相应的《住院医师规范化培训合格证书》，就没有开展相应的医学学科执业权利。二是如果迎合上海市住院医师规范化培训实施办法中关于培训对象的规定，在职全科医生必须将自己“演变”为应届毕业生，才能具备参加相应医学学科的住院医师规范化培训。如何“演变”？在上海市各区县调研中，一些全科医生告诉笔者，路只有一条，即辞职并继续攻读高一级学位，从而获得应届毕业生资格。这也是解释基层医疗卫生服务机构全科医生辞职现象的一个缘由，实质是对全科医生专业技术发展权利的制约和排斥。

其二，变更执业类别或执业范围的全科医生执业机构，被限定为基层医疗卫生服务机构。

将变更执业类别或执业范围权利仅限于基层医疗卫生服务机构的执业医师，主要法律依据为原卫生部关于执业医师注册范围的部门规章。[②]这一规定存在如下问题：

一是变更执业类别表述，不合逻辑。例如，临床执业医师取得公

---

① 住院医师规范化培训制度所要求的招生对象或培训对象医学类专业为临床医学类、口腔医学类、中医学类和中西医结合类。国家层面的“指导意见”与上海住院医师规范化培训实施办法的相关规定是一致的。参见《关于建立住院医师规范化培训制度的指导意见》（国卫科教发〔2013〕56号）、《上海市住院医师规范化培训实施办法（试行）》（沪卫科教〔2010〕5号）。但目前住院医师规范化培训制度所涉及的医学专业尚不包括公共卫生专业，即全科医生经过国家医师资格考试取得公共卫生类医师资格，增加公共卫生类别并以公共卫生专业作为执业范围进行注册，无须接受相应的住院医师规范化培训。

② 参见《关于医师执业注册中执业范围的暂行规定》（卫医发〔2001〕169号）。有些省市贯彻该部门规章精神，规定只有基层卫生服务机构的全科医生，才能同时注册专科执业范围，如《重庆市基层医疗卫生机构全科医生职称评聘办法》第17条。

共卫生类医师资格后，申请公共卫生类别专业作为执业范围进行注册。临床执业医师的执业医师证上执业类别记载为“临床”，在不增加执业类别的前提下，取得公共卫生类医师执业资格后，即可申请公共卫生类别专业作为执业范围进行注册，执业范围岂不与“临床”这一执业类别相矛盾？！同理，公共卫生医师取得临床执业医师资格后，申请临床类别相关专业作为执业范围进行注册，也会出现执业范围与原执业医师证上“公共卫生”这一执业类别相矛盾的情形。为了保证执业类别与执业范围的一致性，可认为，该规定从侧面肯定执业类别可以增加，但须依此规定中的程序办理。

二是适用此规定的主体被限定为基层医疗卫生服务机构执业医师，这一规定严重束缚了基层全科医生的执业发展。基层医疗卫生服务机构是指社区卫生服务机构和乡镇卫生院、村卫生室等。从《执业医师法》和《医师执业注册暂行办法》等法律和部门规章关于执业类别与执业范围变更规定来看，并未有禁止增加执业类别或执业范围的规定，结合原卫生部《关于医师执业注册中执业范围的暂行规定》这一部门规章中关于执业范围“增加”的规定，可以根据“体系解释”的法解释学方法得知，《执业医师法》和《医师执业注册暂行办法》中执业类别和执业范围等注册事项的“变更”，[①] 应当存有两种含义，即增加和改变。既然允许增加或改变执业类别或执业范围，享有和行使这一权利的主体，却又被部门规章限定在基层医疗卫生服务机构执业医师范围内。这种权利主体范围的“限定”，存在下位法违背上位法的嫌疑。在原卫生部《关于医师执业注册中执业范围的暂行规定》仍然生效的当下，基层医疗卫生服务机构全科医生在原有执业类别和执业范围不变的基础上，如何增加执业类别或执业范围，仍然存在不少制度上的困惑。

首先，如前所述，上海住院医师规范化培训的培训对象被限定为

① 参见《执业医师法》第 17 条，《医师执业注册暂行办法》（卫生部令第 5 号）第 16−19 条。

医学本科以上学历的应届毕业生，基层社区卫生服务机构全科医生只能选择辞职并继续攻读高一级学位，才有资格参加住院医师规范化培训。培训期间，已经取得执业医师证的全科医生，执业医师证上执业地点、执业类别和执业范围等事项的变更问题，目前尚无明确规定。

其次，规培期间，如果将执业类别和执业范围与全科医生正在进行的住院医师规范化培训保持一致并申请执业医师证上注册事项变更，则将会以住院医师规范化培训医学专业类别和学科方向，更改原执业医师证上执业类别和执业范围。负责注册管理的卫生行政部门完全可凭借《关于医师执业注册中执业范围的暂行规定》这一部门规章，认为已经辞职并参加非全科住院医师规范化培训的全科医生，已并非基层医疗卫生服务机构在职人员，不能享有增加执业范围或执业类别的权利。这样的结果与全科医生通过住院医师规范化培训制度增加执业类别或执业范围进而实现自身执业发展权利的愿望，是背道而驰的。

最后，即使没有住院医师规范化培训对于培训对象必须为医学本科以上学历应届毕业生的要求，已从事医疗卫生服务工作的执业医师也可以参加相应专业住院医师规范化培训，并以基层医疗卫生服务机构执业医师身份申请增加执业类别或执业范围，被获准许，但已经具有多个执业类别或执业范围专业事项的全科医生，是否可以选择辞职并被聘为二、三级医疗机构非全科的专科医生呢？从必要条件上分析，拥有执业医师资格并进行了非全科的专科住院医师规范化培训，获得《住院医师规范化培训合格证书》，已经具备了担任二、三级医疗机构非全科的专科医生必要条件。但负责注册管理的卫生行政部门可以根据《关于医师执业注册中执业范围的暂行规定》，要求将执业类别与执业范围变更为与在二、三级医疗机构从事医学专科服务相一致的内容，不一致的部分，诸如原“全科医学专业”执业范围，将予以撤销。理由便是，只有基层医疗卫生服务机构的执业医师，才可以根据法定程序拥有多个执业类别或执业范围。这样的结果与全科医生进行多医学专业发展愿望，也是背道而驰的。

四、全科医生薪酬激励机制改革之反思

（一）全科医生薪酬激励机制改革尚未真正启动

全科医生薪酬制度改革，目的在于通过新的激励机制调动全科医生向签约居民提供基本医疗卫生服务的积极性，提升服务质量与服务效率，吸引更多合格全科医生投入基本医疗卫生服务中来，为建立社区居民健康与医疗费用的“守门人”制度奠定基础。国务院建立全科医生制度文件为此专门提出四点制度性举措，即签约服务费的收取（由医保基金、基本公共卫生服务经费和签约居民个人分担）、规范全科医生其他诊疗费（包括提供非约定医疗卫生费用的收取、向非签约居民提供门诊服务的一般诊疗费收取）、合理确定全科医生劳动报酬（包括以全科医生津贴等方式分配绩效工资）、艰苦边远地区工作津补贴政策等。[①] 上海全面推广全科医生制度的指导意见提出全科医生激励机制的两个措施，即绩效工资制度改革和优秀家庭医生评选与宣传。其中与全科医生薪酬激励机制有关的绩效工资制度改革，并未给出具体改革办法，在“分阶段要求”的三个部分阐述中，与全科医生薪酬激励机制有关的表述分别是“建立起家庭医生考核激励机制”“形成支持家庭医生制度的基本医疗保险机制”。[②] 上海市 2015 年出台的推进社区卫生服务综合改革与发展指导意见提出，对全科医生实施目标年薪制和对其他医务人员实施基本加计量考核薪酬制。[③]

上述与全科医生薪酬激励机制有关的举措，结合笔者在上海市各

① 参见《国务院关于建立全科医生制度的意见》（国发〔2011〕23 号）。

② 参见《关于本市全面推广家庭医生制度的指导意见》（沪卫基层〔2013〕7 号）。

③ 参见《上海市人民政府办公厅印发〈关于进一步推进本市社区卫生服务综合改革与发展的指导意见〉的通知》（沪府办发〔2015〕6 号），载《上海市人民政府公报》2015 年 3 月 5 日。

区县实践调研，[①]下面两个结论似乎已成事实。

一是国务院建立全科医生制度文件中提出的激励措施，并未落到实处。首先，签约服务费的收取并不符合事先设计。签约服务费是签约居民与全科医生签约并接受全科团队提供符合约定的基本医疗卫生服务，而应当为此支付的服务对价。签约服务费是对全科团队服务劳动价值的认可，具体费用由医保基金、基本公共卫生服务经费和签约居民个人分担。上海市推行全科医生制度并未获得社区居民的积极响应，签约工作并不顺利。各区县都有对社区卫生服务中心签约率的阶段性要求，签约任务分配至每个全科医生并与收入挂钩。在单方面谋求或希望社区居民与全科医生建立签约服务关系的背景下，签约服务费的收取自然无法吸引更多社区居民签约，甚至还易引起社区居民的抵触情绪。因此，签约服务费的收取并非全科医生制度中的一个单独课题，而应当通过建立全科团队高效全面的服务机制吸引社区居民签约，并认为支付适当签约服务费是应当且合情合理的。目前，上海全科医生制度改革中，签约居民无须缴纳任何签约服务费，签约服务费由基本医疗保险基金支付。[②]其次，全科医生诊疗费收取方面，由于签约内容均以基本医疗卫生服务名义出现，且基本医疗服务项目并无明确的范围界定，加之全科团队服务质量与效率还有待提升，非约定医疗卫生费用尚不具备收取条件；在上海全科医生制度改革实践中，也不存在这一费用的收取问题。至于向非签约居民提供门诊服务的一般诊疗费收取，原本即为基层医疗卫生服务机构日常收费项目，激励效应有限。最后，全科医生绩效工资制度改革这一举措，虽然已提出绩效工资分配指标应当着重考虑的方面，但缺乏具体制度安排，也使得这一举措仅停留在文件精神层面。

二是上海全科医生制度改革提出的薪酬激励措施，也并未开启。

① 参见上文“全科医生薪酬保障制度的实践调查”部分的介绍。

② 参见伍沛儿、何露洋、洪阳等：《全科医生试点城市改革方案比较研究》，载《中国社会医学杂志》2014年第4期，第223-225页。

与国务院建立全科医生制度文件中全科医生薪酬激励机制相比，上海全科医生制度改革将绩效工资制度改革作为构建全科医生薪酬激励机制的重要方面，但从2013年上海市出台《关于本市全面推广家庭医生制度的指导意见》以来，绩效工资制度改革并未开展。上海市各区县调研资料显示，全科医生之间收入差距主要因素为职称、工龄、学历、门诊工作量等。职称、工龄与学历等客观因素，不能作为薪酬激励机制的绩效工资考核制度范畴。门诊工作量是传统专科医生收入指标的一个考核方面，而非全科医生绩效工资制度考核的主要指标。全科医生绩效工资制度考核指标，应当与全科医生作为签约居民健康与医疗费用的“守门人”制度相关，即签约人数、服务人数、服务质量、签约对象满意度、基本医保控费情况等。至于“全科医生目标年薪制”，应以全科医生绩效工资制度改革为基础的更进一步全科医生薪酬激励措施，在全科医生绩效工资制度改革尚未开展之前，这一政策措施也仅停留在文件纸面上。

国务院建立全科医生制度文件所提出的激励机制措施启示我们，绩效工资制度改革前提应当是下放和扩充基层医疗卫生服务机构可以用来进行绩效分配的“财权”和“财源”，而不仅仅是绩效分配考核指标体系的建立。如果“蛋糕”本身体积有限，再合理的绩效分配考核指标体系，也无法从整体上提升全科医生的收入水平与服务实效。①

（二）绩效工资制度改革与“收支两条线”管理

全科医生绩效工资制度改革目的在于，按照服务数量与质量等考核指标，评估全科医生签约服务工作业绩效果，并以此作为决定全科医生工资收入中非档案工资部分的主要因素。绩效工资制度改革，需

① 有些学者认为，建立全科医生薪酬制度的前提是“首诊在基层”服务模式并全面提高全科医生服务水平。这种认识逻辑，即将全科医生薪酬制度的实施效果置于薪酬制度改革的前提，显然是本末倒置。参见张小娟、朱坤：《部分发达国家全科医生薪酬支付方式介绍》，载《中国全科医学》2014年第17期，第1931–1933页。

要基层医疗卫生服务机构拥有对全科医生签约服务进行各种指标性评价的权利，并根据评价结果对全科医生予以奖惩的权利。基层医疗卫生服务机构对全科医生签约服务效果奖惩权利的前提即财权问题，直接决定全科医生绩效工资制度改革的成败。但在基层医疗卫生服务机构全面实行“收支两条线”管理制度的情况下，全科医生绩效工资制度改革举步维艰。

“收支两条线”管理是规范行政事业性收费和罚没收入的一种行政管理制度。[①]“收支两条线”管理针对的客体为行政事业性收费和罚没收入，这两种收入管理权曾一度被具有行政收费和罚没职权的行政单位违规行使。为治理乱收费、乱罚没现象，该制度明确规定将这两种收入全部上缴国库或专门账户，即控制“收”，财政部门根据计划核拨相应支出，即控制“支”，将“收”与“支”分开管理，有利于行政事业性收费与罚没权力的规范化。根据相关规定，行政事业性收费属于财政性资金收入，但事业单位经营服务收费不属之。罚没收入则是有行政处罚权的部门依法行使处罚权取得的罚没款与没收物品折价收入。[②]通过“收支两条线”管理制度规范的收入类别分析可以发现，只有拥有相应职权的行政机构，才有法律资格行使行政事业性收费和罚没权力，即该制度是对拥有相应行政职权的行政机构收费与罚没权力的规范。

据说为保障医疗卫生服务公益性并切断医疗机构业务收入与人员收入相关联，以终结“以药养医”行为，[③]“收支两条线”管理制度被作为公立医疗卫生机构财务管理的主要方式。“收支两条线”管理有

① 参见《关于行政事业性收费和罚没收入实行“收支两条线”管理的若干规定》第1、2条。核心特点则是具有执收执罚职能的单位收取的行政事业性收费和罚没收入，应存入财政专户且支出亦须财政部门批准。

② 参见《违反行政事业性收费和罚没收入收支两条线管理规定行政处分暂行规定》第3、4条。

③ 参见顾昕：《“收支两条线”：公立医疗机构的行政化之路》，载《中国卫生经济》2008年第1期，第14-16页。

两种模式，一种是全额“收支两条线”管理，即公立医疗机构所有收入全部上缴政府财政专户，支付则由政府核拨，主要在基层医疗卫生服务机构中适用；[①]另一种是差额“收支两条线”管理，即实行核定收支、以收定支、超收上缴以及差额补助的财务管理制度，主要在非基层医疗卫生服务机构即公立二、三级医疗机构适用。就基层医疗卫生服务机构适用全额“收支两条线”管理制度而言，其与建立全科医生制度所要求的绩效工资制度改革，存在制度理念上的抵触。

首先，全额“收支两条线”管理制度使得基层医疗卫生服务机构财权被卫生行政部门掌控。基层医疗卫生服务机构所有业务收入均上缴财政专户，而支出项目与数额则受到卫生行政部门制定的各种考核指标限制；基层医疗卫生服务机构的人事权、采购医疗设备权、采购药品权以及绩效工资奖励权等财权，在全额“收支两条线”管理制度下，均被卫生行政部门牢牢地事先掌控，形成“管办不分”的政府办医体制。

其次，“收支两条线”管理制度产生的背景在于防止公立医疗机构“以药养医”并力图终结公立医院财务运行模式，[②]铲除“看病难看病贵”现象赖以存在的土壤。在推行全民基本医疗保险制度、基本药

---

① 上海市社区卫生服务中心全面实行“收支两条线”管理，并将医保总额预付也纳入“收支两条线”专户管理。参见《上海市人民政府办公厅印发〈关于进一步推进本市社区卫生服务综合改革与发展的指导意见〉的通知》（沪府办发〔2015〕6号），载《上海市人民政府公报》2015年3月5日。另外，有些省份县级公立医院也进行全额“收支两条线”管理的试点，但执行中存在许多困难。参见《关于印发吉林省县级公立医院实行收支两条线管理体制改革试点工作方案的通知》（吉政办发〔2011〕34号）。另参见黄蕾蕾、王昕：《基于四种改革模式分析的公立医院补偿机制建议》，载《中国卫生经济》2014年第6期，第18–19页。

② 在实行基本药物制度前，为防止医院“以药养医”，增加群众看病负担，药品收支结余实行收支两条线管理，即医院药品收支结余上交卫生行政部门，统一缴存财政社会保障基金专户，经考核后，合理返还。药品收支结余是指医院向患者收取的药品销售收入及药品折扣等全部药品收入，扣除药品购进成本及有关费用后的药品纯收入。参见《医院药品收支两条线管理暂行办法》。

物制度并进行“零差率”销售后，基层医疗卫生服务机构“以药养医”的运转模式被完全破除，基层医疗卫生服务机构销售的药品均为基本药物且以基本医疗保险制度作为支付保障，社区居民在基层医疗卫生服务机构“看病难看病贵”的就医症结得到根除。因此，防范基层医疗卫生服务机构“以药养医”并将收入与支出严格管控的“收支两条线”管理制度，似乎已经失去了制度管控目标。①

最后，全额“收支两条线”管理对基层医疗卫生服务机构财权的严格管控，使得全科医生制度所要求的绩效工资制度改革，失去了改革能力与改革动力。全科医生制度以全科医生与社区居民建立签约服务关系为纽带，以全科团队服务为核心，目的在于向签约对象提供符合约定的基本医疗卫生服务并建立签约对象健康与医疗费用的“守门人”机制。全科医生是全科医生制度的灵魂，建立符合全科医生制度发展规律的薪酬激励机制，则是全科医生制度能否建立的关键。全额“收支两条线”管理使基层医疗卫生服务机构失去对全科医生工作业绩进行奖惩资金来源控制能力，基层医疗卫生服务机构所有财权都被卫生行政部门事先管控，所需支付标准也被卫生行政部门自行制定的各种考核指标所左右，导致基层医疗卫生服务机构运转显现“不死不活、不好不坏”的现状。②全额“收支两条线”管理，不仅使全科医生绩效工资制度改革由于财权尽失而失去改革能力，而且该制度作为基层医疗卫生服务机构运作的基本制度不断在得到加强并成为财务制度的“红线”，导致基层医疗卫生服务机构因不敢碰触“红线”而失去全科医生绩效工资制度的改革动力。

随着医改进程的不断深入，“收支两条线”管理制度被不断质疑

---

① 实行基本药物制度后，为确保“收支两条线”管理的顺利实施，国务院办公厅还专门出台了建立健全基层医疗卫生机构补偿机制的意见，以应对实施基本药物制度后基层医疗卫生服务机构财政枯竭问题。参见《国务院办公厅关于建立健全基层医疗卫生机构补偿机制的意见》（国办发〔2010〕62号）。

② 参见顾昕：《“收支两条线”：公立医疗机构的行政化之路》，载《中国卫生经济》2008年第1期，第14-16页。

并在局部地区被废除。对该制度的质疑，不绝于耳。例如，导致基层医疗卫生服务机构失去财权，① 导致基层医生收入低且工作积极性不足，② 该制度是计划经济时代的“大锅饭”③ 等。又如，2015 年 1 月 1 日起，安徽省基层医疗卫生服务机构将不再实行“收支两条线”管理制度，截至 2015 年 8 月，50% 以上的县（市、区）已取消，主要认为该制度将收支结余全部上缴财政专户，使得基层医疗卫生服务机构失去自行支配结余资金的能力并导致医务人员薪酬待遇无差别化，严重影响了工作积极性。取消之后，基层医疗卫生服务机构全面实行财政经费定向补助制度，收入来源为县级财政部门根据编制人数核拨的人员经费、医疗服务收入在扣除成本并按规定提取各种基金后用于奖励的资金、政府核拨的基本公共卫生经费等。根据内部绩效考核提升奖励性绩效工资比例，合理拉开收入差距。④ 再如，2015 年 4 月，青海省格尔木市宣布取消自 2011 年在基层医疗卫生服务机构实行的“收支两条线”管理制度，认为该制度严重影响基层医务人员工作积极性，制约基层医疗机构正常运行与科学发展。废除该制度后，基层医疗卫生服务机构将获得收入分配自主权，可根据自身实际自行调配适用结余资金，用于绩效奖惩和单位发展。⑤

---

① 参见顾昕：《“收支两条线”：公立医疗机构的行政化之路》，载《中国卫生经济》2008 年第 1 期，第 14–16 页。

② 参见张小娟、朱坤：《部分发达国家全科医生薪酬支付方式介绍》，载《中国全科医学》2014 年第 17 期，第 1931–1933 页。

③ 参见王朝君：《曾被寄予厚望的“收支两条线”》，载《中国卫生》2015 年第 10 期，第 49–50 页。

④ 参见《安徽省基层医疗卫生机构预算管理暂行办法》；程茂枝：《取消收支两条线 做强中心卫生院》，载《安徽日报（农村版）》2015 年 6 月 8 日，第 13 版，http://epaper.anhuinews.com/html/ahrbncb/20150508/article_3308248.shtml，访问时间为 2015 年 11 月 12 日；王朝君：《曾被寄予厚望的“收支两条线”》，载《中国卫生》2015 年第 10 期，第 49–50 页。

⑤ 参见王建芳：《格尔木市取消基层卫生机构“收支两条线管理”制度》，新华网，http://www.qh.xinhuanet.com/2015-04/13/c_1114947162.htm，访问时间为 2015 年 11 月 12 日。

（三）绩效工资制度改革的多渠道筹资机制

改革基层医疗卫生服务机构“收支两条线”管理体制，赋予充分的“收支”自主权，使其具备基层医疗卫生服务机构绩效工资制度改革所应具备的“财权”。然而，即使废除“收支两条线”管理体制而使其享有“财权”，也必须清醒地认识到，“财权”基础在于基层医疗卫生服务机构具备调动全科医生积极性并符合全科医生制度设计理念和目标的收入来源，即“财源”问题。全科医生绩效工资制度改革，不仅要实现基层医疗卫生服务机构收入分配权力的掌控，而且要有足够收入供其分配，即扩充基层收入这块“蛋糕”容量，让基层医疗卫生服务机构有充分的绩效资金分配权力来激励全科医生，进而实现全科医生制度设计目标。因此，多渠道筹资机制是解决目前基层医疗卫生服务机构财政枯竭、实施绩效工资制度改革的前提之一。

绩效工资制度现有筹资渠道主要来自政府财政和医疗服务收入。

其一，政府财政主要用于支付基层医疗卫生服务机构全科医生在编人员档案或合同工资、社保经费等基本工资、绩效工资和基本公共卫生服务经费。首先，用于在编全科医生档案或合同工资、社会保障经费、住房公积金等基本工资的政府财政拨款，不涉及全科医生绩效考核的范畴，不属于全科医生绩效工资制度改革对象。但政府对全科医生绩效工资补偿部分，则属于全科医生绩效工资制度改革对象之一。[①] 其次，基本公共卫生服务是向全体居民提供的、具有公益性的公共卫生干预措施，基本公共卫生服务经费通过政府建立的城乡基本

---

① 上海市推进社区卫生服务综合改革与发展的指导意见指出，建立基本项目政府补偿机制，按照社区卫生服务中心基本项目、年标化工作总量、对应补偿标准、质量结果系数，合理核定财政对于社区卫生服务中心完成基本项目的运行补偿，在保证社区卫生服务公益性运行的同时，发挥财政资金的机制引导作用。参见《上海市人民政府办公厅印发〈关于进一步推进本市社区卫生服务综合改革与发展的指导意见〉的通知》（沪府办发〔2015〕6号），载《上海市人民政府公报》2015年3月5日。

公共卫生服务经费保障机制补偿，[①]由县（区）级财政部门、卫生部门根据服务人口数、提供基本公共卫生服务项目数量、质量以及人均经费标准，在全面绩效考核基础上确定基层医疗卫生服务机构的具体补偿金额。[②]基本公共卫生服务经费用于相关人员支出以及必要耗材等公用经费支出，不得用于与此无关的机构设施建设、人员培训等支出。[③]基本公共卫生服务经费中用于相关人员支出的部分，是否可以作为履行基本公共卫生服务职能的全科医生绩效工资组成部分？安徽省取消“收支两条线”管理后，基本公共卫生服务经费不得用于冲抵人员工资，但经考核合格后形成的结余，则按规定用于基层医疗卫生服务机构的人员奖励和事业发展。[④]由此说明，基本公共卫生服务经费结余也是全科医生绩效工资制度改革对象之一。

其二，医疗服务收入是基本医疗保险基金支付和个人支付并扣除必要服务成本之后的结余，属于绩效工资制度改革的对象之一，主要包括签约服务费、全科团队提供非约定医疗卫生服务费用和向非签约居民提供门诊和住院服务费用。首先，签约服务费是社区居民与全科团队建立签约服务关系的对价，为此，签约居民有权要求全科团队提供符合约定的基本医疗卫生服务。签约服务关系本质为医疗服务合同关系，签约服务费的收取根源于医疗服务合同的有偿性与基本医疗卫生服务的公益性。有偿性的医疗服务合同关系要求签约居民应当为此支付相应对价，方能体现医疗服务交易关系本质；基本医疗卫生服务的公益性则要求签约服务费与一般医疗服务合同费用的收取，理应存在质的区别，政府对于基本医疗卫生服务的提

---

① 参见《国务院办公厅关于建立健全基层医疗卫生机构补偿机制的意见》（国办发〔2010〕62号）。

② 参见《关于印发基本公共卫生服务项目补助资金管理办法的通知》（财社〔2010〕311号）第9条。

③ 参见《关于印发基本公共卫生服务项目补助资金管理办法的通知》（财社〔2010〕311号）第13、14条。

④ 参见《安徽省基层医疗卫生机构预算管理暂行办法》第24条。

供负有主要责任，基本医疗卫生服务公益性体现为政府财政资金对于基本医疗卫生服务费用的补偿。因此，签约服务费应当适度收取，但从笔者就上海调研情况来看，签约服务费并未由签约居民支付，而由基本医疗保险基金或政府财政予以代付。① 其次，全科团队向签约对象提供非约定医疗卫生服务收取的费用，主要表现为签约协议书约定服务内容外的一般诊疗费② 以及康复、舒缓疗护等住院费用。这些费用的收取根源于服务项目并未纳入签约协议书之中，签约协议书约定的基本医疗卫生服务，通常为具有优先性且项目有限的基本医疗服务和有限定条件的免费基本公共卫生服务。这些费用在适用基本医疗保险制度一定比例报销后，剩余部分由个人支付。最后，全科团队向非签约居民提供门诊服务而收取的一般诊疗费和康复、舒缓疗护等住院服务费用，适用基本医疗保险制度一定比例报销后，剩余部分由个人支付。

在取消“收支两条线”管理制度并赋予基层医疗卫生服务机构充分“财权”的基础上，上述全科医生绩效工资制度的两类筹资渠道，成为基层医疗卫生服务机构根据全科医生制度运作规律自主行使“财权”并对全科医生进行绩效考核的“财源”基础。在充分肯定上述两类筹资渠道的前提下，如何扩充基层医疗卫生服务机构绩效收入这块“蛋糕”以调动全科团队签约服务的积极性，如下问题需要反思：

---

① 全科医生制度试点城市关于签约服务费的收取情况，不甚相同，但不向签约居民收取或只收取较低费用的占主流。参见伍沛儿、何露洋、洪阳等：《全科医生试点城市改革方案比较研究》，载《中国社会医学杂志》2014 年第 4 期，第 223-225 页。

② 现有的挂号费、诊查费、注射费（含静脉输液费，不含药品费）以及药事服务成本合并为一般诊疗费，不再单设药事服务费，合并项目内容由国家价格主管部门会同卫生、人力资源社会保障等有关部门具体规定。一般诊疗费的收费标准可在原来分项收费标准总和的基础上适当调整，并在不增加群众现有个人负担的前提下，合理确定医保支付比例。参见《国务院办公厅关于建立健全基层医疗卫生机构补偿机制的意见》（国办发〔2010〕62 号）。另外，在实行国家基本药物制度后，基本药物在基层医疗卫生服务机构一律实行“零差率”销售，基层医疗卫生服务机构不存在药品销售的医疗服务收益。

一是政府投入需要与全科医生制度的特点相结合。目前，政府财政对于基层医疗卫生服务机构绩效工资方面的投入，主要表现为绩效工资和基本公共卫生服务经费结余。绩效工资是基层医疗卫生服务机构工资总额的组成部分，但工资总额存在上限，即参照当地事业单位工作人员平均工资水平核定工资总额，[①]说明绩效工资部分的政府财政投入与当地事业单位工作人员的绩效工资相当。基本公共卫生服务经费的拨付虽也考虑服务数量与质量等绩效考核指标，但拨付的基本标准仍在于辖区人口基数。[②]因此，作为基层医疗卫生服务机构绩效收入的绩效工资和基本公共卫生服务经费结余，整体数额处于大致稳定状态，这也导致了基层医疗卫生服务机构“吃皇粮”且“皇粮”不足的局面。政府财政除了建立长效的绩效工资和基本公共卫生服务经费投入机制外，投入本身还应当与全科医生制度改革特点相结合。笔者在上海市各区县调研时发现，全科医生与社区居民建立签约服务关系并以团队形式开展服务，需要财政资金在服务形式和服务条件方面发挥引导作用以图调动全科团队服务的工作积极性。例如，全科团队根据预约前往签约对象家中进行家访、数据调查或康复回访，当签约对象转诊至上级医疗机构接受住院服务时，为确保全科医疗服务的连续性，全科医生应当前往上级医疗机构探望签约对象并了解病情，以为后续社区康复做好准备。上述全科团队服务活动若没有必要的交通补助、家访补助和探视补助，全科医生制度功能将无法凸显。上海市个别区县已经建立起相应的专项补助机制，如长宁区的“家庭医生服务津贴”和闵行区的探视补助，[③]应当将其制度化并作为基层医疗卫生服务机构进行绩效考核的“财源”之一。因此，需要地方各级政府建立

① 参见《国务院办公厅关于建立健全基层医疗卫生机构补偿机制的意见》（国办发〔2010〕62号）。

② 参见《国务院办公厅关于建立健全基层医疗卫生机构补偿机制的意见》（国办发〔2010〕62号）。

③ 参见上文“全科医生薪酬保障制度的实践调查”。

起与全科医生制度相适应的基层医疗卫生服务机构专项补助制度。[①]

二是基本医疗保险制度应当与全科医生制度的功能结合起来。全科医生制度旨在建立维护社区居民健康与调控医疗费用的“守门人”制度，其中，“控费”是全科医生制度重要功能之一。全科医生作为签约对象首诊医生，提供各种疾病的预防性服务以避免或减少签约对象就医概率或医疗费用的发生；针对有健康问题的患者，提供全面的、连续性且人性化的基本医疗卫生服务，在签约对象的疾病不属于基本医疗卫生服务范畴或超越基层医疗卫生服务机构功能定位的情况下，及时将其转诊至适宜的上级医疗机构接受专科或住院服务。全科医生作为签约对象首诊医生，“控费”功能不仅体现在指导签约对象接受适宜的基本医疗卫生服务，防止“病急乱投医”，而且还在于防止签约对象在病情未接受全科医疗专业化判断之前，草率寻求专科治疗。签约对象医疗费用由基本医疗保险基金和个人支付，在基本医疗保险制度逐渐覆盖全民并提升保障水平的情况下，全科医生制度“控费”功能主要体现为对基本医疗保险基金的“控费”。因此，基本医疗保险基金是全科医生制度改革的直接受益者，基本医疗保险基金支付制度和医保结余对全科团队的奖励制度，应当受到充分重视并在制度构建层面与全科医生制度有机结合。[②]例如，基本医疗保险基金对于基层医疗卫生服务机构是采取总额预付方式，

---

① 有学者也认为，要健全基层医疗卫生服务机构稳定长效的多渠道补偿机制，地方政府应当对基层医疗卫生服务机构予以专项补助。该观点并未与全科医生制度改革结合起来，缺乏针对性。参见于德志主编：《医改专题研究》，人民卫生出版社 2013 年版，第 290、292 页。

② 上海全科医生制度改革中也涌现出了基本医疗保险基金的奖励制度，参见上文“全科医生薪酬保障制度的实践调查”。另外，上海在三级医院推行医保总额预付制制度，改革成效显著。预付制试点一年后，2010 年上海全市 33 家三级医院的医疗总费用为 331 亿元，同比增长 15%，增幅放缓 1/3。上海交通大学医学院附属仁济医院、复旦大学附属华山医院等 5 家医院的医保预算总额甚至出现了历史性结余。但该制度尚未在基层医疗卫生服务机构推行。参见张贵民：《上海预付制：渐进式改革》，载《中国医院院长》2011 年第 24 期，第 40-44 页。

还是总额后付方式。前者有利于医疗费用的即时结算并为全科医生制度“控费”功能提供条件，“控费”功能实现后便会存在基本医疗保险基金结余，全科团队奖励制度则应提上日程，但“总额”精准计算存在技术困难；后者有利于对已发生医疗费用进行基本医保的精准保障，但易诱导医疗机构过度提供医疗服务以提高服务收益并无法体现全科医生制度的“控费”功能。[①]

（四）绩效工资制度改革与绩效分配考核指标体系

取消“收支两条线”管理体制并赋予基层医疗卫生服务机构充分的财政自主权，扩充基层医疗卫生服务机构可用于绩效分配的资金来源，具备上述两个前提即“财权”和“财源”之后，全科医生绩效工资制度改革的重点便在于绩效分配考核指标体系的构建。基层医疗卫生服务机构“财权”的赋予，是建立绩效分配考核指标体系的基础和进行绩效收入分配的前提，赋予“财权”后地方人民政府财政和卫生部门可以建立相应事后监管和考核机制，确保政府财政拨付资金的规范使用和以考核为基础的财政资金动态调整机制的建立。基层医疗卫生服务机构“财源”的扩充，是建立绩效分配考核指标体系的客体，多元化“财源”筹资渠道不仅增加绩效收入这块“蛋糕”的容量，而且绩效分配考核指标体系需要根据不同筹资渠道的特点，建立与之相

---

① 国外全科医生通常实行由第三方总额付费制度，即全科医生及其团队收入由全民医疗保险或各种法定保险予以支付，类似于我国地方政府对于基层医疗卫生服务机构全科团队绩效工资的财政投入，但国外第三方付费制度远比我国以财政为主的投入机制更能激励全科医生的执业热情。以英国为例，2004 年 4 月 1 日开始实施新的综合性医药服务合同，由全科医生诊所与 PCT 签订，诊所合伙人全科医生在支付一定费用后，分享开业利润，非合伙人全科医生由诊所支付工资。开业诊所的报酬包括基本服务、增值服务和下班时间的服务。除综合性医药服务合同外，尚有个人医药服务合同，是地方层次上的协商合同，约覆盖 45% 的全科医生合同，其法律根据 1997 年《NHS（初级卫生保健）法》。参见中国医疗保险研究会、国际劳动保障研究所：《世界主要国家和地区近十年医疗保障改革研究》，经济科学出版社 2013 年版，第 36–38 页。

适应的考核指标体系。

根据支付单元类型，国际上全科医生付费制度主要包括按人头付费、按项目付费、按工资付费和混合型付费四种类型。[①] 按人头付费是卫生服务提供者在某一时期为某一病人提供服务，可以得到固定数额的资金，前提是病人应当注册于某一全科医生名下；全科医生根据注册人数的多少而非服务数量，从而获得支付资金。按人头付费可能会诱导全科医生选择健康状况良好的人群作为服务对象，因此，需要根据患病风险调整注册患者数量，并采取人均费用递减的办法以对注册人数过多情况进行制约。按项目付费是根据全科医生服务项目的费率表进行支付，不同服务项目，相应的服务费率表也不同，服务项目费率表是按项目付费的主要标准，在由私人提供全科医疗服务的情况下，也不排除当事人协商的可能性。按工资支付是全科医生在规定工作时间内工作，即可获得由雇佣合同所规定的工资收入，收入多少与服务数量、服务质量等无关。混合型付费是将不同付费方式结合起来，往往以某一种或两种付费方式为主，其他付费方式为辅，主要包括三类：第一类是由基本支付制度（工资或人头）和附加支付制度组成，附加支付制度用于激励全科医生完成特定任务，包括按目标支付和按职责支付；第二类是全科医生为不同群体的病人服务，获得不同形式的支付，主要原因在于居民分属于不同的医疗保险制度，不同的医疗保险制度可能采取不同的支付方式；第三类是全科医生中一部分实行按工资支付，另一部分实行按人头或项目支付。欧盟大部分国家采用混合型付费制度，说明单一性付费机制对全科医生而言，激励效果有限，多元化付费机制将成为全科医生主流的付费机制。

全科医生绩效工资制度改革所要求的绩效分配考核指标体系，应当与全科医生制度改革相适应，不能用公立二、三级医疗机构的绩效

---

① 参见［美］索特曼·里克·布尔玛：《欧洲基本保健体制改革》，陈宁姗主译，中国劳动社会保障出版社2010年版，第217-223页。

分配考核指标体系来考核基层医疗卫生服务机构全科医生及其团队。[①] 国务院建立全科医生制度文件和上海全面推广全科医生制度的指导意见均指出，应以全科医生签约服务执业业绩为主要绩效考核指标。[②] 关于绩效分配考核指标体系均为混合付费模式，即以签约情况（人数和构成）、服务情况（数量与质量）、居民满意度和基本医保控费情况作为绩效分配指标或付费指标。不同指标之间关系如何，不得而知，与混合型付费的三种类型皆不相同，既非以一种或几种付费方式为主，其他付费方式为辅，也非针对不同病人群体或不同全科医生采取不同的付费方式。另外，如何具体考量和评价每一种指标，如服务质量和居民满意度如何量化成为可以决定绩效分配考核的工具，仍然缺乏明确规定。

全科医生绩效分配考核指标体系的构建，不应笼统地采取混合型付费制度，而应当在多元化绩效收入筹资渠道背景下，根据不同绩效收入的特点进而采取有针对性的绩效分配考核指标体系。不同绩效收入的来源渠道，导致了不同绩效收入的性质存在差异。例如，政府财政对基层医疗卫生服务机构的绩效工资拨款，其中一部分核定为岗位工资，主要因素为全科医生职称、学历、岗位服务功能等；另一部分则为绩效考核的重点，考核指标应与全科医生制度的功能定位和设计目标相结合，充分调动全科医生为签约对象提供全科医疗服务的积极性。至于由基本医疗保险基金和个人支付形成的医疗服务绩效收入，需要区分不同收入类型而采取不同的绩效考核指标。例如，由基本医疗保险基金支付的签约服务费，宜采取按人头付费制度，全科医生提供不属于签约协议书约定的服务项目和非签约对象需要支付的门诊和

① 参见张向东、赵京、兰丽娜等：《北京市社区卫生家庭医生式服务模式及激励机制探讨》，载《中国全科医学》2014 年第 7 期，第 766–769 页。

② 参见《国务院关于建立全科医生制度的意见》（国发〔2011〕23 号）、《关于本市全面推广家庭医生制度的指导意见》（沪卫基层〔2013〕7 号）。另参见《关于印发全科医生执业方式和服务模式改革试点工作方案的通知》（发改社会〔2012〕287 号）。

住院费用，宜采取按服务项目付费制度。来自其他渠道的绩效收入，也应根据绩效收入与全科医生制度的关联并充分考虑对全科医生激励作用的发挥，采取适宜的付费制度或考核指标。因此，全科医生绩效分配考核指标体系或付费制度应当与我国基层医疗卫生服务机构主要为公立医疗机构这一基本国情相适应，针对不同筹资渠道的绩效收入，采取不同的绩效分配考核指标或付费制度。

第三节　全科医生执业发展制度的法治完善

一、全科医生职称制度改革的规范化制度设计

现行基层医疗卫生服务机构全科医生职称制度是以往专科医生职称制度的延续，从全科医生制度设计理念和分级诊疗制度建立的视角来看，亟须改革。将现行医生职称制度与全科医生签约服务方式、执业发展制度结合起来分析，全科医生职称制度应当简化并符合全科医生制度发展规律。本文就“全科医生职称制度规范”的主要制度设计，[①] 提出如下看法。

（一）立法目的

建立区别于普通专科医生并符合全科医生制度发展规律的职称制度，简化全科医生职称等级，强化全科医生签约服务业绩与医德水平的考评，为建立分级诊疗制度和实现人人享有基本医疗卫生服务的目标，制定本办法。

符合本法规定的条件和程序取得相应全科医生职称资格的，由省级人力资源保障部门颁发统一的“全科医生（基层）”专业技术资格

---

① 全科医生职称制度的规范化条文设计，可参见附录《全科医生执业管理法》。

证书。

相关说明如下：

1. 建立区别于普通专科医生的全科医生职称制度

全科医生是经过全科医学培养、通过签约并以团队方式服务于签约对象和所在社区的一类特殊专科医生，不同于在二、三级医疗机构从事专科和住院医疗服务的专科医生。一是执业服务机构不同。全科医生在基层医疗卫生服务机构执业，包括社区卫生服务中心（站）、乡镇卫生院和村卫生室等，普通专科医生在非基层医疗卫生服务机构执业，即二、三级医疗机构或社会办专科医院等。全科医生与普通专科医生在不同医疗机构执业的布局，是全科医生制度改革和建立分级诊疗制度的必然要求。二是专业技能不同。全科医生接受全科医学理论教育与全科医疗实践培训，顺应新医学模式要求，为签约对象提供全面连续性、人性化并兼具可及性的全科医疗服务，实现预防、治疗与保健等全方位基本医疗卫生服务效能。普通专科医生接受非全科类的临床二级学科、中医二级学科或公共卫生专业教育与实践培训，专注于某一领域的医学问题与技能，跨专业医学问题往往成为普通专科医生知识与技能短板。三是服务方式不同。全科医生通过与社区居民签约方式建立签约服务法律关系，签约协议书约定双方权利与义务，全科医生与社区护士、公共卫生医生等组成全科团队，根据签约协议书的规定提供属于基本医疗卫生服务范畴的全科医疗服务。普通专科医生则无须与社区居民建立签约服务关系，而由所在医疗机构与患者建立医疗服务合同关系，在医疗机构为患者提供专科门诊和住院服务。

基于全科医生与普通专科医生在分级诊疗制度下功能定位的差异，应当建立不同于普通专科医生的全科医生职称制度。现行医生职称制度定型于全科医生制度改革和分级诊疗制度建立之前，与普通专科医生专科服务、住院服务和医学教学紧密相关，通过非全科临床医学二级学科科研水平的提高来提升专科知识与技能，故现行医生职称制度对于医生科研、外语、计算机水平等格外强调，科研水平尤其成为职称晋升的主要考核指标。现行医生职称制度“等级”色彩甚为强烈，将医生职称级别分为员级或助理级、中级、高级（包括副高级和正高级），不同级别之间以考试或评审作为越级桥梁，职称级别严重影响薪酬待遇水平。[①]浓厚的“等级”色彩与日益强化的科研要求，对于重视签约服务业绩与实效的全科医生制度而言，显然不相适应。因此，对全科医生而言，以普通专科医生为规范对象的现行医生职称制度，已不能适应全科医生制度改革要求，应成为改革的对象。

值得关注的是，有关部委出台了改革基层医疗卫生专员技术人员职称评审工作的意见。该“意见”主要改革措施包括：一是基层医疗卫生专业技术人员高级职称评审组可在省卫生高级职称评审委员会中单独设立。二是评审条件改革上值得称赞的是，职称外语要求予以取消，但论文与科研要求仍作为评审的参考条件，改革留下“隐患”，为各省具体评审条件的差异性人为制造可能性。另外，增加定期到上级医疗机构进修的职称评审必要条件，似与该“意见”指导思想有违。三是评审标准上以重点考核基本医疗服务和基本公共卫生服务情况，将常见病、多发病诊治专题报告、工作总结、健康档案管理书等作为评审标准的重要内容。评审标准上的变化与该“意见”基本原则即“坚持注重实际、业绩导向”相符。[②]纵观该“意见”主要改革措施，笔者认为，改革措施整体上虽与全科医生制度改革和建立分级诊疗制度要求合拍，但仍然局限于现行医生职称制度之窠臼，对于现行医生职称制度“等级”分类，丝毫未有改革之意并以“坚持分层分类”为基本原则之一。该“意见”是在现行普通专科医生职称制度基础上的“微

---

① 全科医生职称级别与绩效分配考核之间的确存在关联，但在强化业绩考核的全科医生制度改革背景下，应当减少或淡化两者之间的关联。后文将对此予以专门讨论。

② 参见《关于进一步改革完善基层卫生专业技术人员职称评审工作的指导意见》（人社部发〔2015〕94号）。另外，一些省市也将全科医生职称评审问题作为特殊规定，改革力度有限，参见《甘肃省关于全科医生职称评聘有关问题的通知》（甘人职〔2013〕72号）、《关于印发〈重庆市基层医疗卫生机构全科医生职称评聘办法〉的通知》（渝人社发〔2015〕132号）。

观调整”，改革力度有限。

2. 遵循全科医生制度的发展规律

其一，全科医生职称制度应当以全科医生签约服务业绩实效为主要评价指标。签约服务实效表现为签约人数及其构成、服务人数、签约对象健康状况与服务满意度为主要衡量指标的服务质量、门诊工作量、签约对象首诊率、转诊与后续康复服务情况、基本医疗保险基金控费情况以及医德医风、社区居民认可情况等。上述评价指标与全科医生签约服务活动密切相关，全科医生正是通过签约方式为签约对象提供符合约定的基本医疗卫生服务，与签约服务有关的各项服务指标是衡量全科医生服务实效的真正标准，应当以此作为全科医生职称制度的评价标准。

其二，现行医生职称制度“等级”化色彩偏重，与全科医生制度的功能定位与实际运作均不相符，需要简化全科医生职称等级。简化后全科医生职称等级分为全科主治（中）医师和资深全科主治（中）医师。与普通专科医生职称等级相比，应当具有如下特点：一是增强全科医生执业的平等性和积极性，取消职称领域人为添加的执业负担。注册并取得全科医生执业医师证即可获得全科主治（中）医师职称资格，满足一定条件后可获得资深全科主治（中）医师职称资格。简化职称等级后，所有全科主治（中）医师均为签约执业服务的全科医生。职称晋升从过去重科研、轻业绩的评价体制，转变为业绩实效与医德并重的评价体制，有利于将全科医生制度真正建成社区居民健康与医疗费用的“守门人”制度。

其三，全科医生职称制度与普通专科医生职称制度相比，更多蕴含着社会认可与职业荣耀，作为一种全科医生精神激励机制，职称制度将与薪酬激励机制脱钩。全科主治（中）医师晋升为资深全科主治（中）医师，表明全科医生在社区居民尤其是签约居民中服务质量与医德医风被高度认可。作为一种职业荣誉，资深全科主治（中）医师将在社区广受尊重与爱戴，签约人数、服务人数与门诊工作量等将会随之提升，良好的绩效分配考核效果将会给资深全科主治（中）医师带来合理而又应得的薪酬回报。因此，全科医生职称制度将与薪酬激励机制脱钩并终结职称等级在绩效分配考核中的指标资格，作为社会认可与职业荣耀的象征。

（二）适用范围

全科医生职称制度适用于社区卫生服务中心（站）、乡镇卫生院和村卫生室等基层医疗卫生服务机构的在编注册全科医生，社会办基层医疗卫生服务机构全科医生可参照执行。

相关说明如下：

1. 全科医生职称制度适用于基层医疗卫生服务机构的全科医生

基层医疗卫生服务机构指公立城市社区卫生服务中心（站）、农村乡镇卫生院和村卫生室，也包括社会力量举办、提供基本医疗卫生服务的基层医疗卫生服务机构。① 新医改基本经验之一即保基本、强基层和建机制以及在此基础上建立分级诊疗制度，基层医疗卫生服务机构要建立以全科医生为主体的医疗卫生队伍。② 因此，区别于普通专科医生的全科医生职称制度仅适用于基层医疗卫生服务机构全科医生。城市县级医院和县级专业公共卫生机构不属于基层医疗卫生服务机构，全科医生职称制度不应适用。③ 从医院分级角度来看，一级医院属于基层医疗卫生服务机构的范畴，其服务功能在于直接向一定人口的社区提供预防、医疗、保健、康复服务；二、三级医院则是向多个社区或多个地区提供综合或专科医疗卫生服务并承担医学教学或科

---

① 参见《中共中央　国务院关于深化医药卫生体制改革的意见》（中发〔2009〕6号）。

② 参见《国务院关于建立全科医生制度的意见》（国发〔2011〕23号）。

③ 参见《关于进一步改革完善基层卫生专业技术人员职称评审工作的指导意见》（人社部发〔2015〕94号）。该“意见”将县级医院、县级专业公共卫生机构也纳入基层卫生专业技术人员职称评审改革的范畴，有混淆基层卫生专业技术人员与基层医疗卫生服务机构关系的嫌疑。

研任务[①]，二、三级医院不属于基层医疗卫生服务机构，由此也说明，为实现医疗卫生资源合理配置和就医秩序的科学与规范，分级诊疗制度的建立，迫切需要不同级别医疗卫生服务机构的功能定位应当与分级诊疗制度相适应，二、三级医疗卫生服务机构应当专注于医学专科服务或住院服务并肩负医学教学或科研任务，现有全科医生应当逐渐“下沉”至基层医疗卫生服务机构。

2. 基层医疗卫生服务机构包括公立与社会办两类

全科医生主要指公立基层医疗卫生服务机构在编的全科医生，也包括社会办基层医疗卫生服务机构的全科医生。无论是否属于公立性质，基层医疗卫生服务机构全科医生都应当取得执业医师证并以临床和全科为执业类别和执业范围，同时也不排除在此执业范畴基础上，增加其他临床二级学科或中医二级学科。[②]因此，基层医疗卫生服务机构全科医生职称制度适用的前提之一为全科医生执业医师证。另外，新医改“保基本”的主要经验在基层医疗卫生服务机构的设置与举办层面，主要以公立为主，社会办基层医疗卫生服务机构存在的空间极为狭小。[③]在公立性质与社会办基层医疗卫生服务机构各项政策待遇协调统一后，不排除政府向社会办基层医疗卫生服务机构购买基本医疗卫生服务的可能性。

---

① 参见《医院分级管理办法（试行）》第4条。

② 例如，《重庆市基层医疗卫生机构全科医生职称评聘办法》第17条规定，基层医疗卫生机构全科医生可按规定的政策、条件、程序取得卫生技术其他临床专业高、中级专业技术资格，并根据工作需要聘任，可同时注册专科执业范围。全科医生执业范围的增加问题，将在后文专门讨论规范适宜。

③ 笔者在上海市各区县调研全科医生制度改革时发现，基层医疗卫生服务机构均为公办性质，社会办基层医疗卫生服务机构不存在。在“保基本”新医改主要经验的指引下，公立性质的基层医疗卫生服务机构财政主要来源于地方政府参照当地事业单位的财政拨款，社会办基层医疗卫生服务机构则不能享受这样的待遇，形成不了竞争关系。这涉及基本医疗卫生服务的提供模式问题，参见第一章第一节关于基本医疗卫生服务的提供模式的阐释。

（三）全科主治（中）医师职称资格[①]

全科主治医师采取以考代评方式取得。

全科主治医师应当取得临床医学本科以上学历，通过执业医师资格考试获得执业医师资格证书，经过全科医生规范化培训并取得《住院医师规范化培训合格证书》，在卫生行政主管部门注册并取得执业医师证后，由省级人力资源保障部门颁发全科主治医师职称资格证书。

相关说明如下：

1. 全科主治医师不同于普通专科医生职称制度中的主治医师

全科主治医师作为全科医生职称制度的一个类别，不同于普通专科医生职称制度中的主治医师。普通专科医生职称制度中的主治医师是多重医师职称“等级”制度中的中级职称称谓，其之下有员级的医士和助理级的医师，其之上有副高级的副主任医师和正高级的主任医师。全科主治医师是全科医生职称制度的第一层级，其之下不存在其他级别的全科医生职称等级，其之上则为资深全科主治医师作为全科医生职称制度的第二层级，两个层级共同构成简化后的全科医生职称制度。

2. 全科主治医师资格的取得方式

普通专科医生职称制度中的主治医师也通过以考代评方式取得，是在助理级医师资格基础上参加全国统一卫生中级职称资格考试方式取得。全科主治医师资格则与此不同，凡取得临床医学本科以上学历，通过执业医师资格考试获得执业医师资格证书，经过全科医生规范化培训并取得《住院医师规范化培训合格证书》，在卫生行政主管部门注册并取得执业医师证后，由省级人力资源保障部门颁发全科主治医师职称资格证书。因此，全科主治医师资格虽采取以考代评方式，但与普通专科医生职称制度中主治医师的以考代评方式，存有质的差别。

---

① 下文全科主治医师均包括全科主治中医师，为行文便利，予以省略，特此说明。

需要注意的是：

一是全科医生职称制度无论是否改革，“全科医士”这一职称级别都是不存在的。根据《执业医师法》的规定，医学专科学历人员在医疗、预防、保健机构中试用期满一年的，有资格参加执业助理医师资格考试，取得执业助理医师资格证书并经注册的可取得相应的执业医师证书。[1] 执业助理医师在现行医生职称制度等级中对应的是员级，称为“医士”。但全科医生制度改革要求所有进入基层医疗卫生服务机构的全科医生必须接受住院医师规范化培训并取得《住院医师规范化培训合格证书》，而接受住院医师规范化培训的前提则为取得医学专业本科以上学历的毕业生。[2] 在住院医师规范化培训制度实施后，“全科医士”在基层医疗卫生服务机构已不可能存在。

二是对于全科医生而言，现行医生制度中助理级全科医师与中级全科主治医师，在实行住院医师规范化培训制度之后，两者在职称等级中的区别，已经名存实亡。取得执业医师资格、接受住院医师规范化培训并取得《住院医师规范化培训合格证书》，经过注册取得执业医师证。其中，住院医师规范化培训过程和培训所要实现的目标，与未实行住院医师规范化培训之前全科住院医师通过中级职称资格考试获得主治医师的医学训练相当。在将住院医师规范化培训制度作为进入基层医疗卫生服务机构准入门槛之一后，助理级全科医师与中级全科主治医师仅存在职称等级上的形式意义差别，有人为增加职称等级序列嫌疑。另外，助理级全科医师与中级全科主治医师的区分，与全科医生制度的实践运作与效能考核关联度不大，已没有存在的必要。取得执业医师资格、经过全科住院医师规范化培训并取得《住院医师规范化培训合格证书》，注册并取得临床全科执业医师证后，基层医

---

① 参见《执业医师法》第10、13条。

② 参见《关于建立住院医师规范化培训制度的指导意见》（国卫科教发〔2013〕56号），地方性规定可参见《上海市住院医师规范化培训实施办法（试行）》（沪卫科教〔2010〕5号）。

疗卫生服务机构全科医生与社区居民建立签约服务关系，通过专业化的全科医疗服务向签约对象提供符合约定的基本医疗卫生服务，全科医生绩效考评取决于签约服务数量、服务质量以及基本医保的控费情况等。因此，现行基层医疗卫生服务机构助理级全科医师与中级全科主治医师的职称差别，应当取消。

（四）资深全科主治（中）医师职称资格[①]

1. 资深全科主治医师职称资格的取得方式

资深全科主治医师职称资格的取得，采取答辩和评审相结合的方式。

取得全科主治医师职称资格的全科医生，有权利参加第十年资深全科主治医师职称资格的答辩与评审。各省（区、市）在卫生高级职称评审委员会中单独设立资深全科主治医师职称评审组，作为资深全科主治医师职称的评审机构。答辩人向评审组汇报本人向签约对象提供基本医疗卫生服务的具体情况，并回答评审组成员提出的问题。评审组根据评审标准投票表决。经评审组全体成员 2/3 以上多数通过的，当选资深全科主治医师，由省级人力资源保障部门颁发资深全科主治医师职称资格证书。

相关说明如下：

其一，资深全科主治医师作为全科医生职称制度的一个类别，类似于普通专科医生高级职称资格，但不作细分。普通专科医生高级职称资格包括副高级和正高级，分别称为副主任医师和主任医师。基于全科医生与普通专科医生在分级诊疗制度中功能定位与执业服务业绩考核的差异，资深全科主治医师不再按级别予以细分，取得全科主治医师职称资格后，符合资深全科主治医师职称资格条件并通过答辩和评审的，即可取得资深全科主治医师职称资格。资深全科主治医师职

① 下文资深全科主治医师包括资深全科主治中医师，为行为方便，予以省略，特此说明。

称资格体现了社区居民尤其是签约对象对执业服务的社会认可与职业荣耀，社会认可和执业荣耀是根据各种切合全科医生执业活动的服务指标进行评价而取得，良好评价的本身不应存在“等级”差异，既然获得所在社区签约对象的良好评价并通过评审，资深全科主治医师职称资格就不应存在高级别或低级别的不同对待。“等级或级别”思维应当从全科医生职称制度中逐渐去除，即取得执业医师证的全科医生在获得全科主治医师职称资格后，有权凭借其职称资格开展签约执业服务活动并根据执业效能取得应有的薪酬待遇。经过考核业绩优秀的全科主治医师通过资深全科主治医师职称资格答辩与评审的，取得资深全科主治医师职称资格并成为社会认可与职业荣耀的象征，同时，将吸引更多社区居民选择其作为签约执业全科医生，在绩效工资制度改革后，这种“吸引效应”将会对其薪酬待遇水平产生积极影响。因此，全科医生职称资格与绩效工资制度改革关系密切，前者虽非绩效分配考核指标，但作为一种社会认可与职业荣耀的象征，将对绩效分配考核效果产生“间接调整”的功效。

其二，资深全科主治医师职称资格的取得采取答辩与评审相结合的方式。普通专科医生高级职称资格的取得采取考试与评审相结合方式，[①]但各省对此往往有变通规定，以免试“答辩”形式取代“考试”。[②]基于全科医生业绩考核重在签约执业服务各项指标完成情况的考核，资深全科主治医师职称资格的取得也应采取答辩与评审相结合方式，由“答辩”代替“考试”。为体现资深全科主治医师的“资深性”，取得全科主治医师职称资格的全科医生，应当具备较长一段执业经历的历练方能使执业业绩凸显并逐渐获得社区居民的认可与爱戴，因此，

① 参见《人事部、卫生部关于加强卫生专业技术职务评聘工作的通知》（人发〔2000〕114号）。

② 参见《关于印发〈上海市卫生系列社区卫生高级专业技术职务任职资格评审工作办法〉的通知》（沪人社专发〔2014〕23号）、《关于印发〈重庆市基层医疗卫生机构全科医生职称评聘办法〉的通知》（渝人社发〔2015〕132号）等。

全科主治医师有权利参加第十年资深全科主治医师职称资格的答辩与评审。各省（区、市）在卫生高级职称评审委员会中单独设立资深全科主治医师职称评审组的，[①]候选人应当结合评审标准向评审组全体成员汇报签约执业服务的具体情况，评审组成员在听取候选人汇报后，有权向候选人提问，候选人应当如实回答。评审组全体成员根据评审标准并结合候选人答辩情况，作出表决。经评审组全体成员 2/3 以上多数通过的，当选资深全科主治医师，由省级人力资源保障部门颁发资深全科主治医师职称资格证书。

2. 资深全科主治医师职称资格的评审标准

资深全科主治医师职称评审组应当着重考核候选人通过签约执业方式提供基本医疗卫生服务的实际效能，包括签约居民数量和结构、服务数量、服务质量、居民满意度、基本医疗保险基金和居民医药费用的控费情况、解决社区常见病和多发病临床实际问题的能力以及医德医风情况。

资深全科主治医师职称评审，免考职称外语和计算机，科研和论文不作要求。

相关说明如下：

其一，评审标准应与全科医生签约执业活动的绩效分配考核指标结合起来。如上文所述，经过注册取得全科医生执业医师证便具有与社区居民建立签约执业服务关系的资格，同时也获得全科主治医师职称资格。虽然全科主治医师职称资格的获得来自执业医师资格、全科住院医师规范化培训和住院医师规范化培训合格证书以及执业医师证的取得，说明全科主治医师已经具备签约执业并向签约对象提供符合约定基本医疗卫生服务的知识和技能，但具体服务情况仍需考核。考核方式，一是通过绩效工资制度改革，将全科医生签约服务情况分解为各项考核指标并纳入绩效分配考核指标体系，以考核结果决定全科

① 参见《关于进一步改革完善基层卫生专业技术人员职称评审工作的指导意见》（人社部发〔2015〕94 号）。

医生的绩效收入水平。二是通过职称制度对于服务效果良好并深受签约对象认可的全科主治医师，赋予社会认可的职业荣耀，即资深全科主治医师职称资格，这种职称资格的赋予有利于树立模范共同进步和促进全科医生职业群体提升服务效能的作用。因此，应当将全科医生绩效工资分配考核指标体系与资深全科医师职称资格的评审结合起来，两种制度共同目的在于实现全科医生服务效能的提升。基于此，与全科医生签约执业服务活动实际效能有关的各项因素，都应在考核之列，包括签约居民的数量和结构、服务数量、服务质量、居民满意度、基本医疗保险基金和居民医药费用的控费情况、解决社区常见病和多发病临床实际问题的能力以及医德医风情况。将资深全科主治医师职称评审标准与全科医生签约执业活动的绩效分配考核指标结合起来，诠释了全科医生职称制度改革与绩效工资制度改革内在精神的一致性，也与基层卫生专业技术人员职称制度改革的指导思想和基本原则精神相一致。①

其二，资深全科主治医师职称评审，免考职称外语和计算机，科研和论文不作要求。各省全科医生高级职称评审的相关规定对职称外语和职称计算机考级要求、科研和论文要求，皆不统一。为保基本、强基层、建机制和建立分级诊疗制度提供人才支持，人力资源保障部门和卫生计生部门联合发文指出，全科医生职称评审外语成绩可不作为申报条件，论文与科研要求不作硬性规定，可作为评审的参考条件。② 该文件有利于各省全科医生高级职称评审条件的统一化，但问题仍然不少。没有涉及职称计算机是否作为评审条件的问题，论文与科研虽作为参考条件而不作硬性规定，但“参考条件”用语极为模糊，无法触动和改变某些省份关于论文和科研作为评审条件的变相规定。科研与论文要求作为普通专科医生职称评审的必要条件，与专科医疗

① 参见《关于进一步改革完善基层卫生专业技术人员职称评审工作的指导意见》（人社部发〔2015〕94号）。

② 参见前文关于“全科医生职称评审制度改革之反思”部分的阐述。

服务的特点密切相关，将其作为以预防、保健、康复护理和社区常见病、多发病治疗为主要服务内容的全科医生职称晋升指标，有违全科医生制度发展规律。可将常见病、多发病诊治报告、工作总结等作为全科医生签约执业服务的质量评价因素之一，代替科研与论文要求。

3. 资深全科主治医师职称资格评审机构成员

资深全科主治医师职称评审机构由专业委员和社区居民委员组成。专业委员在各省级医学会全科医学专业委员会名单中随机抽取专家组成。社区居民委员应当从符合条件的报名者中随机选出。社区居民委员人数应当占全部委员的1/5以上。社区居民评审委员在基层医疗卫生机构资深全科主治医师职称评审过程中，与专业委员享有相同的权利与义务。

各省级医学会在评审会议前1个月，应当在官方网站上发布评审公告，介绍申报人员基本情况并提供担任社区居民委员的条件和方式。

各省级医学会负责制定两类委员的具体产生办法和评审具体实施办法，并报中华医学会和省级人力资源社会保障部门备案。

相关说明如下：

其一，资深全科主治医师职称评审应减少行政因素的干涉。各省医生高级职称评审规则由各省人力资源保障部门根据国家规定而出台，但评审委员会的委员则由各省卫生计生部门推荐。更有甚者，基层社区卫生服务机构卫生专业人员申报高级职称的，须首先由各区县卫生计生行政部门审核申报材料并决定推荐名单。[①] 各区县卫生计生部门没有审核通过并纳入推荐名单的，实质上便丧失了参评资格。行政权力干预医学专业人员的职称评审，导致现行医生职称评审制度行

① 以上海为例，可参见《关于印发〈上海市卫生系列社区卫生高级专业技术职务任职资格评审工作办法〉的通知》（沪人社专发〔2014〕23号）、《关于2015年度上海市卫生系列社区卫生高级专业技术职务任职资格申报工作的通知》（沪卫评审〔2015〕2号）。

政色彩极为浓厚，极有可能成为孕育行政腐败的温床。[①]因此，全科医生职称制度改革应当尽量减少或去除行政因素，全科主治医师职称资格的取得与行政因素无关，采取以考代评方式；资深全科主治医师职称资格的取得由省级医学会全科医学专业委员会委员和社区居民委员作为评审组成员，共同行使评审职权。将评审权力由过去实质性行政主导模式转变为由学术共同体和服务对象组成的民间联合体模式，将优秀全科医生的选择权真正赋予同行和社区居民。这种民间联合体模式，既有利于学术共同体对全科医生全科医疗知识和技能的专业考核，又有利于服务对象根据切实服务感受对候选人服务业绩和医德医风进行真实评价。为此，各省级医学会应负责制定两类委员的具体产生办法和评审具体实施办法，并报中华医学会和省级人力资源社会保障部门备案，省级人力资源保障部门可对评审办法进行事后行政审查，但不影响评审办法的实施。

其二，省级医学会负责制定两类委员的具体产生办法和评审具体实施办法，但应对社区居民委员作出特别规定。例如，社区居民委员应当从符合条件的报名者中随机选出，不得事先指定；社区居民委员在全部评审组成员人数中应占 1/5 以上，用以表明候选人获得社会认可和服务效能的情况。社区居民评审委员在基层医疗卫生机构资深全科主治医师职称评审过程中，与专业委员享有相同的权利与义务。除此之外，为保证评审的公开透明和社区居民的踊跃参与，省级医学会在评审会议前 1 个月，应当在官方网站上发布评审公告，介绍申报人员基本情况并提供担任社区居民委员的条件和方式。省级医学会制定的两类委员具体产生办法和评审具体实施办法不得违反上述特别规定。

（五）资深全科主治医师职称资格重新确认制度

通过答辩和评审并取得资深全科主治医师职称资格的全科医生，

---

① 行政权力对于医学专业人员职称评审制度的渗透和把持，有“外行审查内行”和“行政瞎作为”的嫌疑，有违简政放权的行政体制改革精神。

应当参加第五年资深全科主治医师职称资格答辩并通过评审组的资格确认。

未参加答辩或未通过评审组资格确认的，将丧失资深全科主治医师职称资格并由省人力资源保障部门注销职称证书。

答辩与评审组资格确认办法，各省级医学会负责参照资深全科主治医师职称资格具体实施办法另行规定，并报中华医学会和省级人力资源社会保障部门备案。

相关说明如下：

1. 资深全科主治医师职称资格重新确认制度符合全科医生执业评价规律

全科医生职称区分为全科主治医师和资深全科主治医师两类。全科主治医师职称资格受医师执业注册制度制约而并非终身制。例如，临床全科专业执业范围改变、违法执业或违反医师执业规范被卫生部门注销注册等，都将失去全科主治医师资格。[①] 资深全科主治医师职称资格是深受社区居民爱戴的优秀全科主治医师的一种职业荣耀，是对其先前长期执业经历、执业业绩及医德医风的认可，但该职称资格的取得并非意味着资深全科主治医师将能一直保持或提升先前已被社区居民认可的执业业绩与医德医风。为使资深全科主治医师不断提升执业业绩并保有这份职业荣耀，必须对其进行间断性的职称资格重新确认，剥夺不再符合评审标准的资深全科主治医师职称资格，打破终身制。资深全科主治医师职称资格重新确认制度是打破全科医生职称制度终身制的重要制度设计，符合全科医生执业业绩考核制度常态化的评价规律并与全科医生制度的构建目标相符。

2. 资深全科主治医师职称资格重新确认制度的特别规定

资深全科主治医师职称资格重新确认制度由各省级医学会负责参照资深全科主治医师职称资格具体实施办法另行规定，但不应当违背

---

① 相关执业医师注册制度规范，可参见《执业医师法》、《医师执业注册暂行办法》（卫生部令第5号）等。

以下特别规定：一是取得资深全科主治医师职称资格的全科医生，有义务参加第五年资深全科主治医师职称资格答辩并通过评审组的资格确认，逾期将自动失去资深全科主治医师职称资格，省人力资源保障部门注销其资深全科主治医师职称资格证书并发放全科主治医师职称资格证书。二是重新确认制度流程参照资深全科主治医师职称资格的取得方式，分为答辩与评审组资格确认两个阶段，未参加答辩或未通过评审组资格确认的，丧失资深全科主治医师职称资格。中华医学会和省级人力资源社会保障部门可通过事后备案制度予以监管，但备案不影响重新确认制度的生效。

二、全科医生专业技术发展制度的规范化制度设计

基层医疗卫生服务机构全科医生依法增加或改变执业类别和执业范围，是全科医生专业技术发展的应有权利。然而，相关部门规章、某些住院医师规范化培训地方政府规范性文件，通过人为设置各种先决条件，导致全科医生此一权利无法实现。根据《执业医师法》《住院医师规范化培训管理办法》等法律、规章精神并结合全科医生制度的设计理念，就“全科医生专业技术发展制度规范”的主要制度设计，[①] 提出如下看法。

（一）立法目的

基层医疗卫生服务机构执业全科医生有权依法改变或增加执业类别和执业范围。为保障基层医疗卫生服务机构全科医生专业技术发展权利，制定本办法。

相关说明如下：

其一，基层医疗卫生服务机构全科医生依法变更执业类别或执业

---

① 全科医生专业技术发展制度的规范化条文设计，可参见附录《全科医生执业管理法》。

范围，是全科医生执业发展权利的当然体现。然而，这种执业发展权利却受到多方面的制度限制，包括国家卫生计生部门的部门规章和地方政府部门制定的规范性文件。[①]这种不合理限制是对全科医生专业技术发展权利的漠视和无端干涉，突出表现为两方面：一方面是执业范围变更需要为本科以上学历的应届毕业生，另一方面是执业类别和执业范围变更后的执业机构，必须以基层医疗卫生服务机构为限。前者剥夺了基层医疗卫生服务机构在职全科医生通过住院医师规范化培训制度改变或增加执业范围的权利。为顺应现有住院医师规范化培训制度的硬性约束，[②]基层医疗卫生服务机构全科医生只能选择辞职进而攻读更高一级学位来谋求作为应届毕业生的资格，加剧在职人员执业范围变更成本，其目的是显而易见的，即将基层医疗卫生服务机构在职全科医生束缚在基层，否则将为此付出高额代价。后者虽承认基层全科医生执业类别与执业范围的变更权利，但明确将变更后的执业机构限定在基层医疗卫生服务机构，这意味着全科医生离开基层医疗卫生服务机构，多元化执业范围将因不符合执业注册制度而须变更，其结果便是仍然回归至原先单一的执业范围格局，这不仅是对全科医生专业技术发展权利的侵害，而且与前一种限制制度本质相同。

其二，对于全科医生专业技术发展权利的限制，主要来自国家或地方层面卫生部门的部门规章或地方政府部门规范性文件。部门规章效力层次之上的相关法律或行政法规，缺乏对基层医疗卫生服务机构全科医生执业类别或执业范围变更权利的明确规范，致使部门规章和地方政府部门规范性文件对此一权利任意设定权利行使条件或执业机构范围，导致此一权利空洞化，使执意行使此一权利的全科医生付出

---

① 参见上文“全科医生执业类别与范围变更之反思”部分的阐释。另外，地方政府部门出台的限制全科医生执业类别和执业范围变更的文件，不属于地方政府规章的范畴，属于地方部门的规范性文件，在本部门相关事项领域有约束力。

② 此处住院医师规范化培训制度以上海为例，参见《上海市住院医师规范化培训实施办法（试行）》（沪卫科教〔2010〕5号）。

高额代价。全科医生执业类别和执业范围的专业技术发展权利，亟须行政法规或法律层面上的权利规范，从法制效力等级上对部门规章或地方政府部门规范性文件进行有效制约。

其三，全科医生执业类别和执业范围的专业技术发展权利规范，立法功能在于确权、保障以及确保相关法制的统一。一是进一步对《执业医师法》注册事项变更权利进行确认。《执业医师法》仅原则性规定执业医师有权依法变更注册事项，未细化权利变更的具体行使方式；国务院卫生计生部门的医师执业注册办法也未就基层医疗卫生服务机构全科医生执业类别和执业范围变更问题作出明确规定，但专门就医师执业注册范围作出特别规定，以部门规章形式为基层全科医生执业类别和执业范围变更权利增加限制性条件。① 法律尚未对变更权利作出限制性条件，部门规章对权利行使设定限制性条件，显然是违反《立法法》的。② 因此，制定作为法律或行政法规的全科医生执业类别和执业范围专业技术发展权利规范，是对《执业医师法》执业医师注册事项变更权利的进一步确认并有利于实现法制统一。二是保障基层医疗卫生服务机构全科医生执业类别和执业范围变更权利，为其专业技术发展营造良好的法治氛围。全科医生执业类别和执业范围专业技术发展权利规范，将取消部门规章和地方政府部门规范性文件对全科医生执业类别和执业范围的不合理限制，尊重全科医生自主性的职业发展权利，保障和明确全科医生增加或改变执业类别和执业范围的权利及其行使途径，有利于增强全科医生职业吸引力和分级诊疗制度下全科医生制度的完善。

---

① 参见《执业医师法》第 13 条和第 17 条、《医师执业注册暂行办法》（卫生部令第 5 号）第 16–19 条、《关于医师执业注册中执业范围的暂行规定》（卫医发〔2001〕169 号）。

② 《立法法》第 80 条规定，部门规章规定的事项应当属于执行法律或者国务院的行政法规、决定、命令的事项。没有法律或者国务院的行政法规、决定、命令的依据，部门规章不得设定减损公民、法人和其他组织权利或者增加其义务的规范，不得增加本部门的权力或者减少本部门的法定职责。

（二）基层医疗卫生服务机构在职或解除劳动合同关系的全科医生，作为住院医师规范化培训招生对象的资格确认制度

住院医师规范化培训对象为拟从事临床医疗工作的高等院校医学类专业本科以上学历毕业生，或有基层医疗卫生服务机构全科医生执业经历，需要接受非临床全科培训的人员。在职全科医生应当经所在单位同意。

有两年以上基层医疗卫生服务机构全科医生执业经历的，参加非临床全科住院医师规范化培训，同等条件下优先录用。

相关说明如下：

1. 住院医师规范化培训招生对象的多元化

住院医师规范化培训招生对象的多元化，有利于基层医疗卫生服务机构在职或解除劳动合同关系全科医生的专业技术的执业发展。关于住院医师规范化培训的招生对象范围，从国家层面的制度设计来看，应当说是清楚的，以是否从事过临床医疗执业工作为标准，分为两类：一类是尚未取得执业医师证的人员，包括医学专业本科以上学历毕业生（包括应届毕业生和往届毕业生）；另一类是已经取得执业医师证的人员，包括医疗卫生服务机构在职执业医师和与医疗卫生服务机构解除劳动合同关系的人员。[①]但某些省份住院医师规范化培训制度将具有临床执业经历的人员排除在招生对象范围之外，显然有违国家层面的制度设计初衷。[②]住院医师规范化培训制度的地方政府部门规范性文件，应当符合国家层面住院医师规范化培训制度的规范化文件和相关部门规章精神，下位法不得违背

① 参见《关于建立住院医师规范化培训制度的指导意见》（国卫科教发〔2013〕56号）、《住院医师规范化培训管理办法（试行）》第3条。

② 以上海为例，参见《上海市住院医师规范化培训实施办法（试行）》（沪卫科教〔2010〕5号）。

上位法。[①]因此，违反国家层面住院医师规范化培训制度指导意见的地方规范性文件，应当予以修订。

多元化的住院医师规范化培训制度招生对象范围，使得基层医疗卫生服务机构在职全科医生可以根据自身专业技术发展和临床实际工作的需要，决定是否参加非临床全科的住院医师规范化培训并经过注册而取得全科医学专业之外的其他临床二级学科执业范围。执业范围的多样化，使得全科医生专业技术兼顾全科医生专业和其他临床二级学科专业，有利于提升全科医生的执业服务水准，为签约对象提供“既全又专”的基本医疗卫生服务。需要注意的是，基层医疗卫生服务机构在职全科医生参加非全科住院医师规范化培训的，应当经过所在单位同意。[②]主要理由在于，参加住院医师规范化培训将会暂时离开原先岗位，本科学历的需要培训 3 年，研究生学历的需要培训 2 年，在职全科医生参加培训不应影响所在单位签约服务任务目标的实现。

多元化的住院医师规范化培训制度招生对象范围，也使得与基层医疗卫生服务机构解除劳动合同关系的全科医生，也有资格作为招生对象参加住院医师规范化培训招考。与基层医疗卫生服务机构解除劳动合同关系的全科医生，不必选择继续攻读更高一级学位以谋求应届毕业生资格，可以直接参加住院医师规范化培训招考，选择临床全科

---

① 《关于建立住院医师规范化培训制度的指导意见》(国卫科教发〔2013〕56 号)是国家卫生计生部门、人力资源保障部门等七部门联合制定的规范化文件，在七部门机构范围内具有制度建构的规范性约束力，尽管这一“指导意见”并非部门规章，但从自然法观的视角来看，这一“指导意见”确立了住院医师规范化培训制度的基本原则、制度框架和重要规则，既是指导地方相关部门制定住院医师规范化培训制度的纲领性文件，也是地方政府或人大制定相关政府规章或地方性法规的重要参照。因此，该“指导意见”也属于“法”的范畴。另外，国家卫生计生委于 2014 年制定了《住院医师规范化培训管理办法（试行）》这一部门规章，第 3 条规定的培训对象与“指导意见”相关规定的精神是一致的。上海相关政府部门制定的住院医师规范化培训制度在招生对象范围的规定，违反“指导意见”和部门规章的明确规定，下位法违反上位法，应予修订。

② 参见《住院医师规范化培训管理办法（试行）》第 20 条。

以外的其他临床二级学科作为住院医师规范化培训的主攻方向，从而获得除全科以外的执业范围资格，拓宽了执业领域。

2. 有两年以上全科执业经历者的优先录用规则

有两年以上基层医疗卫生服务机构执业经历的全科医生，参加非临床全科住院医师规范化培训，应当受到制度上的鼓励。有基层执业经历的全科医生，本身已经取得临床执业医师资格、经过全科住院医师规范培训并获得《住院医师规范化培训合格证书》、注册而取得临床全科执业医师证。参加非临床全科的住院医师规范化培训，有利于拓展和提升专业技术领域和执业服务水平，应当予以制度层面上的鼓励。有两点需要注意：一是基层医疗卫生服务机构执业经历以两年以上为宜，不足两年执业经历的全科医生，应当立足于本专业的签约执业服务，打牢全科专业服务基础和提升全科专业服务技能。有两年以上执业经历的全科医生，开始存在谋求掌握全科专业以外临床二级学科的可能性，应当鼓励这部分全科医生通过参加住院医师规范化培训以增加执业范围，从而更全面、更专业地服务于签约对象。二是有两年以上执业经历的全科医生参加住院医师规范化培训招考时，同等条件下应当优先录用。[①] 同等条件下优先录用意味着，有两年以上执业经历的全科医生与不足两年执业经历的全科医生或未取得执业医师证的医学本科以上学历毕业生，在住院医师规范化培训招考中分数相同且名额有限时，应当优先录用有两年以上执业经历的全科医生。

（三）基层医疗卫生服务机构在职全科医生作为培训对象的人事与劳资关系

住院医师规范化培训的培训对象为基层医疗卫生服务机构在职全科医生的，培训期间原人事、工资关系不变，委派单位、培训基地和培训对象三方签订委托培训协议。

委派单位发放的工资低于培训基地同等条件住院医师工资水平的

---

① 参见《国务院关于建立全科医生制度的意见》（国发〔2011〕23 号）。

部分由培训基地负责发放，但因培训对象个人原因导致培训期限延长并经培训基地同意的，培训基地将不再发放。

相关说明如下：

其一，基层医疗卫生服务机构在职全科医生参加非临床全科住院医师规范化培训的，应当由委派单位、培训基地和培训对象三方签订委托培训协议。[①]委托培训协议是以住院医师规范化培训相关法律、法规、部门规章和地方政府部门规范性文件为法律依据，约定三方各自权利与义务的法律文件，委托培训协议约定内容不得违背协议的法律依据，主要内容包括但不限于委派单位对于培训对象培训期间工资的支付及其标准，委派单位与培训对象之间的人事劳资关系保持不变的约定，培训对象培训结束后返回原单位工作的约定及违约责任，培训基地依法对培训对象进行培训的规定包括培训内容、培训管理、考核方式等，培训基地向培训对象支付工资的情形及其标准等。

其二，培训期间在职全科医生的人事、工资关系不变，但委派单位发放的工资低于培训基地同等条件住院医师工资水平的部分由培训基地负责发放。[②]由于培训对象为基层医疗卫生服务机构在职全科医生，劳动合同关系并未发生改变，培训对象仍为原单位工作人员。培训基地根据委托培训协议对培训对象依法进行培训，与培训对象之间不存在劳动合同关系，其法律关系由委托培训协议规定。虽然培训对象劳动合同关系并未改变，但委托单位支付的工资低于培训基地同等条件住院医师工资水平的，其差额应当由培训基地支付。[③]原因在于，一方面，在职全科医生参加住院医师规范化培训的，培训基地所需培

---

① 参见《关于建立住院医师规范化培训制度的指导意见》（国卫科教发〔2013〕56号）、《住院医师规范化培训管理办法（试行）》第20条。

② 参见《关于建立住院医师规范化培训制度的指导意见》（国卫科教发〔2013〕56号）。

③ 参见《关于建立住院医师规范化培训制度的指导意见》（国卫科教发〔2013〕56号）。

训经费由政府财政、培训基地和用人单位共承担。[①]地方政府按培训基地基础设施建设、设备购置、教学实践活动以及面向社会招收和单位委派培训对象给予必要补助，中央财政通过专项转移支付予以适当支持。[②]另一方面，培训对象在培训期间需要完成培训基地相应岗位所要求的工作任务，在原单位支付工资与培训基地同等条件住院医师工资收入存在差额时，培训基地应当予以补偿。培训基地不承担“差额”补偿的情形，主要是因培训对象个人原因导致培训期限延长并经培训基地同意的，延长培训期间内，培训基地将不再发放，这一规定有利于保证培训对象按时完成培训任务和达到考核要求。[③]

（四）与基层医疗卫生服务机构解除劳动合同关系的全科医生作为培训对象的人事与劳资关系

与基层医疗卫生服务机构解除劳动关系的全科医生参加非临床全科住院医师规范化培训的，培训对象与培训基地签订培训协议和劳动合同。培训期限即为劳动合同期限，培训对象依法参加并享有养老、医疗、失业、生育、工伤、公积金等社会保障，享受国家法律、法规规定的以及合同约定的相关福利待遇，培训基地参照所在培训基地同类人员水平发放工资与奖金。

因培训对象个人原因导致培训期限延长并经培训基地同意的，延长期内只签订培训协议，培训对象不再享受工资福利和社会保障待遇，培训所需费用由培训对象承担。

相关说明如下：

---

① 参见《上海市住院医师规范化培训实施办法（试行）》第19条。

② 参见《关于建立住院医师规范化培训制度的指导意见》（国卫科教发〔2013〕56号）。

③ 关于培训期限延长的规定，《住院医师规范化培训管理办法（试行）》第25条规定，顺延时间一般不超过3年，但《上海市住院医师规范化培训和考核管理办法（试行）》（沪卫科教〔2010〕14号）规定，顺延时间最长为1年。上海地方政府部门规范性文件应当根据部门规章予以修订。

其一，与基层医疗卫生服务机构解除劳动合同关系的全科医生参加非临床全科住院医师规范化培训的，应当与培训基地签订培训协议和劳动合同。培训协议以住院医师规范化培训相关法律、法规、部门规章和地方政府部门规范性文件为法律依据，涉及培训内容、培训管理、培训实施与考核等。劳动合同是培训对象与培训基地依照劳动法律、法规签订的，约定双方劳动权利与义务关系的协议。劳动合同的期限即为培训协议规定的期限。① 劳动合同的签订意味着，培训对象以培训基地为用人单位，培训对象有权依法参加并享有养老、医疗、失业、生育、工伤、公积金等社会保障，享受国家法律、法规规定的以及合同约定的相关福利待遇，培训基地应当参照所在培训基地同类人员水平发放工资与奖金。② 劳动合同与培训协议可以合并签订，也可分别签订。

其二，因培训对象个人原因导致培训期限延长并经培训基地同意的，延长期内只签订培训协议，培训对象不再享受工资福利和社会保障待遇，培训所需费用由培训对象承担。③ 一是培训对象对于延长培训期限有过错，主要表现为未通过过程考核或结业考核。④ 对于与基层医疗卫生服务机构解除劳动合同关系的全科医生而言，其本身已经取得执业医师资格证书，未通过过程考核或结业考核便无法获得《住院医师规范化培训合格证书》。延长培训期限是基于自身未通过考核这一过错而作出的选择。二是在延长培训期限内，培训对象与培训基

① 参见《上海市住院医师规范化培训实施办法（试行）》第 16 条、《上海市住院医师规范化培训劳动人事管理暂行办法》第 4 条。

② 参见《上海市住院医师规范化培训实施办法（试行）》第 17 条。

③ 参见《住院医师规范化培训管理办法（试行）》第 25 条、《上海市住院医师规范化培训实施办法（试行）》第 19 条。

④ 参见《住院医师规范化培训管理办法（试行）》第 28—30 条。另外，《上海市住院医师规范化培训和考核管理办法（试行）》（沪卫科教〔2010〕14 号）将考核分为出科考核、年度考核和结业综合考核三类，未通过上述某一类考核的，则有可能会导致培训期限的延长。

地劳动合同关系解除的，另行或补充签订培训协议。培训对象的劳动合同期限即为培训期限，培训期限内培训对象未通过相关考核的，劳动合同已经到期。在延长期内，劳动合同关系已经不复存在，双方可另行签订培训协议或在原培训协议基础上补充延长期的相关规定。三是在延长期内，由于劳动合同已经解除，培训基地不再履行用人单位的相关义务；同时，由于培训对象自身过错导致培训期的延长，培训费用由个人承担。这一规定从制度层面促使培训对象按时完成培训任务并通过相关考核，否则应当承担对其不利的后果。

（五）基层医疗卫生服务机构在职或解除劳动合同关系的全科医生，参加非临床全科住院医师规范化培训的注册事项变更问题

基层医疗卫生服务机构在职或解除劳动合同关系的全科医生，参加非临床全科住院医师规范化培训期间，应当将培训基地注册为执业地点，在原执业医师证执业范围记载事项基础上，住院医师规范化培训医学专业可作为新增执业范围，也可向卫生行政部门申请将原执业范围改变为与住院医师规范化培训医学专业一致的执业范围。取得《住院医师规范化培训合格证书》后，根据实际执业机构情况向卫生行政部门申请变更执业地点。

相关说明如下：

其一，基层医疗卫生服务机构在职或解除劳动合同关系的全科医生有权通过参加非临床全科住院医师规范化培训，增加或改变执业范围。如前文所述，上海地方政府部门的规范性文件将住院医师规范化培训的招生对象限定为医学本科学历以上且尚未取得执业医师证的毕业生，对于已经取得执业医师证并有基层医疗卫生服务机构执业经历的全科医生而言，便不具备再参加非临床全科住院医师规范化培训的资格。赋予基层医疗卫生服务机构在职或解除劳动合同关系的全科医生参加非临床全科住院医师规范化培训资格，有执业经历的全科医生便具有增加或改变执业范围的可能性。一是在培训期间，培训对象有

权在原执业医师证上执业范围记载事项基础上，将住院医师规范化培训的临床医学专业作为新增执业范围。取得非临床全科《住院医师规范化培训合格证书》后，基层医疗卫生服务机构在职或解除劳动合同关系的全科医生增加执业范围权利得到实现。二是在培训期间，培训对象有权将执业医师证上执业范围记载事项改变为住院医师规范化培训的临床医学专业，即全科医学专业由非临床全科医学专业取代。取得非临床全科《住院医师规范化培训合格证书》后，基层医疗卫生服务机构在职或解除劳动合同关系全科医生改变执业范围的权利得到实现。当然，增加或改变执业范围，都需要将执业医师证上的执业地点记载事项变更为培训基地，取得《住院医师规范化培训合格证书》后，根据实际执业机构情况向卫生行政部门申请变更执业地点。①

其二，基层医疗卫生服务机构在职或解除劳动合同关系的全科医生通过参加非临床全科住院医师规范化培训，不仅实现了增加或改变执业范围的权利，而且扩充了执业发展空间。如前文所述，只有基层医疗卫生服务机构全科医生才有权增加执业范围，同时，这一权利本身还受到住院医师规范化培训的某些地方政府部门规范性文件的制约，导致这一权利名存实亡。②将增加或改变执业范围的权利赋予参加非临床全科住院医师规范化培训的在职或解除劳动合同关系的基层全科医生，以下两类情况都将大为扩充执业发展空间：一是基层医疗卫生服务机构在职全科医生，选择增加执业范围，取得非临床全科《住院医师规范化培训合格证书》后，作为基层医疗卫生服务机构执业全科医生，执业范围的增加有利于提升全科医生执业服务水平，为签约对象提供除全科医学专业以外的其他临床二级医学专业服务，对于实现社区首诊则更具意义。增加执业范围而在基层医疗卫生服务机构执业期间，全科医生有权参加公立二、三级医疗机构或社会办医疗机构

---

① 参见《关于建立住院医师规范化培训制度的指导意见》（国卫科教发〔2013〕56号）、《上海市住院医师规范化培训劳动人事管理暂行办法》第16条。

② 参见前文“全科医生执业类别与范围变更之反思”。

的专科医生招聘，职业选择与发展空间大为扩展。由于是基层医疗卫生服务机构在职全科医生，选择改变执业范围即由非临床全科二级医学专业取代全科医学专业，培训对象将不具备在原基层医疗卫生服务机构全科执业资格，培训对象可以承担相应违约责任为代价来行使改变执业范围的权利。二是与基层医疗卫生服务机构解除劳动合同关系的全科医生参加非临床全科住院医师规范化培训期间，增加或改变执业范围，取得《住院医师规范化培训合格证书》后，执业发展空间更为广阔。增加执业范围取得全科医学专业和非临床全科的其他二级医学专业作为执业范围，执业机构选择自由度将大为扩展，即可选择在基层医疗卫生服务机构开展全科执业，亦可参加公立二、三级医疗机构或社会办医疗机构专科医生招聘；改变执业范围即由非临床全科二级医学专业取代全科医学专业，也是可行的权利行使方式，但不能选择基层医疗卫生服务机构进行全科执业，只能在非基层医疗卫生服务机构开展执业。

（六）基层医疗卫生服务机构在职或解除劳动合同关系的全科医生，执业类别注册事项增加或改变问题

基层医疗卫生服务机构在职或解除劳动合同关系的全科医生，可通过国家医师资格考试取得公共卫生类、口腔类或中医类医师资格，依法应当参加住院医师规范化培训。培训期间，应当将培训基地注册为执业地点，在原执业医师证执业类别和执业范围记载事项基础上，住院医师规范化培训医学专业可作为新增执业类别和执业范围，也可向卫生行政部门申请，将原执业类别和执业范围与住院医师规范化培训医学专业保持一致。取得《住院医师规范化培训合格证书》后，根据实际执业机构情况向卫生行政部门申请变更执业地点。

相关说明如下：

其一，基层医疗卫生服务机构在职或解除劳动合同关系的全科医生可通过考取相应医学类执业资格证书并参加相应住院医师规范化培训，实现增加或改变执业类别以及与执业类别相关执业范围的权利。

执业类别除临床类，还有口腔类、中医类和公共卫生类，执业类别属于可依法变更的注册事项，《执业医师法》并未对执业类别的增加或改变作出限制性规定。[①] 已经具备临床执业类别的全科医生，增加或改变执业类别的前提便是相应医学类别资格的取得、参加相应类别某一专业的住院医师规范化培训并获得《住院医师规范化培训合格证书》。[②] 因此，医学类别的不同，不应成为取得某一医学类别的执业医生不能同时具有其他医学类别执业资格的障碍，只要依法具备相应执业类别的执业资格，就不应存在增加或改变执业类别的制度障碍。

其二，基层医疗卫生服务机构在职或解除劳动合同关系的全科医生依法考取相应医学类执业资格证书并参加相应住院医师规范化培训期间，根据执业医师注册制度增加或改变执业类别并不受执业机构必须为基层医疗卫生服务机构的限制。

具体表现为：一是增加执业类别，即在职或解除劳动合同关系的全科医生考取口腔类、中医类或公共卫生类执业医师资格并参加相应的住院医师规范化培训，在住院医师规范化培训期间，有权向卫生行政部门申请将与住院医师规范化培训相一致的医学类别新增至执业类别记载事项中，也应增加相应的执业范围。在职全科医生取得非临床类的《住院医师规范化培训合格证书》后，在基层医疗卫生服务机构的全科执业技术领域将更为广阔，有利于扩展和提升服务领域和服务水平。与基层医疗卫生服务机构解除劳动合同关系的全科医生通过执业类别以及相应执业范围的增加，可选择的执业机构不限于基层医疗卫生服务机构，有资格参加公立二、三级医疗机构或社会办专科医院

---

① 参见《执业医师法》第 16 条。

② 《住院医师规范化培训管理办法（试行）》适用的医学类范围包括临床医学类、口腔医学类、中医学类和中西医结合类。其中，中医学类和中西医结合类的住院医师规范化培训，由国家中医药管理局根据《住院医师规范化培训管理办法（试行）》另行制订，即《中医住院医师规范化培训实施办法（试行）》。参见《住院医师规范化培训管理办法（试行）》第 3、32 条，《关于印发〈中医住院医师规范化培训实施办法（试行）〉等文件的通知》（国中医药人教发〔2014〕25 号）。

相应岗位的招聘。二是改变执业类别，即与基层医疗卫生服务机构解除劳动合同关系的全科医生考取口腔类、中医类或公共卫生类执业医师资格并参加相应的住院医师规范化培训，在住院医师规范化培训期间，向卫生行政部门申请与住院医师规范化培训相一致的医学类别取代原执业类别，相应执业范围也需发生改变。至于在职全科医生可以承担相应违约责任为代价，通过上述途径行使改变执业类别的权利。

三、全科医生绩效工资制度改革的规范化制度设计

建立适应分级诊疗制度的“守门人”制度，必须进行基层医疗卫生服务机构全科医生的薪酬制度改革。全科医生作为公立基层医疗卫生服务机构的在编人员，其薪酬收入水平主要取决于绩效工资制度。然而，国务院建立全科医生制度文件中提出的激励措施并未落到实处，上海全科医生制度改革提出的薪酬激励措施，也尚未开启。因此，为激励全科医生热衷于签约服务、调动全科医生为签约对象提供全面优质的基本医疗卫生服务，作为全科医生制度基本组成部分的绩效工资制度改革，势在必行。根据《中共中央 国务院关于深化医药卫生体制改革的意见》(中发〔2009〕6号)、《国务院关于建立全科医生制度的意见》(国发〔2011〕23号)和《国务院办公厅关于推进分级诊疗制度建设的指导意见》(国办发〔2015〕70号)等新医改文件精神，就“全科医生绩效工资制度管理规范”的主要制度设计，提出如下看法。[①]

(一)立法目的

赋予基层医疗卫生服务机构依法对绩效收入进行使用与分配的权利，合理扩充基层医疗卫生服务机构用于绩效分配的收入来源，针对不同性质的绩效收入，设计符合其特点的绩效收入分配方式，调动全科医

① 全科医生绩效工资制度的规范化条文设计，可参见附录《全科医生执业管理法》。

生签约服务的积极性，全面提升服务效率与服务质量，制定本办法。

相关说明如下：

1. 全科医生绩效工资制度改革的目标

全科医生绩效工资制度改革是建立全科医生制度薪酬激励机制的体现，目标在于调动全科医生签约服务的积极性，全面提升服务效率与服务质量。我国基层医疗卫生服务机构目前主要由地方政府参照事业单位进行设立、拨款与管理，社会办基层医疗卫生服务机构在资格准入、财政投入、基本医保定点资格等方面均无法与公立基层医疗卫生服务机构享受同等待遇，根本原因需要追溯新医改基本文件精神和“保基本、强基层、建机制”的医改经验。[1] 因此，针对公立基层医疗卫生服务机构如何调动全科医生签约服务的积极性并提升服务效率与质量，必须从“公立”性质入手，改革政府对公立基层医疗卫生服务机构的管理方式，使地方政府对公立基层医疗卫生服务机构真正承担起创办者和投资人应负的政府责任。管理方式与政府职责改革目标是在基层医疗卫生服务机构主要为公立性质的大背景下，通过绩效工资制度改革的方式，使全科医生及其团队依法享受到应有的薪酬激励待遇并将这种“待遇”制度化、规范化与法制化。绩效工资制度改革对于全科医生签约服务实效应当产生这样的影响，即对于全身心投入签约服务并为签约对象提供符合约定的、人性化全科医疗服务、为签约对象节省医疗费用且医德医风正派的全科医生及其团队，绩效工资制度改革将使其享受到与付出成比例的薪酬待遇，反之亦然。

2. 全科医生绩效工资制度改革的侧重点

全科医生绩效工资制度改革应当侧重三方面，即财权赋予、财源

---

① 国外全科医生执业机构通常为私人诊所。以英国为例，全科医生不是 NHS 的雇员，而是以独立合约人的身份与 NHS 签约，开设私人诊所并向注册患者提供全科医疗服务。因此，也就不涉及财政拨款问题。参见中国医疗保险研究会、国际劳动保障研究所：《世界主要国家和地区近十年医疗保障改革研究》，经济科学出版社 2013 年版，第 31-32 页。

扩充与分配方式改革。就“财权赋予”而言，应当取消或废除使基层医疗卫生服务机构丧失绩效收入分配自主权的“收支两条线”行政化管理制度，取而代之的则是充分肯定基层医疗卫生服务机构法定收入与支出的财政自主权，并赋予其进行绩效工资制度改革的制度性能力，这是绩效工资制度改革在基层医疗卫生服务机构得以进行和实现的前提。就“财源扩充”而言，地方政府不仅要承担起公立基层医疗卫生服务机构投资人的角色，更应当担负起这一角色应负的责任，合理扩充基层医疗卫生服务机构绩效工资制度改革中绩效收入的来源渠道，建立常态性、制度性的投入机制来确保这块“蛋糕”对全科医生及其团队有足够的吸引力。就分配方式改革而言，基层医疗卫生服务机构包括财政投入绩效工资、医疗服务收益等各项绩效收入的分配指标体系，必须与全科医生制度设计理念相结合，必须能够起到激励全科医生及其团队投身签约服务并提升服务效率与质量的功效，必须打破过去“论资排辈”并讲究职称、工龄、学历等与签约服务业绩无关指标的羁绊，建立以签约服务业绩与医德医风并重且区分不同绩效收入性质的分配指标体系或付费模式。

在基层医疗卫生服务机构公立性质暂时无法改变的前提下，绩效工资制度改革总体上属于事业单位行政体制管理改革的范畴，需要简政放权、科学行政，需要地方政府有所为亦有所不为，需要“简政放权”后的事中与事后监管。否则，与分级诊疗制度相适应的全科医生制度将无法建立。因此，必须明确地方政府与基层医疗卫生服务机构在全科医生绩效工资制度改革中的职权与责任、权利与义务，并与全科医生制度设计理念相适应，使全科医生绩效工资制度改革走上制度化、规范化与法制化之路。

（二）基层医疗卫生服务机构财权制度

基层医疗卫生服务机构依法享有财政拨付资金、医疗服务收益和基本医疗保险基金奖励资金等各种收入的使用权和分配权。其中，财政拨付用于人员经费、公共卫生服务经费、单位建设与人才发展经费等财政资金纳入预算管理，超支不补，结余可归入绩效收入。

地方县级人民政府财政部门、人力资源保障部门、卫生部门等，应当依法对基层医疗卫生服务机构收入与支出情况进行监管。

相关说明如下：

1. 基层医疗卫生服务机构依法享有所有“收入”的使用权和分配权

这一规定旨在取消或废除专门规范行政事业性收费和罚没收入的“收支两条线”行政管理制度。如前文所述，一些省市已经取消了基层医疗卫生服务机构“收支两条线”管理制度，但对基层医疗卫生服务机构财政事务的管制，仍然过于严苛。以安徽省为例，该省取消“收支两条线”管理制度后，取而代之的则是基层医疗卫生服务机构全面预算管理制度。社区卫生服务中心、乡镇卫生院等基层医疗卫生服务机构所有收入与支出均纳入全面预算管理，实行“预算管理、定项补助、绩效考核、超支不补、结余按规定使用”的原则。将所有收入与支出纳入预算管理后，除包括基本公共卫生服务经费在内的财政拨付资金外，医疗服务收益也被纳入预算管理之中，目的则是实现收入与支出的平衡。[①]这一制度的消极后果有二,一是在取消“收支两条线”管理制度后实行的全面预算管理，收紧了基层医疗卫生服务机构所有财政收入与支出的明细并严重制约绩效收入自主分配权利的实现。二是将基层医疗卫生服务所有收入均纳入预算管理，而所有收入包括人员经费、医疗收入、财政补助收入、上级补助收入和其他收入等，这一规定也将基层医疗卫生服务机构收入来源作出限定并排除了其他可能性的必要收入。例如，总额预付制下基本医疗保险基金结余的奖励资金、与全科医生制度运行相结合的财政专项补助资金等。

对于基层医疗卫生服务机构所有收入应作出区分，即纳入预算管理的经费和不纳入预算管理的收入。前者包括财政拨付用于人员经费、公共卫生服务经费、单位建设与人才发展经费等财政资金，根据支出预算管理制度予以拨付，这部分资金属于纯粹财政性资金，是地方政

① 参见《安徽省基层医疗卫生机构预算管理暂行办法》第5、10条。

府购买基本医疗卫生服务并保证基层医疗卫生服务机构“公立”属性的代价和责任。其他不纳入预算管理的资金包括医疗服务收益、签约服务费与基本医疗保险基金结余奖励资金等与基本医保相关的资金、根据全科团队签约服务实际情况而需要地方财政支付的专项补助等。这部分资金有些是与政府财政预算无关，如与基本医保相关的签约服务费和基本医疗保险基金结余奖励；有些资金进行政府财政预算意义不大，如医疗服务收益，政府仅需制定合理的医事服务收费价格制度即可，基层医疗卫生服务机构所获医疗服务收益在按规定提取各项基金后，剩余部分应作为可进行分配的绩效收入。

因此，取消“收支两条线”管理制度后，不应再换一种管制方式来全面束缚基层医疗卫生服务机构的财政权利。基层医疗卫生服务机构所有收入，除拨付用于人员经费、公共卫生服务经费、单位建设与人才发展经费等财政资金纳入预算管理外，其他收入不实行政府财政预算管理，纳入预算管理的财政拨付资金结余和医疗服务收益等其他收入，依法完成相关扣减程序后，剩余收入应当纳入绩效收入分配范畴。

2. 行政监管不可或缺

地方县级人民政府财政部门、人力资源保障部门、卫生部门及物价部门等，应当依法对基层医疗卫生服务机构收入与支出情况进行监管。首先，取消“收支两条线”管理制度后，地方政府相关部门应当加强行政监管。例如，对于纳入财政预算制度财政资金的预算监管与使用情况监管，医疗服务收费项目与标准监管、全科团队服务情况监管、与全科医生制度相适应的专项补助使用情况监管、与基本医疗保险基金有关的结余奖励和签约服务费使用情况的监管等。其次，监管目的不在于干涉基层医疗卫生服务机构财政权利及其行使，而是确保基层医疗卫生服务机构财权的规范行使，监管职权本身需要制度化、规范化与法治化。全科医生绩效工资制度改革办法的制定，目的之一就在于赋予财政、人力资源保障、卫生等相关行政部门对全科医生及其团队各种绩效收入的来源和分配，依法进行监管，确保绩效收入分配制度成为全科医生制度的有效激励机制。

（三）基层医疗卫生服务机构人员工资总额差异化机制

地方县级人民政府财政部门应当按照在编人数和服务工作量，参照当地事业单位平均工资收入标准向基层医疗卫生服务机构拨付人员工资总额，并根据绩效考核结果，建立不同基层医疗卫生服务机构人员工资财政拨付资金总额的差异化机制。具体考核办法由省级人民政府卫生、财政、人力资源保障等部门联合制定。

相关说明如下：

首先，公立基层医疗卫生服务机构参照事业单位的财务管理制度并由地方县级人民政府财政部门按照在编人数和服务工作量，向其拨付包括基本工资和绩效工资在内的人员工资。①人员工资的拨付标准主要以基层医疗卫生服务机构在编人数为标准核定，服务工作量作为参考因素，因为服务工作量本身难以核定，而且尚需确定每一个服务工作量的单价，不同医务岗位，服务工作量单价也不应相同。地方政府实际是参考当地事业单位平均工资水平并主要按照基层医疗卫生服务机构在编人数核定工资总额，一些省份出台的预算管理制度甚至对此作出明确规定。②

其次，除了遵循现有基层医疗卫生服务机构人员工资总额拨付标准外，应当综合考量对基层医疗卫生服务机构绩效考核结果，建立不同基层医疗卫生服务机构人员工资财政拨付资金总额的差异化机制。

---

① 参见《国务院办公厅关于建立健全基层医疗卫生机构补偿机制的意见》（国办发〔2010〕62号）。

② 参见《安徽省基层医疗卫生机构预算管理暂行办法》第6条。另外，上海社区卫生服务改革实行严格的“收支两条线”管理制度，全部收入上缴社区卫生管理机构专户，政府则提出按照基本项目、年标化工作总量、对应补偿标准、质量结果系数等，对社区卫生服务中心进行补偿。参见《上海市人民政府办公厅印发〈关于进一步推进本市社区卫生服务综合改革与发展的指导意见〉的通知》（沪府办发〔2015〕6号），载《上海市人民政府公报》2015年3月5日。该制度的可行性问题，目前尚无定论。

基层医疗卫生服务机构绩效考核应当坚持公益性导向，主要考核因素包括全科医生签约人数与服务人数、医务人员服务质量与效率、医疗费用控制情况、基本公共卫生服务完成情况、社区居民满意度以及医德医风情况等，考核结果与基层医疗卫生服务机构人员工资总额拨付挂钩。[①] 另外，不同基层医疗卫生服务机构人员工资总额的差异化拨付，应存在于同一类型的机构之间，如社区卫生服务中心之间、乡镇卫生院之间等。

最后，具体考核办法由省级人民政府卫生、财政、人力资源保障等部门联合制定。考核内容涉及面广，例如，全科医生签约服务情况、医护服务效率与服务质量等考核，属于卫生部门的职责；财政拨付资金使用情况、医疗费用控制情况的考核，属于财政部门、人力资源保障部门的职责。因此，为实现省级范围内考核标准的统一，具体考核办法应由省级人民政府相关部门联合制定。[②]

（四）全科团队财政绩效工资考核与分配制度

基层医疗卫生服务机构应当制定以签约人数为主，兼顾签约人数构成、服务数量、服务质量、居民满意度和基本医疗保险基金控费情况等考核指标的全科团队财政绩效工资分配办法，应着重规定各项考核与分配指标在绩效工资总额中的比例，可以根据全科医生与团队其他成员之间的一定比例支付财政绩效工资，也可以将财政绩效工资支付给全科团队，由全科团队成员协商具体分配方案。

全科团队财政绩效工资考核与分配办法由全科团队成员或全科团队代表 2/3 以上多数通过，并报县级财政部门备案。

相关说明如下：

---

① 参见《国务院办公厅关于建立健全基层医疗卫生机构补偿机制的意见》（国办发〔2010〕62 号）、《安徽省基层医疗卫生机构预算管理暂行办法》第 39-40 条。

② 例如，《甘肃省基层医疗卫生机构绩效考核办法（试行）》。另外，江苏、四川等省也已制定相关考核办法。

1. 全科团队财政绩效工资考核指标体系的建立

基层医疗卫生服务机构全科团队财政绩效工资考核指标体系应采取混合模式，即以签约人数为主并兼顾其他考核指标。

首先，签约人数是衡量全科团队签约服务的重要指标。签约人数数据统计应以社区居民与全科医生签订签约协议书为准，签约协议书所约定的服务内容覆盖签约对象的家庭全部成员。签约人数不应局限于社区卫生服务中心（站）所在社区，其他社区或外来常住人口亦可具有签约对象资格。至于签约人数有无上限，国务院建立全科医生制度文件指出，到 2020 年，要实现每万名城乡居民拥有 2–3 名合格全科医生，即每名全科医生签约人数控制在 3300 人至 5000 人左右；上海全面推进全科医生制度的指导意见指出，到 2020 年，要实现每名全科医生签约管理 800–1000 户家庭目标，但家庭规模可大可小，家庭人数难以准确统计。[①] 基层医疗卫生服务机构在制定财政绩效工资考核与分配办法时，应充分考虑所在社区或乡镇常住人口基数、全科医生人数、社区护士人数、公共卫生医生人数、全科团队设置及成员配置情况等，规定适合本基层医疗卫生服务机构全科医生签约人数的上限。另外，全科医生签约人数一般不应超过 5000 人或 1000 户家庭，超过这一上限则意味着，由 1 名全科医生、1–2 名社区护士和 1 名公共卫生医生作为基本成员的全科团队，已经无法承受签约服务任务总量。全科医生签约人数超过上限规定的，可采取人均绩效工资收入递减的办法对签约人数过多现象予以制约。[②]

其次，基层医疗卫生服务机构财政绩效工资考核的其他指标包括签约人数构成、服务数量、服务质量、居民满意度和基本医疗保险基

---

① 参见《国务院关于建立全科医生制度的意见》（国发〔2011〕23 号）、《关于本市全面推广家庭医生制度的指导意见》（沪卫基层〔2013〕7 号）。

② 参见［美］索特曼、里克、布尔玛：《欧洲基本保健体制改革》，陈宁姗主译，中国劳动社会保障出版社 2010 年版，第 218 页。

金控费情况等。签约人数构成意味着在全科医生签约人数中，老年人和慢性病、常见病患者应当占一定比例，[①] 以防止某些全科医生为减少工作总量而寻求与过多健康居民签约；签约人数构成作为考核指标之一，也是社会人口老龄化加剧和人类疾病普遍化对全科医生制度的客观要求。服务数量是全科团队在一定时间内提供签约协议书约定服务的签约对象实际人数，全科团队提供门诊服务、咨询服务、上门服务以及家庭病床服务等相关记录，均为统计实际服务人数的依据。服务质量是全科团队向签约对象及其家庭提供约定基本医疗卫生服务各项质量控制目标的实现状况。[②] 居民满意度是签约对象对全科团队签约服务的综合评价，可通过实际走访、问卷调查、电话询问、网站投票等多种形式予以统计。基本医疗保险基金控费情况可根据基本医保经办机构对各个基层医疗卫生服务机构基本医疗保险基金人均费率的计算并结合每个全科医生签约对象基本医疗保险基金使用情况予以统计，但统计需以基层医疗卫生服务机构基本医疗保险基金总额的精算制度与签约对象完善的健康档案制度为前提。需要指出的是，全科医生及其团队成员的职称级别，不应成为基层医疗卫生服务机构财政绩效工资考核指标，绩效考核应以全科团队签约服务业绩及其成效为实质标准，其他因素应予以排除。[③]

---

① 参见《国务院关于建立全科医生制度的意见》(国发〔2011〕23号)。

② 参见张平、赵德余:《中国特色健康保障之路的探索——长宁社区卫生服务发展模式的演进历程与经验》，上海人民出版社2011年版，第10页。转引自吴军、沈安、陆旻:《全科服务团队模式下家庭医生绩效考核的方法探讨》，载《中国全科医学》2011年第31期，第3543–3545页。

③ 有学者将与全科团队签约服务业绩及其成效无关的项目，也归为绩效考核指标的组成部分。例如，各岗位的服务功能、技术含量、风险责任、工作强度、工作环境、职称、学历等。参见吴军、沈安、陆旻:《全科服务团队模式下家庭医生绩效考核的方法探讨》，载《中国全科医学》2011年第31期，第3534、3544–3545页。

2. 基层医疗卫生服务机构全科团队财政绩效工资考核与分配办法的制定，应遵循民主决策原则和财政监管原则

一是基层医疗卫生服务机构有权制定全科团队财政绩效工资考核与分配办法，但应由基层医疗卫生服务机构所有全科团队成员或全科团队代表2/3以上多数通过。该办法的制定与实施，事关全科团队及其成员的切实利益和工作积极性，应当由利害关系人或其代表充分协商并最终达成一致。二是考核各项指标之间的关系，虽以签约人数为主并兼顾其他指标，但各项指标在财政绩效工资分配上的具体比例，应由全科团队全体成员大会或全科团队代表会议充分协商并经2/3以上多数通过。三是根据考核指标在财政绩效工资分配中的比例并结合各全科团队服务情况统计，财政绩效工资的分配可选择如下两种方式：可以根据全科医生与团队其他成员之间一定比例支付财政绩效工资，成员之间支付比例的确定也应遵循民主原则；也可以将财政绩效工资支付给全科团队，由全科团队成员协商具体分配方案。四是全科团队财政绩效工资考核与分配办法的制定权利，虽然赋予基层医疗卫生服务机构，但应报县级财政部门备案并接受财政监管。财政部门认为该办法违反相关法律、法规、规章或地方政府部门规范性文件的，应将该办法发回并由基层医疗卫生服务机构重新制定或修改；财政部门在该办法实施过程中应承担相应财政监管之责，以确保财政绩效工资拨款通过合法性考核与分配机制，真正兑现对全科团队签约服务绩效的奖励承诺。

（五）基本公共卫生服务经费结余绩效分配制度

地方县级人民政府财政部门依法向基层医疗卫生服务机构拨付的基本公共卫生服务经费，经过县级财政部门考核合格后形成的结余，可作为基层医疗卫生服务机构全科团队绩效收入组成部分。

基层医疗卫生服务机构辖区常住人口的基本公共卫生服务经费人均结余，以全科医生签约人数为标准，作为绩效收入按年平均分配给全科团队基本成员。

相关说明如下：

1. 基本公共卫生经费结余的绩效收入性质

经过地方县级财政部门考核合格后形成的基本公共卫生经费结余，可作为基层医疗卫生服务机构全科团队绩效收入的组成部分。基本公共卫生服务与基本医疗服务共同构成基本医疗卫生服务并由基层医疗卫生服务机构承担提供职责，所需经费由政府财政予以保障。地方县级财政部门承担基本公共卫生服务补助经费的安排、拨付与管理，具体补助金额根据辖区服务人口数和提供基本公共卫生服务项目的数量、质量以及人均经费标准并在全面绩效考核基础上予以确定，省级卫生和财政部门应当制定合理的成本补充参考标准。①基层医疗卫生服务机构应严格按照《国家基本公共卫生服务规范》的要求，将补助资金用于开展基本公共卫生服务相关人员支出和所需耗材等公用经费支出，②但经过考核并完成年度基本公共卫生服务任务后形成的基本公共卫生服务经费结余，如何处理，不无疑问。

安徽省允许经过考核合格的基本公共卫生服务经费结余作为基层医疗卫生服务机构人员绩效收入奖励。③笔者认为，这一规定具有合理性。一是基层医疗卫生服务机构以全科团队方式履行基本公共卫生服务，经过年度考核并完成相关基本公共卫生服务任务的，基本公共卫生服务经费结余是全科团队经过考核并优质完成任务的结果。若将结余上缴国库或冲抵下一年度基本公共卫生服务经费，则是对具体履行基本公共卫生服务职责的基层医疗卫生服务机构全科团队工作业绩的否定，无法形成激励全科团队优质提供基本公共卫生服务的功效。二是将基本公共卫生服务经费结余作为基层医疗卫生服务机构全科团

---

① 参见《关于印发基本公共卫生服务项目补助资金管理办法的通知》（财社〔2010〕311号）第3、8、9条。

② 参见《关于印发基本公共卫生服务项目补助资金管理办法的通知》（财社〔2010〕311号）第13条。

③ 参见《安徽省基层医疗卫生机构预算管理暂行办法》第24条。

队绩效收入的组成部分并按照法定规定予以分配，扩充了基层医疗卫生服务机构可用于绩效收入分配的财源途径，有利于增强基层医疗卫生服务机构财政自主权并调动全科团队提供基本公共卫生服务的积极性。三是基本公共卫生服务经费结余并非直接作为基层医疗卫生服务机构全科团队绩效收入组成部分并用于分配，地方财政部门应当依法进行考核，包括基层医疗卫生服务机构是否按规定完成年度基本公共卫生服务计划，经费的使用是否符合规定的用途，[①] 是否存在消极应对以谋求基本公共卫生服务经费结余的情形等。基本公共卫生服务经费结余经过地方县级财政部门依法严格考核而形成，确保基本公共卫生服务经费在使用过程中不存在违法现象，这是作为全科团队绩效收入组成部分的前提条件。

2. 基本公共卫生服务经费结余的分配规则

基本公共卫生服务经费结余分配办法，需要考虑基层医疗卫生服务机构辖区常住人口的基本公共卫生服务经费人均结余和全科医生签约人数两个因素，两者乘积总额作为每个全科团队基本公共卫生服务经费结余绩效收入，按年平均分配给全科团队基本成员。其中，基本公共卫生服务经费人均结余需要考虑结余总额与辖区常住人口总数两个因素，全科医生签约人数以每年年底进行基本公共卫生服务经费结余分配时的签约人数为准。由于基本公共卫生服务经费由县级财政部门按年度补助并拨付，基层医疗卫生服务机构形成的经费结余也应当依法按年度进行考核后予以分配。

至于计算到每个全科团队名下的基本公共卫生服务经费结余，如何分配，也不无疑问。笔者认为，全科团队基本成员应平均分配计算到每个全科团队名下的经费结余，主要理由：一是由全科医生、社区护士和公共卫生医生为全科团队基本成员，[②] 是全科团队履行基本公共

① 参见《关于印发基本公共卫生服务项目补助资金管理办法的通知》（财社〔2010〕311 号）第 14 条。

② 全科团队基本成员及其组成，参见第三章第三节的相关阐释。

卫生服务职责的主要力量。在全科团队组建不规范的情况下，内科医生、外科医生、中医师等非全科的专科医生也应按“全科医生”对待并参与经费结余的分配。社区医务护工、健康志愿者等社会工作者作为全科团队成员的，不参与经费结余的分配，社会工作者作为全科团队成员的收入应由基层医疗卫生服务机构专项经费予以保障。二是全科医生、社区护士与公共卫生医生基本公共卫生服务职责的承担与提供，难分彼此，经费结余宜于平均分配。例如，慢性病老年人作为签约对象，慢性病本身的诊治与配药属于基本医疗服务范畴，但健康管理服务则属于基本公共卫生服务范畴，通常由全科医生、社区护士和公共卫生医生共同提供。

（六）全科医生签约服务专项补助制度

省级人民政府财政部门和卫生部门应当建立与基层医疗卫生服务机构全科医生签约服务方式相适宜的财政资金专项补助制度，包括交通补助、家访补助、转诊探视补助等补助项目和补助标准。县级财政部门应当根据规定的补助项目和补助标准，并参考基层医疗卫生服务机构每月全科团队服务业绩考核情况，按月拨付。

基层医疗卫生服务机构根据全科团队每月各项服务记录考核情况，将专项补助作为绩效收入的组成部分发放至全科团队成员。发放情况应报县级财政部门和卫生部门备案。

相关说明如下：

1. 全科医生签约服务专项补助制度有助于全科医生制度设计理念的实现

首先，全科医生签约服务专项补助制度是对基层医疗卫生服务机构全科团队绩效收入的合理扩充。基层医疗卫生服务机构可用于激励全科医生及其团队签约执业服务现有财源途径是有限的，既然基层医疗卫生服务由政府提供或由政府通过财政方式向主要为公立性质的基层医疗卫生服务机构购买，政府除了人员工资常规投入外，还应当结合全科医生制度特有的签约执业服务模式，建立能够有效激励全科医生及其团队积极主动提供符合约定服务的特定服务补助制度。与全科医生签约服务密切相关的补助制度，旨在扩充基层医疗卫生服务机构用于激励全科医生及其团队的财源规模，增加“蛋糕”容量。因此，应逐步建立针对性的投入机制与方式，进一步提高公共财政投入的科学性和效率。①

其次，全科医生签约服务专项补助制度将起到强化全科医生制度建立的正面效应。笔者在上海市各区县调研中发现，由于基层医疗卫生服务机构可用于激励全科医生及其团队的绩效收入有限，全科团队在实际签约执业过程中，积极主动上门服务热情并不高。例如，上门服务需要交通成本，从上门服务的空间距离与提升服务效率的角度来看，交通成本都是客观存在的，基层医疗卫生服务机构通常不提供任何交通工具，而由全科医生自行置备。有些全科医生为减少上门服务次数，尽可能用电话方式取代上门服务，除非有硬性制度规定的情况下，才不得不提供签约、家庭病床等上门服务。交通成本补偿机制的缺乏，全科医生尚且如此，社区护士和公共卫生医生等全科团队其他成员提供上门服务的概率，极不乐观。有些全科医生告诉笔者，工作时间全部为门诊服务，没有上门服务。② 因此，交通补助缺乏补偿机制的事例告诉我们，若无适应全科医生制度全面细化性的、富有针对性的激励机制，全科医生制度所应具有的，诸如上门服务模式、持续性全科医疗服务、预防为主综合性全科医疗服务等设计理念，将无法真正实现。

最后，全科医生签约服务专项补助制度应与全科医生制度相适应。全科医生及其团队成员需要及时、全面、持续性关注签约对象的健康状况，上门服务不可避免而应当成为全科团队常规性服务模式，交通成本的合理付出应当予以补偿。上门服务为行动不便的签约对象带来

① 参见《上海市人民政府办公厅印发〈关于进一步推进本市社区卫生服务综合改革与发展的指导意见〉的通知》（沪府办发〔2015〕6号）。

② 参见第四章第一节关于首诊服务的实践调查。

福音并体现全科医疗服务的人文关怀，上门服务也应有相应补助制度，以便激励全科团队积极主动提供服务。签约对象符合转诊标准时，全科医生将其转诊至适宜的上级医疗机构，转诊并不意味着全科医疗服务的终结，为体现全科医疗服务的持续性与综合性，全科医生应持续关注转诊至上级医疗机构签约对象专科或住院医疗服务的进展与健康感受，为签约对象社区康复作准备并制定有针对性的健康管理方案。故全科医生转诊探视实为全科医疗服务所必须，全科医生往返于所在社区卫生服务中心（站）与二、三级医疗机构之间的转诊探视应建立相关补偿机制。[①] 因此，交通补助、家访补助和转诊探视补助是全科医生制度专项补助制度的三种基本类型。

2. 全科医生专项补助制度的内容

一是省级人民政府相关部门应当明确全科医生专项补助制度的补助项目、补助标准。鉴于专项补助制度不仅涉及财政资金的筹集、拨付，还涉及基层医疗卫生服务机构全科团队服务内容的监管，应由省级人民政府财政部门和卫生部门联合制定相关规定并明确补助项目、补助标准与具体责任部门。补助项目应与全科医生制度特有的签约服务模式相关并有助于提升全科医疗服务的质量与效率，交通补助、家访补助与转诊探视补助为基本类型。补助标准宜于采取财政资金补助方式并结合省内各地区经济发展水平，家访补助与转诊探视补助以“次数”为单位，分别确定每次家访或转诊探视补助金额，交通补助要结合每个工作日半天工作时间需上门服务的全科团队工作常态，按月确定相关标准。

二是县级财政部门应当根据事先确定的补助项目和补助标准，并参考基层医疗卫生服务机构每月全科团队服务业绩考核情况，按月拨付。补助制度实施的具体责任部门为县级财政部门，县级财政部门根据省级财政与卫生部门确定的补助项目与补助标准，并参考基层医疗

① 闵行区一些社区卫生服务中心实行转诊探视补助制度的情况，参见本章第一节关于全科医生薪酬保障制度的实践调查。

卫生服务机构每月全科团队服务业绩考核情况，包括上门服务的次数与交通成本的付出情况、转诊探视次数等，将相应的全科医生专项补助拨付至基层医疗卫生服务机构。

三是基层医疗卫生服务机构根据全科团队每月各项服务记录考核情况，将专项补助作为绩效收入的组成部分发放至全科团队成员。每月专项补助发放情况应报县级财政部门和卫生部门备案。基层医疗卫生服务机构根据县级财政部门审核过的每月各项服务内容与发放标准，分别计算每个全科团队成员专项补助数额并作为绩效收入组成部分予以发放。全科医生专项补助制度不仅涉及财政资金的筹集与拨付，还涉及卫生部门对于全科团队每月各项服务记录考核情况的监管。因此，基层医疗卫生服务机构专项补助发放情况应报县级财政部门和卫生部门备案，接受监管。

（七）全科医生签约服务费制度

签约服务费由基本医疗保险基金按每人每月 10 元标准支付。基本医疗保险经办机构根据县级卫生部门审核后的基层医疗卫生服务机构全科医生年度签约服务统计情况，予以核拨。

基层医疗卫生服务机构根据年度全科医生签约服务统计情况，将基本医疗保险基金支付的签约服务费作为绩效收入组成部分，以全科团队为单位，按年度平均支付给全科团队成员。年度发放情况，应当报基本医疗保险经办机构备案。

相关说明如下：

1. 签约服务费的付费主体

全科医生制度相关政策文件规定，签约服务费由医保基金、基本公共卫生服务经费和签约居民个人分担。[①] 但全科医生制度试点城市

---

① 参见《国务院关于建立全科医生制度的意见》（国发〔2011〕23 号）、《关于印发全科医生执业方式和服务模式改革试点工作方案的通知》（发改社会〔2012〕287 号）。

签约服务费筹资结构并不一致，上海每人每月 10 元，全部由基本医疗保险基金支出；武汉、贵阳、青岛和焦作签约对象不支付签约服务费，由基本公共卫生服务经费和基本医疗保险基金承担；成都、宝鸡、芜湖由基本公共卫生服务经费、基本医疗保险基金和签约对象个人共同承担。[①] 从制度设计层面看，基本公共卫生服务经费和基本医疗保险基金作为签约服务费筹资渠道，与全科医生向签约对象提供符合约定的基本医疗卫生服务有关，都需加强和提高政府对于基本公共卫生服务经费和基本医疗保险基金的投入力度和财政补助标准。签约服务费作为签约对象与全科医生建立签约服务关系所应支付的费用，完全由签约对象承担，显然不符合全科医生制度建立之初的国情。上述全科医生制度试点城市签约对象支付的签约服务费，仅具有形式意义，主要由政府财政承担。为鼓励更多社区居民与全科医生建立签约服务关系并逐渐形成社区首诊与转诊的就医秩序，签约服务费的付费形式应以政府财政支付为主。笔者认为，上海市的做法值得肯定。基本医疗保险基金由个人缴费与财政补助而形成不同年龄群体的总筹资数额，财政补助标准通常为个人缴费标准的数倍。在政府加大财政补助标准的基础上，由基本医疗保险基金支付签约服务费，体现了政府与签约对象共同承担签约服务费且政府承担主要付费责任的付费理念。

2. 签约服务费的付费标准

签约服务费的付费标准，即基本医疗保险经办机构根据县级卫生部门审核后的基层医疗卫生服务机构全科医生年度签约服务统计情况，按每人每月 10 元标准，予以核拨。参考上海市的做法，签约服务费每人每月 10 元标准为宜。全科医生的签约人数与服务时间是计算签约费用的两项指标，基层医疗卫生服务机构负责统计全科医生年度签约服务情况并以全科团队为单位，统计每个全科团队签约总人数和每个签约对象本年度内接受全科团队服务的时间，其中，接受全科

---

① 参见伍沛儿、何露洋、洪阳等：《全科医生试点城市改革方案比较研究》，载《中国社会医学杂志》2014 年第 4 期，第 223-225 页。

团队服务时间以月为计算单位。每个签约对象年度签约服务费由接受全科团队服务的月份数与每月 10 元费用的乘积，基层医疗卫生服务机构统计的各全科团队年度签约服务总人数与每个签约对象签约服务费的乘积，便是各全科团队应获得的签约服务费数额。基层医疗卫生服务机构全科医生年度签约服务统计情况作为签约服务费重要参考指标，应经县级卫生部门事先审核以保证统计情况的真实与准确。

3. 签约服务费的内部分配

基层医疗卫生服务机构应将拨付的签约服务费，以全科团队为单位，通过财务测算，按年度将测算数额平均支付给各全科团队成员并接受基本医疗保险经办机构监管。基本医疗保险基金支付的签约服务费性质属于基层医疗卫生服务机构绩效收入，用于激励全科团队与更多社区居民签约并提升服务质量。签约服务费以全科团队为单位，分别计算每个全科团队签约服务费的年度总额并将其平均支付给全科团队成员。需注意的是，全科团队中有社区医务护工或健康志愿者等社会工作者的，其薪酬应由社区卫生服务中心专项资金予以保证，不参与签约服务费的年度分享；全科团队成员平均享有年度签约服务费的理由在于，签约对象所接受的基本医疗服务和基本公共卫生服务，是全科团队全体成员的共同付出，不应由全科医生独享。除此之外，基层医疗卫生服务机构签约服务费的年度发放情况，应当报基本医疗保险经办机构备案。

（八）全科团队医疗服务收益分配制度

全科团队向签约对象提供不属于签约协议书约定的基本医疗卫生服务项目，向非签约对象提供的基本医疗卫生服务项目，应当符合基层医疗卫生服务机构医疗卫生服务收费标准。基层医疗卫生服务机构扣除成本并按规定提取各项基金后的全科团队医疗服务收益，可以作为绩效收入进行分配。

全科团队医疗服务收益考核标准以服务项目和服务人数为主，兼顾服务质量、居民满意度和基本医疗保险基金控费情况等考核指标。

基层医疗卫生服务机构根据全科团队每月各项服务考核情况，以全科团队为单位进行分配，团队成员可协商内部分配办法；也可以按一定比例在团队成员之间进行分配。

基层医疗卫生服务机构负责制定的医疗服务收益考核与分配办法，须经全科团队成员或全科团队代表2/3以上多数通过，并报县级财政部门和卫生部门备案。

相关说明如下：

1. 全科团队医疗服务收益及其性质

首先，全科医生及其团队向签约对象提供不属于签约协议书约定的基本医疗卫生服务项目的，签约对象应当按照基层医疗卫生服务机构医疗服务收费标准予以付费。签约协议书约定服务内容的有限性，是这类医疗服务收益存在的根据。签约协议书通常约定，签约对象参与各项基本医疗卫生服务具有优先性以及免费享有某些基本公共卫生服务项目，但具体医疗服务内容如门诊服务和住院服务等，都需要根据收费标准予以付费。例如，全科医生上门服务在签约对象的请求下，为其进行中医推拿或中医按摩服务，这类服务一般并不包含在签约协议书中，从制度设计理念出发，这类服务应当根据基层医疗卫生服务机构收费标准由签约对象付费。[①]全科医生及其团队上门提供这类服务的收费问题，可由签约对象事先在基层医疗卫生服务机构付费并持有相关付费收据，全科医生及其团队上门服务时凭付费收据提供服务。由于涉及基本医疗卫生服务的医保报销问题，不宜由全科医生及其团队代行收费。当然，全科医生及其团队成员声明提供超出签约协议书约定范围的服务，为免费和自愿性质的，不存在收费问题，可纳入医德医风考核范畴。

① 在闸北区彭浦新村街道社区卫生服务中心调研时，笔者发现，上海“十佳家庭医生”之一的严正医生，上门服务经常向签约对象提供原本不属于签约协议书约定的中医按摩或推拿服务，甚至签约对象邻居在严正医生上门服务时，都希望接受中医推拿或按摩服务。

其次，全科医生及其团队向非签约对象提供基本医疗卫生服务的，应由非签约对象按照医疗服务收费标准付费。通常全科医生及其团队提供这类服务的场所，不在非签约对象家中，主要在基层医疗卫生服务机构，不存在由非签约对象事先出具付费收据的问题。基层医疗卫生服务机构门诊服务和有限的住院服务，皆有明确收费标准，非签约对象根据收费标准付费并享有基本医疗保险基金报销福利。

上述两类全科团队医疗服务收入应扣除成本并按照相关规定提取各项基金，诸如福利基金、事业发展基金、执业风险基金等，剩余收入可作为全科团队绩效收入并纳入分配范畴。[①]

2. 全科团队服务收益的考核与分配

一是考核指标体系的建立。全科医生及其团队向签约居民提供不属于签约协议书约定内容的服务项目，应按基层医疗卫生服务机构服务项目及其人次予以收费，即按服务项目和服务人数收费。全科医生及其团队向非签约对象提供诸如门诊、住院服务的，应按照以服务项目和服务人次为基础指标制定的收费标准，予以付费。故服务项目与服务人数是考核指标的主要方面。另外，服务质量、居民满意度和基本医疗保险基金控费情况等也应纳入考核指标体系，建立不同考核指标在全科团队医疗服务收益上的分配比例关系，[②]并在基层医疗卫生服务机构制定的全科团队医疗服务收益考核与分配办法中明确规定。二是医疗服务收益分配可实行两种思路，由基层医疗卫生服务机构制定考核与分配办法时予以选择。可以全科团队为单位，将考核后属于全科团队医疗服务收益支付给全科团队，团队成员再进一步协商内部分配方案。也可根据全科团队成员之间的一定比例关系，由基层医疗卫生服务机构直接支付给全科团队成员。

3. 全科团队服务收益分配办法制定权及其限制

本着赋予基层医疗卫生服务机构享有全科团队绩效收入考核与分

① 参见《安徽省基层医疗卫生机构预算管理暂行办法》第21条。

② 可参照上文关于全科团队财政绩效工资考核与分配制度的相关论述。

配自主权的原则，全科团队医疗服务收益考核与分配办法的制定权，应归属于基层医疗卫生服务机构。但在程序上应受如下限制：一是该办法的制定事关基层医疗卫生服务全科医生及其团队成员的切实利益，应遵循民主原则，须经全科团队所有成员或全科团队代表 2/3 以上多数通过。二是全科团队医疗服务收益考核与分配办法应报县级财政部门和卫生部门备案。全科团队医疗服务收益考核与分配办法，涉及基层医疗卫生服务机构全科团队服务工作量的统计与评估、全科团队绩效收入资金使用与分配，报县级财政部门和卫生部门备案，有利于相关行政部门的事后监管。

（九）基层医疗卫生服务机构基本医保基金总额预付制度

基本医疗保险经办机构应当依法建立基层医疗卫生服务机构基本医疗保险基金总额预付制度。基本医疗保险基金年度总额可在与基层医疗卫生服务机构协商基础上，采取按人头付费、按项目付费、按服务单元付费等方式核算，并按月预付。

相关说明如下：

基本医疗保险基金对基层医疗卫生服务机构医保费用的支付类型，可分为后付制与预付制。如前文所述，后付制虽有利于对已发生医疗费用进行基本医保的精准核算，操作便利，但易诱导医疗机构过度提供医疗服务以提高服务收益；同时，由于后付制不存在预付制背景下的余额奖励制度，也导致基层医疗卫生服务机构基本医疗保险基金控费职能的缺失。与后付制相比，预付制的优点明显，既实现了医疗费用的即时结算，又通过基本医疗保险基金结余奖励制度合理诱导基层医疗卫生服务机构控费职能的实现。上海社区卫生服务中心医保支付方式改革也以总额预付制的科学化管理为目标，并根据核定工作任务与居民合理需求，合理确定和调节医保总额。[①]2016 年 1 月 1 日

① 参见《上海市人民政府办公厅印发〈关于进一步推进本市社区卫生服务综合改革与发展的指导意见〉的通知》（沪府办发〔2015〕6 号）。

正式实施的《上海市城乡居民基本医疗保险办法》就医疗费用总额预付结算方式作出指引性规定，有利于预付制的全面推广。[①]预付制的难点在于基本医疗保险基金年度总额预付数额的确定，需要建立科学的预付指标考核体系，引入医保精算制度并由合格的精算师进行操作。[②]不能因为预付制核算难度大，就放弃建立基层医疗卫生服务机构乃至整个医疗机构科学的基本医疗保险基金控费制度。

基本医疗保险经办机构应当依法建立基层医疗卫生服务机构基本医疗保险基金总额预付制度。首先，建立总额预付制的主体为基本医疗保险经办机构，并可与基层医疗卫生服务机构建立协商机制。基本医疗保险经办机构具体负责城乡居民医保的登记、审核、征缴、结算等经办业务，[③]结算职能便涉及总额预付制度的建立问题。人力资源保障部门作为基本医疗保险的行政主管部门，不具备建立总额预付制的技术能力。总额预付制的建立，应依法赋予基本医疗保险经办机构按照法定年度核算指标体系进行核算和拨付。总额预付制实为基本医疗保险基金结算方式上的变革，需要结合不同基层医疗卫生服务机构辖区具体情况，分别核定基本医疗保险基金在各基层医疗卫生服务机构科学合理的预付数额，因此，基层医疗卫生服务机构参与总额预付制的建立确有必要。[④]其次，

① 参见《上海市城乡居民基本医疗保险办法》第16条。

② 参见张贵民：《上海预付制：渐进式改革》，载《中国医院院长》2011年第24期，第40-44页。

③ 上海从2016年1月1日起施行“三险合一”的城乡居民基本医疗保险制度，基本医疗保险经办机构为“市医疗保险事业管理中心和区、县医疗保险事务中心”。人力资源保障部门则为城乡居民医保的行政主管部门，负责医保政策制定与组织实施。参见《上海市城乡居民基本医疗保险办法》第3条。

④ 国外由于全科医生执业形式通常为私人诊所，需要全科医生与保险机构通过谈判方式形成支付额度。例如，荷兰1984年颁布《国家卫生价格法案》以规制卫生资金的发放，全科医生与保险公司可在《国家卫生价格法案》规定的谈判框架下就支付额度进行谈判，从而保持全科医生医疗服务提供者与保险机构之间的利益平衡。参见杨晶、李传荣：《荷兰社区卫生服务体系及对我国的启示》，载《中国全科医学》2007年第7期，第552-553页。

基层医疗卫生服务机构基本医疗保险基金的年度总额核算，指标体系可采取按人头付费、按项目付费、按服务单元付费相结合的综合核算方式。基层医疗卫生服务机构定位于基本医疗卫生服务的提供，主要服务类型为门诊服务和有限的住院服务。根据综合核算方式，以门诊服务为例，一个门诊人次便是一个服务单元，参照上一年度人均门诊医疗费用和人均门诊次数，得出人均年门诊平均费用，并结合基层医疗卫生服务机构辖区参保人数和基本医保报销比例，计算出基层医疗卫生服务机构年度基本医疗保险基金拨付总额。社区医院康复和舒缓疗护等住院服务，与之类似。上述综合核算方法在充分考虑基层医疗卫生服务机构实际医疗服务类型和上一年度人均医疗费用的基础上，将按人头付费、按项目付费、按服务单元付费有机结合。① 综合核算方式与协商机制并用，总额预付制便具有可行性。②

（十）基层医疗卫生服务机构基本医保基金控费奖励与处罚办法

基本医疗保险经办机构每年年底对基层医疗卫生服务机构当年基本医疗保险基金控费情况进行评估，基本医疗保险经办机构与基层医疗卫生服务机构协商制定基本医疗保险基金控费奖励与处罚办法，并报县级财政部门和人力资源保障部门备案。

评估后基本医疗保险基金的超支部分，由基层医疗卫生服务机构自行承担。基本医疗保险基金结余应控制在拨付总额的10%以内的，可将一定比例结余资金作为奖励，其余结余资金应上缴基本医疗保险

---

① 也有学者笼统地将上述核算方式称为“按人头付费”，不够准确。参见雷鹏、王克利、吴龙等：《家庭医生制度与医保支付制度联动机制研究——以上海为例》，载《中医疗保险》2015年第4期，第9–11页。

② 珠海基本医疗保险经办机构根据测算，按每位参保人96元的费用包干给门诊统筹定点医疗机构，定点机构要为参保人提供一年的普通门诊医疗服务。参见张邹、张笑天：《依靠制度力量　推动社区首诊——珠海市社区首诊制实施情况与效果分析》，载《中国医疗保险》2013年第1期，第53–54页。青岛等地也实行类似医保总额预付制度，参见王东进：《分级诊疗是一篇大文章》，载《中国医疗保险》2015年第10期，第5–8页。

经办机构或在下一年度按月预付时予以扣减。结余超过 10% 的，不予以奖励，结余全部上缴基本医疗保险经办机构或在下一年度按月预付时予以扣减。

相关说明如下：

首先，基本医疗保险经办机构每年年底对基层医疗卫生服务机构当年基本医疗保险基金控费情况进行评估。评估的主要内容包括基层医疗卫生服务机构每月基本医疗保险基金收入数额、每月收入数额差异情况、年度收入总额、年度超支情况或年度结余情况等。评估涉及基层医疗卫生服务机构每月及年度基本医疗保险基金收入具体数额的统计，应由基本医疗保险经办机构委托合格精算师完成相关任务。

其次，在评估基础上，基本医疗保险经办机构与基层医疗卫生服务机构协商制定基本医疗保险基金控费奖励与处罚办法，并报县级财政部门和人力资源保障部门备案。根据基层医疗卫生服务机构年度基本医疗保险基金结余情况予以相应的奖励或处罚，有利于促使基层医疗卫生服务机构节省医保资金，减少患者就医费用。基本医疗保险基金控费奖励与处罚办法，不仅涉及基本医疗保险基金结算及奖励资金的筹集问题，还事关基层医疗卫生服务机构激励机制建立问题，应由基本医疗保险经办机构在与基层医疗卫生服务机构协商基础上负责制定。人力资源保障部门作为基本医疗保险经办机构的行政主管部门，财政部门作为基本医疗保险经办机构的财务行政监督机构，基本医疗保险基金控费奖励与处罚办法应报人力资源保障部门和财政部门备案。

最后，基本医疗保险控费奖励与处罚办法的制定，应坚持以下两项规则：一是基本医疗保险经办机构经过核算，基层医疗卫生服务机构年度基本医疗保险基金超出拨付总额的，可被评估为控费任务没有完成，处罚措施即超支部分由基层医疗卫生服务机构用自有资金（主要指用于分配的绩效收入）予以填补，基本医疗保险经办机构不予附加拨付超支部分。二是基本医疗保险经办机构经过核算，基层医疗卫生服务机构基本医疗保险基金年度总额有结余且结余比例控制在 10% 以内的，可被评估为完成控费任务，奖励措施可考虑将一定比例的结余资金作为奖励，其余结余资金应上缴基本医疗保险经办机构或在下年度按月预付时予以扣减。虽有结余但结余部分超过年度拨付总额10%的，则有推诿患者、形成月末无法看病的“月末效应”以谋取结余奖励的嫌疑，[①]结余超过10%可被认为不符合奖励条件，10%以上部分的基本医疗保险基金，可在下一年度基本医疗保险基金按月预付时予以扣减。

（十一）全科团队基本医保基金控费奖励与处罚办法

基层医疗卫生服务机构制定全科团队基本医疗保险基金控费奖励与处罚办法，应由全科团队成员或全科团队代表2/3多数通过，并报县级财政部门、卫生部门以及基本医疗保险基金经办机构备案。

基层医疗卫生服务机构没有实现控费任务时，全科团队基本医疗保险基金年度实际支付数额超过全科团队年度核定控费数额的，从经过考核后的全科团队财政绩效工资中扣除差额部分。基层医疗卫生服务机构实现控费任务所获奖励资金，根据核算后全科团队年度实际节省基本医疗保险基金数额与年度总节省数额之间的比例，分享奖励资金。全科团队奖励资金可以全科团队为单位进行分配，也可按一定比例在团队成员之间进行分配。

相关说明如下：

首先，基层医疗卫生服务机构制定权的享有及其限制。基本医疗保险基金控费奖励与处罚办法是基本医疗保险经办机构与基层医疗卫生服务机构在协商基础上制定的，对基层医疗卫生服务机构基本医保控费考核后的处罚与奖励，需要在基层医疗卫生服务机构对全科团队基本医疗保险基金控费情况考核基础上，通过内部制度性机制将处罚与奖励合理分摊与分配。因此，基层医疗卫生服务机构对全科团队基本医疗保险基金控费情况的处罚与奖励，属于基层医疗卫生服务机构

① 参见张贵民：《上海预付制：渐进式改革》，载《中国医院院长》2011年第24期，第40-44页。

的固有权利，但应遵守如下限制规则：一是制定程序的民主性，即全科团队基本医疗保险基金控费奖励与处罚办法，应由基层医疗卫生服务机构所有全科团队成员或全科团队代表 2/3 多数通过。处罚与奖励涉及全科团队所有成员切身利益，充分的民主性有利于规则的顺利实施。二是行政监管机制不可或缺。全科团队基本医疗保险基金控费奖励与处罚办法的制定，涉及奖励资金在基层医疗卫生服务机构全科团队的分配问题与处罚分摊问题，应由县级财政部门履行监管之责；全科团队基本医疗保险基金年度控费情况的核算，需要基层医疗卫生服务机构统计全科团队服务人数、提供服务的类型等，需要卫生部门的行政监管；奖励资金由基本医疗保险经办机构根据规定拨付，具体分配应对实现控费功能的全科团队起到激励效应，基本医疗保险经办机构应对奖励资金具体分配情况予以事后监督。

其次，全科团队基本医疗保险基金控费处罚与奖励办法的制定，应着重考核全科团队基本医疗保险基金控费情况。基层医疗卫生服务机构对全科团队基本医疗保险基金控费情况的处罚与奖励，根本标准为经过核定后的全科团队年度基本医保基金控费总额与年度实际基本医保基金支付数额之间的关系。前者大于或等于后者，意味着全科团队实现了基本医保基金控费任务，可获得相应奖励；前者小于后者，则意味着全科团队没有实现控费任务，需要接受处罚。全科团队年度基本医保基金控费总额与年度实际基本医保基金支付数额，应参照如下因素予以核实：包括基本医疗保险经办机构核算的人均门诊或住院基本医疗保险基金支付数额、全科团队签约对象人数及其接受服务的类型、全科团队提供服务的非签约对象人数及其接受服务的类型等。

最后，全科团队基本医疗保险基金控费处罚与奖励办法的制定，处罚与奖励应遵守如下规则：一是基层医疗卫生服务机构没有实现控费任务时，全科团队基本医疗保险基金年度实际支付数额超过全科团队年度核定控费数额的，从经过考核后的全科团队财政绩效工资中扣除差额部分。并非基层医疗卫生服务机构所有全科团队都没有实现控费任务，实现控费任务的全科团队无须接受处罚，没有实现控费任务的全科团队，需接受财政绩效工资收入予以相应扣减的处罚。二是基层医疗卫生服务机构实现控费任务所获奖励资金，根据核算后全科团队年度实际节省基本医疗保险基金数额与年度总节省数额之间的比例，分享奖励资金。全科团队分享到的奖励资金，以全科团队为单位进行分配，团队成员可协商内部分配办法，也可以按一定比例在团队成员之间进行分配。

结 语

如果仅在书斋中完成全科医生法治化研究的话，本书研究成果也只是想当然且没有实践指导意义。知识围绕着问题转，而不是问题围绕着知识转！问题意识贯穿本书始终。问题从哪里来，问题如何产生，问题带来的后果是什么，如何解决问题，解决思路与办法是否符合制度实践运作规律等，在本书全科医生法治化研究过程中，一直是笔者关注且为实践调查的核心议题。传统法学研究着重于规范研究、案例研究以及比较研究，对于尚未法治化的全科医生制度而言，上述研究方法都是残缺的。本书以实践调研为主并兼顾上述三种传统法学研究方法，力图使研究结论符合制度实践运作规律。实践调查着重定性研究，上海市各区县社区卫生服务中心及其下设卫生服务站，虽然全科医生制度具体运作情况不同，但与各卫生服务站全科医生进行“一对一式”的深度访谈，便可掌握该卫生服务站全科医生制度的运作情况，以此类推进而掌握全科医生制度在上海的运作情况及其存在的问题。规范研究以上海全科医生制度的各层级政策文件文本研究为主，案例研究则深度解剖全科医生制度在典型人物身上的体会与实践影响，比较研究可宏观了解全科医生制度运作情况的普遍性以及具体方式上的差异。以实践调查为主并兼顾传统法学的研究方法，不仅使全科医生制度实践运作问题凸显出来，而且带来了意想不到的收获。在调研中，针对全科医生反映的问题，笔者总是征询提出问题者的建议，许多建议对于本书全科医生法治化方案的设计，意义深远。

在将“人人享有基本医疗卫生服务”作为医改目标并由政府承担

主要提供职责的时代背景下，作为基本医疗卫生服务的具体提供者，全科医生及其制度体系意义重大。健康权包含以下两个方面：一是让所有人都有获得医疗保健服务的可能；二是让所有人都平等享有获得医疗保健服务的权利。[①] 全科医生制度不是个别居民支付相应代价就可以享受到的私人医疗服务，而是所有居民都有资格与全科医生建立签约服务关系并由签约全科医生及其团队提供符合约定的基本医疗卫生服务，所有居民在全科医生制度面前都具有基本医疗卫生服务获得资格上的平等性，平等享有全科医生及其团队提供的全面性、可及性、连续性和人性化全科医疗服务，全科医生制度成为维护和保障居民健康权得以实现的有效制度机制。全科医生制度不仅维护和保障居民健康权，而且是对居民就医观念乃至生死观念的一次洗礼。签约居民及其家庭成员在接受全科医生及其团队的全科医疗服务时，现代医学模式指导下的全科医疗服务也是对居民医疗卫生观念的更新与提升，逐渐消除吃药生活习惯化、花钱“摆平”健康问题与三甲医院狂热崇拜等不良医疗与健康观念，传达与培育注重日常保健、疾病预防、分级诊疗与正常生老病死为自然规律的生死豁达观。对于全科医生这一基层医生群体而言，全科医生制度不仅规范日常签约执业活动，而且旨在赋予全科医生相应执业权利以逐渐纠正日趋混乱的就医秩序并使其执业业绩获得应有的物质与精神激励机制回报，全科医生执业权利的赋予与保障，是全科医生制度得以实现制度设计理念的重要一环。

全科医生法治化研究，目的在于将基本医疗卫生服务政府提供职责以具体制度形式予以落实并规范化，通过相应的法治化制度建构，保障居民健康权与全科医生执业权利，以符合实践运作规律的方式认真对待全科医生法律制度的“法”规则探寻。“法”规则不仅来源于全科医生制度的政策文本，还来自制度实践运作中出现的问题及全科医生作为当事人的“直觉”与感受，来自设身处地与换位思考后的研

① 参见［比］丹尼·皮特尔斯：《社会保障基本原理》，蒋月、王铀镱译，商务印书馆2014年版，第82页。

究感悟！一切有助于化解问题并妥善处理各方利益关系的全科医生制度运作经验、想法、规定等，都需要细致甄别、利益衡量与规则考究。全科医生签约制度、团队服务制度、首诊服务制度、执业发展制度乃至全科医生培养制度，都需要被纳入法治化轨道并建立科学且符合法治原理的规则建构体系与法治定位。全科医生制度作为新医改的重要内容，全科医生法治化将会起到“倒逼”医改法治化的制度推进效应。医改是一场深刻的社会与观念革命，科学立法有助于保护各方权益、巩固改革成果并确保改革的顺利推进，全科医生法治化研究是法学者医改法治化的重要使命。

本书全科医生法治化研究形成《全科医生执业管理法》的立法建议成果，并以较为规范的条文形式作为“附录”置于文末，供相关立法部门参考并希求学界批判。希望本书的研究成果，对于新医改及其法治化有所裨益。

附录:《全科医生执业管理法》主要制度设计

目　录

第一章　全科医生签约规范

第一节　全科医生签约一般规定

第一条【全科医生概念】

全科医生即家庭医生，指依法具备全科执业资格并与居民建立签约服务关系的基层医疗卫生服务机构基本医疗卫生服务提供者。

第二条 【协议主体】

签约主体为签约居民和全科医生。签约居民与全科医生签约后，惠及签约居民所有家庭成员，家庭成员的范围以家庭户口本记载为准，可以在签约协议书中追加家庭户口本上所列成员之外的人，包括其他近亲属或受扶养的人。

全科医生所在基层医疗卫生服务机构为见证单位。

第三条 【协议名称】

全科医生与签约居民签订协议的名称为“基层医疗卫生服务机构名称+全科医生+签约协议书”，简称为“签约协议书”。

第二节　签约主体权利与义务

第四条 【自由选择权与免费签约权】

居民有权自由选择基层医疗卫生服务机构公示的全科医生并与其免费建立签约服务关系。

第五条 【优先权】

签约对象根据签约协议书有权优先于非签约对象获得签约全科医生及其团队提供的基本医疗卫生服务。

第六条 【单方续约权与单方解约权】

签约协议书有效期限为2年，签约居民在期满前提出续约请求的，签约协议书自动续约，无须双方签字确认。

签约居民有权在签约协议书生效6个月后通知签约全科医生解除协议，签约协议书自通知之日起失效。

第七条 【配合义务和健康信息提供义务】

签约对象应当配合签约全科医生及其团队履行执业义务，为全科医生及其团队履行执业义务提供尽可能的便利。

签约对象应当向签约全科医生及其团队提供真实、准确、完整的个人和家庭成员健康信息。

第八条 【尊重全科医生首诊权与转诊权的义务】

签约对象有就医需求时，应当首先选择签约全科医生并接受全科医生及其团队提供的基本医疗卫生服务，符合转诊标准的，应接受全科医生的转诊建议。否则，应当依法承担对其不利的法律后果，急危重症患者除外。

第九条 【全科医生签约的主要义务】

全科医生应当根据有关法律、法规、规章和签约协议书，依法组成全科团队并以全科团队服务方式，向签约对象提供符合法定和约定标准的基本医疗服务和基本公共卫生服务。

全科医生应当遵守《执业医师法》规定的法定义务，不得拒绝社区居民正当合理的签约请求和服务请求。

全科医生应当依法将符合基层医疗卫生服务机构转诊标准的患者，及时转诊至适宜的上级医疗机构。

第二章 全科团队服务规范

第十条 【全科团队的概念】

全科团队是政府办基层医疗卫生服务机构依法组建并设置在卫生服务站内，根据签约协议书的约定，依法向签约对象提供符合约定的基本医疗卫生服务，以全科医生为核心成员的专业化基层医疗卫生服务组织。

自然人、法人或其他组织依法设立全科诊所组建全科团队的除外。

第十一条 【全科团队名称】

全科团队的名称为“基层医疗卫生服务机构名称+全科团队长姓名+全科团队”，简称为“全科团队长姓名+全科团队”。

第十二条 【全科团队基本成员及其组成】

全科团队基本成员是基层医疗卫生服务机构依法组建的全科团队应当具备的团队成员，包括全科医生、社区护士和公共卫生医生。

第十三条 【全科医生】

全科医生是全科团队核心成员，每个全科团队配备全科医生1名。

岗位职责包括：全科医生代表全科团队依法与社区居民签约并向签约对象及其家庭成员提供基本医疗卫生服务；遵守《执业医师法》等法律规定的执业义务，遵守签约协议书约定的执业义务；全科医生兼任全科团队长，全面负责管理本团队的各项工作，细化团队成员分工，明确团队工作流程，制订并落实团队工作计划；负责团队内部和外部组织和协调工作，树立团队品牌；法律、法规规定的其他岗位职责。

第十四条 【全科医生助理护士】

全科医生助理护士（简称为助理护士），每个团队配备1名，承担全科医生助理职责，岗位职责包括接听咨询电话、提供咨询服务、登记相关数据、预约安排、联系转诊服务、与签约居民或其他组织联络等。

第十五条 【社区全科护士】

社区全科护士（简称为全科护士），每个团队配备1–2名，60岁以上老年人、慢性病人、残疾人等特殊人群比例超过签约对象人数50%的全科团队，应当配备2名全科护士。岗位职责包括全科护理、护理数据登记、参与基本公共卫生和疾病预防控制工作等。

第十六条 【社区全科护士配药权与培训义务】

社区全科护士在全科医生授权下，有向诊断明确的签约对象进行配药的权利。社区全科护士应当在社区卫生服务中心接受全科护理规范化培训，获得培训合格证书，持证上岗。

第十七条 【公共卫生医生】

每个全科团队应当配备公共卫生医生（简称公卫师）1名，岗位职责包括为签约对象及其家庭成员依法提供个体化健康管理服务、健康档案管理、健康教育服务、预防接种服务、传染病及突发公共卫生事件报告和处理服务、卫生监督协管服务、负责各类公共卫生数据统计与报表上报等。

第十八条 【全科团队非基本成员及其组成】

全科团队非基本成员，指全科团队基本成员之外的团队成员，由基层医疗卫生服务机构在组建全科团队时，依法根据医疗卫生人力资源具体情况予以配备与监管，包括内科医生、外科医生、中医师等非全科的专科医生以及社区医务护工、健康志愿者等社会工作者。

第十九条 【实行多点执业的非全科专科医生】

基层医疗卫生服务机构组建全科团队时，应当将注册在本机构实行多点执业非全科的专科医生，委派到全科团队中并作为全科团队成员，每个全科团队可以配备1名，在全科团队长领导下履行相应岗位职责，包括相应临床或中医二级学科的门诊服务，协助全科医生诊治涉及本专业的疾病，参与相关病情讨论与诊断、康复方案制定等，具体职责由全科团队长负责制定。

第二十条 【基层医疗卫生服务机构的非全科专科医生】

全科团队中本医疗机构非全科的专科医生，应当按照全科团队长的分工，协助全科医生完成本职工作；基层医疗卫生服务机构应当定期对全科团队中本医疗机构非全科的专科医生，开展全科知识与技能培训。

基层医疗卫生服务机构应当鼓励本机构非全科的专科医生参加全科医生住院医师规范化培训，取得《住院医师规范化培训合格证书》，依法增加执业范围并取得全科医生执业资格。

第二十一条 【社区医务护工、健康志愿者等社会工作者】

基层医疗卫生服务机构组建全科团队或补充全科团队成员时，可以将社区医务护工、健康志愿者等社会工作者委派至需要相关服务的全科团队，每个全科团队配备1名。

社区医务护工、健康志愿者等社会工作者在全科团队长领导下，按照全科团队长的任务分工，协助全科医生、社区护士和公卫师等从事社区基本医疗卫生服务。

第二十二条 【社会工作者的招募】

基层医疗卫生服务机构可由专门机构负责招募具有医学基本知识和技能并且品行良好、愿意从事社区基本医疗卫生服务的社区医务护工、健康志愿者等社会工作者。

基层医疗卫生服务机构与社区医务护工、健康志愿者等社会工作者在平等自愿的基础上，签订劳动合同，根据工作时间、服务内容、劳动强度等因素，合理确定劳动报酬。社区医务护工、健康志愿者等社会工作者无偿提供服务的，基层医疗卫生服务机构应当给予适当物质或精神奖励。

基层医疗卫生服务机构可以公开招聘具有本科以上学历的社会工作专业人员，依法签订劳动合同，负责对社区医务护工、健康志愿者等人员的社区工作专业培训，作为全科团队成员并在全科团队长领导下，协助全科团队承担社区诊断、疾病干预、病例讨论、健康管理与健康教育等职责。

第二十三条 【全科团队与卫生服务站的协作关系】

卫生服务站是社区卫生服务中心设立的、为全科团队提供基本医疗卫生服务的主要场所。卫生服务站内可设立多个全科团队，每个全科团队应设有独立的工作室。

卫生服务站应当配备站长、药剂师、财务、安保等工作人员。站长是卫生服务站内不同全科团队之间以及全科团队与社区卫生服务中心之间行政性事务的总协调人。

第二十四条 【全科团队与社区卫生服务中心的协作关系】

社区卫生服务中心是政府按照区域卫生规划设置的城市基层公益性非营利性医疗机构。社区卫生服务中心不设专科门诊与全科门诊。

社区卫生服务中心的主要职责包括全科团队服务与监管、社区医疗检查与会诊服务、社区康复与健康教育服务等。

第二十五条 【全科团队上门服务情形与方式】

全科团队应当在签约对象预约、提供家庭病床服务、签约对象慢性病随访或需要采集与评估签约家庭健康信息和健康状况时，实地前往签约对象家中提供上门服务，也可根据签约对象请求并结合实际情况，通过电话提供上门服务。

第二十六条 【全科团队上门服务人员的选定与要求】

全科团队提供上门服务，由全科团队长负责指定团队成员履行上门服务职责。全科团队提供上门服务，应当按照要求填写签约家庭健康管理登记表、家庭病床记录表、慢性病随访登记表等。

第二十七条 【上门服务不影响全科团队正常履行职责】

全科团队成员受全科团队长指定为签约对象提供上门服务的，应当根据全科团队长规定的时间和要求履行上门服务职责。

全科团队其他成员应当在卫生服务站继续履行职责，不得擅离岗位。

第二十八条 【全科团队非工作时间值班制度】

全科团队长应当制定本团队非工作时间值班制度并报社区卫生服务中心备案。值班人员原则上为全科团队的基本成员，值班时间为每个工作日的非工作时间和法定节假日。

值班人员主要通过接听电话为签约对象提供基本医疗卫生服务咨询和建议，特殊情况下可协助签约对象联系急诊服务。

全科团队成员个人联系方式和卫生服务站中本团队的专用电话，应当在签约协议书中注明，社区卫生服务中心与卫生服务站应当予以公示。

第三章　全科医生首诊服务规范

第一节　全科医生首诊权

第二十九条【全科医生对签约对象和非签约对象的首诊权规范】

与基层医疗卫生服务机构全科医生建立签约服务关系的社区居民有就诊需求时，全科医生有请求签约对象选择自己作为首诊医生的权利，急危重症患者除外。全科医生及其团队应当依法为签约对象提供符合约定的基本医疗卫生服务。

没有与基层医疗卫生服务机构全科医生建立签约服务关系的社区居民有就诊需求时，全科医生有权利要求社区居民选择自己作为首诊医生，急危重症患者除外。全科医生及其团队应当依法为其提供基本医疗卫生服务。

第三十条【基本医疗保险报销比例的差异化】

基层医疗卫生服务机构就诊的签约对象与非签约对象，享受基本医疗保险报销比例应当高于二、三级医疗机构的基本医疗保险报销比例。具体基本医疗保险报销比例及其差额由各省、自治区、直辖市人民政府根据基本医疗保险收支情况决定，差额部分不得低于10%。

所有符合条件的基层医疗卫生服务机构都应纳入基本医疗保险定点医疗机构目录，省级人力资源保障部门负责制定资格准入条件与监管办法。

第三十一条【医疗救助与全科医生首诊权】

医疗救助对象有就医需求时，应当选择所在地基层医疗卫生服务机构全科医生作为首诊医生，除享受相应的基本医疗保险待遇外，就医结算的个人自付部分，可以按规定申请医疗救助基金补贴。

第二节　全科医生转诊权

第三十二条【全科医生转诊权的概念】

基层医疗卫生服务机构全科医生经过全科专业诊断，认为就诊对象病情和诊疗需要确需转诊并符合转诊标准的，经患者请求，全科医生有权签发规定式样的转诊证明，使就诊对象有就近至适宜上级基本医疗保险定点医疗机构接受专科或住院服务的就诊资格。

第三十三条【全科医生转诊权两种情况的处理】

就诊对象认为符合转诊标准而全科医生没有行使转诊权的，全科医生应当作出合理解释，就诊对象有权自主选择上级医疗机构进行治疗，并有权向有关监管机构投诉。

全科医生基于全科医疗的专业判断认为符合转诊标准，但就诊对象不同意转诊的，全科医生应当向就诊对象或其近亲属说明转诊的理由。就诊对象坚持不同意转诊的，全科医生应当写明诊断结论并由就诊对象签字确认。

第三十四条【全科医生的专科门诊预约权】

省级人民政府卫生行政主管部门应当负责组织建设区域性联通各级医疗卫生机构的预约转诊平台，并逐步实现区域性预约转诊平台的省级统一化，实现健康档案、电子病历等重要信息在医疗卫生机构间连续记录、互通共享与按需调阅。

基层医疗卫生服务机构全科医生有权在转诊预约平台上为就诊对象优先预约上级医疗机构的专科门诊。

第三十五条【转诊患者的绿色转诊通道服务制度】

通过基层医疗卫生服务机构全科医生转诊到上级医疗机构的患者，上级医疗机构建立转诊绿色通道服务制度，为转诊患者提供优先接诊、优先检查、优先住院等优先性服务。转诊患者的绿色通道服务制度应当报所属卫生行政主管机构备案。

第三十六条【鼓励规范转诊的诊查费减免优惠制度】

基层医疗卫生服务机构全科医生行使转诊权并出具转诊证明后，患者在转诊证明有效期内至转诊证明所指定的二、三级基本医疗保险定点医疗机构普通门（急）诊挂号的，可享受由该接诊医疗机构给予的普通门（急）诊诊查费减免 50% 的优惠。优惠部分的费用由二、三级基本医疗保险定点医疗机构承担，政府财政给予适当补贴。

诊查费是指二、三级基本医疗保险定点医疗机构普通门（急）诊诊查费中应当由城乡基本医疗保险个人医疗账户资金支付的部分。

第三十七条 【起付线连续计算的基本医保优惠制度】

经由基层医疗卫生服务机构全科医生转诊至上级医疗机构的门诊患者，可以连续计算基本医疗保险起付线。

第三十八条 【医疗救助与全科医生转诊权】

医疗救助对象需与基层医疗卫生服务机构全科医生签约并按约首诊时，全科医生认为医疗救助对象符合转诊条件确应转诊到上级医疗机构治疗的，应当由签约全科医生出具转诊证明，方可根据有关法规、规章申请医疗救助基金补贴。

第四章　全科医生执业发展规范

第一节　全科医生职称制度

第三十九条 【适用范围】

全科医生职称制度适用于社区卫生服务中心（站）、乡镇卫生院和村卫生室等基层医疗卫生服务机构的在编注册全科医生，社会办基层医疗卫生服务机构全科医生可参照执行。

第四十条 【职称分类】

全科医生职称分为全科主治（中）医师和资深全科主治（中）医师。

第四十一条 【全科主治（中）医师职称资格】

全科主治（中）医师采取以考代评方式取得。

全科主治（中）医师应当取得临床医学本科以上学历，通过执业医师资格考试获得执业医师资格证书，经过全科医生规范化培训并取得《住院医师规范化培训合格证书》，在卫生行政主管部门注册并取得执业医师证后，由省级人力资源保障部门颁发全科主治（中）医师职称资格证书。

第四十二条 【资深全科主治（中）医师职称资格的取得方式】

资深全科主治（中）医师职称资格的取得，采取答辩和评审相结合的方式。

取得全科主治（中）医师职称资格的全科医生，有权利参加第十年资深全科主治（中）医师职称资格的答辩与评审。各省（区、市）在卫生高级职称评审委员会中单独设立资深全科主治（中）医师职称评审组，作为资深全科主治（中）医师职称的评审机构。答辩人向评审组汇报本人向签约对象提供基本医疗卫生服务的具体情况，并回答评审组成员提出的问题。评审组根据评审标准投票表决。经评审组全体成员 2/3 以上多数通过的，当选资深全科主治医师，由省级人力资源保障部门颁发资深全科主治医师职称资格证书。

第四十三条 【资深全科主治（中）医师职称资格的评审标准】

资深全科主治（中）医师职称评审组应当着重考核候选人通过签约执业方式提供基本医疗卫生服务的实际效能，包括签约居民数量和结构、服务数量、服务质量、居民满意度、基本医疗保险基金和居民医药费用的控费情况、解决社区常见病和多发病临床实际问题的能力以及医德医风情况。

资深全科主治（中）医师职称评审，免考职称外语和计算机，科研和论文不作要求。

第四十四条 【资深全科主治（中）医师职称资格评审机构成员】

资深全科主治（中）医师职称评审机构由专业委员和社区居民委员组成。专业委员在各省级医学会全科医学专业委员会名单中随机抽取专家组成。社区居民委员应当从符合条件的报名者中随机选出。社区居民委员人数应当占全部委员的 1/5 以上。社区居民评审委员在基层医疗卫生机构资深全科主治（中）医师职称评审过程中，与专业委员享有相同的权利与义务。

各省级医学会在评审会议前 1 个月，应当在官方网站上发布评审公告，介绍申报人员基本情况并提供担任社区居民委员的条件和方式。

各省级医学会负责制定两类委员的具体产生办法和评审具体实施办法，并报中华医学会和省级人力资源社会保障部门备案。

第四十五条 【资深全科主治（中）医师职称资格重新确认制度】

通过答辩和评审并取得资深全科主治（中）医师职称资格的全科医生，

应当参加第五年资深全科主治（中）医师职称资格答辩并通过评审组的资格确认。

未参加答辩或未通过评审组资格确认的，丧失资深全科主治（中）医师职称资格并由省人力资源保障部门注销职称证书。

答辩与评审组资格确认办法，各省级医学会负责参照资深全科主治（中）医师职称资格具体实施办法另行规定，并报中华医学会和省级人力资源社会保障部门备案。

第二节　全科医生专业技术发展制度

第四十六条 【在职或解除劳动合同关系的全科医生作为住院医师规范化培训招生对象的资格确认制度】

住院医师规范化培训对象为拟从事临床医疗工作的高等院校医学类专业本科以上学历毕业生，或有基层医疗卫生服务机构全科医生执业经历，需要接受非临床全科培训的人员；在职全科医生应当经所在单位同意。

有两年以上基层医疗卫生服务机构全科医生执业经历的，参加非临床全科住院医师规范化培训，同等条件下优先录用。

第四十七条 【在职全科医生作为培训对象的人事与劳资关系】

住院医师规范化培训的培训对象为基层医疗卫生服务机构在职全科医生的，培训期间原人事、工资关系不变，委派单位、培训基地和培训对象三方签订委托培训协议。

委派单位发放的工资低于培训基地同等条件住院医师工资水平的部分由培训基地负责发放，但因培训对象个人原因导致培训期限延长并经培训基地同意的，培训基地将不再发放。

第四十八条 【与基层医疗卫生服务机构解除劳动合同关系的全科医生作为培训对象的人事与劳资关系】

与基层医疗卫生服务机构解除劳动关系的全科医生参加非临床全科住院医师规范化培训的，培训对象与培训基地签订培训协议和劳动合同。培训期限即为劳动合同期限，培训对象依法参加并享有养老、医疗、失业、生育、工伤、公积金等社会保障，享受国家法律、法规规定的以及合同约定的相关福利待遇，培训基地参照所在培训基地同类人员水平发放工资与奖金。

因培训对象个人原因导致培训期限延长并经培训基地同意的，延长期内只签订培训协议，培训对象不再享受工资福利和社会保障待遇，培训所需费用由培训对象承担。

第四十九条 【在职或解除劳动合同关系的全科医生参加非临床全科住院医师规范化培训的注册事项变更问题】

基层医疗卫生服务机构在职或解除劳动合同关系的全科医生，参加非临床全科住院医师规范化培训期间，应当将培训基地注册为执业地点，在原执业医师证执业范围记载事项基础上，住院医师规范化培训医学专业可作为新增执业范围，也可向卫生行政部门申请将原执业范围改变为与住院医师规范化培训医学专业一致的执业范围。取得《住院医师规范化培训合格证书》后，根据实际执业机构情况向卫生行政部门申请变更执业地点。

第五十条 【在职或解除劳动合同关系的全科医生执业类别注册事项增加或改变问题】

基层医疗卫生服务机构在职或解除劳动合同关系的全科医生，可通过国家医师资格考试取得公共卫生类、口腔类或中医类医师资格，依法应当参加住院医师规范化培训。培训期间，应当将培训基地注册为执业地点，在原执业医师证执业类别和执业范围记载事项基础上，住院医师规范化培训医学专业可作为新增执业类别和执业范围，也可向卫生行政部门申请，将原执业类别和执业范围与住院医师规范化培训医学专业保持一致。取得《住院医师规范化培训合格证书》后，根据实际执业机构情况向卫生行政部门申请变更执业地点。

第三节　全科医生绩效工资制度

第五十一条 【基层医疗卫生服务机构绩效收入的财权制度】

基层医疗卫生服务机构依法享有财政拨付资金、医疗服务收益和基本医疗保险基金奖励资金等各种收入的使用权和分配权。其中，财政拨付用于人员经费、公共卫生服务经费、单位建设与人才发展经费等财政资金纳入预算管理，超支不补，结余可归入绩效收入。

地方县级人民政府财政部门、人力资源保障部门、卫生部门等，应当依法对基层医疗卫生服务机构收入与支出情况进行监管。

第五十二条 【基层医疗卫生服务机构人员工资总额差异化机制】

地方县级人民政府财政部门应当按照在编人数和服务工作量，参照当地事业单位平均工资收入标准向基层医疗卫生服务机构拨付人员工资总额，并根据绩效考核结果，建立不同基层医疗卫生服务机构人员工资财政拨付资金总额的差异化机制。具体考核办法由省级人民政府卫生、财政、人力资源保障等部门联合制定。

第五十三条 【全科团队财政绩效工资考核与分配制度】

基层医疗卫生服务机构应当制定以签约人数为主、兼顾签约人数构成、服务数量、服务质量、居民满意度和基本医疗保险基金控费情况等考核指标的全科团队财政绩效工资分配办法，应着重规定各项考核与分配指标在绩效工资总额中的比例，可以根据全科医生与团队其他成员之间的一定比例支付财政绩效工资，也可以将财政绩效工资支付给全科团队，由全科团队成员协商具体分配方案。

全科团队财政绩效工资考核与分配办法由全科团队成员或全科团队代表2/3以上多数通过，并报县级财政部门备案。

第五十四条 【基本公共卫生服务经费结余绩效分配制度】

地方县级人民政府财政部门依法向基层医疗卫生服务机构拨付的基本公共卫生服务经费，经过县级财政部门考核合格后形成的结余，可作为基层医疗卫生服务机构全科团队绩效收入组成部分。

基层医疗卫生服务机构辖区常住人口的基本公共卫生服务经费人均结余，以全科医生签约人数为标准，作为绩效收入按年平均分配给全科团队基本成员。

第五十五条 【全科医生签约服务专项补助制度】

省级人民政府财政部门和卫生部门应当建立与基层医疗卫生服务机构全科医生签约服务方式相适宜的财政资金专项补助制度，包括交通补助、家访补助、转诊探视补助等补助项目和补助标准。县级财政部门应当根据规定的补助项目和补助标准，并参考基层医疗卫生服务机构每月全科团队服务业绩考核情况，按月拨付。

基层医疗卫生服务机构根据全科团队每月各项服务记录考核情况，将专项补助作为绩效收入的组成部分发放至全科团队成员。发放情况应报县级财政部门和卫生部门备案。

第五十六条 【全科医生签约服务费制度】

签约服务费由基本医疗保险基金按每人每月 10 元标准支付。基本医疗保险经办机构根据县级卫生部门审核后的基层医疗卫生服务机构全科医生年度签约服务统计情况，予以核拨。

基层医疗卫生服务机构根据年度全科医生签约服务统计情况，将基本医疗保险基金支付的签约服务费作为绩效收入组成部分，以全科团队为单位，按年度平均支付给全科团队成员。年度发放情况，应当报基本医疗保险经办机构备案。

第五十七条 【全科团队医疗服务收益及其性质】

全科团队向签约对象提供不属于签约协议书约定的基本医疗卫生服务项目，向非签约对象提供的基本医疗卫生服务项目费用收取，应当符合基层医疗卫生服务机构医疗卫生服务收费标准。基层医疗卫生服务机构扣除成本并按规定提取各项基金后的全科团队医疗服务收益，可以作为绩效收入进行分配。

第五十八条 【全科团队医疗服务收益的考核与分配制度】

全科团队医疗服务收益考核标准以服务项目和服务人数为主，兼顾服务质量、居民满意度和基本医疗保险基金控费情况等考核指标。基层医疗卫生服务机构根据全科团队每月各项服务考核情况，以全科团队为单位进行分配，团队成员可协商内部分配办法；也可以按一定比例在团队成员之间进行分配。

基层医疗卫生服务机构负责制定的医疗服务收益考核与分配办法，须经全科团队成员或全科团队代表 2/3 以上多数通过，并报县级财政部门和卫生部门备案。

第五十九条 【基层医疗卫生服务机构基本医保基金总额预付制度】

基本医疗保险经办机构应当依法建立基层医疗卫生服务机构基本医疗保险基金总额预付制度。基本医疗保险基金年度总额可在与基层医疗卫生服务机构协商基础上，采取按人头付费、按项目付费、按服务单元付费等方式核算，并按月预付。

第六十条 【基层医疗卫生服务机构基本医保基金控费奖励与处罚办法】

基本医疗保险经办机构每年年底对基层医疗卫生服务机构当年基本医疗保险基金控费情况进行评估，基本医疗保险经办机构与基层医疗卫生服务机构协商制定基本医疗保险基金控费奖励与处罚办法，并报县级财政部门和人力资源保障部门备案。

评估后基本医疗保险基金的超支部分，由基层医疗卫生服务机构自行承担。基本医疗保险基金结余应控制在拨付总额的 10% 以内的，可将一定比例结余资金作为奖励，其余结余资金应上缴基本医疗保险经办机构或在下一年度按月预付时予以扣减。结余超过 10% 的，不予以奖励，结余全部上缴基本医疗保险经办机构或在下一年度按月预付时予以扣减。

第六十一条 【全科团队基本医保基金控费奖励与处罚办法】

基层医疗卫生服务机构制定全科团队基本医疗保险基金控费奖励与处罚办法，应由全科团队成员或全科团队代表 2/3 多数通过，并报县级财政部门、卫生部门以及基本医疗保险基金经办机构备案。

基层医疗卫生服务机构没有实现控费任务时，全科团队基本医疗保险基金年度实际支付数额超过全科团队年度核定控费数额的，从经过考核后的全科团队财政绩效工资中扣除差额部分。基层医疗卫生服务机构实现控费任务所获奖励资金，根据核算后全科团队年度实际节省基本医疗保险基金数额与年度总节省数额之间的比例，分享奖励资金。全科团队奖励资金可以全科团队为单位进行分配，也可按一定比例在团队成员之间进行分配。

参考文献

A. 中文著作

1.《马克思恩格斯全集》(第1卷)，人民出版社1995年版。

2.《马克思恩格斯选集》(第2卷)，人民出版社1994年版。

3. 习近平:《之江新语》，浙江人民出版社2015年版。

4. 刘士国:《科学的自然法观与民法解释学》，复旦大学出版社2012年版。

5. 刘士国:《医事法前沿问题研究》，中国法制出版社2011年版。

6. 江平、米健:《罗马法基础》，中国政法大学出版社2004年版。

7. 黄丁全:《医事法新论》，法律出版社2013年版。

8. 王岳:《医事法》，对外经济贸易大学出版社2013年版。

9. 张越、张欣、何玉梅等:《医事法》，人民出版社2010年版。

10. 赵西巨:《医事法研究》，法律出版社2008年版。

11. 汪建荣:《卫生法》，人民卫生出版社2013年版。

12. 黄威:《卫生法》，人民卫生出版社2012年版。

13. 石俊华:《医事法学》，四川科学技术出版社2004年版。

14. 张文显:《法理学》，高等教育出版社2007年版。

15. 邓海娟:《健康权的国家义务研究》，法律出版社2014年版。

16. 李燕:《医疗权利研究》，中国人民公安大学出版社2009年版。

17. 中国医疗保险协会、国际劳动保障研究所:《世界主要国家和地区近十年医疗保障改革研究》，经济科学出版社2013年版。

18. 王一方:《中国人的病与药》，当代中国出版社2013年版。

19. 葛洪义:《法与实践理性》，中国政法大学出版社 2002 年版。

20. 张汝伦:《历史与实践》，上海人民出版社 1995 年版。

21. 占茂华:《自然法观念的变迁》，法律出版社 2010 年版。

22. 章剑生:《现代行政法总论》，法律出版社 2014 年版。

23. 杨秉辉:《全科医学概论》，人民卫生出版社 2008 年版。

24. 赵淑英:《全科医学概论》，北京大学医学出版社 2012 年版。

25. 吕兆丰、郭爱民:《全科医学概论》，高等教育出版社 2010 年版。

26. 梁万年:《全科医学理论与实务》，人民卫生出版社 2012 年版。

27. 朱幼棣:《大国医改》，世界图书出版公司北京公司 2011 年版。

28. 朱幼棣:《无药》，世界图书出版公司北京公司 2015 年版。

29. 黄丞、张录法:《困局与突围：我国医疗服务提供体系的问题与对策》，上海交通大学出版社 2010 年版。

30. 郝模:《医药卫生改革相关政策问题研究》，科学出版社 2009 年版。

31. 宋其超:《医改取向及相关政策》，中国社会出版社 2009 年版。

32. 周业勤:《初级卫生保健：我国社区卫生服务治理化改革研究》，科学出版社 2014 年版。

33. 石光:《中国卫生资源配置的制度经济学》，中国社会出版社 2007 年版。

34. 韩莉:《我国医疗卫生资源配置研究》，中国社会科学出版社 2011 年版。

35. 段家喜:《市场、政府与全民医疗保障》，中国财政经济出版社 2009 年版。

36. 于德志:《医改专题研究》，人民卫生出版社 2013 年版。

37. 刘军民:《中国医改相关政策研究》，经济科学出版社 2012 年版。

38. 张越:《人人享有健康保健——〈中共中央　国务院关于深化医药卫生体制改革的意见〉操作指南》，人民出版社 2009 年版。

39. 饶克勤、刘新民:《国际医疗卫生体制改革与中国》，中国协和医科大学出版社 2007 年版。

40. 钱东福:《城市医疗服务体系整合的理论与实证研究》,科学出版社 2014 年版。

41. 岳经纶:《社会政策与"社会中国"》,社会科学文献出版社 2014 年版。

42. 刘国恩、李玲:《经济学原理》,人民卫生出版社 2014 年版。

43. 王春福:《公共政策论:社会转型与政府公共政策》,北京大学出版社 2014 年版。

44. 孟群:《中外住院医师 / 专科医师培训制度概况》,中国协和医科大学出版社 2010 年版。

45. 张平、赵德余:《中国特色健康保障之路的探索——长宁社区卫生服务发展模式的演进历程与经验》,上海人民出版社 2011 年版。

B. 中文译著

1. [日]植木哲:《医疗法律学》,冷罗生、陶芸、江涛等译,法律出版社 2006 年版。

2. [德]古斯塔夫·拉德布鲁赫:《法哲学》,王朴译,法律出版社 2013 年版。

3. [美]罗斯科·庞德:《通过法律的社会控制》,沈宗灵译,商务印书馆 2010 年版。

4. [古希腊]亚里士多德:《政治学》,吴寿彭译,商务印书馆 1965 年版。

5. [美]E. 博登海默:《法理学——法律哲学与法律方法》,邓正来等译,华夏出版社 1987 年版。

6. [罗马]查士丁尼:《法学总论——法学阶梯》,张企泰译,商务印书馆 2009 年版。

7. [德]莱茵荷德·齐佩利乌斯:《法哲学》,金振豹译,北京大学出版社 2013 年版。

8. [法]孟德斯鸠:《论法的精神(上册)》,张雁深译,商务印书馆 1982 年版。

9.［英］洛克:《政府论（下篇）》，叶启芳、瞿菊农译，商务印书馆 1996 年版。

10.［德］魏德士:《法理学》，丁晓春、吴越译，法律出版社 2005 年版。

11.［日］星野英一:《现代民法基本问题》，段匡、杨永庄译，上海三联书店 2012 年版。

12.［美］庞德:《法理学》（第 3 卷），廖德宇译，法律出版社 2007 年版。

13.［比］丹尼·皮特尔斯:《社会保障基本原理》，蒋月、王铀镱译，商务印书馆 2014 年版。

14.［美］索特曼、里克、布尔玛:《欧洲基本保健体制改革》，陈宁姗等译，中国劳动社会保障出版社 2010 年版。

15.［英］朱利安·图德·哈特:《医疗服务的政治经济学》，林相森、丁煜译，格致出版社 2014 年版。

16.［美］洛伊斯·N. 玛格纳:《医学史》，刘学礼译，上海人民出版社 2009 年版。

17.［美］拉雷·N. 格斯顿:《公共政策的制定》，朱子文译，重庆出版社 2001 年版。

C. 中文论文

1. 刘士国:《患者隐私权：自己决定权与个人信息控制权》，载《社会科学》2011 年第 6 期。

2. 李克强:《不断深化医改　推动建立符合国情惠及全民的医药卫生体制》，载《求是杂志》2011 年第 22 期。

3. 陈云良:《基本医疗服务法制化研究》，载《法律科学》2014 年第 2 期。

4. 刘鑫、连宪杰:《论基本医疗卫生法的立法定位及其主要内容》，载《中国卫生法制》2014 年第 3 期。

5. 周建裕、刘典恩:《论社区卫生服务法治的实现》，载《中国全科医疗》2013 年第 12 期。

6. 黄晨熹：《社会政策概念辨析》，载《社会学研究》2008 年第 4 期。

7. 齐恩平：《“民事政策”的困境与反思》，载《中国法学》2009 第 2 期。

8. 向德平：《发展型社会政策及其在中国的构建》，载《河北学刊》2010 年第 7 期。

9. 陈庆云：《公共政策的理论界定》，载《中国行政管理》1995 年第 11 期。

10. 周晓丽、马晓东：《公民参与：公共政策合法性的路径选择》，载《理论探讨》2005 年第 4 期。

11. 周明成：《公共政策制定中的公民适度参与分析》，载《内蒙古农业大学学报（社会科学版）》2010 年第 2 期。

12. 张平华、曹相见：《人格权的“上天”与“下凡”》，载《江淮论坛》2013 年第 2 期。

13. 刘凯湘：《人格权的宪法意义与民法表述》，载《社会科学战线》2012 年第 2 期。

14. 郝铁川：《当代中国法制的阶段性与超越性》，载《中国法学》2007 年第 2 期。

15. 郝铁川：《秩序与渐进——中国依法治国的几个问题》，载《法学论坛》2008 年第 1 期。

16. 罗豪才、宋功德：《认真对待软法——公域软法的一般理论及其中国实践》，载《中国法学》2006 年第 2 期。

17. 程信和：《硬法、软法与经济法》，载《甘肃社会科学》2007 年第 4 期。

18. 张文显：《运用法治思维和法治方式治国理政》，载《社会科学家》2014 年第 1 期。

19. 张文显：《法治与国家治理现代化》，载《中国法学》2014 年第 4 期。

20. 顾培东：《中国法治的自主型进路》，载《法学研究》2010 年第1期。

21. 曹艳林、魏占英、王将军:《医疗立法探讨》，载《中国卫生法制》2013年第5期。

22. 谢晓:《论患者权利类型》，载《法律科学(西北政法大学学报)》2013年第5期。

23. 陈仕学:《农民工医疗权利的法律保护》，载《中国卫生事业管理》2008年第7期。

24. 马长山:《公共政策合法性供给机制与走向》，载《法学研究》2012年第2期。

25. 郑大喜:《新医改形势下穷人的医疗权利与政府的行为选择》，载《中国医学伦理学》2010年第4期。

26. 王晓波:《医患冲突视阈下的患者权利谱系管窥》，载《中国卫生事业管理》2013年第4期。

27. 闫英:《医疗改革中医生权利的保护》，载《长白学刊》2014年第1期。

28. 严存生:《法治社会的"法"与"治"》，载《比较法研究》2005年第6期。

29. 刘国强:《地方政府规范性文件法治化问题探析》，载《铁道警官高等专科学校学报》2010年第3期。

30. 葛延风:《对我国医疗卫生体制改革的几点看法》，载《中国卫生经济》2004年第8期。

31. 葛延风:《中国医疗服务体系改革反思》，载《中国卫生产业》2005年第9期。

32. 葛延风:《对整体推进医疗卫生体制改革的一个框架性建议》，载《当代医学》2005年第7期。

33. 葛延风:《问题与对策:中国社保制度改革》，载《中国行政管理》2003年第9期。

34. 葛延风:《医疗卫生领域不应该市场化》，载《财经界》2006年第6期。

35. 顾昕：《走向有管理的市场化：中国医疗体制改革的战略性选择》，载《经济社会体制比较》2005 年第 6 期。

36. 顾昕：《全球性医疗体制改革的大趋势》，载《中国社会科学》2005 年第 6 期。

37. 顾昕：《收支两条线：公立医疗机构的行政化之路》，载《中国卫生经济》2008 年第 1 期。

38. 李学成：《马克思主义自然法观述评——兼论马克思主义自然法观的继承与发展》，载《云南大学学报（法学版）》2014 年第 2 期。

39. 李学成：《指导性案例的法源意义与确认路径——以最高人民法院公布的私法性指导性案例为研究对象》，载《北方法学》2015 年第 1 期。

40. 李学成：《我国全科医生制度法制化初论》，载《中国卫生法制》2014 年第 6 期。

41. 李学成：《我国全科医生之公共政策的法制评析》，载《行政与法》2015 年第 2 期。

42. 李学成：《全科医生法律制度的功能定位与立法模式研究——以英美全科医生法制的国际经验为视角》，载《金陵法律评论（2015 年春季卷）》。

43. 孙艳芳、呼和乌路德：《完善我国基本医疗保障制度的法律思考》，载《医学与哲学》2005 年第 8 期。

44. 仝晶晶、夏韡、张晓：《台湾家庭医师整合性照顾对我国社区卫生医疗的借鉴与启示》，载《中国全科医学》2009 年第 3 期。

45. 吴军、徐蕾、陆旻等：《程家桥社区居民对家庭医生制服务的需求情况调查》，载《中国全科医学》2012 年第 6 期。

46. 宋徽江、庄康路、张文权：《上海市浦东新区三林社区卫生服务中心家庭医生责任制服务模式的实践与思考》，载《社区医学杂志》2014 年第 1 期。

47. 冯伟、王洪兴、王君妹等：《关于浦东新区推进家庭医生责任制服务的几点冷思考》，载《中华全科医学》2014 年第 12 期。

48. 谢春艳、胡善联、何江江等:《关于上海家庭医生制度执行需求的调查与思考》,载《中国卫生事业管理》2012 年第 7 期。

49. 张波:《上海浦东新区全科医生家庭责任制认同度的实证研究》,载《中国卫生政策研究》2013 年第 8 期。

50. 姜楠:《国外医疗保障立法实践及其借鉴意义》,载《武汉交通职业学院学报》2010 年第 4 期。

51. 吴春容:《全科医生的起源》,载《中华全科医师杂志》2002 年第 2 期。

52. 吴春容:《正确认识全科医生》,载《中华全科医师杂志》2003 年第 1 期。

53. 吴春容:《关于社区首诊制的一些思考》,载《中华全科医师杂志》2007 年第 1 期。

54. 刘影:《赤脚医生产生和存在的缘由及其启示》,载《福建师范大学学报(哲学社会科学版)》2011 年第 5 期。

55. 商谦:《赤脚医生》,载《中国档案》2014 年第 12 期。

56. 李海红:《毛泽东之赤脚医生的理论与实践探究》,载《西北大学学报(自然科学版)》,2013 年第 6 期。

57. 张一飞、冯学山:《英国全科医生制度建设对我国的启示》,载《中国初级卫生保健》2013 年第 11 期。

58. 张一飞、汤真清、武桂英等:《上海市闸北区全科医生对家庭医生制认知和接受度调查》,载《中国全科医学》2014 年第 25 期。

59. 孙宁霞、赵凯:《英国全科医疗与初级保健制度初探》,载《中华全科医学》2010 年第 12 期。

60. 常绍舜:《从经典系统论到现代系统论》,载《系统科学学报》2011 年第 8 期。

61. 魏宏森、曾国屏:《系统论的基本规律》,载《自然辩证法研究》1995 年第 4 期。

62. 高臻耀:《上海家庭医生制度的实践探索》,载《中国医疗保险》2014 年第 7 期。

63. 伍沛儿、何露洋、洪阳等:《全科医生试点城市改革方案比较研究》,载《中国社会医学杂志》2014 年第 4 期。

64. 李久辉、樊民胜:《法国医疗保险制度的改革对我们的启示》,载《医学与哲学(人文社会医学版)》2010 年第 8 期。

65. 周寿祺:《基本医疗服务均等化之辨》,载《中国医院院长》2010 年第 17 期。

66. 王秋英、钟华、郑晓英等:《家庭医生责任制的实施对社区高血压管理的影响研究》,载《中国医药导报》2013 年第 10 期。

67. 葛敏、江萍:《家庭医生制度改革的长宁经验》,载《中国医疗保险》2012 年第 9 期。

68. 江萍、陈支援、缪栋蕾等:《上海市长宁区构建区域医疗联合体的政策效果、经验与建议》,载《中国卫生政策研究》2013 年第 12 期。

69. 江萍:《家庭医生服务模式的制度特征及效率评估——基于上海长宁区的实践》,载《中国医疗保险》2014 年第 4 期。

70. 江萍、赵德余:《基本医疗卫生保障制度在基层运转的模式》,载《中国市场》2012 年第 20 期。

71. 田疆、季煦:《加拿大全科医生制度建设对中国的启示》,载《中国全科医学》2013 年第 32 期。

72. 杨存、郑晓瑛、陈曼莉:《意大利医疗保障体系建设及启示》,载《中国卫生经济》2011 年第 5 期。

73. 朱荣、李士雪:《社区全科医生团队服务模式探讨》,载《中国卫生事业管理》2008 年第 8 期。

74. 陈丽洁、杨文秀:《全科医生团队建设实践与构想》,载《中国卫生事业管理》2012 年第 6 期。

75. 汤春红:《英国初级卫生保健制度对上海开展家庭医生制服务的启示》,载《上海医药》2012 年第 16 期。

76. 谢晟洁:《北新泾社区全科服务团队工作情况调查》,载《上海医药》2013 年第 20 期。

77. 张培、王峥、罗塘臻:《社区家庭医生制度团队服务模式的实践与思考》，载《中华全科医师杂志》2015 年第 2 期。

78. 肖峰、吴小岭、赵德余：《家庭医生制：基本医疗卫生服务模式新探索》，载《中国市场》2012 年第 29 期。

79. 肖峰、张兴元、于爱华：《家庭医生工作室的实践与思考》，载《中国全科医学》2014 年第 1 期。

80. 靳婕、周颖清：《全科团队服务模式下社区护士与全科医生工作内容的研究》，载《中国全科医学》2011 年第 34 期。

81. 包家明、付伟、胡斌春：《社区护理人力资源管理现状分析与对策研究》，载《中国实用护理杂志》2004 年第 11 期。

82. 汪森芹、苏霖、胡可芹等：《全科护士规范化培训课程设置初探》，载《护理实践与研究》2013 年第 21 期。

83. 薛婉君、王芳、李陈晨：《瑞典开展协同卫生服务的经验及启示》，载《中国初级卫生保健》2014 年第 5 期。

84. 苗蕾、王家骥：《关于组建全科服务团队的思考》，载《中国初级卫生保健》2010 年第 2 期。

85. 王岚、杜亚平：《中英全科医疗服务模式的比较与探讨》，载《全科医学临床与教育》2011 年第 3 期。

86. 吴雯：《荷兰与上海初级卫生保健的比较》，载《中国卫生资源》2011 年第 2 期。

87. 王劲颖：《上海社区志愿服务工作的实践与探索》，载《长沙民政职业技术学院学报》2013 年第 1 期。

88. 焦婷婷、冯泽永：《家庭医生健康责任制的发展状况及对策建议》，载《重庆医学》2012 年第 26 期。

89. 刘佳、冯泽永：《医保制度对双诊制的影响及改革思路》，载《中国卫生事业管理》2011 年第 11 期。

90. 玄泽亮：《上海市社区全科服务团队模式的比较分析》，载《中国全科医学》2011 年第 34 期。

91. 贺小林、梁鸿、江萍等：《上海市长宁区家庭责任医生制度探索的政策成效与经验》，载《中国卫生政策研究》2012 年第 6 期。

92. 贺小林、娄继权、梁鸿等:《上海市长宁区家庭医生责任制实施现状与发展策略研究》,载《中国初级卫生保健》2013 年第 12 期。

93. 王宁:《分级诊疗体系构建求索》,载《中国医院院长》2014 年第 6 期。

94. 王东进:《分级诊疗是一篇大文章》,载《中国医疗保险》2015 年第 10 期。

95. 熊先军:《对分级诊疗的异见》,载《中国医疗保险》2015 年第 10 期。

96. 赖光强、张炜、陈皞璘:《深圳新型社区首诊制实施现况分析》,载《中国卫生经济》2008 年第 5 期。

97. 侯文婕:《从基层医疗体系建设看上海的双向转诊——访著名医改专家、上海复旦大学公共卫生学院教授龚幼龙》,载《中国社会保障》2009 年第 9 期。

98. 裴蓓、蔡泳、鲍勇:《上海社区居民首选社区医院就诊影响因素探讨》,载《中华全科医学》2013 年第 7 期。

99. 田国栋、王光荣、金仕晔等:《上海市闸北区就诊患者社区首诊制的意愿分析》,载《中国卫生资源》2015 年第 3 期。

100. 王川、张蕾:《当前我国施行社区首诊的必要性及可行性分析》,载《卫生经济研究》2009 年第 8 期。

101. 张邹、张笑天:《依靠制度力量　推动社区首诊——珠海市社区首诊制实施情况与效果分析》,载《中国医疗保险》2013 年第 1 期。

102. 黄岩、柏雪、种波等:《东莞社区首诊制运行特点及对医疗卫生服务的影响》,载《社区医学杂志》2011 年第 21 期。

103. 黄汉明、刘跃华、卜亚丽:《南京市医保差异化支付与分级诊疗的实证分析》,载《中国医疗保险》2015 年第 6 期。

104. 雷鹏、王克利、吴龙等:《家庭医生制度与医保支付制度联动机制研究——以上海为例》,载《中医疗保险》2015 年第 4 期。

105. 许铁峰、王涛、张勘:《上海市全科医师培训工作的回顾与展望》,载《中华全科医学》2011 年第 12 期。

106. 李孟智:《台湾地区的全科（家庭）医学教育培训》，载《首都医科大学学报》2013 年第 2 期。

107. 鲁建华、陈融、王青青:《美国全科医生培养模式对综合性医院全科医生培养的启迪》，载《全科医学临床与教育》2013 年第 1 期。

108. 王诺:《古巴医疗体制的评价及其对中国的启示》，载《拉丁美洲研究》2009 年第 2 期。

109. 毛相麟:《古巴的全民医疗保障制度》，载《科学决策月刊》2007 年第 8 期。

110. 魏鹏:《德国分级医疗体系管窥》，载《中国医疗保险》2011 年第 9 期。

111. 刘晓溪、毕开顺:《英国基础医疗服务体系对我国的启示——以城市社区卫生服务中心建设为例》，载《人民论坛》2013 年第 4 期。

112. 王艳斌、欧阳昭连、陈薇等:《我国全科医师职称评审现状》，载《中国全科医学》2014 年第 13 期。

113. 张小娟、朱坤:《部分发达国家全科医生薪酬支付方式介绍》，载《中国全科医学》2014 年第 17 期。

114. 黄蕾蕾、王昕:《基于四种改革模式分析的公立医院补偿机制建议》，载《中国卫生经济》2014 年第 6 期。

115. 王朝君:《曾被寄予厚望的“收支两条线”》，载《中国卫生》2015 年第 10 期。

116. 张贵民:《上海预付制：渐进式改革》，载《中国医院院长》2011 年第 24 期。

117. 张向东、赵京、兰丽娜等:《北京市社区卫生家庭医生式服务模式及激励机制探讨》，载《中国全科医学》2014 年第 7 期。

118. 吴军、沈安、陆旻:《全科服务团队模式下家庭医生绩效考核的方法探讨》，载《中国全科医学》2011 年第 31 期。

119. 杨晶、李传荣:《荷兰社区卫生服务体系及对我国的启示》，载《中国全科医学》2007 年第 7 期。

120. 李林:《全面推进依法治国是一项宏大系统工程》，载《国家行政学院学报》2014 年第 6 期。

121. 米健：《比较法 · 共同法 · 世界主义》，载《比较法研究》2011 年第 1 期。

D. 英文文献

1. Laurence Buckman，Reforms in the English National Health Service：the Role of the General Practitioner，the lancet，Vol 14 September 2013，pp.923–925.

2. R osenthal T，the Medical Home：Growing Evidence to Support a New Approach to Primary Care，J Am Board Fam Med，（5）2008，pp.427–440.

3. Peter Buijs，Ren é e van Amstel，Frank van Dijk，Dutch Occupational Physicians and General Practitioners Wish to Improve Cooperation，Occup Environ Med，（56）1999，pp.709–713.

4. M. Aira，P. Ma，ntyselka，et al.，Occupational Isolation Among General Practitioners in Finland，Occupational Medicine，（60）2010，pp.430–435.

5. UlmerB Harris M，Australian GPs are Satisfied with Their Job：Even More So Rural Areas，FamliyPractice，（19）2002，pp.300–303.

6. Michael Calnan，the Role of the General Practitioner in Health Promotion in the UK：the Case of Coronary Heart Disease Prevention，Patient Education and Counseling，（25）1995，pp.301–304.

7. Mitchell AJ，Vaze A，Rao S，Clinical Diagnosis of Depression in Primary Care：a Meta–analysis，the Lancet，（374）2009，pp.609–619.

8. Isobel Bowler，Susan Gooding，Health Promotion in Primary Health Care：the Situation in England，Patient Education and Counseling，（25）1995，pp.293–299.

9. Leena Gupta，Sangeeta Shah，Jeanette E Ward，Educational and Health Service Needs of Australian General Practitioners in Managing Hepatitis C，Journal of Gastroenterology and Hepatology，（21）2006，

pp.694–699.

10. Faraz Jabbar, Anne M. Doherty, Muniba Aziz, et al., Implementing the Mental Health Act 2007 in British General Practice: Lessons from Ireland, International Journal of Law and Psychiatry, (34) 2011, pp.414–418.

11. Dresang LT, Brebrick L, Murray D, et al., Family Medicine in Cuba: Community Oriented Primary Care and Complementary and Alternative Medicine, J Am Board Fam Pract, (18) 2005, pp.297–303.

12. Margaret Gilpin Source, Cuba: on the Road to a Family Medicine Nation, Journal of Public Health Policy, Vol. 12 Spring 1991, pp.83–103.

13. RCGP, the Future GP: Learning and Teaching, London: Royal College of General Practitioners (RCGP) / BMJ publications, 1972.

14. KerrL, White, the Ecology of Medical Care: Origins and Implications for Population–Based Healthcare Research, Health Services Research, April 1997, pp.11–21.

15. WONCA, the Role of the General Practitioners/Family Physician in the Health Care Systems, Victoria, 1991.

16. Marshall Marinker, the Family in Medicine, Proc. roy. Soc. Med, Volume 69 Februar1976, pp.115–124.

17. I.R.McWhinney, Problem–Solving and Decision–Making in Family Practice, Can Fam Physician, (25) 1979, pp.1473–1477.

18. Reza Majdzadeh, Family Physician Implementation and Preventive Medicine: Opportunities and Challenges, Int J Prev Med, (10) 2012, pp.665–669.

19. Randy K. Wexler, Shaping Health–related Policy In the United States: 1 Family Physician at a Time, Ann Fam Med, (10) 2012, pp.79–80.

20. Robert L. Phillips Jr, the Future Role of the Family Physician in the United States: a Rigorous Exercise in Definition, Ann Fam Med, VOL.

12，（3）2014，pp.250-255.

21. Steven R. Smith，Mental Health and Medical Rights：the Supreme Court of the United States in 2010-2011，the Register Report 34（Fall 2011）.

22. Pratt Lisa，Access to Vaginal Birth after Cesarean：Restrictive Policies and the Chilling of Women's Medical Rights during Childbirth，Wm. & Mary J. Women & L，105（2013-2014）.

23. Nora Gottlieb，Dani Filc，Nadav Davidovitch，Medical Humanitarianism，Human Rights and Political Advocacy：the Case of the Israeli Open Clinic，Social Science & Medicine，（74）2012，pp.839-845.

24. Heather Boon，Marja Verhoef，Dennis O'Hara，et al.，from Parallel Practice to Integrative Health Care：a Conceptual Framework，BMC Health Services Research，（4）2004，pp.15-20.

25. F V Rodriguez，N B Lopez，I Choonara，Child health in Cuba，Arch Dis Child，（93）2008：991-993.

26. Ann-Maree Kennedy，et al.，Do GP Referral Guidelines Really Work? Audit of an Electronic Urgent Referral System for Suspected Head and Neck Cancer，Eur Arch Otorhinolaryngol，（269）2012：1509-1512.

27. Katharine E. Zuckerman，Barriers to Specialty Care and Specialty Referral Completion in the Community Health Center Setting，J Pediatr，（162）2013：409-414.

E. 学位论文

1. 玄泽良：《上海全科服务团队模式现况分析及发展策略研究》，载《复旦大学》2008 年版。

2. 肖霞：《上海市社区卫生服务质量改进与发展策略研究》，载《复旦大学》2009 年版。

3. 张天晔：《上海家庭医生首诊制研究》，载《复旦大学》2012 年版。

4. 赵影：《上海市闸北区实施家庭医生制度研究》，载《河南大学》

2013 年版。

5. 陶志敏:《全科团队模式下社区护理服务内容研究》，载《河南大学》2010 年版。

6. 陈林:《英国国民健康服务体系研究》，载《武汉科技大学》2008 年版。

7. 郜峰:《英国国民健康服务体系的建立》，载《安徽大学》2012 年版。

8. 夏琳:《我国双向转诊制度优化研究——以上海市实施双向转诊制度为例》，载《上海交通大学》2012 年版。

F. 报纸文章

1. 习近平:《关于〈中共中央关于全面推进依法治国若干重大问题的决定〉的说明》，载《中国青年报》2014 年 10 月 29 日。

2. 吴邦国:《实践是法律的母亲，是制定和修改法律的基础》，载《法制日报》2004 年 8 月 24 日。

3. 罗豪才:《加强软法研究　推动法治发展》，载《人民日报》2014 年 6 月 20 日。

4. 黄秋斌、鞠成伟:《健康权的法律保护》，载《光明日报》2013 年 4 月 20 日。

5. 李阳:《最高人民法院通报依法惩治涉医犯罪情况》，载《人民法院报》2015 年 5 月 27 日。

6. 廖新波:《医师多点执业并非“走穴”合法化》，载《南方日报》2015 年 3 月 31 日。

7. 钱培坚:《上海: 你与家庭医生签约了吗?》，载《工人日报》2011 年 7 月 28 日。

8. 蒋安杰:《法学研究应如何面对中国问题》，载《法制日报》2015 年 5 月 20 日。

9. 何磊:《市场化不是改革方向　我国医改悄然转舵》，载《中国青年报》2005 年 6 月 20 日。

10. 王俊秀:《国务院研究机构最新报告说“中国医改不成功”》，

载《中国青年报》2005 年 7 月 29 日。

11. 李红梅:《民生三问:小病“套餐”能推广吗?》,载《人民日报》2013 年 5 月 29 日。

12. 白剑锋:《中国医师执业状况白皮书显示医师执业压力主要来自工作量大》,载《人民日报》2015 年 5 月 28 日。

13. 黄堃:《英国医改让公众可以“用脚投票”》,载《新华每日电讯》2009 年 9 月 23 日。

14.《“四医联动”:保障民生的有效之举》,载《长宁时报》2011 年 6 月 21 日。

15. 孔令敏:《上海医联体:美丽设想遇上体制障碍》,载《健康报》2013 年 4 月 10 日。

16. 孔令敏:《分级诊疗:重构医疗服务体系》,载《健康报》2015 年 1 月 8 日。

17. 陈青:《参保农民八成首诊在社区》,载《文汇报》2013 年 12 月 3 日。

18. 孙桂东:《全科医生的前途之惑》,载《半岛都市报》2014 年 2 月 17 日。

19. 薛江华:《建议为全科医生设专有职称》,载《羊城晚报》2014 年 11 月 21 日。

20. 程茂枝:《取消收支两条线　做强中心卫生院》,载《安徽日报(农村版)》2015 年 6 月 8 日。

后 记

能够进入复旦大学法学院并成为刘士国老师的博士生，是我一生的荣幸。要特别感谢刘士国老师，他为人正直，治学严谨，强调问题意识，科学自然法观开启了法学研究的新境界。在导师的谆谆教导下，我逐渐学会了如何进行法学研究。三年的读博时光，导师对我的表扬已经淡忘了，可永远难以忘怀的是导师对我严肃的学术批评，这已成为我日后学术进步的指南与动力。还要感谢魏师母在学术和生活上的诸多帮助。

感谢段匡教授在论文写作过程中给予我诸多宝贵建议，还要感谢胡鸿高教授、季立刚教授、王全弟教授、侯健教授以及李世刚副教授在论文写作上的宝贵建议和关心。感谢倪妮老师，她为我们学习和生活提供了很多帮助。

感谢同门王森波师兄、王康师兄、李燕师姐、李恒师姐、胡卫师兄、叶延玺师兄、崔涵冰师姐，给我诸多学术研究上的鼓励与帮助。感谢师弟孙也龙、凌捷、王晓翔的诸多帮助。感谢李尚桦、伊晓婷、冯洁语、张丹、卢静、尹海新、焦经川、高鹏、吴宁泊、宾辉、陈义兴、秦昀、翁荪哲、冯亚景、成谦、吴承栩、王洪杰、于访勤、陈记平、孔凡洲、丁鹏超等博士同学在学习和生活上的诸多帮助。

感谢全科医生孙炜、严正、陈慎、徐德鸿、张忆梓、邱宏亮、朱靖宁、陈景瑜、李青、占琳、周珏、吴梦琪等，没有他们的配合与帮助，这篇论文是无法完成的。尤其是孙炜医生为我的研究提供了诸多调研上的便利与热忱帮助；上海全科医生杰出代表严正医生，让我感受到辛勤付出的人格魅力！

作为河南省法治研究会的常务理事，我要感谢会长刘海平、秘书长赵玉军在本书的写作、编辑与出版等各个环节的关注与支持。他们多次召开法治研究专题会，提出很多建设性意见与建议，开阔了我的思维视野，同时，鼓励我深入实践开展研究，提出有针对性的法治建议，从而服务于我国法治建设。

感谢我的妻子陈慧女士，她让我有了精神上的依赖与奋斗下去的勇气！

最后要感谢复旦大学及其法学院，身为复旦一分子，感到无上荣光。